清华大学郑裕彤法学发展基金资助

中德私法研究 ⑳

情势变更

Archiv für chinesisch-deutsches Privatrecht

北京大学出版社
PEKING UNIVERSITY PRESS

目录

本期主题：情势变更

主题报告

中德私法研究第 20 卷
页 3—69

从工程承揽契约的两个实务案型再思考情势变更原则之适用要件

——以“物价涨跌型”及“工期展延型”之相关判决为中心

吴从周* 著

摘要：情势变更原则适用于工程承揽契约实务上的两种主要争议类型：即“物价涨跌型”及“工期展延型”之难题，最为重要。本文认为有必要继受并参考《德国民法典》第 313 条增订前后之“交易基础论”，特别是“主观交易基础丧失论”，重新寻求契约严守与契约正义间之对应适用。

就“物价涨跌型”而言，客观情势重大变更发生之时点并不重要，客观状态之变更究竟是在订约前或订约后发生，并非所问。如果在订约前情势即已发生变更，但一直到订约之后才显现出来或者迄该时点始为当事人所知者，该情势当然会干扰其订约计划，当事人既然未被充分告知而不知道该情势，仍应有情势变更之适用。此种会“动摇社会生存”之“客观基础事实变更”，参考《德国民法典》第 313 条第 1 项规定情势变更之要

* 吴从周，台湾大学法律学院教授。

件，应优先尊重双方当事人透过“契约约定的风险分配”，故其约定之排除调整条款应有其效力。但如果此项约定排除情势变更适用之程度，已经超过风险分配的内在界限，或者说如果该项风险之发生及变动之范围，已逾“超出一般合理范围”以外而不可预测，如要求当事人仍依原来约定之给付与对待给付之对价关系履行，显然违反契约正义时，则仍应回归适用情势变更原则。

就“工期展延型”而言，除更应承认前述“订约前情势即已发生变更，但一直到订约之后才显现出来或者迨该时点始为当事人所知者”，也有情势变更原则之适用外，应参考《德国民法典》第 313 条第 2 项，承认双方当事人在订约时当事人主观对于一个形成意思的重要情势具有共同错误（纯粹主观交易基础欠缺或共同评价错），也有情势变更原则之适用。而在方法论上，或许可以考虑基于交易实际需要与个案衡平需求，透过引用中国台湾地区“民法”第 1 条“法理”将《德国民法典》第 313 条第 2 项规定作为立法例，引为法理，加以适用。

关键词：情势变更、诚信原则、交易基础、物价涨跌、工期展延

第一部分　绪说与提问

一、原则之演变与成文化

（一）从 Windscheid 的“要件论”到 Oertmann 的“交易基础论”

“Clausula rebus sic stantibus”是德国普通法时代之一种学说，直译中文为“情势不变条款”，意指只要契约缔结时被认为重要的状态存在不变，已缔结之契约即应有其适用，一旦缔约时之交易基础丧失，契约即应失其效力，嗣均译为“情势变更条款”[1]。情势变更（rebus sic stantibus）一词，依其拉丁原文之字义，乃指“情势如此发生”，但英美法学者将之译为“在此情况中”（in the circumstances），意指各种协议，仅于各

〔1〕 Vgl. Rolf Lieberwirth, Lateinische Fachausdrücke im Recht, 2. Aufl., 1988, S. 54.

种条件在实质上保持不变，方有拘束力〔2〕。亦即在法律行为成立时，契约双方当事人是立于某种共同的基础上，且以此一基础持续不变，为其受契约拘束之前提。一旦此一基础发生变动，亦即法律效力发生原因之法律要件基础或环境情势，因不可归责于当事人之事由，致有非当时所得预料之变更，而使原有发生效力，显有悖于诚信原则（显失公平）时，若使契约当事人仍受原有契约效力之拘束，即可能造成对一方不公平之结果，乃于一定条件下准许契约之解除〔3〕。因此，乃有情势变更原则之产生，目的在平衡因交易基础丧失而有利之一方的存续及履行契约之利益，以及受不利之另一方的调整及解消契约之利益〔4〕。

除了上述从罗马法以来〔5〕，历经德国普通法时代〔6〕、《普鲁士一般邦法》〔7〕，均有的情势变更之思想外，另一个与情势变更有关系者，则是Windscheid曾经提出的“要件论”〔8〕（Lehre von der Voraussetzung）。Windscheid称呼“要件”是“动机”与“契约约定条件”之间的“中间阶段〔9〕”，动机只是当事人为了追求契约目的个人想法，对于契约效力不具有法律上重要性，对于当事人约定的条件也不会有影响，其并未进入当事

〔2〕 林诚二：《情势变更原则之再探讨》，载《台湾本土法学杂志》，2000年第12期。

〔3〕 张南熏：《情势变更原则在公共工程上之应用》，政治大学法律研究所2000年硕士论文，第31页。

〔4〕 Bamberger/Roth, BGB, 3. Aufl., § 313 Rn. 1.

〔5〕 罗马法并未发展出如今日称呼之“情势变更”或者“法律交易基础”之学说或“原则”，但在罗马契约法中就已经可以看到作为“情势变更”学说基础的诚信原则（Prinzip der bona fides），并且指出相当高程度弹性调整契约之思想。学者考究该原则可以滥觞于罗马哲学家Cicero与Seneca的哲学作品中，其在法学上情势变更思想的起源，亦可回溯到罗马法时与中世纪注释法学派时期（Glossatoren），详请参见HKK/Rudolf Meyer-Pritzl, § 313-314, Rn. 4及该处所引详细文献。

〔6〕 1756年Codex Maximilianeus Bavaricus Civilis法典，Teil IV, Kap. 15, § 12强调：所有债权契约都隐含着情势变更原则在内。（Vgl. Soergel/Teichmann, BGB, 2013, § 313 Rn. 5）。

〔7〕 1794年Das Preußische Allgemeine Landrecht，该法典§ 378 I，5规定：如果因为无法预见的情势变更，致当事人无法达成其在契约中所表达或依交易性质可得知之契约目的时，任何一方当事人得撤销其尚未履行之契约（条文文本引自Markesinis/Unberath/Johnston, The German Law of Contract，2. Aufl., 2006, Kap. 7, S. 321.）。

〔8〕 或译为“前提说”，参见周伯峰：《论交易基础障碍理论》，载姜世明、许政贤编：《两岸民事法学会通之道》，元照出版公司2015年版，第266—267页。

〔9〕 Vgl. Soergel/Teichmann, BGB, 2013, § 313 Rn. 8.

人的意思表示当中。但是相对于此，在天平的另一端，某些契约约定的条件，其实当事人的真意是被限缩而取决于某些个别事实的发生或者不发生的。某些情势状况的存在与否就成为当事人订约的条件。如果这些情状不存在，表意人就不会想要这些契约约定的条件，他的“真正的”（也是假设的）真意也因此被限制。这些要件对于 Windscheid 乃成为“未被发展出来的条件”（unentwickelte Bedingung），其内容即为“以之为要件的事物状态是否发生或者不发生”，即使一方当事人未将这些要件表达出来，他方当事人也知悉或者可得而知悉。如果这些作为要件的认知或者期待不存在，则表意人因为欠缺“真正的意思”就不应该受其意思表示的拘束。不过，此种“未被发展出来的条件”的说法，由于涉及所有个别的意思表示，而且包括所有过去、现在或未来、积极或消极的情势，涵盖自始及嗣后欠缺缔约基础之情形，且与无关联的缔约动机难以区分，被认为整体上将强烈危害契约的拘束力，学说上因而认其理论仍有诸多疑义而表示反对，因此不仅在 1900 年《德国民法典》制定时未被接受，嗣亦未被德国实务所采纳〔10〕。

换言之，德国的立法者在制定民法典之际，由于特别注重契约严守原则，倾向形式之契约主义，基于法律安定性的考虑，乃有意地否定情势变更这个一般性的原则，也不采纳 Windscheid 的上开理论，因而决定不将其订入 1900 年的《德国民法典》成为一个一般性的法律制度〔11〕。因此在下述德国债法修正将其明文化在第 313 条以前，《德国民法典》中其实并不包含交易基础丧失或干扰这样的基本原则，因此欠缺因环境变迁而得以变更法律行为效力之一般性规定，只有一些特殊适用之情形〔12〕。甚至《德国民法典》公布施行后的一二十年间，判例学说对于是否将这些特殊情形一般化为基本原则，仍然持相当保留之态度〔13〕。

一直到 1920 年间，德国为解决第一次世界大战社会生活剧变引发货币

---

〔10〕 Vgl. RGZ 24，168；Soergel/Teichmann，BGB，2013，§ 313 Rn. 10.

〔11〕 Motiv I，249；II，199，314f.；Protokolle I，631f.；I，47ff.，690f.；AnwKom－BGB/Krebs，BGB，§ 313 Rn. 4.；Soergel/Teichmann，BGB，2013，§ 313 Rn，7).

〔12〕 当时的帝国法院判决也是这样表示，参见 RGZ 50，255，257；60，56，59ff.；86，397，398。

〔13〕 参见 Bamberger/Roth，BGB，3. Aufl.，§ 313 Rn. 2 之介绍。

贬值[14]，才由帝国法院从《德国民法典》第157条及第242条诚信原则中发展出交易基础丧失理论（即情势变更原则；Wegfall der Geschäftsgrundlage oder Störung der Geschäftsgrundlage，或译为“行为基础丧失[15]”）（1920年9月21帝国法院判决，RGZ 100，129，131）[16]，并为德国联邦最高法院接受而成为《德国民法典》上实务及学说承认之习惯法[17]。

上述实务见解之理论基础主要来自第一次世界大战后，德国学者Paul Oertmann为了处理通货膨胀之影响而创设的“交易基础”（Geschäftsgrundlage）的概念，而“交易基础”这个概念其实是Oertmann所创造要来取代Windscheid的“要件论”的，因此，他的理论基本上是继受前述德国普通法以来的情势变更思想及Windscheid的“要件论”而来，只是加以大幅修正而已[18]。Oertmann将“交易基础”定义为：“在缔约时已经出现、成为他方当事人可知悉且未反对之一方当事人之观念，或者双方当事人共同之观念均知悉某些状况存在或者将来会发生，而这些共同观念成为当事人交易意思之基础者[19]”，以便成为可以涵摄适用的

---

〔14〕 史尚宽：《债法总论》，荣泰印书馆1990年版，第426页。

〔15〕 如果对照参考Markesinis/Unberath/Johnston，The German Law of Contract，2. Aufl.，2006，Kap. 7，S. 320ff. 将“Geschäftsgrundlage”英译为“The Foundation of the Transaction”，则中文将其译为“交易基础”，应该比较近原意。

〔16〕 关于民法上情势变更原则之讨论，中文文献甚多，对德国法之介绍，参见陈自强：《和解与计算错误—契约法之现代化III》，元照出版公司2014年版，第163页；有关最近文献可参见周伯峰：《论交易基础障碍理论》，载于姜世明、许政贤编：《两岸民事法学会通之道》，元照出版公司2015年版，第264—306页。

〔17〕 Bamberger/Roth，BGB，3. Aufl.，§313注4引用RGZ 107，78. 指出：主要是从帝国法院1923年的判决起开始出现见解转变，后来在德国联邦最高法院BGHZ 2. 176，188＝NJW 1951，602及其后的无数判决接续承认其为一种法律制度。

〔18〕 Vgl. Oertmann，Geschäftsgrundlage，S. 36f.；并参见Soergel/Teichmann，BGB，2013，§313 Rn. 11之说明。

〔19〕 这段话出自Paul Oertmann，Die Geschäftsgrundlage：Ein neuer Rechtsbegriff，S.. 37，由于有些德文文献的引用，与Oertmann前揭原著的原文不尽相符，为求精确，特参考该书录之如下：„Geschäftsgrundlage ist die beim Geschäftsabschlusszutage tretende und vom etwaigen Gegner in ihrer Bedeutsamkeit erkannte und nicht beanstandete Vorstellung eines Beteiligten oder die gemeinsame Vorstellung der mehreren Beteiligten vom Sein oder vom Eintritt gewisser Umstände，auf deren Grundlage der Geschäftswille sich aufbaut“，后来被德国实务及学说一再引用，参见RGZ 103，328，332；BGHZ 25，390，392＝NJW 1958，297；BGHZ 133，281，293＝NJW 1997，320；Bamberger/Roth，BGB，3. Aufl.，§313 Rn. 4.；Soergel/Teichmann，BGB，2013，§313 Rn，11但是德国实务及注释书引用的原文则略有不同：„durch die （转下页）

规范命题。

按照学者的分析，Oertmann 的“交易基础”理论的定义可以分成三部分命题加以观察。第一部分“在缔约时已经出现、成为他方当事人可知悉且未反对之一方当事人之观念，或者双方当事人共同之观念”，Oertmann 有意透过这段定义与 Windscheid 的当事人意思及表示，进行区分，他把“交易当作一个整体”来处理，而“知悉某些状况存在或者将来会发生”则表明了他与 Windscheid 一样，将自始欠缺交易基础与嗣后欠缺交易基础，作相同的评价〔20〕。第二部分为“某些状况”，这表示 Oertmann 与普通法时代的情势变更原则，以及 Windscheid 的看法一样，小至个别火车事故，大至第一次世界大战造成通货膨胀，均可能属于交易基础〔21〕。第三部分则为“成为当事人交易意思之基础”，以便区分“交易基础”并不成为当事人意思表示的一部分，因为既然只是交易“基础”而与契约“内容”无涉，就可以跟债务不履行之给付障碍或者契约严守原则相区隔〔22〕。

当然，Oertmann 的主观交易基础理论也遭到德国学说诸多无情的批评，这包括了：当事人一方的缔约观念只要他方未反对就可以成为交易基础，显然范围太广，且该定义之公式并未包括“双方当事人对于将来出现的某些具体状况，均表示完全没有疑问”的情形等疑问〔23〕，但似乎并无碍

（接上页）bei Vertragsabschluss zu Tage getretene, von Vertragsgegner in ihrer Bedeutung erkannte und nicht beanstandete Vorstellung eines Beteiligten oder die gemeinsameVorstellung beider Teile vom Vorhandensein oder dem künftigen Eintritt oder Nichteintritt gewisser Umstände, auf denen sich der Geschäftswille aufbaut“。国内相当早研究此一问题的文献可参考彭凤至:《情势变更原则之研究》，五南图书出版公司 1986 年版，第 31—32 页，也曾经将上开定义，以如下中译介绍：“法律交易基础为缔结法律行为时，当事人一方，对于特定环境之存在或发生，所具有之观念，该观念之重要性为相对人明知且未作反对之表示；或双方当事人对于特定环境之存在或发生，所具有之共同观念，且基于此种观念而形成法律行为之意思者”，兹一并列供参考。

〔20〕 Vgl. Oertmann, Geschäftsgrundlage, S. 29, 38, 96f.；并对照 Soergel/Teichmann, BGB, 2013, § 313 Rn, 12 之说明。

〔21〕 Vgl. Oertmann, Geschäftsgrundlage, S. 26；并对照 Soergel/Teichmann, BGB, 2013, § 313 Rn, 12 之说明。

〔22〕 Vgl. Soergel/Teichmann, BGB, 2013, § 313 Rn, 12.

〔23〕 详请参见 Soergel/Teichmann, BGB, 2013, § 313 Rn, 13 及该处注释 37—39 所列批评的学者文献（值得附带一提的是，德国民法最重要的大注释书 Staudinger，自 2002 年（转下页）

于其理论被接受成为德国实务见解以及其后成文化之基础!

(二)主观交易基础与客观交易基础

Oertmann 的交易基础理论,是采取后来被学说上称呼为所谓的"主观的交易基础"(sog. subjektive Geschäftsgrundlage),如前所述,这个想法被德国稳定的实务见解(ständige Rechtsprechung ;程度类似台湾地区的判例见解)所采纳。从帝国法院以来就采取 Oertmann 理论中对于"交易基础"的定义而一再宣示"主观的交易基础"之想法,是指:在缔约时已经出现、成为他方当事人可知悉且未反对之一方当事人之观念,或者双方当事人共同之观念均知悉某些状况存在或者将来会发生,而这些共同观念成为当事人交易意思之基础者〔24〕。不过,德国联邦最高法院后来则兼采本文下述的客观交易基础,包括对价丧失及目的丧失也包括在内情势变更之范围内。

相对于此,"客观交易基础论"(objektive Geschäftsgrundlage)则企图避免主观论不适当的心理学论点,主要是德国学者 Karl Larenz 进一步所做的区分,因此该说将"交易基础"定义为:依据契约之内容,目的及其经济上之意义,在缔约时是以所有客观上的情状与关系的存在或持续存在为前提,无论当事人是否曾经想到过这些情状,以便使契约表现为一个有意义、实用且符合整体法秩序的形体〔25〕。

(接上页)德国债法修正,迄本文完稿时,仍未对于新法第 313 条进行注释,网络查询结果,预告要到延到 2019 年才出版,因此无法窥知并引用其见解,甚为可惜,因此本文对于大型注释书主要只能参考 Soergel 注释书的见解)。据德国文献之研究,光是这些反对的学说自己后来所修改提出之交易基础理论,就各自分歧多达 56 种!有采取纯粹客观说强调给付与对待给付的客观失衡者,有强调客观与主观结合者,有强调主观基础与客观基础之区别者,有认为风险分配的思想才是唯一重点者,有主张应该结合补充的契约解释与交易基础理论者,也有完全否认交易基础说者,不一而足,但也显现出这些眼花缭乱的学说自己诸多的不一致(参见 Bamberger/Roth, BGB, 3. Aufl., § 313 Rn. 5)。

〔24〕 参见前揭注〔19〕中 Oertmann 原文与德国实务稳定判决略加改写的不同用字。

〔25〕 主要是德国学者 Larenz 相对于 Oertmann 的见解,所做的主观与客观交易基础的区分,参见 Larenz, Geschäftsgrundlage und Vertragserfüllung, 3. Aufl., 1963, S. 17, 185,明确指出此点者,参见 MünchKomm/Finkenauer, BGB, 6. Aufl., § 313 Rn. 12。至于 Larenz 则是在 Locher, AcP 121(1923), S. 1ff., 71ff. 所建构基础上开展此种区分,此点并参见 Soergel/Teichmann, BGB, 2013, § 313 Rn. 14 之说明。

Larenz 的"**主观交易基础**"的定义与关键用语虽然是继受自 Oertmann 及 Windscheid,但与 Oertmann 不尽相同,是指"在缔约时引导双方当事人的某一共同观念或者确定的期待,(转下页)

不过，虽然《德国民法典》第313条区分客观交易基础与主观交易基础丧失，而分开规定在先后两项，但对于此种区分德国学说上仍然不免有甚多批评，几本重要的教科书及注释书均采取批评之见解[26]。然而，这

（接上页）而且是以如下方式引导，亦即：任何一方当事人如果知悉此种观念或期待有错误，将不会缔结契约，或者根本不会缔结此种内容之契约，或者正直的对造当事人将不会建议缔结契约”（eine bestimmte gemeinsame Vorstellung oder sichere Erwartung beider Vertragsparteien, von der sich beide beim Abschluss des Vertrages haben leiten lassen, und zwar in der Art, dass jede Partei bei Kenntnis der Unrichtigkeit dieser Vorstellung oder Erwartung den Vertrag nicht oder doch nicht mit diesem Inhalt geschlossen oder zumindest der Gegenpartei redlicherweise nicht angesonnen hätte.)（Vgl. Larenz, Geschäftsgrundlage und Vertragserfüllung, 3. Aufl., 1963, S. 17.; AT I §20 III; SchuldR I §21 II）不过，结论上仍与 Oertmann 及 Windscheid 相同，不仅包括缔约时错误认知的交易基础，也包括该交易基础嗣后丧失的情形。只不过在双方当事人缔约时就已经发生之观念与期待的共同错误，Larenz 把这种主观的交易基础当作是一种“意思表示瑕疵范围内的双方动机错误”而在民法总则加以处理。（参见 Soergel/Teichmann, BGB, 2013, §313 Rn. 15 详细指出此点；王泽鉴：《民法总则》，北京大学出版社 2014 增订新版，第416页亦同 Larenz 的处理方式）。

至于 Larenz 的**“客观的交易基础”**（objektive Geschäftsgrundlage），则不再指当事人的观念与期待，而是指“由客观上必须存在且持续的情状与关系所构成，因而在双方当事人的意图下，契约可以被理解为是一个有意义的规定”（die Umstände und allgemeine Verhältnisse, deren Vorhandensein oder Fortdauer objektive erforderlich ist, damit der Vertrag im Sinne der Intentionen beider Vertragsparteien noch als eine sinnvolle Regelung bestehen kann），一旦契约中作为要件的给付与对待给付的对价关系被破坏至一般人的理解上已经不能再说是“对待给付”的程度（对价干扰），或者双方客观上之契约目的已经无法达成时（目的丧失）。（Larenz, Geschäftsgrundlage und Vertragserfüllung, 3. Aufl., 1963, S. 170f）。

〔26〕 以下大略介绍反对见解之概要论点供参考。例如 Soergel/Teichmann, BGB, 2013, §313 Rn, 16f.（该处见解略以：如果当事人共同依当时之事物现状，足以认为某一情势已经发生（例如以为机关已经给予一个必要的许可），但结果却不是如此，则依 Larenz 公式中表达的共同期待，已足以认定是主观交易基础欠缺，但同样也可以认为，此时是订约后外在信息的变更（例如机关通知拒绝许可）而存有客观交易基础丧失之情势；又例如在一个长期的契约存续期间内爆发战争，究竟是当事人有共同观念认为和平状态会继续，因而有共同的动机错误之主观交易基础欠缺，还是在该期间内爆发战争，是属于客观交易基础不存在，因为当事人根本没有认为和平状态会继续共同的观念存在？恐怕难以区分。Larenz 自己也承认，此二者之要件事实在一部分的案例中会重叠。对他而言，此二者只是类型的描述而已，二者不仅界线是流动的，而且结构上也相互限制）；MünchKomm/Finkenauer, BGB, 6. Aufl., §313 Rn. 12ff.,; AnwKom－BGB/Krebs, BGB, §313 Rn. 28（主观与客观交易基础之概念无法绝对区分，结合说 Vereinigungsformel 才是一个具有适用能力的现象描述。从第313条第2项其实可以看出，《德国民法典》赋予当事人主观意思的实现一个优先的重要性，当事人的主观观念因此甚至优先于客观的契约目的加以考虑）.；Medicus, AT, 8. Aufl., Rn. 860.（该处见解略以：此种（主观与客观交易基础的）区分有人赞成，也有人反对，Larenz 自己非常严格地贯彻，以致他在民法总则教科书中只提主观的交易基础，也就是动机错误，而客观交易基础则是在债总教科书有关给付障碍的部分才出现。但是他的续写者 Wolf 现在则将两者综合成为“主观－规范的交易基础论”（”subjektiv－normativ verstandene Geschäftsgrundlage”, §38 Rz. 24——笔者按：Medicus 此处的出处引注在 Larenz－Wolf 民总教科书第9版应为§38 Rn. 14.）。我一如既往地认为这两种（转下页）

些批评同样也展现出理论论争与细腻思维的特色[27]，但仍然无碍于德国其他多数学说以及现行法将其成文化为具体规范。

(三)德国法上之成文化

德国一直到2002年债法现代化修正时，始在《德国民法典》第313条针对契约之效力调整，将情势变更原则加以明文化。其内容为[28]：

(第一项)当作为契约基础的情势在订约后发生**重大变更**，倘当事人预见此种变更，将不愿订约或以其他内容订约，而当事人对于变更**不可预见**时，在考虑所有个案情形，特别是约定或法定的风险分配后，认为对一方当事人是**无法期待**其遵守原契约者，得请求调整契约。

(第二项)作为契约基础之重大观念被证明是错误时，视为情势之变更。

(第三项)倘调整契约是不可能，或对于契约之一方是无法期待时，受损之一方得主张解除契约。在继续性契约则以终止权代替解除权。

(接上页)区分不够清楚。一方面是因为，对于现在或将来的情状不正确的判断(亦即，即使还没有到错误判断的程度，而只是单纯没想到该情状)，也应该适用交易基础丧失的效力。另一方面即使双方当事人有共同错误，也还不足以就认为是交易基础的干扰，还应该要具备无法期待其履行的要件。)又 Bamberger/Roth, BGB, 3. Aufl., § 313 Rn. 4. 所引述者其实还是 Larenz 的说法。不过，该书结论上还是赞成实务所采取的主观的交易基础论，认为主观与客观基础的区分是流动的，因为确认作为缔约基础与当事人交易意思的客观状态，是一种评价的过程，也可以说是一种主观的要素。

〔27〕 德国学说上其实将交易基础理论，又进一步分类为"大的交易基础"(große Geschäftsgrundlage)与"小的交易基础"(kleine Geschäftsgrundlage)，前者作为契约基础的期待包括了政治与经济关系的稳定性，以及经由战争、类似战争的发展、天灾、货币改革等，其余的期待与丧失则属于小的交易基础。对于思考"情势变更"之内涵，亦有其帮助(Bamberger/Roth, BGB, 3. Aufl., § 313 Rn. 6-7)。

〔28〕 原文："(1) Haben sich Umstände, die zur Grundlage des Vertrags geworden sind, nach Vertragsschluss schwerwiegend verändert und hätten die Parteien den Vertrag nicht oder mit anderem Inhalt geschlossen, wenn sie diese Veränderung vorausgesehen hätten, so kann Anpassung des Vertrags verlangt werden, soweit einem Teil unter Berücksichtigung aller Umstände des Einzelfalls, insbesondere der vertraglichen oder gesetzlichen Risikoverteilung, das Festhalten am unveränderten Vertrag nicht zugemutet werden kann. (2) Einer Veränderung der Umstände steht es gleich, wenn wesentliche Vorstellungen, die zur Grundlage des Vertrags geworden sind, sich als falsch herausstellen. (3) Ist eine Anpassung des Vertrags nicht möglich oder einem Teil nicht zumutbar, so kann der benachteiligte Teil vom Vertrag zurücktreten. An die Stelle des Rücktrittsrechts tritt für Dauerschuldverhältnisse das Recht zur Kündigung."中文特别标示的不同字体，是为了提示下文中对照台湾地区与德国关键要件不同之处，附此叙明。

新法采用“交易基础之干扰”(die Störung der Geschäftsgrundlage),而未继续沿用实务上长期使用的“交易基础之变更或消失”,乃因该用语不够精确,能否适用于交易基础自始不存在之情形容有疑问,新法之交易基础之干扰可明确适用于交易基础之丧失及交易基础自始不存在两种情况。本条新增之理由在于:将经过数十年实际使用并稳妥而已具有习惯法效力之“欠缺或丧失交易基础”之法律制度,基于重要性而纳入条文中,不再排除于法典之外〔29〕。

(四)台湾地区

1. 程序法或实体法性质

在第二次世界大战期间,台湾地区同样面临如货币异常贬值之社会生活剧变,为适应此需要,先后又在“非常时期民事诉讼补充条例”第20条及“复原后办理民事诉讼补充条例”第12条、第13条设有明文,规定情势变更原则之要件及效力。迄1954年间失效,并于1968年修正“民事诉讼法”时将其纳入成为旧“民诉法”第397条规定〔30〕。但此种法理上因情势变更原则而增减给付或变更原有效果之规定,本应属实体法上之问题,屡受程序法学者批评“将情势变更原则定于程序法之常法中,体例上不无可议。”〔31〕2000年台湾地区“民法”债编修正时,乃增订“民法”第227条之2,将旧“民诉法”第397条之内容,几近相同地迻入“民法”中。迄2003年修正“民事诉讼法”时,始另外增订现行“民诉法”第397条,区分为法律行为成立后与言词辩论终结后,发生情势变更,而应分别适用“民法”与“民事诉讼法”之情形。(条文对照及理由参见图表一)

---

〔29〕 黄立:《德国新民法债务不履行规定的分析》,载《德国新债法之研究》,元照出版公司2009年版,第183—184页。

〔30〕 曹伟修:《最新民事诉讼法释论(下册)》(第5版),1984年,第1256页。

〔31〕 参见王甲乙、杨建华、郑健才:《民事诉讼法新论》,三民书局2009年版,第544页。新“民诉法”第397条修正理由之一即已指出此点:“前者所适用之情势变更原则乃诚信原则在实体法上内容具体化之个别法则之一,将其规定于本法,体制上有所不合,且民法第二百二十七条之二已增订此项内容,本法无重复规定之必要。”其实亦本此情势变更原则为实体法性质之见解。

图表一　新旧条文对照表

条号	旧"民事诉讼法"第397条(2003.9.1新"法"生效前)	"民法"第227条之2增订(2000.5.5生效)	新"民事诉讼法"第397条(2003.9.1新"法"生效后)
条文内容	(1)法律行为成立后，因不可归责于当事人之事由，致情势变更非当时所得预料，而依其原有效果显失公平者，法院应依职权公平裁量，为增减给付或变更其他原有效果之判决。 (2)前项情形，于非因法律行为发生之法律关系准用之。	(1)契约成立后，情势变更，非当时所得预料，而依其原有效果显失公平者，当事人得声请法院增、减其给付或变更其他原有效果之判决。 (2)前项规定，于非因契约所发生之债，准用之。	(1)确定判决之内容如尚未实现，而因言词辩论终结后之情势变更，依其情形显失公平者，当事人得更行起诉，请求变更原判决之给付或其他原有效果。但以不得依其他法定程序请求救济者为限。 (2)前项规定，于和解、调解或其他与确定判决有同一效力者准用之。
立法理由	本条系本次修正案新增条文，原案无，其理由谓，本条系依复原后办理台湾地区"民事诉讼补充条例"第12条及第13条所设有关情势变更法则之规定而制订，为维持实质上之公平，必不可少，譬如法律关系成立后，因战事或其他不可归责于当事人之事由致情势剧变，非当时预料，而依该关系原应发生之效果，显失公平者，自应授权法院斟酌社会经济情形，当事人生活状况，以及其他各种因素，兼顾当事人双方之利益，为适当之裁量，以求其平，若拘泥于原应发生之效果而无情势之变迁，则欲获致实质上之公平，将无异刻	(1)本条新增。 (2)情势变更原则为私法上之一大原则，台湾地区"民事诉讼法"第397条虽有明文，唯"民法"上除有个别具体之规定，例如第252条、第265条、第442条等外，尚乏一般性之原则规定，致适用上易生困扰。目前实务上虽以诚实信用原则依台湾地区"民事诉讼法"第397条之规定，为增、减给付或变更原有效果之判决。但诚实信用原则为上位抽象之规定，究不如明定具体条文为宜。爰参考台湾地区"民事诉讼法"第397条之体例，增订第一项规定，俾利适用。又情势变更，纯属客观事实，当无因可归	(1)原条文适用情形有二，一为法律行为成立后或非因法律行为发生之法律关系成立后，事实审最后言词辩论终结前发生情势变更，一为确定判决之事实审最后言词辩论终结后发生情势变更("院字第二七五九号""院解字第三八二九号解释")。 前者所适用之情势变更原则乃诚信原则在实体法上内容具体化之个别法则之一，将其规定于本法，体制上有所不合，且台湾地区"民法"第227条之2已增订此项内容，本法无重复规定之必要。至于后者则涉及判决确定后更行起诉之问题，仍宜于本法加以规定。因情势变更

（续表）

条号	旧“民事诉讼法”第397条（2003.9.1新“法”生效前）	“民法”第227条之2增订（2000.5.5生效）	新“民事诉讼法”第397条（2003.9.1新“法”生效后）
	舟以求剑。职是之故，本修正案特将上述补充条例之规定收纳于本法中制为常典，以补充法律之适应性，并依其性质，附于第396条之后，明定法院运用此项法则，不受当事人进行主义之限制。	责于当事人之事由所引起之事例，故台湾地区“民事诉讼法”第397条规定“因不可归责于当事人之事由致”等文字无赘列之必要，并予叙明。 (3)情势变更原则，适用于契约之情形最多。唯非因契约所发生之债，例如无因管理、不当得利等，遇情势变更时，亦宜准用，爰增订第2项规定，俾符公允。	而更行起诉，涉及确定判决之安定性，适用范围不宜过于扩大，故如判决内容业已实现者，即不得再以情势变更为由，更行起诉。此外，如当事人得提起异议之诉或其他法定程序请求救济者，亦无许其更行起诉之必要，爰修正第1项规定。又当事人依本项起诉，系基于最后言词辩论终结后变更之事实更行起诉，原判决所确定之法律关系及其他未变更之事实，仍为此诉讼之基础事实，法院不得再行斟酌而为不同之认定，乃属当然。 (2)确定判决之内容如系有关非因法律行为发生之法律关系者，当然适用第1项之规定，第2项原条文已无规定之必要。又和解、调解或其他确定判决有同一效力者，亦可能发生情势变更情形，爰于第2项设准用规定。

情势变更原则究竟应该放在“民法”即可，或者应该分别放在“民法”及“民事诉讼法”中，不仅在台湾地区引发学者从实体法或者诉讼法角度观察的论战，无独有偶地，在德国亦见到类似的学术论争。德国除了有前述《德国民法典》第313条明文增订情势变更原则外，同样在《德国民事诉

讼法》第323条以情势变更原则为法理基础，亦规定有类似台湾地区现行"民事诉讼法"第397条之变更判决之诉。对此，德国学者Gottwald教授即曾批评认为："诉讼法应该规范的是权利的诉讼行使（Rechtsverfolgung），而非规定何时（wann）实体状况变更时可以导致请求权变更；如果是这样规定，就具有实体法的内涵。《德国民事诉讼法》第323条规定在情势发生重大变更时，即可起诉请求变更，已经不是诉讼法上请求权，而是实体法上的请求权。规范是否（ob）以及如何范围内（in wie weit），事后的变更可以影响一个实体法的请求权，就是一个实体法的规定。"〔32〕并举只有现行《德国民法典》第1612a条这个实体法之规定〔33〕，设有关于经济状况变化可以调整定期给付之扶养费，来印证《德国民事诉讼法典》第323条本身就是被视为一个实体法上基础变更的规范〔34〕，足见情势变更原则在民法与民事诉讼法具体化与成文化过程之争议性〔35〕，但无论如何均可证明台湾地区"民法"第227条之2及"民事诉讼法"第397条性质上均应属于实体法属性，且均为情势变更原则之表现。此项情势变更在台湾地区成文化之过程，对应德国法规定之特色，颇值玩味。

2. "交易基础论"之理论继受

不过，可能是由于台湾地区情势变更原则规定之成文化，系因为经历第二次世界大战造成社会生活剧变，货币异常贬值之背景，似乎局限了台湾地区情势变更思想之"情势重大变更"在整体实务与多数学说见解（此点详见下文之开展）仅限于"客观情势"，而排除"主观情势"变更作为双方缔约基础丧失得适用情势变更以调整法律关系的可能性，造成下文将研

---

〔32〕 Vgl. Peter Gottwald, Abänderungsklage, Unterhaltsanspruch und materielle Rechtskraft, FS Schwab, S. 151, 160.

〔33〕 该条修正前之旧法第一项规定："对于未成年人扶养义务应给付定期金数额，系在法院裁决、协议或义务证书中确定者，权利人或义务人得请求应给付之扶养费按第二项规定配合经济状况之一般发展作调整。"此中译条文参见赵文伋、徐立、朱曦译：《德国民法》，五南图书出版公司，1992年版，第342页。

〔34〕 Vgl. Peter Gottwald, Abänderungsklage, Unterhaltsanspruch und materielle Rechtskraft, FS Schwab, S. 151, 162.

〔35〕 关于"民事诉讼法"上第397条因情势变更而确定之判决提起情势变更判决之诉，另参见吴从周：《变更判决之诉》，曾于2015年9月13日发表于民事诉讼法研讨会第128次，载《法学丛刊》，2016年4月第61卷2期，第153—230页。

究之情势变更原则适用于工程承揽契约时，理论基础与现行成文化之规定显得不足，个案衡平不易兼顾。本文认为，上述德国法上对于情势变更原则以及"交易基础理论"之演变与创设在比较法上值得借鉴，特别是所谓"主观交易基础"之提出，亦根基于诚信原则之上，因此，在台湾地区有参考继受上述理论之必要，俾扩展并拓深台湾地区对具体案例解释适用之根基〔36〕。

二、两个实务案型之再思考

在本质上，情势变更原则，乃源于诚信原则具体化发展而产生之法律一般原则，属于诚信原则之下位概念，为因应情势骤变之特性所作之事后补救规范，旨在对于契约成立或法律关系发生后，为法律效果发生原因之法律要件基础或环境，于法律效力终了前，因不可归责于当事人之事由，致发生非当初所得预料之变动，如仍贯彻原定之法律效果，显失公平者，法院即得依情势变更原则加以公平裁量，以合理分配当事人间之风险及不可预见之损失，调整当事人间之法律关系，以追求当事人间之正义与衡平。然而，该规定即使成文化为具体条文，仍然选择了诸多不确定法律概念作为其构成要件要素（情势变更、非得预料、显失公平等），凡此均有待透过案例群进一步加以评价补充与具体化〔37〕。然则，如何"具体化"而一贯性地适用于个案，却也一直是不确定法律概念现实化过程最困难的问题。

本文于 2017 年 4 月 3 日分别以"情势变更"及"情势变更 & 工程"为关键词，键入台湾地区的"司法院"法学检索数据系统，查询"最高法院"判决之数量，发现前者数量为 877 笔，后者为 366 笔，约略可见情势变更原则于工程案件之适用，至少占约 42%。此外，台湾地区"民法"上有关情势变更原则之文献主题，也多集中在工程承揽契约争议案件之适用上（此

---

〔36〕 同前注〔16〕，陈自强：《和解与计算错误—契约法之现代化Ⅲ》，第 175 页。亦肯定在德国与我国台湾地区均以诚信原则为依据之情形下，基于规范体系之类似性，台湾地区以继受已发展之"交易基础理论"制度，特别是"主观交易基础理论"（译为"主观法律行为基础理论"）为最佳选择。

〔37〕 Bamberger/Roth, BGB, 3. Aufl., § 313 Rn. 2. 特别强调此点。关于具体化之理念与方法，中文文献可参见吴从周：《当代德国法学上具体化之理念及其方法—以诚信原则为例》，载吴从周《民事法学与法学方法（第三册）》，一品文化出版社 2007 年版，第 7—8 页。

参见本文文中注释及参考文献即明），为此，本文拟限缩范围于情势变更原则在工程承揽契约之适用情形进行分析讨论，以提供台湾地区民事工程承揽契约在纷争解决实务上（包括法院诉讼或调解、仲裁等 ADR 的纷争解决方式）之参考。

又此等工程案件涉及情势变更原则适用与否者，归纳工程实务上，主要是以两种争议类型最为攸关：一种为订约后因为物价暴涨或暴跌（称此为“物价涨跌型”），而请求依情势变更原则增减给付（本文在上开搜寻结果的基础上，继续以“情势变更 & 工程 & 物价”为关键词进入上开系统，搜寻获得 131 笔台湾地区“最高法院”判决），另一种为因不可归责于双方当事人之工程展延工期后（称此为“工期展延型”），能否依情势变更原则请求展延期间之管理费等工程款或者同时请求展延工期及工程款（本文同样在上开搜寻结果的基础上，继续以“情势变更 & 工程 & 展延”为关键词进入上开系统，搜寻获得 136 笔“最高法院”判决），初步统计，此两种类型大约占工程案件争议数量的 2/3 左右，可见此两种工程契约争议之案型对于再思考民法上情势变更原则之实务适用现况，扮演重要角色。

下文即拟各挑选此两个类型之案例作为讨论对象，并在理论上对应德国新法规定之理论、实务与原则成文化之发展，再思考此两种类型在情势变更构成要件之适用问题。在下文的论证脉络上，本文试着去证立：《德国民法典》第 313 条规定第 1 项的“客观交易基础理论”与第 2 项“主观交易基础理论”，足以对应处理工程承揽契约的两种经典案型“物价涨跌型”与“工期展延型”，而后者之解释适用，正是目前台湾地区较为不足者。

第二部分　物价涨跌型：嘉义市市政中心新建大楼工程款调整案

一、基本事实与主要争点

原告兴亚营造工程股份有限公司（下称兴亚公司）起诉主张：伊于

2001年9月5日与茂晋企业股份有限公司〔38〕以新台币(下同)7.918亿元总价共同得标承揽“嘉义市市政中心南栋大楼新建工程”(下称系争工程),由兴亚公司承揽其中建筑工程部分,双方于2001年10月5日签订工程契约,并于2002年1月10日开工,嗣经嘉义市政府5次变更设计,于2004年10月10日完工。于系争工程施作期间,自2001年底起台湾地区营建物价飙涨,2003年、2004年1月至10月之营建物价总指数、钢筋指数、金属制品类指数均大幅上升,“行政院”为因应钢筋、金属类物料等营建物料价格剧烈变动,于2003年4月颁布《因应台湾地区钢筋价格变动之物价调整处理原则》(下称《2003年原则》),厂商要求就钢筋材料协议调整工程款者,机关得参考该原则办理物价调整,适用期间溯及于2002年6月1日以后施作之工程。2004年5月3日复颁布《台湾地区机关已订约工程因应营建物价变动之物价调整处理原则》(下称《2004年原则》),工程完工日期在2003年10月1日以后,厂商要求依该原则协议调整工程款者,无论原契约是否订有物价调整规定,机关应同意办理工程款之调整。系争工程施作期间金属类制品物价及营建总物价已超出前开原则所揭示正常涨跌幅,如仍依原约计算工程款对其显失公平,其自得依据情势变更原则并参考前述原则,请求调整工程款,就2002年6月1日起至2003年9月30日以前完成估验之金属类材料,依2003年原则计算(即按:以2002年12月至2003年9月期间之物价上涨计算),得请求增加工程款金额为29,778,486元;就2003年10月1日以后完成估验之全部物料(以2003年10月至2004年10月期间之物价上涨),依2004年原则计算,得请求增加工程款金额为43,951,177元,合计为73,729,663元。

被告嘉义市政府则抗辩以:系争工程契约第6条第3项明定本契约如遇物价波动时,厂商不得要求调整单价或赔偿损失,兴亚公司自不得请

〔38〕 本件案例事实另涉及茂晋企业股份有限公司因无法履约,而由乔锋公司与暐翔公司概括承受茂晋公司于空调工程部分契约全部之权利义务,后因暐翔公司破产无法继续履约,兴亚公司遂经由业主同意后,概括承受暐翔公司就系争工程之一切权利义务,并依此向嘉义市政府请求工程款、保留款及履约保证金,然因与本文就情势变更原则之主题无直接关涉,故此部分事实暂略而不论。

求物价波动之补偿金；且于订约前，钢筋价格已呈现逐月上涨之趋势，订约后纵发生钢铁价格上涨之情形，亦非兴亚公司于订约当时所无法预料，且其并未因此受有利益，兴亚公司所受之损失，复未达于显失公平之程度，兴亚公司依情势变更原则，诉请增加给付，为无理由。

为求明了，兹略图示如下：

图表二　本件案例事实

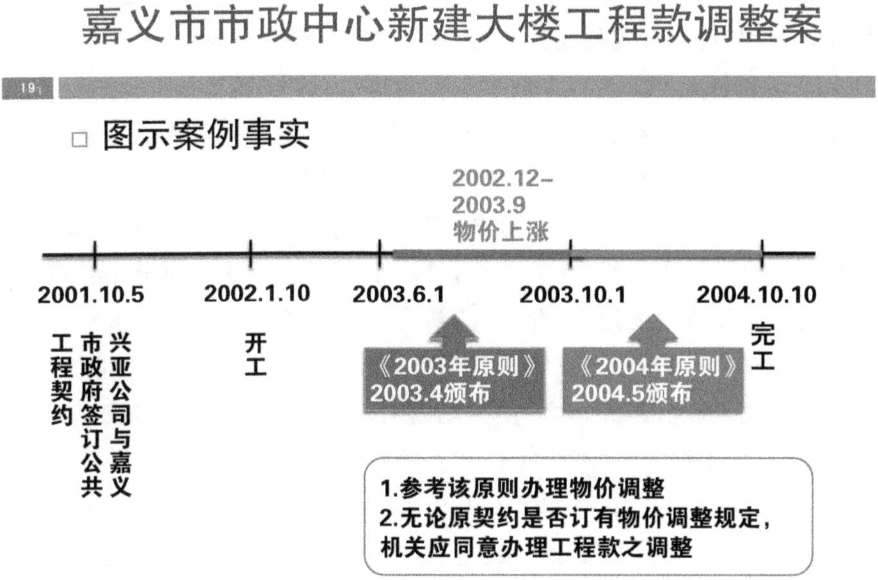

双方当事人间就上述事实主要涉及如下两个争点：第一，系争工程是否符合台湾地区“民法”第227条之2情势变更之要件（主要争议集中在：自2002年12月至2003年9月间之施工期间的物价涨跌有无适用）？第二，系争工程契约第6条第3项是否排除台湾地区“民法”第227条之2情势变更原则之适用？以下针对这两个此类型案件经常出现的争点，排列可谓见解相当分歧的历审判决理由。

二、历审判决见解

（一）台湾地区嘉义地方法院2005年度建字第24号判决

双方争执之2002年12月至2003年9月间，虽发生金属制品类之物价上涨之情势[39]，唯依契约原有效果履行，尚不致发生显失公平之效果，此段判决理由谓："原告实际上即使因系争工程施工期间物价波动影响受有部分损失，然本院审酌其程度尚属轻微，即使依契约原有效果履行，亦不致生显失公平之结果"。但2003年10月至2004年10月系争工程完工期间发生营建材料之上涨之情势，"该上涨情形乃系自2002年12月起即开始微幅上涨，自2003年10月至2004年10月间之涨幅已至非常态之情形，因此，自应认原告就此段期间关于支出购买原料之成本大幅增加，若依契约原有效果履行，势必致生显失公平之结果"。

至于系争工程契约第6条第3项约款，为被告单方面所预先订立之定型化约款，核该用词所称之"物价波动"究系指通常一般人所得了解、预见之正常物价波动范围不予调整，或系特约排除情势变更原则之适用，因其文义并不明确，且系争约款乃被告单方面限制原告权利之行使，应为有利他方(即原告)之解释，始为公平，且即使有上述约款之约定，亦不得排除情势变更原则之适用，基此，本院认为应就上述约款为**限缩解释，适用范围限缩于"可得预测之正常物价指数波动范围内"，而非排除情势变更原则适用之约款**。因此，本件自不能以上开约款而排除原告基于情势变更所主张之权利。

(二)台湾地区"高等法院"台南分院2007年度建上字第9号判决

台湾地区"高等法院"就上述两争点之见解与地方法院之看法几近相

---

[39] 该判决理由认定：依原告所提、双方不争执之"台湾地区营造工程物价金属制品类指数表"所示，原告投标之时之金属制品类指数为98.65(按：基期：2001年＝100)，在2001年9月至2002年12月虽有上涨，但幅度尚非极大，唯自2002年底之后价格上涨幅度则逐月加巨，最高达191.77(2004年3月)，涨幅最高达到94.39%，平均涨幅亦有35.97%。而2003年、2004年1至10月之平均年增(减)率分别为18.84%、37.7%。而台湾地区行政管理机构亦于2003年4月30日颁布"九十二年原则"，揭橥："机关办理查核金额以上之在建工程，因近期国内钢筋价格剧烈变动，厂商要求就钢筋材料协议调整工程款者，机关得参考本处理原则，依"行政院"主计处公布之台湾地区营造工程物价指数表材料类内之'金属制品类指数'(以下简称金属指数)办理物价调整(含增加或扣减应给付之契约价金……)"等语，足征双方签订系争契约后一年左右，营建材料中之"金属制品"急遽上涨，金属制品类物价指数之涨幅均远高于"行政院"所定应办理工程款调整之5%，显见债之关系成立当时之环境已发生不可归责于当事人之变动，而于系争工程契约履约期间，其中自2002年12月至2003年9月间(按：2003年10月以后因台湾地区行政管理机构另颁布"九三原则"，就该部分，宜改参考该原则来判断是否发生情势变更)金属制品类指数之涨幅分别为：10.87%、21.59%、29.67%、34.5%、31.69%、26.89%、25.39%、29.78%、32.28%、33.36%，此项变动可谓甚巨，但该情势变更并未达显失公平程度。

同，可归纳为：

1. 是否符合情势变更原则之要件

(1)情势变更非当事人所得预料部分，理由谓："双方签订系争契约后，自2002年12月至2003年9月间发生金属制品类之物价上涨，自2003年10月至2004年10月系争工程完工之期间亦发生营建材料之物价上涨，此等物价上涨及其涨幅，显非为上诉人先前于系争工程契约订定时所得预料"；

(2)依《2004年原则》计算部分，符合显失公平之结果，但依《2003年原则》计算部分则否，理由略谓："2003年10月至2004年10月间之涨幅已至非常态之情形。基此，自应认上诉人就此段期间关于支出购买原料之成本大幅增加，若依契约原有效果履行，势必致生显失公平之结果，是本院认该段期间之工程款宜参考《2004年原则》加以调整，亦即应依台湾地区'民法'第227条之'情势变更原则'命被上诉人应增加给付工程款43,951,177元；至2002年12月至2003年9月间就金属制品类原料虽亦发生价格上涨及其涨幅非上诉人于契约订定时所得预料之情势，然因上诉人实际上就金属制品类上涨所受之影响非巨，即使依原来契约所定效果请求工程款，亦难认将生显失公平之结果。"

2. 情势变更原则排除条款之效力

法院认定条款无效，但又认为应限缩解释其适用范围，理由谓："系争工程契约第6条第3款之约定，为被上诉人单方面所预先订立之定型化约款，形式上契约双方当事人均可能适用，然物价可能只涨不跌，在此情形该条款显然仅单方面限制承揽人一方行使调整单价或赔偿损失之权利，亦即使定作人强加物价波动风险于承揽人一方，显失公平，揆诸台湾地区'民法'第247条之1之规定，上述条款之约定应属无效。再参照实务及工程会所颁采购契约要项规定，纵系总价决标，如工程实作数量超出契约所定数量一定程度，仍得变更契约价金，依此法理，纵使系争工程契约曾约定不得物调，也不应排除情势变更原则之适用，故系争契约第6条第3项不得请求物调约定，应缩限解释为'通常所得预见之正常物价波动范围内，方不得请求物调'方是。是则……本件自不能以上开约款而排除上诉人基于情势变更所主张之权利。”

(三)台湾地区“最高法院”2008年度台上字第1624号判决

关于依《2003年原则》计算部分:“原审一方面认定兴亚公司于此期间未受物价波动影响,并无因情势变更受有损害,一方面又认此期间因金属制品类物价上涨,兴亚公司受有部分损失,判决理由前后矛盾。又兴亚公司主张其于钢筋大幅上涨后仍持续购入大量之钢筋,难谓无受物价上涨之影响等语,原审就此未论,徒以兴亚公司在钢筋大幅上涨前已购入钢筋,即认其损害程度尚属轻微,无情势变更原则适用,亦有判决不备理由之违法。”

关于依《2004年原则》计算部分:“……又因情势变更,法院依职权公平裁量,为增、减给付之判决,应审酌一方因情势变更所受之损失,他方因情势变更所得之利益,及其他实际情形,以定其增、减给付之数额。故兴亚公司主张因物价变动而受有损失,则其所受损失自系进料价格与订约价格之差额所生之损失,倘兴亚公司于进料时未受有损失,自无理由取得涨价差额之不当利益。嘉义市政府辩称在《2003年原则》发布时,系争工程之结构体已完成92%左右,《2004年原则》发布时,结构体已几乎完成,物价对其影响不大,兴亚公司主张其因物价而受有损失,显与材料进货时间及工程进度不合云云,倘非虚妄,因攸关兴亚公司得否请求调整增加工程款及其金额多寡认定,自属重要防御方法。乃原审未查明比较各期估验工程之钢筋或其他营建材料进料时与订约时之价格,以资作为审酌应否调整工程款之依据,概以系争工程完工时之各项数据,参考《2004年原则》,准许兴亚公司调整增加工程款43,951,177元,而判命嘉义市政府给付,尚嫌速断。”

至于当事人约定之情势变更原则排除条款之效力,则未见“最高法院”表示。

(四)台湾地区“高等法院”台南分院2008年度建上更(一)字第3号判决

更一审法院先否定了情势变更原则排除条款之效力,理由谓:“情势变更原则在调和契约当事人于契约成立后,发生不可预见且契约双方均无可归责事由之损失,由法院以判决分配契约双方之风险承担之谓。准此，情势变更原则既系契约成立后，调和契约双方权利义务之私法上原则，纵当事人于契约成立时，明示不适用情势变更原则者，此项契约条文仍无拘束法院依职权适用情势变更原则，而为公平分配风险承担及不可预见损失之法律效力。本件上诉人嘉义市政府抗辩：系争工程契约第6条第3项已明定本契约如遇物价波动时，厂商不得要求调整单价或赔偿损失，兴亚公司自不得依情势变更原则请求物价波动之补偿金云云，即无足采。”

就情势变更原则适用要件部分则全部否准适用。依《2003年原则》计算部分：“上诉人兴亚公司为施作系争建筑工程，于采购金属制品时，虽因物价上涨，采购成本增加，惟上诉人兴亚公司既系营造业者，衡诸常情，于**订约前**原有推估金属制品物价之正常涨跌情形，以凭计算营造成本之能力，上诉人兴亚公司于系争工程契约成立时，**既得预料**契约履行中有发生上开物价些微波动涨跌该当情势之**可能性**，其本于自行风险评估，而作成订立系争工程契约之决定，依上开说明，自不得于契约成立后，始以该原可预料情势之实际发生，依情势变更原则，请求增加给付。上诉人兴亚公司施作系争大楼新建工程固然因此增加采购成本，唯上诉人嘉义市政府则未因此受有利益，亦难认双方依系争工程契约之原有效果履行，对于上诉人兴亚公司显失公平”。

依《2004年原则》计算，增加给付工程款部分：“上诉人兴亚公司并未提出其他积极事证，以资证明其因承揽施作系争大楼新建工程之建筑工程时，因期间物价上涨之不可归责之情势，致依契约原有效果履行，显失公平之结果；参以营造工程之物价高涨，系因整体经济环境造成，上诉人兴亚公司施作系争大楼新建工程纵因此增加采购成本，唯上诉人嘉义市政府则未因此而受有利益，亦难认双方依系争工程契约之原有效果履行，对于上诉人兴亚公司有何显失公平情势。况对于物料进项成本之计算，直接关系到营业利润之良窳，上诉人兴亚公司既系营造业者，按诸常情，于订约前当有推估营造物品物价之正常涨、跌情形，以凭计算营造成本之能力；其于系争工程契约成立时，既得预料契约履行中有发生上开物价些微波动涨跌该当情势之可能性，其本于自行风险评估，而作成订立系争工程契约之决定，自不得于契约成立后，始以该原可预料情势之实际发生，依情势变更原则，请求增加给付。”

（五）台湾地区“最高法院”2010年度台上字1336号判决

按台湾地区“民法”第227条之2第1项所规定之情势变更原则，旨在规范契约成立后有于订约当时不可预料之情势发生时，经由法院裁量以公平分配契约当事人间之风险及不可预见之损失。是法律关系发生后，为其基础或环境，于法律效力终了前，因不可归责于当事人之事由，致发生非当初所得预料之剧变，如仍贯彻原定之法律效力，显失公平者，法院即得依情势变更原则加以公平裁量而为增减给付或变更其他原有之效果。而是否发生非当初所得预料之剧变，应综合社会经济情况、一般观念及其他客观情势加以判断。本件依“台湾地区营造工程物价金属制品类指数表”及“台湾地区营造工程物价指数表”所示……且‘行政院’为因应钢筋、金属类物料等营建物料价格剧烈变动，于2003年4月30日颁布《2003年原则》……复颁布《2004年原则》……上揭《2003年原则》及《2004年原则》分别载有“近期台湾地区钢筋价格剧烈变动”“近期台湾地区营建物价剧烈变动”等情，则综合上开各情，双方于系争契约成立后，其基础或环境是否未发生剧变？上诉人纵能推估营建物价之正常涨跌，但是否即得推论其亦可预料此项剧变？双方如照原有给付，是否无显失公平情势？均非无再行研求之余地。又系争契约成立后，倘因情势变更，被上诉人因此得以减免支出更多之工程款，即属受有利益。原审未遑详求，徒以双方订立系争工程契约后，虽因营建物价上涨，上诉人承揽系争工程之利润降低，唯仍在订约时得预料及评估范围内，被上诉人亦未因此受有利益……一方面认定上诉人承揽系争建筑工程时，自开工日即2002年1月10日起迄至2003年9月30日及2004年10月间止，金属制品类物价及营造工程物价确有上涨情形，而发生不可归责于双方当事人之情势变更情形；一方面却又认为上诉人不得依情势变更原则请求增加给付，前后理由尤不无矛盾。

（六）台湾地区“高等法院”台南分院2010年度建上更（二）字第2号判决

“情势变更原则在调和契约当事人于契约成立后，发生不可预见且契约双方均无可归责事由之损失，由法院以判决分配契约双方之风险承担之谓。准此，情势变更原则既系契约成立后，调和契约双方权利义务之私法上原则，纵**当事人于契约成立时，明示不适用情势变更原则者，此项契约条文仍无拘束法院依职权适用情势变更原则**，而为公平分配风险承担及不可预见损失之法律效力。本件上诉人嘉义市政府抗辩：系争工程契约第 6 条第 3 项已明定本契约如遇物价波动时，厂商不得要求调整单价或赔偿损失，兴亚公司自不得依情势变更原则请求物价波动之补偿金云云，即无足采……上诉人兴亚公司与部分第三方……间所订契约，有关钢筋、混凝土等材料……自 2002 年 12 月间建筑物价即有上涨，自 2002 年底之后价格上先是钢筋、金属物品涨幅度则逐月加剧，至 2004 年 10 月涨幅极高，且营建物价总指数亦即高，此期间之涨幅已至非常态之情形，因此，自应认上诉人兴亚公司就此段期间关于支出购买原料之成本大幅增加，若依契约原有效果履行，势必致生显失公平之结果，是上诉人兴亚公司请求法院调整物价增加给付，应属有据……由上情显见系争工程契约成立后，环境已发生不可归责于当事人之变动，钢筋、金属物品、营建物品之价格剧烈变动，超过整体物价之波动水平，此时应认为如此之物价波动并非缔约当初所得预见者，应认情势已然变更，且非上诉人兴亚公司所得预见。”

至于本件工程款应如何适用情势变更之效果加以调整，该判决特别谓：“系争工程若参考《2003 年原则》计算之工程调整款为 29,778,486 元，参考《2004 年原则》计算之工程款调整数额为 43,951,117 元，合计为 73,729,663 元……不应全然依上开原则计算调整数额，仍应依客观之公平标准，审酌一方因情势变更所受之损失，他方因情势变更所得之利益，及其他实际情形，以定其增加给付之适当数额。而情势变更原则，旨在调和契约当事人于契约成立后，发生不可预见且契约双方均无可归责事由之损失，由法院以判决分配契约双方之风险承担。准此，**本院认以前述结算工程款总金额**，以 9%计算净利，为 72,730,936 元，而上诉人兴亚公司未获此净利之风险，应由双方共同承担，始得其平，即上诉人兴亚公司请求调整之金额应以该数之二分之一计，始为妥适。依此计算之结果上诉人兴亚公司得请求增加之给付为(72,730,936 元×1/2=36,365,468 元)”〔40〕。

本件因来回更审多次,上下审级之法院判决见解不一,为期明暸,兹再列表摘要整理历审判决见解如下:

图表三　历审判决见解摘要

判决字号	情势变更原则适用之要件		系争工程契约第 6 条第 3 项情势变更原则排除条款之效力
	依《2003 年原则》计算部分	依《2004 年原则》计算部分	
台湾地区嘉义地方法院 2005 年建字 24 号判决	情势变更非当事人所得预料,但兴亚公司所受损害尚属轻微,依原契约履行不致生显失公平之效果,不得主张情势变更原则	涨幅已非常态,按原契约履行必生显失公平之效果,有情势变更原则之适用	定型化约款,应限缩解释为适用范围限于“可得预测之正常物价指数波动范围内”,不予调整,非排除情势变更原则适用
台湾地区“高等法院”台南分院 2007 建上字 9 号判决	同地院见解	同地院见解	定型化约款违反台湾地区“民法”第 247 条之 1,应属无效。应限缩解释为适用范围限于“可得预测之正常物价指数波动范围内”,方不得请求物调,非排除情势变更原则适用
台湾地区“最高法院”2008 台上字 1624 号判决	兴亚公司是否受有损害,判决理由前后矛盾	原审未比较各期实际进料时之价格与订约时之价格,作为审酌应否调整之依据,尚嫌速断	未表示意见

〔40〕 当事人对该判决不服上诉后,经台湾地区“最高法院”2011 年度台上字第 428 号裁定以上诉未表明该判决所违背之法令及其具体内容与具体事实,上诉不合法驳回后确定。

（续表）

判决字号	情势变更原则适用之要件		系争工程契约第6条第3项情势变更原则排除条款之效力
	依《2003年原则》计算部分	依《2004年原则》计算部分	
台湾地区“高等法院”台南分院2007年建上更（一）字3号判决	于订约时可预料物价波动，且嘉义市政府未因此受有利益，依原契约履行难认有显失公平，无情势变更原则之适用〔41〕	兴亚公司系营造业者，按诸常情在订约前应有推估物价涨跌以计算应造成本之能力，且嘉义市政府未因此受有利益，无情势变更原则之适用	无拘束法院依职权适用情势变更原则之效力
台湾地区“最高法院”2010年台上字1336号判决	基础事实是否发生剧变、兴亚公司纵能推估物价正常涨跌是否即得预料此项剧变，均有再探求之余地，且嘉义市政府因情势变更而无须支出更多工程款为受有利益。原审认为有情势变更却不得依台湾地区民法第227条之2增加给付，判决理由矛盾		未表示意见
台湾地区“高等法院”台南分院99年建上更（二）字2号判决	涨幅已非常态，兴亚公司支出成本大幅增加，且情势之变更超出当事人之预料，有情势变更原则之适用，但应由双方共同承担各1/2风险之金额		无拘束法院依职权适用情势变更原则之效力

由上述多次发回重审之法院判决可以发现，本判决分别涉及情势变更之构成要件适用上之争论。

就本案第一个争点：情势变更原则之构成要件于本案究竟是否该当？法院有强调部分事实之情势固有变更但尚非达显失公平之程度者，部分物价涨跌则已非常态而有显失公平之结果，故应有情势变更之适用者；有强调无价涨跌于订约时应可预料，难认履行显失公平而不应适用情势变更原则者；有强调情势变更超过当事人预料而应有适用，但最后以分配双方各1/2风险以求事理之平者。见解分歧，显见对于“情势是否重大变更”“是否订约

〔41〕 但该判决系认定2002年6月至2003年9月期间无情势变更原则之适用，与其他判决均以2002年12月至2003年9月为判断时点略有不同。

当时无法预料""是否显失公平"等要件，判断实属不易。

就第二个争点则有强调应该径行限缩解释当事人排除条款约定之适用范围者；有既强调该定型化契约约定显失公平而无效，又强调应径行限缩解释当事人排除条款约定之适用范围者；又有强调该约定不拘束法院依职权适用情势变更原则之效力者（此似系以该约定有效为前提）。

显见就情势变更之要件适用问题，对法院实属困难，其尚非一致之见解，容有进一步分析检讨之必要。

三、构成要件之分析检讨

（一）情势变更

台湾地区"民法"规定的情势变更，在德国法是以"交易基础丧失"作为背后理论基础，有如前述。"交易基础理论"依据德国通说见解，又可以分为"客观的交易基础"与"主观的交易基础"〔42〕，对某些状况已经存在或者将要发生，缔约时为一方当事人之观念而已经出现且他方当事人所知悉并未反对，或者为双方所共同的观念，而为当事人法律行为意思之基础者，此乃所谓"主观的交易基础"(sog. subjektive Geschäftsgrundlage)，与之相区别的是"客观的交易基础"(objektive Geschäftsgrundlage)，乃是由客观上必须的存在且持续的状态与关系所构成，因而在双方当事人的意图下契约可以被理解为是一个有意义的规范〔43〕。德国联邦最高法院兼采客观交易基础，包括对价丧失及目的丧失也包括在内。学者通说认为《德国民法典》此次修正将前者规范在第 313 条第 1 项，将后者规范在同条第 2 项。

1. "客观情势"变更

所谓情势变更之"情势"系指法律关系成立当时为其基础或环境之一切情况而言，且该基础须未构成契约之内容者，且依我国台湾地区学者

---

〔42〕 这种区分之见解，最早是由 Karl Larenz 所提出，参见 Larenz, Geschäftsgrundlage und Vertragserfüllung, 3. Aufl., 1963, S. 17, 185。现已成为德国通行之分类，并且被德国民法修正所采纳。并参见 MünchKomm/Finkenauer, BGB, 6. Aufl., § 313 Rn. 12。称呼这种分类为"Larenz 公式(die Larenzsche Formel)"，对此分类德国学说上有不少批评见解，参见前述揭注释〔26〕对此等反对见解之简要介绍。

〔43〕 Bamberger/Roth, BGB, 3. Aufl., § 313 Rn. 4.

之通说，对于情势变更原则之适用单纯仅限于“客观”事实之变动而言[44]，不包括主观之事实[45]。甚至在前述台湾地区“民法”于2000年增订现行第227条之2规定时，其立法理由中明白提及：“又情势变更，纯属客观事实，当无因可归责于当事人之事由所引起之事例”等语，益可证明台湾地区不仅在条文、学说及实务均完全排除“主观”情势变更之可能。亦即，就契约订定时之交易基础情况，当事人所明知或确信该交易基础之相关情况仍继续存在或将发生，致其未于契约中明定，或一方当事人主张交易基础之欠缺之事实为相对人所承认时，此种从德国学者Oertmann以来所倡议，而为德国实务稳定见解所接受，嗣并订入现行《德国民法典》第313条第2项之所谓“主观交易基础”，则为台湾地区学说及实务所未承认[46]。

应先强调者系，台湾地区此种客观说的见解，对于处理本文区分的第一种“物价涨跌型”之案型，或许足够，但对于下文将要进一步论述之第二种“工期展延型”，则呈现捉襟见肘而在理论上无法妥适处理之现象。

(1)通常事变

按我国台湾地区学者通说强调，情势变更与事变不同，事变系指非由于故意或过失发生之事由，可分为通常事变(相对事变)及不可抗力(绝对事变)二者，前者乃指债务人如予以严密的注意或可避免发生损害，但债务人已尽其应尽之注意义务而仍不免发生之情形(例如第三人毁损目标物)；不可抗力则指人力所不能抗拒之事由，即任何人纵加以最严密之注意，亦不能避免者是(例如地震、洪水、政变、流行疾病等天然灾害)[47]，情势变更原则之适用，应以“不可抗力者”为限[48]，盖情势变更原则旨在排

---

〔44〕 同前注〔2〕，林诚二，第62页；邱聪智：《新订民法债编通则(下)》，2001年修订1版，第410页；姚志明：《诚信原则与附随义务之研究》，元照出版公司2004年版，第40页；姚志明：《一般情势变更原则于给付工程款案例之适用》，载《月旦法学杂志》，2008年5月第156期；刘春堂：《民法债编通则(一)契约法总论》，2011年版，152页。

〔45〕 林诚二：《债法总论新解体系化解说(下)》，2010年版，第21页。

〔46〕 倪子岚：《论“情势变更原则”与“拟制变更理论”之链接关系—以公共工程契约争议为核心》，台北大学法律研究所2013年硕士论文。

〔47〕 孙森焱：《民法债编总论》，2009年修订版，第500页。

〔48〕 同前注〔2〕，林诚二，第63页；同前注〔44〕，刘春堂，第281—282页。

除不公平之结果，且必在法律上别无救济方法时，始有其适用，而通常事变则得依向该第三人请求损害赔偿等救济方法，而谋取救济，无适用情势变更原则之必要。

不过，岛内学者此种将情势变更限缩于“客观情势”，进而在限制于“不可抗力”之天灾事件，似乎过于狭窄。相应于此，德国学说上在前述作为情势变更理论依据之“交易基础丧失”，特别是“客观交易基础丧失”定义上，则又进一步区别为“大的交易基础”(große Geschäftsgrundlage)与“小的交易基础”(kleine Geschäftsgrundlage)〔49〕，虽然《德国民法典》的法条并没有做这种区分，效果上均适用情势变更，亦无二致，但对于理解情势变更之构成要件所适用对象之广狭，则仍有帮助。申言之，德国学说上所谓“大的交易基础”是指通常作为契约基础的期待，包括了政治、经济、社会关系的稳定性等对于法律、经济交易而言重要的情势状态，但却因为战争、类似战争的发展、天灾、货币改革或贬值等造成这种交易基础的破坏与丧失〔50〕(借用德国学者 Flume 的用语就是：此种变更“具有动摇‘社会生存’‘Sozialexistez’的作用〔51〕”)，较接近岛内学说强调的不可抗力之“剧变”。而前述所列以外，尚有其他“仅对个别法律关系(个别契约)具有重要性”的情势状态，其作为契约基础的期待与丧失，而属于所谓的“小的交易基础”〔52〕，例如在长期履行的义务上(扶养义务、退休金给付义务)发生逐渐的货币贬值，造成契约的对价关系变动，致使交易基础丧失，或者有待测量的土地大小作为契约目标有所变动等是〔53〕。此等对于情势变更内涵的理解，对比于本案“物价涨跌型”是属于外在经济环境变迁的“大的交易基础丧失”而言，特别对于下述“工期展延型”的争议可归

---

〔49〕 此种区分主要是来自 Kegel, Gutachten, in: Verhandlung 40, DJT (1953) I 135ff.，但曾被 Gernhuber 批评区分实益不大—引自 Medicus, Medicus, AT, 8. Aufl., Rn. 859。Erman/G. Hohloch, BGB, 12. Aufl., anRn. 9—10 指出，德国联邦政府的草案中再介绍交易基础的法律制度与规范计划时，曾经提到这组概念，但没有提到效果的不同。

〔50〕 Bamberger/Roth, BGB, 3. Aufl., § 313 Rn. 6-7; jurisPK-BGB/Pfeiffer, Rn. 33 举出德国联邦最高法院自己承认过的例子，例如：德国在第二次世界大战后分裂、20 世纪初 20 年的恶性通货膨胀、世界大战、外国发生革命等。

〔51〕 Werner Flume, AT II(Das Rechtsgeschäft), 3. Aufl., § 26 6, S. 518; 7, S. 525.

〔52〕 Bamberger/Roth, BGB, 3. Aufl., § 313 Rn. 7.

〔53〕 MünchKomm/Finkenauer, BGB, 6. Aufl., § 313 Rn. 17. jurisPK—BGB/Pfeiffer, Rn. 34.

类于“小的交易基础丧失”，有其帮助。

(2)无“不可归责于当事人之事由所致”

所谓因不可归责于当事人之事由致情势变更者，系指其情势变更非因可归责于当事人之事由所致而言，与原有债务之迟延履行是否可归责于债务人无涉〔54〕。情势变更若系因可归责于当事人之事由而发生时，当事人非有故意，即有过失，自无保护之必要，应由当事人依其原法律效果履行义务并承担其危险，不发生适用情势变更原则之问题〔55〕。

在台湾地区旧“民事诉讼法”第397条规定中本有此要件，但逐入台湾地区现行“民法”第227条之2时，理由已经明示(参见前述图表一)：“情势变更，纯属客观事实，当无因可归责于当事人之事由所引起之事例，故‘民事诉讼法’第397条规定‘因不可归责于当事人之事由致’等文字无赘列之必要”。学说上虽认为“其真意应非舍弃此要件，而是情势变更乃系客观事实，理论上当非由于可归责当事人事由所产生，故未要件将此列入条文中。〔56〕”但实务上似已认为无此要件之可能。

台湾地区“最高法院”2004年度台上字第1567号判决即指出：“再按修正前‘民事诉讼法’第397条规定：法律行为成立后，因不可归责于当事人之事由，致情势变更非当时所得预料，而依其原有效果显失公平者，法院应依职权公平裁量，为增、减、给付或变更其他原有效果之判决。又依1999年4月21日修正公布、2000年5月5日施行之‘民法’第二百二十七条之二第一项规定：契约成立后，情势变更，非当时所得预料，而依其原有效果显失公平者，当事人得声请法院增、减其给付或变更其他原有之效果。参以‘民法’第二百二十七条之二规定之增订理由谓：情势变更原则为私法上之一大原则，参考‘民事诉讼法’第三百九十七条之体例，增订第一项规定，俾利适用。又**情势变更，纯属客观之事实，当无因可归责于当事人之事由所引起之事例，故‘民事诉讼法’第三百九十七条规定‘因不可归责于当事人之事由，致等文字无赘列之必要。**’情势变更既**系债之关系成立后，发生不可预料之事**

〔54〕 同前注〔2〕，林诚二，第63页。

〔55〕 同前注〔44〕，刘春堂，第154页。

〔56〕 同前注〔44〕，邱聪智，第410页；同前注〔2〕，林诚二，第68页。

由，即属客观之事实，自无可否归责于当事人之问题。[57]”

“最高法院”2009年度台上字第59号判决虽谓：“再按‘民法’第二百二十七条之二第一项规定，所谓因情势变更，当事人得声请法院增、减其给付或变更其他原有之效果，系以法律行为成立后，因不可归责于当事人之事由，致情势变更非当时所得预料，而依其原有效果显失公平为要件。**如于法律行为成立后，因可归责于当事人一方之事由，致他方受有损害者，仅生债务不履行负损害赔偿责任之问题，非属该条所称之情势变更，自无该条规定之适用。**本件竹彰段、彰嘉段及嘉南段电缆敷设工程，铁路局有不当限制亚细亚公司不得使用电缆拉线机施工之情势，亚细亚公司因而以人工方式施作，致生产成本增加之损失，为原审确定之事实，则亚细亚公司因增加人工成本之损失，**乃可归责于铁路局之事由所致**，原审并未说明上开工程契约成立后，有何情势变更而合于‘民法’第二百二十七条之二第一项规定之情形，径适用该法律关系判命铁路局给付亚细亚公司竹彰段、彰嘉段、嘉南段工程因此致生产成本增加之损失，尤有未合。”其实仍是反面重申不可归责当事人乃当然之要件毋庸赘言，如系可归责于当事人则当然不构成情势变更原则[58]。

相对于此，德国通说及实务上仍然认为此项要件为必要，亦即法律关系之重大变更如果是由契约一方所引起，而该当事人具有可归责（Zurechenbarkeit）事由时（故意或过失招致交易基础丧失之情势，或者债务人给付迟延发生交易基础丧失之情势均属之），则禁止其再主张情势变更[59]，以免其行

---

〔57〕 类似叙述一再引述强调所谓“**情势变更，纯属客观之事实，当无因可归责于当事人之事由所引起之事例**”作为依据之判决，可再参见台湾地区“最高法院”2005年度台上字第1号判决、同院2005年度台上字第2367号裁定。

〔58〕 最近，台湾地区“最高法院”2016年度台上字第189号判决复重申：“按契约成立后，情势变更，非当时所得预料，而依其原有效果显失公平者，当事人得声请法院增、减其给付或变更其他原有之效果，‘民法’第二百二十七条之二第一项定有明文。所称情势变更，纯属客观之事实，无该事实可归责于当事人，而不得适用情势变更原则之问题。原审以取得系争建照为上诉人依约应负之给付义务，系争建照取得延宕，系因申请文件不符规定遭主管机关多次退件所致，上诉人本得阻止此情势发生为由，认系争工程因此展延工期并无情势变更原则之适用，已有可议。”可供参考。

〔59〕 此为德国实务稳定之见解，Vgl. BGHZ 129，297，310＝NJW 1995，2028，2031；BGH NJW－RR 1993，880，881；NJW 2011，989；通说亦同，Palandt/Grüneberg，Rn. 22；Bamberger/Roth，BGB，3. Aufl.，§313 Rn. 29；MünchKomm/Finkenauer，BGB，6. Aufl.，§313 Rn. 75.；AnwKom－BGB/Krebs，BGB，§313 Rn. 37。

为自我矛盾(Selbstwiderspruch)〔60〕。不过,如前所述地,这主要还是起因于台湾地区未采纳德国所谓“主观的交易基础丧失”,仅局限于是客观事实发生剧变,甚至是指不可抗力所引起之情势变更所致,因为不可抗力之情势不可能是可归责于当事人任何一方,因此才有前述立法理由删除此一要件。但是,如果参考本文前述的“交易基础丧失”可能包括此处客观不可抗力情势变更的“大的交易基础”,也可能包括仅影响个别契约的“小的交易基础”之个别情势或者当事人双方动机共同错误,则我国法律就此条删除的修正,立法政策上似难谓完全正确。

2. “重大”变更

德国学理上认为,并非所有之关系改变即有《德国民法典》第 313 条之情势变更原则适用,而是基础关系改变须是一个“重大变更”(Schwerwiegende Änderung 或 Wesentliche Änderung)或者说“对价变动”(Äquivalenzstörung)〔61〕,台湾地区亦有学者〔62〕对应参考后,认为“民法”第 227 条之 2 亦应采相同解释。

变更是否“重大”,乃不确定法律概念,仅能取决于契约种类与目的、变更之状态、当事人在契约中约定的对价为何以及个案之其他情形具体综合判断,但至少可以说:毋庸置疑,当事人之一方若知悉变更之情势时,将不欲缔约或只会以其他的内容来缔约〔63〕。但能否单纯用一个标准值(Richtwert)例如生活费涨到原来的 150%、租金与原来约定相差 10%、对价关系的变更成为 1∶2 时等,则尚有疑问,或被认为过于恣意决

〔60〕 MünchKomm/Finkenauer, BGB, 6. Aufl., § 313 Rn. 75.(在该处注 245 并且强调,此见解也可以引用《德国民法典》第 162 条第 2 项规定为依据,该条规定类似台湾地区所谓“民法”第 101 条第 2 项而规定:“因条件成就而受利益之当事人,如违反诚信原则促使条件成就,视为条件不成就”——中译条文参见台湾大学法律学院编译:《德国民法(上)》2016 年第 2 版,第 165 页。); PWW/Medicus/Stürner, BGB, 12. Aufl., § 313 Rn. 18(该处将其列为情势变更的“特别排除事由”,并特别强调依据《德国民法典》第 242 条诚信原则规定,本即不得准许行为自我矛盾)。

〔61〕 Vgl. Palandt/Heinrichs, BGB, 66. Aufl., 2007, § 313 Rn. 18.《德国民法典》第 313 条第 1 项用„Schwerwiegende Änderung“第二项则用„Wesentliche Änderung“(该条规定之德文原文参见前揭注 28),但此二者其实为同义字,参见 Bamberger/Roth, BGB, 3. Aufl., § 313 Rn. 25.; MünchKomm/Finkenauer, BGB, 6. Aufl., § 313 Rn. 58。

〔62〕 同前注〔44〕,姚志明:《一般情势变更原则于给付工程款案例之适用》,第 263 页。

〔63〕 Bamberger/Roth, BGB, 3. Aufl., § 313 Rn. 25.

定而无法完全被接受〔64〕。

台湾地区实务见解同此，而以“剧变”称之〔65〕，多认为情势变更原则，乃系基于衡平之理念，对于当事人于法律行为当时所不可预见之情势，或其他为法律事实之基础或环境，发生“剧变”所设之救济制度。从而，鉴于情势变更仅具补充性质，且为避免该原则遭到滥用，此种情势剧变之限制，于实有其必要。应再强调者系，仅仅系下述的法律交易基础“不可预见的变更”(非当时所得预料)尚不足以正当化将原来的法律行为全部或一部视为无效而加以变更，只有契约基础发生重大变更才是一种“契约基础丧失(干扰)”(Vertragstörung)，而得以破废契约秩序与法律安定〔66〕。

本文亦赞同此见解，盖情势变更原则之目的乃调整原契约之履行所造成显不公平之现象，若仅因小幅度之情势变动，当事人按原契约履行并不生显不公平之结果时，法院即介入当事人间之法律关系而调整之，似有不当破坏私法自治及契约自由原则之嫌。且，于司法实务上，情势变更原则之适用以“公共工程”为大宗，以工程投标之案为例，若不以重大明显变更为限，厂商将可能先以低价抢标，嗣后再以物价上涨之理由主张情势变更，恣意要求增加报酬，反而形成不公平之现象〔67〕。

3. 变更之“时点”

(1)契约成立后？

我国台湾地区之学者通说〔68〕对于情势变更原则之适用，不仅如前所

---

〔64〕 MünchKomm/Finkenauer, BGB, 6. Aufl., § 313 Rn. 58. 或例如本件在超过“依金属类指数 5%”或“依营造总指数 2.5%”等物价正常波动范围以外之金额。本件他造当事人即抗辩：双方于 2001 年 9 月 5 日即签约，依“行政院”主计处公布之“建筑工程物价指数”分析，由 2001 年 9 月得标时物价指数(99.73)至 2003 年 6 月(兴亚已大部分发完小包时间点)104.16，期间涨幅为((104.16/99.73)－1)×100%＝4.44%，其涨幅未达百分之五，物价虽略有变动，在当事人无受有相当影响，尚未达于显失公平之程度。

〔65〕 参阅台湾地区“最高法院”2000 年度台上字第 1529 号判决、2007 年度台上字第 2468 号判决、2012 年度台上字第 281 号判决、2011 年度台上字第 1347 号判决、2011 年度台上字第 290 号判决。

〔66〕 Erman/G. Hohloch, BGB, 12. Aufl., § 313 Rn. 22.

〔67〕 郑渼蓁：《物价变动调整之情势变更原则适用》，载《万国法律》，2010 年 12 月第 174 期。

〔68〕 同前注〔2〕，林诚二，第 62 页；同前注〔44〕，刘春堂，第 152 页；同前注〔44〕，姚志明：《一般情势变更原则于给付工程款案例之适用》，第 262 页；同前注〔44〕，姚志明：《诚信原则与附随义务之研究》，第 40 页；同前注〔44〕，邱聪智，第 410 页。

述，仅指客观事实变动之情形，更进而依法条文义，将情势变更原则之适用范围限缩于“契约成立后”或“法律行为成立后”之情势变更，对于契约成立当时即已存在之情势并未纳入考虑。准此，情势变更之发生，须是在法律关系成立后及消灭前，盖情势变更之功能，在于影响法律效果，若是法律关系未发生前，当无法律效力变更之问题；若契约“成立前”之行为时，情势已有变更，而当事人仍以之为法律行为之内容，应属个人意愿，自无事后再加以保护之必要；至于若法律行为效果“消灭后”所生之情势变更，则已不涉及当事人之利益，无公平与否之问题，其不得再援引情势变更原则，亦属当然〔69〕。换言之，须于法律行为“成立后”至其法律效果“消灭前”所发生之客观事实变化，始受情势变更原则之保障。

上述台湾地区学者通说，仍是立基于客观情势变更之思考所为之一贯理解，系属当然。但值得注意者系，德国学说特别强调，情势变更发生之时点并不重要，客观状态之变更究竟是在订约前或订约后发生，则非所问〔70〕。换言之，《德国民法典》第313条第1项文义上虽然规定“订约后”发生之变更(此点与台湾地区“民法”类似)，但只是要表明：“在订约前已经存在的状态而当事人所已知者，无权调整契约。相反，如果在订约前情势即已发生变更，但一直到订约之后才显现出来或者迄该时点始为当事人所知者，则也应该包括在第一项的范围之内。此观同条第二项也没有表示时点，益可得证〔71〕”“因为订约前为当事人所不知，因而为其所未曾考虑的事件，同样也会干扰其订约计划，当事人既然未被充分告知而不知道该情势，自然不可能期待其遵守契约。〔72〕”

此外，从《德国民法典》第313条的立法理由中也找不到此种订约前或订约后的区分，相反，在草案的理由中，反而特别强调：该情势是指“事后发生或者已知的情势〔73〕”而言。

---

〔69〕 同前注〔44〕，姚志明：《一般情势变更原则于给付工程款案例之适用》，第263页。

〔70〕 AnwKom－BGB/Krebs，BGB，§313 Rn. 31.

〔71〕 Bamberger/Roth，BGB，3. Aufl.，§313 Rn. 25f.

〔72〕 AnwKom－BGB/Krebs，BGB，§313 Rn. 31.

〔73〕 Begr. RegE BT－Drucks 14/6040，174—引自 AnwKom－BGB/Krebs，BGB，§313 Rn. 31FN 107。

因此德国学说上强调，第1项规定的“订约后”之重大变更，应该包括订约前已经发生但订约后才显现出来的情势变更[74]，此项见解甚有参考价值。准此以解，岛内通说所指：契约“成立前”之行为时，情势已有变更，而当事人仍以之为法律行为之内容，应属个人意愿，自无事后再加以保护之必要等见解，本文认为理应系以当事人对该订约前已变更之情势已有知悉为前提，否则在结论上不宜将其排除。德国学说上的上述见解，有参考之必要，特别是用以重新思考台湾地区学说及实务见解对于下述“工期展延型”之争议处理，有其借鉴之处。

(2)法律效果消灭前

然而，即使采取上述台湾地区学者通说见解，仍应强调者系：此一时间之要件是指“情势变更”之事实必须发生于“法律效果消灭前”(例如当事人间之工程验收完毕并且已给付工程款而消灭契约关系，其后始发生情势变更之事实，此时自无情势变更原则之适用)，而非谓“已发生于法律效果消灭前之情势变更，但当事人嗣后已经先为工程款之验收给付者”，也会造成情势变更原则因此无法适用，此不可不辨！

台湾地区“最高法院”2009年度台上字第1822号判决谓：“唯按当事人得依‘民法’第227条之2情势变更原则之规定，请求为增减给付之判决，须于债之关系未因清偿或其他行为而归于消灭之情形，始得为之，否则，即无请求增减给付之可言。查双方签订C391标、C392标契约后，被上诉人已分别于1999年6月30日及同年11月30日竣工，经上诉人同意验收，结算总价分别为921,050,918元及1,656,913,612元(见第一审卷(一)第三一一、三一二页)。原审未查明上述工程款被上诉人是否已全部领取？如已全部领取，何时领取？双方上述契约关系于被上诉人2006年3月1日提起本件诉讼时是否尚存在或已归消灭，即谓上诉人辩称被上诉人于系争工程结算验收完毕后，不得本于情势变更原则请求增加工程款给付等语，并非民法第227条之2第1项规定之要件，上诉人此项辩解并不可采，于法已有可

---

[74] 德国学者同时强调，此种情形的案件通常可以被《德国民法典》同条第2项主观交易基础丧失的情形所涵盖。类似见解并参见 MünchKomm－Roth，§242 Rn. 624。此种见解，对于处理本文下述第二种“工期展延型”之问题，同样具有启发性。

议，亦嫌速断。”此一论述，应属误解！原审判决于理由中驳斥当事人此一抗辩，而谓“上诉人虽辩称被上诉人于系争工程结算验收完毕后，不得本于情势变更原则，请求增加工程款给付云云，惟此并非上开规定之要件之一，其所辩尚不可采”等语，其实才是正确的思辨！

4. 德国法上之案例类型

以下情形，德国法上归纳承认其为情势变更之案例类型，兹简要罗列以供参考〔75〕：

(1)对价结构动摇：例如货币贬值，造成当事人间给付与对待给付之等价关系有所影响，此时金钱之债的债权人陷入给付风险承担。特别是长期的继续性给付关系(例如租约关系，扶养费或退休金给付关系等)

(2)经济条件变动：包括因为战争、革命或者自然灾害政治、经济或社会关系根本性变动等，造成物价上涨，承揽人制造或取得对待给付之费用提高，除有法律特别规定外，即有情势变更原则的适用。

(3)法律修正变更：不可预见的法律修正之风险，不属于一般的经济风险，但新修正的规定如果因此侵害到现有的债之关系，应有透过情势变更原则调整之必要。这其中，德国通说及实务认为包括最高法院改变其向来稳定的见解，而对当事人造成不利者，也有其适用〔76〕。

(4)给付目的丧失：这并不是指与价金相对的对待给付发生给付不能之情形，而是指虽然债务人给付可能，但对于债权人而言给付已无利益(给付目的或使用目的丧失)，例如为结婚而买卖戒指，但订约后婚礼取消，或者为了营业而购买餐厅，嗣取消营业〔77〕。

(二)非得预料

1. 风险承担

风险，是指与给付或价值相关的情状或发展之不确定性。风险本身

---

〔75〕 主要可综合参考 Bamberger/Roth, BGB, 3. Aufl., § 313 Rn. 34－67 及 MünchKomm/Finkenauer, BGB, 6. Aufl., § 313 Rn. 183-304 有关案例群的详细介绍；中文文献对德国法案型的简介，则请参见同注〔29〕，黄立，第 185—188 页。

〔76〕 实务见解参见 BGHZ 25, 390, 394＝NJW 1958, 297；参见 Bamberger/Roth, BGB, 3. Aufl., § 313 Rn. 63；MünchKomm/Finkenauer, BGB, 6. Aufl., § 313 Rn. 231。

〔77〕 Bamberger/Roth, BGB, 3. Aufl., § 313 Rn. 64.

就可以成为交易客体。因为不确定性本身就有其价格,也因此风险承担是可以透过投保风险保险的方式获得补偿。风险如何分配、是否当事人订约时非得预料,乃情势变更在构成要件上最重要的难题,特别是要判断到何种程度时,所发生的风险已经与契约约定或者当事人订约时预料的不一致[78]?

条文所谓"非(订约)当时所得预料",系指法律关系成立时,依客观之事实状态观之,无法预料该情势变更事实会发生,德国学说的用语是谓该情势变更在客观上不可预见(keine Voraussehbarkeit)[79],学说上所指的例子,如同前述采取"客观基础事实变更"之概念,多举例台湾地区"九二一"大地震、货币改革、汇率变动[80]、战争、"法律"变更或行政机关的干预[81]等,在正常经济情况下,非一般人客观所得预料。情势之变更,若为当事人始料所及,而在其知悉该可能发生之情势将会成为其负担之前提下,仍愿订立契约而承担该风险,则可以说"该当事人已经同意不将该发生的变更情势约定为契约之内容[82]",盖"契约本有风险,而且也应该有风险"(Der Vertrag ist gefährlich und soll gefährlich sein),当事人应该自行采取契约上之措施(例如加上契约风险调整条款之约定)或者事实上措施(例如自行投保保险),以便成为已知之风险的主人[83],因而其后果纵属不利,亦应自负其责。变更之情势是否"非得预料",与下述是否"显失公平"(无法期待当事人继续遵守原契约)之要件具有互补性,肯定前者之范围越大,认定构成后者之概率通常越低[84]。

不过,本文为求读者易于了解构成要件,而将台湾地区用语的"非当时所得预料"对照德国法的学说用字"不可预见",但应指出者系德国学者强调,德国法上该条文规定方式,立法者是有意放弃以"消极要件"的方式

〔78〕 MünchKomm/Finkenauer, BGB, 6. Aufl., § 313 Rn. 59.

〔79〕 MünchKomm/Finkenauer, BGB, 6. Aufl., § 313 Rn. 74.

〔80〕 同前注〔2〕,林诚二,第 62 页之举例。

〔81〕 AnwKom-BGB/Krebs, BGB, § 313 Rn. 36.

〔82〕 RGZ 106, 7; BGH WM 1965, 843, 845; Palandt/Grüneberg, Rn. 18; Bamberger/Roth, BGB, 3. Aufl., § 313 Rn. 25f.

〔83〕 MünchKomm/Finkenauer, BGB, 6. Aufl., § 313 Rn. 61ff.

〔84〕 PWW/Medicus/Stürner, BGB, 12. Aufl., § 313 Rn. 14.

一般性地规定“非不可预见”作为构成要件(如同台湾地区的技术),而是积极地规定“倘当事人预见此种变更,将不愿订约或以其他内容订约,而当事人对于变更**不可预见**时”,以便司法者可以考虑个案情形较有弹性地运用。例如即使是客观上可预见的风险,但一旦双方当事人都误以为该风险已经排除因而不认为需要再作约定,或者根本无法预先排除该风险时,即应该例外构成情势变更〔85〕。足见德国法之出发点仍然着重在当事人主观上是否可以预见,而非单纯客观上判断标准。

若未为当事人一方所预料,但客观上系可得预料者,则显系该当事人有过失或有错误,其为有过失者,自应由其自行负责,其为错误者,则应适用错误之规定(“民法”第 88 条)加以解决,均无情势变更原则之适用〔86〕。然若仅一方当事人曾有预见,而未预见之他方当事人并无过失或错误时,他方当事人得否主张情势变更原则,容有疑义,有认为未预见之一方皆得主张情势变更原则,盖有预见之当事人,多乘相对人之未预见,而妄冀非分利益〔87〕,故有保护未预见之当事人之必要;另多数说〔88〕认为应区分该交易目标物之性质为一般性或投机射幸性而分别适用法律效果:如交易目标物为一般性者,因该已有预料之一方当事人,常系乘他方当事人之未克预料而冀得非分之利益,故应解为只有该未预料之善意他方当事人得主张适用情势变更原则;交易目标物为投机射幸性者,诸如股票买卖、具有危险买卖性质之批发买卖、期货买卖等,当事人应明了其情势之变更,性质上即为不确定,本质上难以预料,竟仍冒险为该投机射幸交易,应由当事人自行承担其危险,不得适用情势变更原则〔89〕。

2. 法定或约定的风险分配

“风险分配是第 313 条的核心观点〔90〕”,也就是要解决:何人应该承

---

〔85〕 BGH NJW 1993, 1641, 1642; BGHZ 112, 259, 261 = NJW 1991, 830, 831; MünchKomm/Finkenauer, BGB, 6. Aufl., § 313 Rn. 51, 61, 74. 等处多次强调此点。

〔86〕 同前注〔44〕,刘春堂,第 153 页。

〔87〕 郑玉波、陈荣隆:《民法债编总论》,2006 年修订 2 版,第 330 页。

〔88〕 同前注〔2〕,林诚二,第 62—63;同前注〔44〕,刘春堂,第 154 页。

〔89〕 同前注〔44〕,姚志明,第 264 页。

〔90〕 BGHZ 74, 370, 373; NJW 1992, 2690, 2691.

担交易基础丧失发生的风险的难题[91]。在私法自治优位的考虑下，从《德国民法典》第313条第1项规定情势变更之要件“当作为契约基础的情势在订约后发生重大变更……在考虑所有个案情形，特别是约定或法定的风险分配后……”，要求先考虑“约定或法定的风险分配”，可知如果双方当事人已经透过契约约定（无论是明示或者有意沉默[92]）或法律任意规定（最常被举例的法定风险分配就是瑕疵担保责任之风险分配，无情势变更之可言[93]），将风险分配与其中一方当事人承担时（可能是因为对风险估计错误或者因为信息不足所致），则属于其应承担之风险范围者，自不得再主张情势变更。盖风险归属是当事人自己的事，本具有可处分性，约定调整条款应有其效力[94]。换言之，在判断情势变更之前，应该优先透过契约补充解释，以探求当事人契约是否已经有约定风险承担或排除情势变更条款适用之范围[95]。

不过，尽管如此，根据契约之内容与目的，透过契约解释，“如果交易基础丧失的程度已经超过风险分配的内在界限，则仍应有情势变更之适用”。[96] 例如约定完全承担不可预见的风险。

3. 约定排除调整条款之效力

虽然岛内法未如德国法一样规定，但是以契约约定“物价波动时，契约价金不予调整”而排除调整条款之效力如何，则在岛内学说实务上颇有争论，亦为本件分析之嘉义市市政中心新建大楼工程款调整案“物价涨跌型”之另一重要争点，兹一并整理学说及实务同类型裁判之不同见解如下。

---

[91] AnwKom-BGB/Krebs, BGB, § 313 Rn. 2f..

[92] MünchKomm/Finkenauer, BGB, 6. Aufl., § 313 Rn. 61.

[93] PWW/Medicus/Stürner, BGB, 12. Aufl., § 313 Rn. 16.

[94] MünchKomm/Finkenauer, BGB, 6. Aufl., § 313 Rn. 51.；同前注[16]，陈自强，第169页。

[95] Soergel/Teichmann, BGB, 2013, § 313, Rn. 20.

[96] Bamberger/Roth, BGB, 3. Aufl., § 313 Rn. 27.; Soergel/Teichmann, BGB, 2013, § 313 Rn. 49.；或者谓“逾越牺牲及风险界限”（Überschreiten der Opfer- und Risikogrenze）（并参见 Larenz-Wolf, Vgl. Larenz/Wolf, AT, 9. Aufl., 2004, § 38 Rn. 35f.; BGHZ 90, 277; BGH NJW 1991, 1478, 1479）。

(1)学说见解

A. 肯定说

由于情势变更之问题种类及态样繁多，有些情势变更之问题因经常发生，有经验之契约当事人即会在契约中预先约定风险之分配，因此就契约中已有风险分配约定之情势变更问题，有认为若工程契约中已就物价上涨之因素加以考虑，原则上因物价上涨所致之情势变更，即应依契约之规定调整契约价金，而无情势变更原则之适用〔97〕。也有论者认为情势变更原则毕竟是法律为维护正义而赋予法院得介入、变更双方权利义务约定之权，唯双方既已于成立契约关系时，针对因履行该契约关系而生之相关权利义务规定已有所合意，并为明文之规定，原则上应尊重双方当事人所为之约定，此始为尊重"私法自治"及"契约自由原则"精神之表现〔98〕。

如前所述，德国多数学说基本上采此，认为风险归属是当事人自己的事，本具有可处分性，不论是约定调整条款或者根本就约定排除调整条款，都有其效力〔99〕。

B. 否定说

有论者认为公共工程契约多属定型化契约，该排除承包厂商以情势变更为由要求调整或变更契约内容的约定，依"民法"第 247 条之 1 规定，可能会被认为属于违反平等互惠原则而有显失公平，且违反诚信原则而被认为该条款无效，故此类条款是否能够排除情势变更原则之适用，应属否定〔100〕。又有论者认为若非承包商所得预见，而以契约免责条款排除承包商依情势变更原则求偿，应认为依"民法"第 72 条违反强行规定而无效，或依"民法"第 247 条之 1 规定，或依契约正义的法理，可能构成显失公平而无效〔101〕。

然亦有论者认为实务以当事人已有"物价波动时，契约价金不予调整

---

〔97〕 同前注〔3〕，张南熏，第 72—73 页。

〔98〕 同前注〔67〕，郑渼蓁，第 14 页。

〔99〕 MünchKomm/Finkenauer, BGB, 6. Aufl., § 313 Rn. 51.

〔100〕 金骅生：《情势变更原则于两岸工程实务判决适用之研究》，台湾地区文化大学法律研究所 2011 年硕士论文，第 126 页。

〔101〕 谢哲胜、李金松：《工程契约理论与求偿实务》，台湾财经协会发行 2005 年版，第 350 页。

之约定”，作为不适用情势变更原则之理由，原则上赞同之，因当事人间既对物价波动一事，已有如何调整契约效力之约定，即已预见物价波动情势，并且已有风险分配之合意。然而，当政府机关以定型化契约条款之方式而明定“本契约无物价波动调整工程款之规定”，仍有定型化契约条款显失公平之疑虑，盖政府机关掌握工程发包权限，物价持续上升乃为经济发展之趋势，而“无物价调款适用”之条款，显然对承包商不公平。虽有认为承包商得自行决定是否参与公共工程投标，然而，公共工程乃众多承包商赖以生存之重要收入来源，若以契约自由原则之名，而谓承包商得自由决定参与公共工程投标与否，实欠公允〔102〕。

德国学说亦有强调：情势变更原则是以诚信原则为基础，而后者又被认为是强行规定，故当事人不得直接约定排除适用（nicht direkt abdingbar）情势变更原则，只能以约定一方当事人应承担某些情势变更之风险的方式，约定排除〔103〕。

C. 区分说

有论者认为应从“预见可能性”（Voraussehbarkeit）及“风险分配”（Risikoverteilung）观察之。依“民法”第 227 条之 2 第 1 项规定可知，情势变更，唯有非当时所得预料者，方有情势变更原则之适用，而条文中之“非当时所得预料”，即所谓之无预见可能性，即当发生情势变更事件时，而该事件之发生乃为可预见者，则无情势变更原则之适用。至于所谓当事人可得预见，应指依工程实务界之有经验专业厂商过去之经验、工程实务惯例下，该营建物料之价格涨跌系在合理可以期待之范围内。此之所谓可得预见，乃包括“风险事故发生可能性之预见”及“风险变动范围可能性之预见”等两部分〔104〕，逾越上述二者之范围者，即非可得预计，而应有情势变更原则之适用。又属于常态性之契约风险，于发生障碍事由时，则由应承担风险之一方契约当事人承担各自应承担之风险，因而，属于风险分配范畴内之事项，则无情势变更原则之适用，然而契约风险应如

---

〔102〕 姚志明：《情势变更原则适用于工程纠纷问题之再探讨》，载《月旦裁判时报》，2013 年 4 月第 20 期，第 108 页。

〔103〕 PWW/Medicus/Stürner, BGB, 12. Aufl., § 313 Rn. 5.

〔104〕 同前注〔101〕，谢哲胜、李金松：《工程契约理论与求偿实务》，第 350 页。

何分配，则须依契约之内容、契约之目的以及相关之法律而定之[105]。

如前所述，德国学者也有强调，如果交易基础丧失的程度已经超过风险分配的内在界限，则仍应有情势变更之适用。至于是否已经超过界限，则属于契约解释之问题[106]。

(2)实务见解

A. 肯定说

最高法院有不少判决采此见解。有自“开放性经济体系营造商有推估能力”之观点出发论证者，肯定无情势变更之适用者，该院2011年度台上字第1392号判决之论述理由堪称具有代表性[107]。该判决谓：“经**查，系争工程契约第5条第1款第4项既已约定‘本契约无物价波动调整工程款之规定’，即已排除民法第227条之2第1项所规定情势变更原则之适用**……尤其上诉人为专业之营造厂商，其承揽系争工程之金额高达2.04亿元，堪认上诉人系颇具规模且极具市场经验之专业营造厂商，对于未来物价之变动，当具推估判断能力。**由于为开放性经济体系，营造工程物价受岛内外不确定因素之影响甚大，履约之成本风险自宜一并考虑，营建材料物价上涨之市场趋势，于系争工程契约订定前应已有明显市场趋势迹象可循，并非完全无法预料，该物价上涨之履约成本风险，上诉人于缔约前本应评估**。再者，双方于订约时已就上述物价变动因素列入考虑而明订系争工程契约，排除物价调整之适用，**上诉人纵因物价持续上涨致减损其预期利润，亦应自行承担，否则将无从敦促投标者理智谨慎评估，将其欲投标之金额纳入风险考虑，其结果无异形同鼓励投标厂商不须预作正确风险评估而先以低价抢标，迨得标后，再以物价上涨之理由，请求提高承揽合约之总价金，显与民法第227条之2第1项规定之立法目的相违。**[108]”

---

〔105〕 同前注〔102〕姚志明：《情势变更原则适用于工程纠纷问题之探讨》，第106—109页。

〔106〕 Bamberger/Roth, BGB, 3. Aufl., § 313 Rn. 27.; Soergel/Teichmann, BGB, 2013, § 313 Rn. 49.

〔107〕 此判决之详细评释，参见姚志明：《情势变更原则适用于工程纠纷问题之探讨》，第106页；蔡晶莹：《情势变更原则之适用》，载《台湾本土法学杂志》，2013年1月第215期。

〔108〕 类似论点者尚有同院2013年度台上字第231号判决(强调厂商**本得自行风险评估以作为是否缔约及其给付内容如材料、价金等之考虑**)。

绝大多数从当事人契约条款中已经明文约定同意不按物价指数调整工程款，当事人已预见缔约后工程进行期间物价可能发生之变动，故应尊重契约自由与私法自治之论证出发者，“最高法院”2013 年度台上字第 1927 号判决谓：“唯情势变更原则，旨在规范契约成立后有于订约当时不可预料之情势发生时，经由法院裁量以公平分配契约当事人间之风险及不可预见之损失。倘当事人已就契约履行中有发生该当情势之可能性有所预料，得自行风险评估以作为是否缔约及其给付内容之考虑，自不得于契约成立后，始以该原可预料情势之实际发生，再依情势变更原则请求增加给付。查双方于系争契约第 14 条第 8 项，原约定不按物价指数调整工程款，嗣于 2008 年 1 月 24 日签订第一次契约变更签认单时，增订以物调施行细则办理物价调整事项，为原审认定之事实。**则双方于履约过程中，就原料物价上涨情势已有预料，并具体约明以物调施行细则作为物价调整之处理原则，依私法自治及契约自由之原则，应予尊重而适用上述约定。**原审因认上诉人不得再依情势变更原则，请求被上诉人增加钢板部分之给付，于法并无不合。”[109]

B. 否定说

a. 排除约定违反强行规定而无效

系争嘉义市市政中心新建大楼工程款调整案之台湾地区“高等法院”台南分院 2007 年度建上字 9 号民事判决即采此说谓：“系争工程契约第 6 条第 3 款之约定，为被上诉人单方面所预先订立之定型化约款，形式上契约双方当事人均可能适用，然物价可能只涨不跌，在此情形该条款显然仅单方面限制承揽人一方行使调整单价或赔偿损失之权利，亦即使定作人强加物价波动风险于承揽人一方，显失公平，揆诸‘民法’第 247 条之 1 之

---

[109] 类似论点尚有同院 2017 年度台上字第 466 号、2017 年度台上字第 430 号、2016 年度台上字第 2007 号、2014 年度台上字第 829 号、2014 年度台上字第 1622 号（双方对之应如何调整给付，有所约定者，自无该情势变更规定之适用）、2011 年度台上字第 1714 号、2011 年度台上字第 1347 号（**双方已预见缔约后工进行期间将发生物价变动情势，并将之纳入标价考虑**）、2011 年度台上字第 290 号、2007 年度台上字第 2237 号判决（**工程进行期间亦仅短短一年余**）、2009 年度台上字第 1662 号、2008 年度台上字第 1187 号、2004 年度台上字第 1277 号、1997 年度台上字第 1364 号（针对“旧民事诉讼法”第 397 条第 1 项规定而发，但同样强调：对于应如何调整给付已有约定者，自无情势变更原则之适用）等判决。

规定，上开条款之约定应属无效。”

b. 排除约定无碍法院依职权适用情势变更原则

系争嘉义市市政中心新建大楼工程款调整案之台湾地区“高等法院”台南分院2008年度建上更(一)字第3号判决即采此说谓：“情势变更原则在调和契约当事人于契约成立后，发生不可预见且契约双方均无可归责事由之损失，由法院以判决分配契约双方之风险承担之谓。准此，情势变更原则既系契约成立后，调和契约双方权利义务之私法上原则，**纵当事人于契约成立时，明示不适用情势变更原则者，此项契约条文仍无拘束法院依职权适用情势变更原则，而为公平分配风险承担及不可预见损失之法律效力。**”(该案之台湾地区“高等法院”台南分院2010年度建上更(二)字第2号判决亦同)

亦有认为虽有排除约定，但可探求当事人真意加以适用者。例如“最高法院”2010年度台上字第2389号判决：“**系争买卖契约虽约定‘本契约成立后货品价格如有涨跌，概不影响本契约所订数量、价格、买卖双方均不得异议’，唯此约定之真意为何？**上诉人一再主张‘双方订约时，钢筋价格仍呈上涨趋势，惟契约订立后，仅隔三个月，钢筋价格即反转暴跌50%(或称超过60%)，非订约所得预见’等语……倘钢筋价格涨跌情形确如其所述，且价格暴跌非**买卖双方订约时所得预见**，则上述约款所称货品价格如有涨跌乙语，是否涵盖似此价格暴跌之情形？**可否因该项约定，即谓双方特别排除‘民法’第227条之2第1项规定之适用？均非无疑。**”

C. 折衷说

亦有认为原则上应该尊重当事人之排除约定，但例外应以情势变更有无可预见性作为界限，法院不受该约定拘束者。至于“有无可预见性”之界限叙述，则大约有两种方式，认定风险无预见可能性：

a. 风险之发生及变动之范围“非客观情势之常态发展”

最近“最高法院”2015年度台上132号判决即谓：“唯按当事人为避开情势变更原则之适用，于契约中对于日后所发生之风险预作排除请求增加给付之约定者，倘综合当事人之真意、契约之内容及目的、社会经济情况、一般观念及其他客观情势，认该风险事故之发生及风险变动之范围，为当事人于订约时所能预料，当事人固不得再根据情势变更原则，请求增加给付。唯**该项风险之发生及变动之范围，若非客观情势之常态发展，且已逾当事人于订约时所认知之基础或环境**[110]**，而显难有预见之可能性时，本于诚信原则对契约规整之机能**，自仍应许当事人依情势变更原则调整契约之效力，不受契约原定排除条款之拘束，庶符情势变更原则所蕴涵之公平理念。”[111]

b.“超出一般合理范围”以外之不可预测风险

“最高法院”2014年度台上字第1110号判决则谓：“查，‘民法’第227条之2第1项所定之情势变更原则，旨在规范契约成立后有订约当时不可预料之情势发生时，经由法院裁量以公平分配契约当事人间之风险及不可预见之损失。系争工程契约书第40.1条虽有‘契约价金不因施工机具、设备与材料、临时设施或其他设备、人力、搬运、消耗品及原料（包括金属）、或其他依契约为执行、完成本工作所需之物品或服务之建造或采购（不限于此）之价格或成本变动而调整或上升……’之约定，**然该约定仅限于一般合理范围内之风险，倘超出合理范围以外之不可预测风险，则非该条约定规范之范畴，仍有情势变更原则之适用。**双方于系争工程履约期间，因营建物料价格上涨，经申请工程会调解，作成系争调解成立书，被上诉人并据以办理第一次物调款，为原审认定之事实。果尔，系争契约成立后，确曾发生非缔约当时双方所得预料物料价格上涨之情形，则倘嗣后进货之物料与订约时之物料仍有重大变化，而超出一般合理预测范围，能否

---

[110] 请注意台湾地区“最高法院”此论述语句使用“当事人**订约时所认知之基础或环境**”，其实已经颇有前述“主观交易基础丧失”（当事人共同观念错误）之意味，而非台湾地区“最高法院”向来说的“客观上可预见”（objektiv vorhersehber）之见解！（并参见 AnwKom－BGB/Krebs，BGB，§313 Rn. 36）。

[111] 判决意旨完全相同者尚有2014年度台上字第308号判决：“因此，当事人苟于契约中对于日后所发生之风险预作公平分配之约定，而综合当事人之真意、契约之内容及目的、社会经济情况与一般观念，认该风险事故之发生及风险变动之范围，为当事人于订约时所能预料，基于‘契约严守’及‘契约神圣’之原则，当事人固仅能依原契约之约定行使权利，而不得再根据情势变更原则，请求增减给付。唯该项风险之发生及变动之范围，若非客观情势之常态发展，而逾当事人订约时所认知之基础或环境，致显难有预见之可能时，本诸诚信原则所具有规整契约效果之机能，自应许当事人依情势变更原则请求调整契约之效果，而不受原定契约条款之拘束，庶符情势变更原则所蕴涵之公平理念及契约正义。”（又同院2017年度台上字第4号、（转下页）

谓上诉人不得请求第二、三批物价调整，即非无疑。”[112]

（三）显失公平

所谓“显失公平”，系指依诚信原则观之，对于当事人而言，依原有法律关系来履行债务或受领债权已无法期待（Unzumutbarkeit）[113]。亦即“要求当事人继续遵守约定内容，将会造成令人无法忍受，且与法及正义绝对不一致之结果，因而无法期待当事人遵守[114]”。至于是否无法期待，需要利益衡量一切情势，特别是当事人因情势之重大变更所受之利益（因给付债权人之利益）与损害（因履行债务人之损害），以及当事人之给付与对待给付之对价关系是否已经产生重大动摇[115]。“如果债务人继续履行之花费已经超过了该债之关系内在的牺牲界限（immanente Opfergrenze），就无法再期待其遵守[116]”。

（四）本案之分析检讨

系争案例事实于2001年10月缔约后至2003年10月完工间内，钢筋、金属制品类指数急遽上涨，即该法律关系成立之基础事实发生“客观上”之重大变动，且系于法律关系成立后至法律效果消灭前所发生，属于

（接上页）2014年度台上字第2605号、2013年度台上字第929号（原审本采取否定说，但台湾地区“最高法院”以相同理由废弃原判决—关于此判决在适用情势变更与交易基础丧失理论之详细评析，参见周伯峰：《论交易基础障碍理论》，载姜世明、许政贤编：《两岸民事法学会通之道》，元照出版社2015年版，第263—306页。）、2012年度台上字第813号判决亦同）。又例如台湾地区“高等法院”台中分院2014年度建上字第44号判决引用前揭2013年度台上字第929号及2012年度台上字第813号判决，亦强调约定不依物价指数调整工程款，约定若“超出合理范围以外之不可预测风险”，仍应有情势变更适用。

[112] 相同论证理由，参见同院2014年度台上字第1363号、2012年度台上字第813号判决。又如果从与此一类型涉及物价暴涨或暴跌形态之事实来看，法院也有不少认为符合情势重大变更者，例如2009台上1914号判决也倾向认为钢价上涨构成情势变更、2008年台上60**号判决认为因政府全面禁采河川砂石致砂石价格急速跳涨亦构成情势变更，均可供参考。**

[113] 同前注〔107〕，蔡晶莹，第238页；同前注〔44〕，姚志明：《一般情势变更原则于给付工程款案例之适用》，第266页（认为显失公平之类型，较重要者可分为下列三种：经济上不能、等价关系破坏及契约目的不能达到）。

[114] 这段话是德国联邦最高法院判决之稳定见解，经常被学者文献引用作为代表性论述语句，参见BGH NJW 1959，2203；BGHZ 121，378，393；Bamberger/Roth，BGB，3. Aufl.，§313 Rn. 33及Rn. 3 FN 8.；PWW/Medicus/Stürner，BGB，12. Aufl.，§313 Rn. 13.；MünchKomm/Finkenauer，BGB，6. Aufl.，§313 Rn. 76（称此为论述语句为“常被引用的著名公式”）。

[115] BGHZ 121，212，218＝NJW 1995，47；Bamberger/Roth，BGB，3. Aufl.，§313 Rn. 33.

[116] Erman/G. Hohloch，BGB，12. Aufl.，§313 Rn. 27.

典型的前述“客观交易基础丧失”或者属于外在经济条件变动而会影响“社会生存”的“大的交易基础丧失”的类型，无论是参考《德国民法典》第313条第1项规定或者台湾地区“民法”第227条之2规定，均有考虑有无情势变更要件适用之余地，特别是物价涨幅过大当然影响当事人给付与对待给付之对价关系的变动，属于“客观”上“重大”事实之变更，且物价涨跌发生时点从“订约前”延续到“订约后”，故应符合“情势剧变”之要件。

关键问题在于是否“非(当事人于订约当时)可预料”？此时应参考《德国民法典》第313条第1项规定情势变更之要件思考有无“法定或约定之风险分配”存在，如果双方当事人已经有契约约定，将风险分配或处分与其中一方当事人承担时，则在契约自由与私法自治原则，以贯彻契约严守之精神下，属于其应承担之风险范围，自应优先适用，而不得再主张情势变更。

但如果此项约定之交易基础丧失的程度，已经超过风险分配的内在界限，则仍应该回归德国通说及实务之要求，而有情势变更之适用。对此，台湾地区通说及实务见解亦同(参见前述区分说或折衷说之见解)，亦即，如果该项风险之发生及变动之范围，已“非客观情势之常态发展”，而已逾当事人于订约时所认知之基础或环境(“最高法院”2015年度台上132号判决语)或“超出一般合理范围”以外之不可预测风险(“最高法院”2012年度台上字第1110号判决语)时，如要求当事人仍依原来约定之给付与对待给付之对价关系履行，显然违反契约正义，则仍应回归适用情势变更原则。

系争案件工程契约虽约定“本契约如遇物价波动时，厂商不得要求调整单价或赔偿损失”，唯情势变更原则是以性质上为强行规定之诚信原则为基础，当事人径行约定排除适用情势变更原则(不得要求调整单价)，该约定是否有效，已非无疑[117](台湾地区“民法”第71条参照)，本件双方集中争议其违反台湾地区“民法”第247条之1定型化契约条款无效，亦属殊途同归之思考。

纵认其有效，且认为承揽人兴亚公司虽为营造业者，衡诸常情，于订

---

[117] PWW/Medicus/Stürner, BGB, 12. Aufl., § 313 Rn. 5.

约前应有推估金属制品物价之正常涨跌情形，以凭计算营造成本之能力，即其应得预料契约履行中有发生物价波动涨跌之可能性，但要求其预料之范围，似应限“物价正常涨幅”之近年来曾经发生过之合理范围内，倘缔约环境基础已发生不可归责于当事人之重大变动，钢筋、金属物品、营建物品之价格剧烈变动，超过整体物价之波动水平，则不应再苛求属于兴亚公司缔约当时所得预见之范围内，若强求当事人严守契约内容将明显违反公平与正义之结果，基此，超过“一般合理可预测范围”之物价涨跌（所谓“风险发生可能性之预见”及“损失范围可能性之预见”），如要求债务人继续履行之费用将“超过该债之关系内在的牺牲界限”，则应有情势变更原则之适用。

本件历审判决中多次来回认定物价涨跌是否符合“重大变更”“是否不可预料”及有无“显失公平”，固然某程度上属于事实认定问题，但最后结论未考虑应以“超过合理可预料范围”之部分作为调整当事人给付对价关系之对象，而径以“由法院以判决分配契约双方之风险承担……应由双方共同承担，始得其平，即上诉人兴亚公司请求调整之金额应以该数之1/2计，始为妥适”，在论证理由上似较嫌薄弱无据。

第三部分　工期展延型：台北市政府卫生下水道工程地质差异案

一、基本事实与主要争点

本件原告（即上诉人）光盛营造股份有限公司起诉主张：伊承揽被告（即被上诉人）台北市政府工务局卫生下水道工程处之“第八期分管网工程第四标（士林区行义路集污区联络管）工程”，双方于2003年1月2日签订《台北市政府工务局卫生下水道工程处工程采购契约》（下称系争契约），约定总价为新台币（下同）1.116亿元，原预定工期为570日历天，应于2006年5月2日竣工.系争工程原设计系以潜盾掘进共701公尺，其中地质为一般土层约100公尺，岩盘单轴抗压强度（下称岩盘强度，即Qu

值)小于 800kg/cm² 者约 600 公尺,介于 800—2,000kg/cm² 者仅 1 公尺,伊施工后经实地取样送台北科技大学试验,于 0K＋000—0K＋632.3 路段中,无一般土层或 Qu 值小于 800kg/ cm² 之地质,Qu 值介于 800—2,000kg/cm² 者有 323 公尺,其余 309.3 公尺之 Qu 值大于 2,000kg/cm²,均超过设计值。原告遂以系争工程施工期间,因特殊岩盘地质等因素,主张依系争契约第 11 条第 3 项请求展延工期,并主张因展延工期而衍生之管理费等。

就展延工期部分,原告主张包括:(1)特殊岩盘地质;(2)施作发进井排桩施工时,遇大孤石障碍,须做障碍排除或后续渗水处理;(3)地质等因素造成相关设备维修;(4)潜盾机故障无法施作,办理会勘、会勘确认与人工挖掘计划提送;(5)人工挖掘期间不可归责于己之事由而无法施工,提送相关挖掘施工计划书、进行地质改良与工作场所安全评估报告;(6)以人工挖掘方式施工,因掘进作业缓慢,且遭遇管线障碍、台风及台湾电力股份有限公司电线杆跳电;(7)双方原同意竣工日期为 2009 年 7 月 28 日,被告径改为同年 2011 月 27 日,其间 65 天应不计或展延工期。合计共请求展延 510 天。

对此部分,被告则抗辩主张:(1)工程遇地质 QU 值超过 2,000kg/cm² 时,原告仍有选择适当潜盾机械予以施工之义务,并依约定工率修正工期,原告于发现其所购置潜盾机不符后仍进行挖掘,致潜盾机面盘多次毁损需进行维修,因此提送人工挖掘计划及进行剩余工程属于可归责于承包商之事由;(2)大孤石障碍系属原告应履行之义务内容,且为施工上可预见,不得以不可归责原告为由请求展延工期;(3)被告已就前后三次面盘设备维修核给展延或免计工期,原告不能将各种潜盾机作业停顿因素全归因于此;(4)契约及详细表施工费项目已编有“地质钻探及试验补助费”,可知关于完成系争工程所需设备及其能力,原告应自负担保之责,不得因自己选择之设备能力不足或本身操作有瑕疵不能顺利施工而请求展延工期,或自行改以其他被机具方法致迟延完成工作要求展延工期;(5)被告并未同意以 2009 年 7 月 28 日为竣工日期。

另外,就给付衍生之费用部分,原告则连同前揭合意展延工期部分，请求被告给付工程管理费、安全措施费、劳工安全及环境卫生设施费用、工程保险费、工程品管补助费及增加品管工程师之补助差额等项目，扣除第一审原审分别判命给付之数额后，爰依系争契约第 11 条第 1 项、第 3 项、第 5 项、第 49 条第 2 项、第 29 条第 1 项、第 2 项约定[118]，及民法第 490 条、第 491 条、第 227 条之 2 第 1 项情势变更原则等规定，求为命被告应给付原告共计 10,137,008 元。

对此部分，被告则抗辩：原告请求上开展延工期既无理由，则请求展延工期管理费用即无所依据。原告对遭遇特殊岩盘，应属可以预见，无从依情势变更原则请求增加费用。至于已办工期检讨核给展延工期部分，均是出于遭遇特殊岩盘因素，非可归责于被告，纵承认原告得按契约第 11 条第 5 项请求展延工期管理费用，也仅得依同条项后段减半，且其按工程总价 2.5%计算基础，已经包括“安全措施费”“劳工安全及卫生设施费用”“工程保险费”“工程品管辅助费”，原告从工程总价抽出“安全措施费”等费用额作为基数，并比例计算增加费用，属重复计算，显有违误等语。

二、历审判决见解

(一)台湾地区台北地方法院 2011 年度建字第 103 号判决

针对展延工期并请求管理费用（即学说上所谓“与时间关联成本”[119]）部分之依据，是否构成情势变更原则，第一审地院判决特别针对工期展延而增加之费用部分，特别表明认为该差异之“**地质于系争契约签订后并无重大变动**”没有情势变更原则之适用，理由为：“……(2)查系争

---

[118] 系争契约第 11 条第 3 项：“天然灾害或不可抗力因素，或非可归责乙方（即原告）因素而无法施工或增加工作之情形，乙方得提出相关资料，向甲方（即被告）申请展延工期。”系争契约第 11 条第 1 项：“工程障碍因素或变更设计致‘无法全面施工’，乙方得提出相关检讨资料，依‘台北市政府所属各机关兴办工程因障碍因素无法全面施工展延工期审核注意事项’之规定，向甲方申请展延工期。”系争契约第 11 条第 5 项：“除契约变更或追加契约以外之新增工作项目外，因不可归责于乙方之事由，经甲方核定所展延之工期，乙方并得向甲方申请按工程总价 2.5%除以原工期日数所得金额乘以展延日数之工程管理费用，该费用以不超过契约总价 10%为限，如因非可归责甲方及乙方之因素所致者，乙方得申请之费用减半。”系争契约第 49 条第 2 项：“除另有约定者外，因可归责于甲方之事由，而导致工程延期... 甲方得请求乙方展延保险期间或范围，乙方不得拒绝，其所需之保险费由甲方负担。”

[119] 梅芳琪、蔡佳君：《公共工程工期展延费用之索赔实务》，载李家庆主编：《工程与法律的对话》，2011 年增订二版，第 227 页。

契约第7条约定：实做数量结算，工程内除契约令有约定者外，其数量及单价以详细表为基准；如数量有增减或漏列，应依契约变更方式办理，并按实做数量以详细窗体价结算；单价如有误写、误算或类似之显然错误者，甲方得径为更正。第11条第5项亦约定：除契约变更或追加契约以外之新增工作项目外，因不可归责于乙方之事由，经甲方核定所展延之工期，乙方并得向甲方申请按工程总价2.5%除以原工期日数所得金额乘以展延日数之工程管理费用，该费用以不超过契约总价10%为限。如因非可归责于甲方及乙方之因素所致者，乙方得申请之费用减半。”足见双方对于展延工期之风险已有预料，并已约定展延工期导致原告成本增加之风险分配及计算方式。又系争契约既系采实做数量结算，对于潜盾钻掘时遭遇不同强度之地层，亦于系争契约详细表分列有不同之单价（见本院卷（一）第45页），是纵详细表漏列地质状况之Qu值大于$2000kg/cm^2$之情形，此亦应属系争契约第7条漏列之情形，应由双方依第7条约定采另行议定单价之变更程序办理。是被告抗辩，实际工程结算应依系争契约第7条约定，以详细表为基准，如数量有增减或漏列，应依契约变更方式办理等语，应属可采。况如前述，**系争工程施工路段之地质于系争契约签订后并无重大变动**，原告未依契约要求确实为地质钻探以选用适于全段工程之潜盾机具，为有过失，是本件应无情势变更原则之适用。从而，原告主张依系争契约第11条第5项请求展延工期费用外，另请求安全措施费、劳工安全及环境卫生设施费用、薪资、租金等直接费用、营业费用摊提之间接费用，与情势变更原则要件不符，尚难准许。

（二）台湾地区“高等法院”2012年度建上字第41号判决

“高院”维持一审之驳回判决，关于展延工期部分之理由主要是论证系争契约已经有明文约定得展延工期之事由，且须不可归责于原告（即上诉人），但本件工期须展延系可归责于原告所致。判决要旨摘录如下：“依系争契约11条第1至5项，对照第10条第3项约定，可知系争工程除不计工期外，上诉人仅在工程障碍或变更设计因素致无法全面施工，或因被上诉人未能提供应供给之机具，或因天然灾害、不可抗力等（下称不可抗力等）不可归责于上诉人之情形，而无法施工或增加工作者，始得申请展延工期,及请求按约定计算之工程管理费用……且详细(笔者按:应指详细价目)表第37项就地质钻探项目编列‘地质钻探及试验补助费’,上诉人于施工前仍应就地质条件详细勘查、调查,因地质状况所生之风险,双方于订立系争契约时已分配由上诉人自行负担……以上诉人为实收资本额3.8亿元、多次承揽公共工程,其于承揽系争工程时应评估并委请具备鉴验单压试验值超过900—3,000kg/cm^2,且具合格钻探取样能力之学术单位或大型试验室为钻探试验,讵其提出之通杰公司等钻探报告测得Qu值均低于1,000kg/cm^{2}以下,差异甚大,难认已尽其地质钻探、善尽选用适合于系争工程地质之潜盾机之义务……上诉人可依实际施作地质岩盘强度选购不同强度之潜盾机以配合约定之工率。则上诉人依中鼎公司提供设计图设计之Qu值采购负载能力不足之潜盾机,造成潜盾机承载能力不足以承担施工现场之安山岩强度,方致潜盾机频频故障、维修,严重影响施工进度,属可归责于上诉人。”

关于给付衍生管理费等部分,系争契约亦有约定风险分配,故双方对于展期风险非订约当时无可预料,无情势变更原则之适用。此部分理由简要摘录如下:“系争契约第7条、第11条第5项及详细表约定,系争工程详细表之数量或品项如有增减或漏列,应依契约变更方式办理。关于价金计算除施工工程费外,仅有安全措施费、劳工安全及环境卫生设施费用、工程保险费及工程品管补助费等,并针对因不可归责于上诉人或双方之事由而展延工期之情况,约定由被上诉人支付工程管理费,填补上诉人于展延工期期间之损失,足见双方对于展延工期之风险已有预料,并约定以‘工程管理费’计算展延工期期间所增加之费用及相关风险之分配,上诉人即无从再请求其他名目之展延工期费用……无情势变更原则之适用。”

(三)“最高法院”2017年度台上字第39号判决

“最高法院”对于地质差异的发现,不采下级审认为“系争工程施工路段之地质于系争契约签订后并无重大变动,原告未依契约要求确实为地质钻探以选用适于全段工程之潜盾机具,为有过失”之见解,而强调承包商(承揽人)并无疏失,不符合系争契约有关钻探风险之分配规定。其理由为："系争工程经过地质以破碎安山岩层为主，为原审所认定，而安山岩层组织差异甚大……且依补充说明书第 1 章第 1 条约定，系争工程之设计系采用可于 Qu＝800—2,000kg/cm^2 之潜盾机械编列掘进费(安山岩层)。被上诉人亦谓：详细表上潜盾掘进费中特殊岩盘之单价仅载 Qu 值介于 800—2,000kg/cm^2，未包括大于 2,000kg/cm^2 者……则系争工程地处安山岩层之 Qu 值有大于 2,000kg/cm^2 者，似亦为被上诉人于施工前所不知悉，且上诉人主张其提出之通杰公司等钻探报告，Qu 值分别为 413.39kg/cm^2、331.82kg/cm^2 及介于 121.39kg/cm^2—986.99kg/cm^2 之间，均未超过 2,000kg/cm^2，与被上诉人委托中鼎公司钻探之结果，差异不大，其依补充说明书第 1 章第 1 条约定选用可适用于 800—2,000kg/cm^2 潜盾机，亦经被上诉人同意存作查考等语。倘若属实，能否以上诉人在钻探前先行提送施工计划书、系争工程施工后实际钻掘发现 Qu 值有大于 2,000kg/cm^2 者，遽谓上诉人于施工前所为之钻探、选择适用 Qu 值介于 800—2,000kg/cm^2 之潜盾机均有疏失？又补充说明书第 3 章(潜盾施工)第 2 条、第 68 条约定，施工时如遇混凝土结构物、流水、流砂、孤石或超出设计单压强度之岩盘等，必须改变原计划或施工机械时得依有关规定程序办理变更设计。上诉人若判断潜盾工程遭遇特殊岩盘地层(单轴抗压强度大于或等于 800kg/cm^2 时)，应通知被上诉人工地工程司办理现场会勘并拍照存证，且应继续进行施工，并随即施作地质钻探试验，若确定属特殊岩盘地质，则该段之工期依 2.5m/天之工率修正等语。被上诉人亦称：详细表上潜盾掘进费中特殊岩盘之单价未包括大于 2,000kg/cm^2 者，为计价上之契约漏项，得依规定程序办理变更设计、协议单价等语……**既谓遭遇特殊岩盘地层，得修正工率及协议单价，则能否谓双方约定就地质钻探风险全归上诉人负担，上诉人不得本于契约或情势变更原则，请求被上诉人增加给付**？原审以被上诉人另编列地质钻探费用，上诉人应依钻探之结果，选择适当合于契约定之潜盾机，径谓双方于订约时就地质状况之风险，已分配由上诉人负担，亦嫌速断。"

上述判决对于究竟能否适用情势变更原则所衍生之不同见解，涉及因地质差异造成之"工期展延型"，在工程承揽实务上如下两个常见问题：

第一，此种地质差异造成工期展延的基础，常常是未能于订约时透过地质钻探而发现，因此“系争施工路段之地质于系争契约签订后并无重大变动”，如果以前述“物价涨跌型”分析讨论时所提及的，采取台湾地区“民法”之重大客观情势必须发生在“订约后”，则“工期展延型”明显地将难以适用情势变更原则请求展延工期并（或）管理费用？第二，契约中已经约定可以展延工期事由及补偿展延工期费用的方法时，能否即认为承包商对该展期之风险已有预料？

三、构成要件之分析检讨

（一）是否严守“客观”事实之变更

开始分析检讨此种案型以前，应再提出说明者系，此种工期展延型的情势变更，除了本件“地质差异”的情势变更外，另外一个“亚型”是所谓的地下管线施工时遭遇的“管线障碍”（称此为“管线障碍型”），有必要合并提出思考。例如在“最高法院”2016年度台上字第189号判决一案，当事人在“地下电缆土木工程”施工过程，遭遇废基桩障碍物而必须拆除。施工之承揽人向定作人请求因此必须展延之工期及“非订约时所得预见，因而增加支出之承商利税与管理费等间接工程费”，一审及二审法院均驳回承揽人之请求，在二审法院的驳回理由即谓：“依系争契约施工计划书、工作纲要及一般说明第01000章2.2.3及2.3.6(1)规定，管线及障碍物之调查，为上诉人应履约之工项，上诉人于投标前，应亲至施工地点仔细勘察，调查研究或试挖，详阅工程图说及施工规范，规划施工事项；施工前，应提送完整详细之执行地下调查工作计划书予工程司认可后始得施工。系争工程虽因VS—六直井作为发进井之用路无法取得，变更工程要径直井改由VS—五直井发进推进VS—七直井施工，于非原有施工范围之推管路径遇废基桩而展延工期62天。唯上开废基桩障碍物早于双方缔约前即已存在，系争工程变更设计后，上诉人依上述规定须补充调查后始得施工，其于变更设计后施工前如善尽调查责任，即可排除此项障碍，施工后遇该障碍物再行调查处理必影响施工，为上诉人可得预料，亦难认情势有变更。”

到了"最高法院"虽然就二审事实认定部分质疑"系争工程因 VS—六直井作为发进井之用路无法取得,因此变更设计更改施工要径,于非原有施工范围之推管路径遇废基桩而展延工期 62 天,为原审认定之事实。果尔,该废基桩所在地既不属上诉人原来施工之范围,能否谓该废基桩之妨碍施工,为上诉人于订立系争契约之际所得预见,其不得执此为本件之请求,即滋疑问。""最高法院"认为该管线障碍之地质差异,是属于非承揽人可得预料之情势变更。但"最高法院"基本上似仍固守其"客观交易基础理论"之基点,而谓"按契约成立后,情势变更,非当时所得预料,而依其原有效果显失公平者,当事人得声请法院增、减其给付或变更其他原有之效果,民法第 227 条之 2 第 1 项定有明文。所称情势变更,纯属客观之事实,无该事实可归责于当事人,而不得适用情势变更原则之问题。"

如果综合系争台北市政府卫生下水道工程地质差异案"工期展延型"或者其上述亚型"管线障碍型",可以发现,不论法院判决是强调"系争工程施工路段之地质于系争契约签订后并无重大变动"或者"上述废基桩障碍物早于双方缔约前即已存在",均是重申与前述"物价涨跌型"的见解一样,坚守情势变更原则的"客观事实变更"说,且坚持条文文义明白规定限于"契约成立后"(订约后)发生"情势变更"始可,以至于即使在"订约前"双方当事人不知该订约前已经存在之"地质差异"或者"管线障碍"之事实,而未将其列入成为订约时计算双方给付与对待给付之对价关系的考虑因素,迄订约后施工时始发现而知悉,也不能主张情势变更而调整对价关系。然而,当事人双方主观既均未将该重要情势纳入契约交易中考虑其给付与对待给付,在契约订立后完全不能加以调整而要求契约严守,是否符合契约正义,显然尚有疑问。

其实如前所述,故不论对于"客观事实变更"说以及有"订约后"字样的德国法,德国学说上已强调其民法典第 313 条第 1 项法条文义上虽然规定"订约后"发生之变更,但只是要表明:"在订约前已经存在的状态而当事人所已知者,无权调整契约。相反,如果在订约前情势即已发生变更,但一直到订约之后才显现出来或者迄该时点始为当事人所知者,则也应该包括在第 1 项的范围之内。此观同条第 2 项也没有表示时点,益可得证，因为订约前为当事人所不知，因而为其所未曾考虑的事件，同样也会干扰其订约计划，当事人既然未被充分告知而不知道该情势，自然不可能期待其遵守契约。”[120]此种透过对应“交易基础丧失理论”之解释方式，来调整订约前已存在但不知悉之客观事实，于订约后始知悉之情势变更，值得参考。借镜此种解释方式来放宽第2种因地质差异或管线障碍等原因造成的“工期展延型”之情势变更，恐怕才是目前工程承揽实务上有关“地质差异型”的情势变更适用疑问所需要者[121]。

(二)纯粹主观交易基础丧失[122]

1. 承认“双方共同错误”

如同本文一开始对于交易基础理论之介绍时所说的，德国法上对于交易基础理论之发展，最重的是从帝国法院以来所采取Oertmann理论中对于“交易基础”的定义而一再宣示“主观的交易基础”之想法，是指：“在缔约时已经出现、成为他方当事人可知悉且未反对之一方当事人之观念，或者双方当事人共同之观念均知悉某些状况存在或者将来会发生，而这些共同观念成为当事人交易意思之基础者[123]”，并成为德国稳定的实务见解。因此《德国民法典》此次的修正毋宁更重要的是，立法者决定将主观交易基础丧失成文化成为其民法典第313条第2项，而特别规定“作为契约基础的重大观念错误”视为情势变更，“以便为当事人之利益，可以借此方式弹性运用，以调整契约符合适当的给付与对待给付之评价关

---

[120] Bamberger/Roth, BGB, 3. Aufl., § 313 Rn. 25f.; AnwKom — BGB/Krebs, BGB, § 313 Rn. 31.

[121] 在工程实务上常见的因“民众抗争”造成之工期迟延之争议，能否依情势变更主张展延工期，在坚持采客观重大事实，且限于不可抗力之前述我国法院实务见解下，恐将采否定说。但“最高法院”2008年度台上字第928号判决反倾向肯定见解：“查上诉人于原审一再辩称：纵认系争工程之变更延展，系因民众抗争所致，因不可归责于被上诉人，而有情势变更原则之适用，唯该变更延展之发生亦不可归责于上诉人，被上诉人纵认因此而受有损失，上诉人并未因此获得利益，依被上诉人之主张，将工程变更延展所生之不利益全由上诉人负担，并不可采，就不可归责于双方之风险，应由双方平均分担，方符事理之平等语……原审未说明其何以不足采取之理由，即为上诉人全部败诉之判决，已有判决不备理由之违法。”似乎也只能透过主观交易基础理论丧失来加以解套。

[122] MünchKomm/Finkenauer, BGB, 6. Aufl., § 313 Rn. 272(强调《德国民法典》第313条第2项是“纯粹主观的交易基础丧失”)。

[123] 参见前注[19]中Oertmann原文与德国实务稳定判决略加改写的不同用字。

系，或者在无可期待遵守时有权解消契约[124]”。当然，此条文适用之前提同前所述地，必须与一方动机错误区别（此时依《德国民法典》第 119 条第 2 项，相当于台湾地区“民法”第 88 条第 2 项解决[125]），且该共同错误之订约交易基础并未订入成为契约之内容（此时依契约约定是否履行不能解决[126]），自属当然。

准此规定，只要双方当事人在订约时当事人主观对于一个形成意思的重要情势具有共同错误（纯粹主观交易基础欠缺），无论是事实上或法律上之错误，均有情势变更原则之适用[127]。因此，于此类地质差异案之“工期展延型”或者其上开亚型“管线障碍型”的案件中，只要能够认定当事人于缔结契约时对于重要的意思表示形成的情况有共同的认知错误（均不知有地质差异或管线障碍），则其也应属于法律交易基础变更的一种，而得适用《德国民法典》第 313 条情势变更之规定[128]。

2. 德国法上之案例类型

德国学说实务上大致认为下列案例属于双方共同错误情形：

(1)共同评价错误

是指双方当事人一致且明显地对目标物共同做出不适当的评价[129]。这也包括一方当事人错误之观念，而他方并未反对，这个共同观念成为当事人交易意思之基础者。最经典而在文献上一再被引用的双方共同评价错误，就是“卢布案”（Rubelfall, RZG 105, 406）。案例事实是[130]：1920 年乙在莫斯科借 3 万卢布给甲，作为甲返乡德国之旅费，约定甲返乡后两个月应返还 7500 马克。订约当时双方皆误以为 1 卢布相当于德币 25 分，故出具 7500 马克之债权证书，但其实实际对应价值应仅为 300 马

---

〔124〕 Bamberger/Roth, BGB, 3. Aufl., § 313 Rn. 69.

〔125〕 Bamberger/Roth, BGB, 3. Aufl., § 313 Rn. 69.

〔126〕 同前注〔29〕，黄立，第 188 页。

〔127〕 Bamberger/Roth, BGB, 3. Aufl., § 313 Rn. 68.

〔128〕 Erman/G. Hohloch, BGB, 12. Aufl., § 313 Rn. 30.

〔129〕 有学者称之为估算错误或公开估算错误，详见同前注〔16〕，陈自强，第 142 页、第 151 页；同前注〔129〕，黄立，第 294 页，称为“公开之计算错误”。

〔130〕 主要引用自同前注〔16〕，陈自强，第 151 页；并参见 MünchKomm/Finkenauer, BGB, 6. Aufl., § 313 Rn. 275。

克，甲因而只愿偿还 300 马克，乙则请求 7500 马克〔131〕。

相应地，包括兑换钱币时，双方误认当天的作为兑换基础的汇率，或者在土地买卖契约，双方对土地价值估算错误，或者在废铁堆计价时双方对于每日价格没有误认，但对于每日堆放的数量重大错估等，或者在计算时低估或高估费用支出之单纯计算错误，均属适例〔132〕。

本文讨论之系争地质差异案之"工期展延型"，显然契约双方对于作为契约基础（也是给付对价关系之估价基础）的地质差异状况有误认，应属于此处之评价基础因素估计错误。

（2）期待错误（Fehlgeschlagene Erwartung）：主要是适用在对价关系不相当之案例，例如当事人一开始就知悉彼此间之给付与对待给付不相当，但期待将来透过不属于契约对待给付之部分，可以加以补偿，但嗣候却因错误期待而落空。此时也可以透过适用情势变更加以调整〔133〕。

（3）法律错误

这是指订约双方对于订约之期待已经有足够认知，而双方当事人就该交易在法律上之要件及效果，固然彼此详细讨论，但对于作为共同基础的法律地位（包括基于"最高法院"判决见解宣示之法律地位）却错误评估，以至于双方对契约风险之分配不当〔134〕。

（三）本案之分析检讨

1. 两个问题回答

针对在系争案型所提出的两个问题，应先回答的第一个问题是：在系争契约中（特别是公共工程契约）如有约定实作数量如有增减，得依契约变更方式办理结算（例如系争判决中引用的系争契约第 7 条约定），或约定展延工期应补偿承包商于展延工期期间之损失（例如系争判决中引用的系争契约第 11 条第 5 项约定），或甚至在契约中列明一切可以展期之

---

〔131〕 帝国法院将此项计算错误视为意思表示错误，认为得由甲撤销其意思表示。转引自同前注〔16〕，陈自强，第 159 页；同前注〔19〕，彭凤至，第 113 页。

〔132〕 Bamberger/Roth, BGB, 3. Aufl., § 313 Rn. 70. 及该处之法院实务案例。同前注〔129〕，黄立，第 294 页称为"隐藏之计算错误"：是指例如出卖人由于内部使用了错误的计算基础，包括数量、尺寸、重量、单价、采购成本等，而以错误价格销售货物，属于纯粹动机错误。

〔133〕 Bamberger/Roth, BGB, 3. Aufl., § 313 Rn. 75.

〔134〕 MünchKomm/Finkenauer, BGB, 6. Aufl., § 313 Rn. 283.

原因[135]，是否即如判决所指：双方对于展延工期之风险已有预料，且对展延工期期间所增加之费用已可认为有风险分配之约定？对此，本文采取保留态度，盖各该契约约定之真意原仅针对实作数量结算方式、工期展延补偿计算方式或工期得申请展延等契约目的为约定，难以据此进而推论是否为当事人将来适用情势变更时可预见事由之约定。否则如果按此逻辑，则一切工程进行中所可能发生之变更工程设计、天灾、意外或非可归责于被上诉人(包含房屋拆除、土地取得、管线迁移等可能需时甚久始得

---

[135] 此种情形不胜枚举，例如台湾地区"最高法院"2011年度台上字第471号判决(钻探报告未发现废弃物非情势变更)："唯'民法'第二百二十七条之二第一项所谓之情势变更，系指契约成立后，其成立当时之环境或基础等客观事实发生变动，非当事人所得预料者而言。查依系争契约第四条关于统包工程范围及项目记载：'……二本工程之基地现场勘查，含地上、地下构造物、管线等(现况测量图《即系争钻探报告》由甲方《即上诉人》提供参考)。三乙方(即被上诉人)应依建筑技术规则规定办理基地地质钻探、试验及测量。……'，第十七条第四项关于工地环境清洁与维护记载：'(四)本工程施工如产生五百立方公尺以上之剩余土石方者，除另有规定外，乙方(即被上诉人)应在开工前，提出剩余土石方弃运计划……'等语。可见双方于签立系争契约时已言明土地地下构造物之勘查及钻探等均属被上诉人之工程项目，系争钻探报告仅系供被上诉人参考，并约定施工产生之土石方，不限种类、性质，均由被上诉人负责弃运。又系争契约第六条关于契约价金之调整记载：'……六、契约价金采总额结算给付。未列入工程数量之项目或数量，其已于契约及相关文件载明应由乙方(即被上诉人)施作或供应或为乙方完成履约所必须者，仍应由乙方负责供应或施作，不得据以请求加价……'等语。双方就未列入工程数量之项目或数量，依约系由被上诉人负责施作或完成者，亦约定被上诉人不得请求给付该部分之款项。双方于订约前均未发现系争土地下埋有系争废弃物，为原审认定之事实。果尔，系争废弃物于系争契约成立时即已存在，仅系被上诉人因参考系争钻探报告，对系争土地地下构造物有所误认，然清运处理系争废弃物依约应由其负责，且为其完成履约所必须，纵清运处理之数量超过原估算范围，系属上开契约第六条所约定得否请求加价之问题。系争废弃物既非契约成立后有何客观事实发生变动所造成，上诉人抗辩被上诉人不得依情势变更原则请求给付系争费用，是否毫无可取。"

同院2008年度台上字第1794号判决(工程变更设计、土地取得、房屋拆迁、管线迁移等事由非情势变更)："按契约成立后，情势变更，非当时所得预料，而依其原有效果显失公平者，当事人得声请法院增、减其给付或变更其他原有之效果，固为'民法'第227条之2第1项所明定。且此项规定，依'民法'债编施行法第15条规定，于'民法'债编修正施行前发生之债，亦适用之。唯情势变更原则，旨在规范契约成立后有于订约当时不可预料之情势发生时，经由法院裁量以公平分配契约当事人间之风险及不可预见之损失。倘于契约成立时，就契约履行中有发生该当情势之可能性，为当事人所能预料者，当事人本得自行风险评估以作为是否缔约及其给付内容(如材料、价金等)之考虑，自不得于契约成立后，始以该原可预料情势之实际发生，再依据情势变更原则，请求增加给付。查系争工程合约除于第4条之4就可能延展工期之原因，分别列明各种情形加以明文约定外，另于第7条之2、第10条各就因变更设计增加工作量时之付款办法；工程变更之程序及价款计算办法为约定……似见对于变更工程设计、天灾、意外或非可归责于被上诉人(包含房屋拆除、土地取得、管线迁移等可能需时甚久始得处理完竣)等情势，均已约明为延展工期之事由。则于系争工程进行中发生变更设计及台风等天然灾害致需延展工期时，(转下页)

处理完竣)[136]等情势,因其均已约明为延展工期之事由,均可解为属称承包商可预料之范围,则如同在契约中拟制一切情势均属可预料而不得主张情势变更,不啻等同于契约间接约定排除情势变更条款之适用,不仅契约约定之风险分配对于承揽包商不公平,且恐将如前述抵触情势变更或诚信原则属强行规定,不得约定排除之规定(台湾地区“民法”第71条),造成各该约定有无效之虞,反而影响契约之安定性。

第二个应回答之问题则是:未能于订约时透过地质钻探而发现之地

(接上页)能否谓为仍属被上诉人于订约时所不能预料之情势?原审未说明系争工程进行中发生双方于订约时已预知可能延展工期之工程设计变更及风灾等情势,何以犹得认为系属被上诉人于签订契约时所不能预料之情势变更?径依情势变更原则,命上诉人增加给付,已有判决不备理由之违误。”

同院2004年度台上字第1277号判决(一切约定展期事由非情势变更):“查契约成立后,情势变更,非当时所得预料,而依其原有效果显失公平者,当事人始得依‘民法’第227条之2第一项之规定,声请法院增减其给付或变更其他原有之效果。而所谓情势变更,非当时所得预料,依其原有效果显失公平者,系指情势剧变,非契约成立当时所得预料,依一般观念,认为如依其原有效果显然有失公平者而言。双方所立工程合约书第十四条记载:‘工期延长:因下列原因,致不能工作时,得照实际情况延长工期。一、人力不可抗拒之事故。二、甲方(即上诉人)之延误’等语……,补充说明第二十四条规定:‘乙方(即被上诉人)于有左列情势之一者,得于情势发生之日起三十日内,以书面通知甲方(即上诉人)终止契约,否则依原契约继续施工……2订约后六个月内无法开工者。3施工期间甲方通知乙方停工或非可归责于乙方之事由致停工超过六个月者’各等语……。双方签约时既就工期延长、无法如期开工,及不可归责于被上诉人事由之停工,约定有处理方式,能否谓上诉人就工期之延展无法预料,而有情势变更原则之适用,尚非无疑。”又同院2011年度台上字第290号判决亦同:“……系争工程乃挖掘路面修复工程,若工地下埋有水、电、瓦斯管线,施工自当配合管线迁移,系争工程契约第七条约定:’乙方(即被上诉人)须于甲方(上诉人)通知五日内开工一百日历天内完工‘,契约施工说明书一般条款就开工、暂停、工期延展及延误,亦约定有处理方式……能否谓被上诉人就工程之开工、延期竣工等无法预料,而有情势变更之适用,已非无疑。”

[136] 最完整列举得申请延长履约期限,且几乎涵括一切事由者,当推“行政院”公共工程委员会之工程采购契约模板(2017.4.6修正版本)第7条规定。该条(三)工程延期:“1.履约期限内,有下列情形之一(且非可归责于厂商),致影响进度网图要径作业之进行,而需展延工期者,厂商应于事故发生或消灭后_日内(由机关于招标时载明;未载明者,为7日)通知机关,并于_日内(由机关于招标时载明;未载明者,为45日)检具事证,以书面向机关申请展延工期……”

(1)发生第17条第5款不可抗力或不可归责契约当事人之事故。“(2)因天候影响无法施工。(3)机关要求全部或部分停工。(4)因办理变更设计或增加工程数量或项目。(5)机关应办事项未及时办妥。(6)由机关自办或机关之其他厂商之延误而影响履约进度者。(7)机关提供之地质钻探或地质资料,与实际情形有重大差异。(8)因传染病或政府之行为,致发生不可预见之人员或货物之短缺。(9)因机关使用或占用本工程任何部分,但契约另有规定者,不在此限。(10)其他非可归责于厂商之情形,经机关认定者。”

而其中(1)所引用之第17条第5款又相当广泛地规定:“因下列天灾或事变等不可抗力或不可归责于契约当事人之事由,致未能依时履约者,厂商得依第7条第3款规定,申请延长履约期限;不能履约者,得免除契约责任:(一)战争、封锁、革命、叛乱、内乱、暴动或动员。(二)山崩、地震、海啸、火山爆发、台风、豪雨、冰雹、恶劣天候、水灾、土石流、土崩、地层滑动、雷击或(转下页)

质差异或管线障碍等事由[137]，本文主张应该参考《德国民法典》第 313 条第 2 项“交易基础丧失理论”，来调整订约前已存在但不知悉之客观事实，于订约后始知悉之情势变更，以处理“工期展延型”之情势变更，已详如前述。在此基础上之进一步问题在于：在台湾地区现行法第 227 条之 2 欠缺类似德国法上开规定之情形下，法律解释适用之法学方法论上如何操作适用，以求稳妥？

2. 方法论上之操作

(1)类推适用说

如前所述，台湾地区学者通说[138]对于情势变更原则之适用单纯指向

(接上页)其他天然灾害。(三)坠机、沉船、交通中断或道路、港口冰封。(四)罢工、劳资纠纷或民众非理性之聚众抗争。(五)毒气、瘟疫、火灾或爆炸。(六)履约目标遭破坏、窃盗、抢夺、强盗或海盗。(七)履约人员遭杀害、伤害、掳人勒赎或不法拘禁。(八)水、能源或原料中断或管制供应。(九)核子反应、核子辐射或放射性污染。(十)非因厂商不法行为所致之政府或机关依法令下达停工、征用、没入、拆毁或禁运命令者。(十一)政府法令之新增或变更。(十二)我国或外国政府之行为。(十三)其他经机关认定确属不可抗力者。”

〔137〕 当然，此处还涉及系争类型契约中均编列有之地质钻探条款如何解释之问题。查系争“工期展延型”之台北市政府卫生下水道工程地质差异案中，台湾地区“高等法院”判决理由中所指：“因系争案件已编列有地质钻探项目编列‘地质钻探及试验补助费’，上诉人于施工前仍应就地质条件详细勘查、调查，因地质状况所生之风险，双方于订立系争契约时已分配由上诉人自行负担”之见解，甚至有些工程契约会约定“于订约前，乙方(承揽人)应详阅本契约文件并勘查土地。如因乙方之疏忽，未能熟悉工地情况而遭受任何损失，概由乙方自行负责”等语。然而，此种所谓“勘查现场义务”之免责条款，实无异使承包商承担全部地质差异之风险，如此业主实际上借由招标文件隐藏之“勘查现场义务”条款订定将地质差异之风险全然转由承包商负责而据以免责，恐有碍契约正义之实现，似应认为有适用“民法”第 247 条之 1 第 1 款规定(免除或减轻预定契约条款之当事人之责任)之余地(公共工程契约作为非消费性定型化契约，仍有适用“民法”第 247 条之 1 规定之余地，可参见台湾地区“最高法院”2007 年度台上字第 684 号、2007 年度台上字第 168 号、2006 年度台上字第 930 号、2003 年度台上字第 1671 号、2003 年度台上字第 1395 号等判决，并参见詹森林：《最高法院与定型化契约法之发展》，载《民事法理与判决研究(四)》，2006 年版，第 162 页。)因此，此种约定，如果已经逾越本文所谓“契约内在之风险界限”或者台湾地区“最高法院”所谓“超出一般合理范围”以外之不可预测风险，仍不应要求工程承揽人负责。倘再参考国际咨询工程师联合会(Federation Internationale Des Ingenieurs Conseils；简称 FIDIC)新红皮书对于异常工地状况之规范规定契约条款 17.3 条中规定业主应承揽之风险，其中(h)规定：限于一个有经验的承包商不能合理预见而适当防范或不可预见之任何自然力作用，亦即倘承包商无法合理预见而予适当防范之自然力造成风险，则仍由业主负担(并参见颜玉明：《工程法律实务研析(三)》，载《FIDIC 国际工程标准契约与国内工程契约文件风险分配原则之比较研究》，2007 年版，第 101—128 页)。

〔138〕 同前注〔2〕，林诚二，第 62 页；同前注〔44〕，刘春堂，第 152 页；同前注〔44〕，姚志明：《一般情势变更原则于给付工程款案例》之适用》，第 410 页。

客观事实变动之情形，不包括主观之事实[139]，且依法条文义，将情势变更原则之适用范围限缩于“契约成立后”或“法律行为成立后”之情势变更，对于契约成立当时即已存在之情势并未纳入考虑。因此，当事人主观上对于缔约当时情势之认识是否出现共同错误，即不属于“民法”第227条之2所定之范围，申言之，情势变更原则之适用不包含当事人主观上对于客观事实所发生之认识上差异或共同动机错误之问题[140]。

因此，已有论者认为应考虑共同错误之存在是否影响双方之缔约意愿以及是否影响契约之实质内容，并应依具体案例事实判断主观交易基础欠缺之问题，若无法贯彻契约之实质正义，符合诚实信用原则之理念，将无法使法律规定发挥其完整之功能，因此在必要时，宜在诚实信用原则之指导下，适度承认主观交易基础欠缺之情形得类推适用“民法”第227条之2之规定[141]。另有论者认为，契约关系本即具有主观等价性之性质，第三人对于该事实之认识并不具重要性，因此主观上之共同认识或预想于缔约后变更，与客观事实于缔约后变更，在本质上并无不同，故就性质相同之事物应为相同之处理，于双方共同动机错误之情形，应可类推适用“民法”第227条之2之规定而有情势变更原则之适用[142]。

(2)诚信原则说

也有学者从是否为情势变更条文所谓“非当时所得预料”，强调此种“工期展延型”的争议，应解为系指承包商于缔约当时所未能预见之风险，或承包商于缔约时虽可预见该风险，但无法采取合理措施以防止损失或损害发生者，亦即“缔约当事人于缔约时以之为缔约衡量之基础事实，事后有所变更”，依诚信原则应调整原约定之权义内容者[143]，基本上

---

〔139〕 同前注〔45〕，林诚二，第21页。

〔140〕 同前注〔107〕，蔡晶莹，第237页。

〔141〕 同前注〔107〕，蔡晶莹，第237—238页。

〔142〕 同前注〔3〕，张南熏，第101页。

〔143〕 杨淑文：《工期展延之争议与履约调解》，载《月旦法学杂志》，2007年4月第143期。

也是采取交易基础丧失理论类似之方向[144]。

也有学者认为台湾地区“民法”第227条之2,依其文义仅适用于法律行为“成立后”之情势变更,似难解为就法律行为成立之际之事实的认识,亦有适用或类推适用,因而反对可将台湾地区“民法”第227条第2项类推适用于上述“工期展延型”之“双方共同动机错误”之情形[145]。同时,也不必迂回求诸德国法上之主观交易基础丧失理论,只要透过诚信原则解释契约,即可除去冲突,平衡双方利益[146]。

(3)本文见解

应先说明者系,《德国民法典》第313条第2项用“视为”情势变更[147],基本上就是一种准用无误,或者法律明文的类推适用[148]。因此如果从德国法的该规范基础出发,将“双方共同动机错误”解为是类推适用客观交易基础丧失,确实有其依据。同时,情势变更或交易基础丧失理论均源自于诚信原则,如果回到诚信原则透过契约解释,或许也是一种解决

---

[144] 在双方共同错误之情形,也就是双方当事人在订约时对于其意思形成攸关重要的情势有共同错误的情形,有学者从《民法总则》有关法律行为错误理论的部分早已指出:“双方当事人系以一定事实的发生或存在作为法律行为的基础,此项法律行为基础不存在的风险,应由双方共同承担,从而不能径认此系‘动机错误’,不影响法律行为的效力……较能兼顾双方当事人利益的解决方法,系依诚实信用原则调整当事人的法律关系”(参见王泽鉴:《民法总则》,元照出版公司2014年2月增订新版,第416页及注145所引主要均涉及交易基础丧失之相关德文文献),此一见解,如果换从债法总则契约履行的角度来说,也就是透过德国学说上强调的“民法”第313条第2项主观交易基础丧失之理论加以处理(Vgl. Larenz/Wolf, AT, 9. Aufl., 2004, § 38 Rn. 5.)。

[145] 参见同前注〔16〕,陈自强,第176页之详细论述。

[146] 参见同前注〔16〕,陈自强,第184页。

[147] 《德国民法典》第313条第2项规定作为契约基础之重大观念被证明是错误时,视为情势之变更(原文 Einer Veränderung der Umstände steht es gleich, wenn wesentliche Vorstellungen, die zur Grundlage des Vertrags geworden sind, sich als falsch herausstellen),也可翻译成“作为契约基础之重大观念被证明是错误时,视为与情势变更作相同处理”,“与……相同处理”其实就是在平等原则的基础上作“类推适用”。

[148] 关于“视为”的拟制性质,与类推适用本质无异,参见亚图·考夫曼:《类推与事物本质——兼论类型理论》,颜厥安审校,吴从周译,新学林出版公司1999年版,第55页:“拟制是无意识的表达一种经由构成要件内在的类似性,所引发之……相同评价的必要性,拟制终究无非是类推”。又 Erman/G. Hohloch, BGB, 12. Aufl., § 313 Rn. 30 也明白指出,《德国民法典》第313条第2项是类推适用第1项的效果。另外,台湾地区“最高法院”2006年度台上字第1152号判决亦谓:“法律上所谓准用,系法律明定将关于某种事项(法律事实)所设之规定,适用于其相同或相类似之事项之上,倘法律未明文规定之事项,而与既有之法律所规范之事项相同或相类似者,只能加以类推适用,而非准用,此在法律适用之方法上须加以分辨。”

方法。

不过，在岛内处理“主观交易基础丧失”之案型，能否单纯透过类推适用“民法”第227条之2规定之层次加以处理，本文则持较为保留之态度。盖在前述台湾地区“民法”于2000年增订现行第227条之2规定时，其理由中早已明白指出：“又情势变更，纯属客观事实，当无因可归责于当事人之事由所引起之事例”等语，足见立法者似乎已经有意排除“主观交易基础”变更作为“民法”第227条之2适用的可能性。因此难以认定“民法”第227条之2未规定主观交易基础丧失之“双方共同动机错误”之情形，是一个有疏漏之规定，自难以进一步据以类推适用而填补漏洞。

然而，此种政策之决定显然有误，在方法论上似有必要基于交易实际需要与个案衡平需求[149]，透过“民法”第1条“法理”作为制定法外法之续造的依据，进行造法，加以修正。换言之，可以透过将外国法作为法理之方式，将《德国民法典》第313条第2项规定引为法理，加以适用[150]，或许

[149] 此点，只需参考台湾地区实务见解之宣示即明。台湾地区“最高法院”在最近的2012年度台上字第1695号判决中明白采取德国学者Karl Larenz之法学方法论所提出的“三阶层法律发现构造论”的第三层次之“制定法外的法律续造”活动之理论，而谓：“按适用法律为法院之职责，根据‘法官知法’之原则，法院应就当事人主张之事实，依职权寻求适当之法律规范，作为判断之依据。而‘民法’第一条规定：‘民事，法律所未规定者，依习惯；无习惯者，依法理’，所谓法理，乃指为维持法秩序之和平，事物所本然或应然之原理；法理之补充功能，在适用上包括制定法内之法律续造（如基于平等原则所作之类推适用）及制定法外之法律续造（即超越法律计划外所创设之法律规范）。……在事实发生时纵无实定法可资适用或比附援引（类推适用），倘其后就规范该项事实所增订之法律，斟酌立法政策、社会价值及法律整体精神，认为合乎事物本质及公平原则时，亦可本于制定法外法之续造机能（司法自由造法之权限），以该增订之条文作为法理而填补之，俾法院对同一事件所作之价值判断得以一贯，以维事理之平”（2012年10月24日由该院民事第四庭作成；理由完全相同，嗣9后相同见解又见于台湾地区“最高法院”2012年度台上字第2037号判决中（2012年12月13日由该院民事第三庭作成）及台湾地区“最高法院”2013年度台上字第73号判决（2013年1月16日由该院民事第三庭作成），先后由台湾地区“最高法院”不同民事庭作成此一致性见解，堪称台湾地区“最高法院”判决之新典范与里程碑。王泽鉴：《民法总则》，2014年2月增订版，自版，第57页则引述其中最高法院101年度台上字第2037号判决，并同样强调此一最高法院裁判“体现了岛内继受德国法学方法论的基本见解”。又关于德国法学方法论上“三阶层法律发现构造论”在台湾地区之继受与发展，参见Chung－Jau Wu（汉字拼音Congzhou Wu），Historische Entwicklung und aktueller Stand der Zivilrechtsmethodik in Taiwan，in：Yuanshi Bu（Hrsg.），Juristische Methodenlehre in China und Ostasien，Tübingen 2016，S. 311-324。

[150] 关于外国立法例作为法理适用，向为台湾地区实务判决所承认，参见吴从周：《论“民法”第一条之“法理”》，载《民事法学与法学方法》（第1册），元照出版公司2007年版，第44—46页。

更为稳妥。

(4)附论:中国大陆民法上之情势变更原则

大陆民法上对于情势变更(大陆之用语为“情势变更”——就“情势”变更所涉及者主要为不可抗力及不可预料之外在环境变动,“情势”二字其实比台湾地区使用“情势”二字来得更为接近概念内涵)之见解,在中国大陆民法典制定前,主要是规定在《合同法解释(二)》:“合同成立以后客观情况发生了当事人在订立合同时无法预见的、非不可抗力造成的不属于商业风险的重大变化,继续履行合同对于一方当事人明显不公平或者不能实现合同目的,当事人请求人民法院变更或者解除合同的,人民法院应当根据公平原则,并结合案件的实际情况确定是否变更或者解除。”[151] 从司法解释的文字明白使用:合同成立以后“客观情况”发生了当事人在订立合同时无法预见的“重大变化”等字样,就可以发现大陆合同法上与台湾地区“民法”上的构成要件类似,其所指的“情势”都仅针对泛指一切与合同有关的客观事实,如战争、经济危机、金融危机与重大政策调整等“客观交易基础”丧失,并不包括主观交易基础丧失[152]。但大陆司法解释对于情势变更之法律效果,明定在法院变更合同原定效果外,也可以请求“解除合同”,则较为清楚,其为台湾地区法所阙如,虽然台湾地区学说及实务上亦同此结论[153],但终不如明文规定以求明确!

大陆学者针对上开司法解释亦强调:《合同法》在此有法律漏洞存在,应予以填补,亦即应将主观交易基础情况解释为“情势”的一种,以填补上开司法解释不足[154]。其所运用之法学方法主要在制定法内之法律续造,与本文希望以制定法外之法律续造创造法律,方法取径或有不同,但结论并无二致。准此以解,本文期待透过“主观交易基础丧失”之引

---

[151] 唐勇编:《民法小全书》,北京大学出版社,2020年版,第188页。对于掌握公布之民法典及其新旧法相关法规、司法解释,甚具帮助,是相当实用之工具书,并谢谢唐勇教授赠书。

[152] 参见王洪亮:《债法总论》,北京大学出版社2016年版,第338页。关于合同法上之情势变更原则,其重要文献指引、基本原理、构成要件、具体案型、法律效果等,该书均详细征引学者、德文文献、法院裁判进行说明,一目了然确也深入浅出,兼顾比较法与本土之债法扎根,深具贡献。

[153] 参见吴从周:《情势变更原则在工程契约上的几个实务问题》,载《月旦法学杂志》,2020年1月第296期。

[154] 同前注〔152〕,王洪亮,第338页。

进，以解决工程承揽契约上“工期展延型”或“地质差异型”争议，在将来大陆合同法上涉及工程承揽契约类此争议时，如欲引用情势变更原则解决时，亦应有其参考价值！

应特别说明者系，2020 年 5 月 28 日通过的《中华人民共和国民法典》第 533 条，已经将此情势变更原则予以明文规定：“合同成立后，合同的基础条件发生了当事人在订立合同时无法预见的、不属于商业风险的重大变化，继续履行合同对于当事人一方明显不公平的，受不利影响的当事人可以与对方重新协商；在合理期限内协商不成的，当事人可以请求人民法院或者仲裁机构变更或者解除合同”。

上述新法规定，不仅在构成要件上删除“客观情况”，而规定合同“基础条件”重大变化，似在理论基础上采取德国法上“交易基础理论”而得以涵盖本文及大陆学者强调的“主观交易基础丧失”之情形。而且在法律效果上加入了德国法经过讨论后所不采取的“当事人重新协商”之规定〔155〕，使情势变更之效果更为完整。《民法典》在情势变更原则的明文化上，其完整程度值得肯定，应可减少将来在法律适用上本文所讨论的争议。

第四部分　结论

情势变更的研究者多强调，情势变更原则因其具有“例外性格”〔156〕(Ausnahmecharakter)或“补充性格”(Subsidiarität)而仅是一个“例外规定”(Ausnahmevorschrift)。申言之，学说上指出因“私法自治”及“契约自由原则”系为私法领域之两大重要基本原则，故私法上之权利义务关系，法院自应尊重当事人所为之约定，以维护当事人间之法安定性，除非在极为例外之情况下，为了修正私法自治之法律关系原本已形成但嗣后被干扰之给付与对待给付之对价关系，法院始得基于“契约正义”的理由

〔155〕 同前注〔153〕，吴从周，第 200 页。

〔156〕 AnwKom－BGB/Krebs，BGB，§313 Rn. 34.；MünchKomm/Finkenauer，BGB，6. Aufl.，§313 Rn. 52.

介入修正[157]。

基此，就情势变更原则适用之要件判断上，自应在其“例外性格”之基础上，采取较“严格之标准”，以贯彻契约严守（或忠实契约）原则（pacta sunt servanda od. der Grundsatz der Vertragstreue）与法律安定性，并符合情势变更应谨慎运用之要求（Grundsatz der zurückhaltenden Handhabung）[158]。可以说：情势变更原则与契约严守原则基本上是处于一种“紧张关系”（Spannungsverhältnis）的状态[159]！此种例外性格的严格审查，即使在《德国民法典》增订第313条第1项及特别是第2项的主观交易基础论，仍然如此被强调，因此，情势变更原则虽于“民法”第227条之2有构成要件之规定，唯该诸多抽象要件诸如是否有情势之变更、当事人是否得预见及是否显失公平等，仍有赖于法官主观判断，为避免法官任意地主观判断而介入当事人间之法律关系，破坏私法自治，于判断是否有情势变更原则之适用时，自应一一审酌各要件是否相符，且主张有情势变更原则适用之一方，应就各要件善尽举证责任。

在此等理念下，本文认为有必要继受并参考《德国民法典》第313条增订前后之交易基础论，特别是“主观交易基础丧失论”，重新检讨情势变更原则适用于工程承揽契约实务上的两种主要争议类型：即“物价涨跌型”及“工期展延型”之难题，重新寻求契约严守与契约正义间之对应适用，并提出以下几点研究结论供参考。

就“物价涨跌型”而言，第一，客观情势重大变更发生之时点并不重要，客观状态之变更究竟是在订约前或订约后发生，并非所问。如果在订约前情势即已发生变更，但一直到订约之后才显现出来或者迄该时点始为当事人所知者，该情势当然会干扰其订约计划，当事人既然未被充分告知而不知道该情势，仍应有情势变更之适用。第二，此种会“动摇社会生存”之“客观基础事实变更”，参考《德国民法典》第313条第1项规定情势

---

[157] Bamberger/Roth, BGB, 3. Aufl., §313 Rn. 3.; MünchKomm/Finkenauer, BGB, 6. Aufl., §313 Rn. 2.

[158] Erman/G. Hohloch, BGB, 12. Aufl., §313 Rn. 22.; Bamberger/Roth, BGB, 3. Aufl., §313Rn. 2

[159] MünchKomm/Finkenauer, BGB, 6. Aufl., §313 Rn. 3.

变更之要件，应优先尊重双方当事人透过“契约约定的风险分配”，故其约定之排除调整条款应有其效力。第三，但如果此项约定排除情势变更适用之程度，已经超过风险分配的内在界限，或者说如果该项风险之发生及变动之范围，已逾“超出一般合理范围”以外而不可预测，如要求当事人仍依原来约定之给付与对待给付之对价关系履行，显然违反契约正义时，则仍应回归适用情势变更原则。

就“工期展延型”而言，第一，除更应承认前述“订约前情势即已发生变更，但一直到订约之后才显现出来或者迄该时点始为当事人所知者”，也有情势变更原则之适用外。第二，应参考《德国民法典》第 313 条第 2 项，承认双方当事人在订约时当事人主观对于一个形成意思的重要情势具有共同错误(纯粹主观交易基础欠缺或共同评价错)，也有情势变更原则之适用。第三，在方法论上，或许可以考虑基于交易实际需要与个案衡平需求，透过引用“民法”第 1 条“法理”将《德国民法典》第 313 条第 2 项规定作为立法例，引为法理，加以适用。

中德私法研究第 20 卷
页 70—83

我国建设工程合同中情势变更原则适用条件的展开

黄 喆*

摘要:情势变更原则在我国学说和司法实务中长期受到关注,《民法典》第 533 条在一定程度上对过往的规则进行了修正。因"工程要素价格变化"引发的建工合同纠纷中,需要区分不同计价模式,确定单价合同和总价合同中的实质性变更标准。应在个案中查知作为合同基础的"情势"是什么,界定行为基础和法律行为内容的关系,尤其要界定具体法律行为中"约定的和法定的风险分担",同时关注风险分配的内在界限,该两项内容欠缺时,才有适用情势变更原则的余地。因"地质条件异常"而引发的纠纷中,由于缺少主观交易基础相关理论的支撑,坚持"合同缔结时的客观情况"论,会形成法律上的漏洞。《民法典》第 533 条在文字上用"合同的基础条件"替代了"客观情况",解释上应当弱化"客观",而重在从当事人的"认识"角度确定交易基础,从而挖掘出自始欠缺交易基础和交易基础嗣后丧失两种情况。此外,目的障碍是情势变更原则适用的主要案型,《民法典》仅有以"显失公平"为标识的对价关系障碍类型,形成规范上

* 黄喆,东南大学法学院教授,德国哥廷根大学法学博士。

的漏洞。

关键词:情势变更　建设工程合同　实质性变更　风险分担　目的障碍

建设工程合同往往工期较长,履行过程中常遭遇建筑材料价格的异常波动,也会受到特殊天气或不利地质条件的影响,继续坚守约定的价格或者工期,对遭受不利影响的一方当事人难谓公平,甚至造成其"生存毁灭"。如何适用情势变更原则确定建设工程合同的走向,深具理论和实务价值。

吴从周教授在论文中将建工合同最常见的情势变化情况概括为"物价涨跌"和"工期展延"两类,以台湾地区历审判决见解为分析对象,又以德国民法"交易基础障碍制度"(Störung der Geschäftsgrundlage)为理论基础,就其如何适用情势变更原则展开了细致的研究,该成果为笔者在相关领域的学习研究提供了重要的参考和借鉴。本文仅就笔者的学习心得、结合情势变更原则在我国大陆的发展演变,并立足于我国的工程司法实践提出些许思考。

一、情势变更原则在我国的发展

情势变更原则在我国学说上很早就受到关注,梁慧星教授在 1988 年发表《合同法上的情势变更问题》一文,系统阐述了情势变更原则的历史沿革、域外法的理论学说以及我国的法律适用等问题,成为该领域的奠基性论文。实践中,1992 年最高人民法院在关于湖北省和重庆市两个公司之间购销煤气表的合同纠纷案件的复函中对情势变更制度作出了诠释〔1〕,第一次在司法实践层面确立了情势变更原则的处理效果。

---

〔1〕 参见最高人民法院《关于武汉市煤气公司诉重庆检测仪表厂煤气表装配线技术转让合同购销煤气表散件合同纠纷一案适用法律问题的函》(法函〔1992〕27 号):"就本案购销煤气表散件合同而言,在合同履行过程中,由于发生了当事人无法预见和防止的情势变更,即生产煤气表散件的主要原材料铝锭的价格,由签订合同时国家定价为每吨 4400 元至 4600 元,上调到每吨 16000 元,铝外壳的售价也相应由每套 23.085 元上调到 41 元,如要求重庆检测仪表厂仍按原合同约定的价格供给煤气表散件,显失公平,对于对方由此而产生的纠纷,你院可依照《中华人民共和国经济合同法》第二十七条第一款第四项之规定,根据本案实际情况,酌情予以公平合理地解决。"

原《合同法》立法过程中，其征求意见稿曾设有情势变更的条款，但最终颁行的法律文本对该条款未予保留。直到2009年，因为国际性的金融危机引发我国大量的经济贸易纠纷，最高人民法院《关于适用〈中华人民共和国合同法〉若干问题的解释（二）》（已失效，下称《合同法解释（二）》）第26条确立了情势变更原则："合同成立以后客观情况发生了当事人在订立合同时无法预见的、非不可抗力造成的不属于商业风险的重大变化，继续履行合同对于一方当事人明显不公平或者不能实现合同目的，当事人请求人民法院变更或者解除合同的，人民法院应当根据公平原则，并结合案件的实际情况确定是否变更或者解除。"相关解释认为，"本条主要解决合同订立后显失公平的问题……合同订立的时候是公平的，在合同生效后由于社会环境发生重大变化，如一方当事人履行合同将遭受重大的损害，造成双方当事人利益上显失公平，按照实际情况履行不了……"。[2] 最高人民法院同时指出，情势变更原则的适用，是一种司法救济，因此要严格区分变更的情势与正常的市场风险，以维护合同效力为大原则，审慎适用情势变更原则。根据案件的特殊情况，确需在个案中适用的，应当由高级人民法院审核。必要时应报最高人民法院审核。[3]

2020年5月28日，《中华人民共和国民法典》（下称《民法典》）审议通过，自2021年1月1日起施行。《民法典》第533条借鉴了《合同法解释（二）》第26条的规定，但有一些变动和调整。该条第1款规定："合同成立后，合同的基础条件发生了当事人在订立合同时无法预见的、不属于商业风险的重大变化，继续履行合同对于当事人一方明显不公平的，受不利影响的当事人可以与对方重新协商；在合理期限内协商不成的，当事人可以请求人民法院或者仲裁机构变更或者解除合同。"第2款规定："人民法院或者仲裁机构应当结合案件的实际情况，根据公平原则变更或者解除合同"。

具体而言，《民法典》第533条文字上的变化包括以下几个方面：

---

〔2〕 曹守晔：《〈关于适用合同法若干问题的解释（二）〉的理解与适用》，载《人民司法》2009年第13期。

〔3〕 参见最高人民法院《关于正确适用〈中华人民共和国合同法〉若干问题的解释（二）服务党和国家的工作大局的通知》（法〔2009〕165号）第2条。

第一，立法用语上，用“合同的基础条件”替代了原先使用的“客观情况”。这样一来，是否有对客观情况做扩大解释的可能性？例如，是否能够涵盖德国民法“交易基础理论”中的主观交易基础？

第二，排除了情势变化导致“合同目的不能实现”的情况，仅保留了“显失公平”的情形。但是，比较法上，合同目的不达（落空）是情势变更适用的主要情形，此一修改，是否严重限缩了情势变更原则在我国的适用可能性？

第三，不再排除因不可抗力造成的情势重大变化的情形。基于《合同法解释（二）》第 26 条的文义，法律适用上，始终需要处理情势变更与不可抗力的关系。德国学说在“客观交易基础”概念中进一步区分“大的交易基础”和“小的交易基础”，所谓“大的交易基础障碍”就是指政治、经济、社会关系的稳定性状态受到战争、灾难、政治环境的变动、货币贬值等影响而发生变化。由此可见，构成不可抗力的天灾事件，正是引发客观情势变化的重要因素，不可抗力与情势变更之间有天然的联接，不能排除不可抗力事件引发的环境变化下情势变更原则的适用。《民法典》的修改正本清源，值得肯定。

第四，确立了重新协商的机制。本条规定“受不利影响的当事人可以与对方重新协商”，由此推知对方当事人负有“再协商义务”，但是对比《欧洲合同法原则》（PECL）第 6.111 条，《欧洲民法典草案》（DCFR）第 III－1：110（3）（d）条，以及《欧洲买卖合同法草案》（CESL）第 89（1）条规定可知，确立再协商义务的难点在于明确义务违反的法律后果。对此，我国立法上尚未明示立场。

下文论述中，比照吴教授论文取材，笔者选取“工程要素价格变化”和“地质条件异常”两种案型分别检讨情势变更原则在我国司法实践中的适用问题，兼而阐述《民法典》规则演变对于该理论在解释上或可产生的影响。

二、工程要素价格变化时的适用分析

工程合同履行过程中，因为人工和建筑材料等工程要素的价格发生异常波动，导致承发包双方产生大量纠纷，其中，能否适用情势变更原则调整合同价款往往引起争议。对此，需要区分建设工程合同的不同计价模式分别予以检讨。

（一）工程合同计价模式的确定

工程价款的确定，实践中主要有三种方式，分别是固定价格、可调价格和成本加酬金。对于固定价格，按照计价方式的不同，又可分为固定总价和固定单价，前者是指工程总价固定，发生约定范围内的风险不可调整合同价格；而后者则约定综合单价，其中包含风险范围和风险费用的计算方法，在约定的风险范围内该综合单价不得调整，最后根据实际完成的工程量、以工程单价为依据计算合同价格。

以上三种价格标准程式中，可调价格合同的价款调整方案可由当事人在专用条款中约定，该类合同中，风险由发包人和承包人共同管理、共同承担，双方通过在专用条款中的约定，明确调价的范围、内容和方式。基于私法自治的要求，这种类型下的合同没有情势变更原则适用的余地。在成本加酬金合同中，价格是由工程成本加上承包人的利润构成。其中，工程成本按现行计价依据以合同约定的方法计算，酬金是工程成本乘以确定的费率计算，二者之和即为工程竣工结算价。按照这种计算方式，任何在施工过程中发生的风险都能够在工程造价中得到呈现，换言之，就是发包人承担了所有的建造风险，工程造价以实际发生的情况确定。对于承包人而言，其应得的劳务价值，不会因为任何情况的变化而发生改变，自然也就没有适用情势变更原则的必要。

（二）固定单价合同的单价调整

建设工程合同采用固定单价的，原则上承包人应当受单价拘束，合同单价在约定的风险范围内不作调整。但是，在约定风险范围之外的情形下，单价合同仍有调整的空间。一般来说，当事人会在合同中约定综合单价包含的风险范围和风险费用的计算方法，并约定风险范围以外的合同价格的调整方法，比如由市场价格波动引起的调整，此时，在价格波动发生时，双方应当根据合同约定的具体标准和方法进行调价。[4] 如果没有约定的，在异常的价格变动发生时，应有考虑情势变更原则的必要性。

工程实践中，由于大部分的单价合同是估计工程量单价合同(Bill of Approximate Quantities Contract)，计价构成上，除了分项工程单价表之外，还必须有一个全部工程的总工程量计算表作为计价基础。采用这种合同的时候，要求实际完成的工程量与原估计的工程量不能有实质性的变更，因为工作数量的多少是承包人在报价时估算各工作项目单价成本的重要依据，并且承包人通常是把工程管理费、规费、人工费等费用平均分摊在各个工作项目的单价内，如果发包人通过行使变更权、毫无限制的任意减少工作数量，将会使承包人承担无法预料的风险，从而可能造成承包人的重大损失。

但是，在实践操作中，多大范围的变更才不算实质性变更，这一点很难确定，同时，如果工程量发生重大变化，当事人能否主张调整约定的单价？对此，德国《建筑工程招标与合同规则》(Vergabe-und Vertragsordnung für Bauleistung，VOB)的 B 部分第 2 条第 3 款规定：工程量的出入在 10%以内的，不考虑单价的调整；超过原订数量 10%的部分，得依请求协商新价格；减少原订数量达 10%以上的部分，在承包人未通过其他方式获得补偿的范围内，得依请求提高工作或部分工作实作数量的单价。[5] 德国工程实践中，如果当事人约定采用 VOB/B 合同条件，应首先受到 VOB/B 第 2 条第 3 款的调价约束，不得主张情势变更；在没有约定采用 VOB/B 的情况下，当约定的工程量出现重大变化时，理论上，情势变更制度仍可以适用。此时需要分析固定单价中包含的当事人对风险的约定和安排。当事人采用固定单价的方式计算工程总价，往往是因为

〔4〕 参见《建设工程施工合同(示范文本)》(GF－2017－0201)第 12.1 款，第 11.1 款。

〔5〕 德国《建筑工程招标与合同规则》第 2 条(报酬)："3. (1)如依据单价所包括之工作或部分工作之实作数量不多于契约原订范围 10%者，适用契约单价。(2)就超过原订数量 10%之部分，得依请求斟酌成本之增减为新价格之协议。(3)就减少原订数量逾 10%之部分，得依请求提高工作或部分工作实作数量之单价，惟以承揽人就提高之数量，未因其它付款项目(账单)获得补偿为限。单价之提高基本上应与建筑设备、建筑一般成本及一般营运成本因较低之数量导致之较高之成本分摊相当。营业税应该依据新价格计算补偿。(4)若就一单价所包括之部分工作以其他工作为前提，而就该其它工作系以一式计算者，对于单价之变更，亦得请求对该总价为适当之调整。"

在缔约时对于事实上发生的工程量范围不能完全确定，因此通过约定固定单价的方式来适应可能增减的工程量的变化。所以，一部分本身就在当事人预想范围内的工程变量不应当影响固定单价。只有发生了显著的工程量变更、进而导致整个合同受到严重的等价障碍的影响时，才能满足情势“重大变更”的要求，从而援引情势变更原则。

我国《建设工程工程量计价规范》(GB50500－2013)第 9.3 款和第 9.6.2 条规定，因工程变更引起已标价工程量清单项目或其工程数量发生变化时，已标价工程量清单中有适用于变更工程项目的，应采用该项目的单价；但当工程变更导致该清单项目的工程数量发生变化，且工程量偏差超过 15%时，该项目单价可进行调整。当工程量增加 15%以上时，增加部分的工程量的综合单价应予调低；当工程量减少 15%以上时，减少后剩余部分的工程量的综合单价应予调高。该规范体现了类似的价值取向和制度安排，可以为情势变更原则的具体适用提供参考依据和执行标准。

(三)固定总价合同的价格变更

一般来说，如果当事人签订了按照固定总价结算的建设工程合同，那么在合同约定的工程量范围内，工程价格不予调整，除非出现设计变更或者图纸所示施工范围发生变化等约定可以调整价款的情形。根据固定总价合同，在总价对应的工程范围内，即使出现费用增加、履行困难，义务人也要受到合同约束。换言之，如果双方不顾可能存在的履行困难情形而约定了固定报酬，可以推定双方已经将履行困难的风险定了价并计入了报酬，在该风险实现的范围内，不再有适用情势变更原则的余地。

但是，在遭遇人工和建筑材料等工程要素的价格异常变动时，司法实践中，承包人仍会根据情势变更原则主张调整固定总价合同的价款。能否满足情势变更原则的适用条件，需要查知以下三点内容：第一，厘清其与合同内容的界限；第二，判断情势变化是否重大，当事人订立合同时能否预见；第三，考察继续履行对一方当事人是否显失公平。

中兴通讯股份有限公司(下称“中兴公司”)与中国建筑第五工程局有

限公司(下称中建五局)建设工程施工合同纠纷案中,[6]中建五局诉请在约定的合同价外按照市场价对工料机价格进行调差。广东省高级人民法院认为,该案施工合同明确约定,涉案工程采用包工、包料、固定合同总价施工总承包的形式进行发包,承包人在施工期间中途不得因任何原因(包括但不限于工程材料涨价、人工涨价等)要求发包人提高工程造价。在合同的专用条款中,双方还特别约定本工程合同价款在承包人全面理解并接受本工程招标要求的基础上确定,合同价款的风险包括施工期间工料价格浮动。因此,中建五局主张中兴公司支付工料机调差不符合合同约定。对于工料机价格上涨是否构成情势变更的问题,广东省高级人民法院认为,工料机价格随着经济形势的变化出现较大幅度的波动,并非一个突变的过程,而是一个逐步演变的过程,中建五局作为专业的建筑公司,理应对工料机价格的大幅波动有所预见。从合同约定的内容来看,中兴公司和中建五局在合同协商及签订过程中,对于工料机价格在施工期间可能出现波动已有预期,并就工料机的价格不予调整达成了一致意见。从调差金额和工程造价金额的比重来看,工料机调差金额 12,216,135.43 元占案涉已完工工程造价金额 104,690,847.33 元的比重为 10.4%,尚未造成当事人之间利益明显失衡的程度。因此,中建五局请求中兴公司支付工料机差价既不符合合同约定,亦未达到情势变更的构成要件。

本案中,法院首先考察了涉案施工合同的内容。合同的规定主要旨在分担风险,对于固定价格合同而言,如果当事人不再特别约定价格调差条款,就意味着承包人在原则上承担了材料价格或人工工资的上涨风险,并且,该风险也以同样的方式作用于发包人,因为在价格下跌的情况下,承包人获利。由于本案当事人在专用条款中特别约定"合同价款的风险包括施工期间工料价格浮动",系双方对于风险承担的具体规定,应当对双方当事人产生拘束力。正如梅迪库斯指出的,只有存在一个双重的规定漏洞(doppelte Regelungslücke)时,才能考虑情势变更原则的适用。[7] 所谓的双重规定漏洞,是指针对一项法律关系的调整,既没有法律行为做出规定,也没

〔6〕 广东省高级人民法院民事判决书(2016)粤民再 331 号。

〔7〕 〔德〕迪特尔·梅迪库斯著:《德国民法总论》,邵建东译,法律出版社 2000 年版,第 653 页。

有法律能够补充。因为有些情况的发生极其偶然，以至于当事人在缔约时不可能考虑到，因此没有约定对它们做出调整：比如在和平年代突然爆发战争，又如大规模的金融危机、货币贬值等；再如新冠疫情的影响，导致施工现场需要增设大量防疫措施、增加人员，对于这部分费用，承包人在缔约报价时无论如何都没有考虑到。同时，这部分当事人没有预料到的风险，也没有直接相关的法律规范进行调整，仅在战争爆发导致真正的给付不能发生时，才有适用的法律规则。但是，需要特别注意的是，对合同内容的查知，不能脱离意思表示的解释。对于合同约定的"承包人在施工期间中途不得因任何原因（包括但不限于工程材料涨价、人工涨价等）要求发包人提高工程造价"应当如何理解，需要通过解释查明，该约定是否毫无例外的涵括当事人没有预见到的或者非常罕见的情形。对此，我国民法以当事人缔约时的"预见可能性"为限，就特别偶发的异常状况，认为非属当事人基于其过往的商业经验和专业判断所能发觉，因此应当限缩解释合同约定的风险承担规则。德国法上，学说认为此时存在一个风险分配的内在界限，超出这个界限的履行对于一方当事人则"不可期待"（Unzumutbarkeit），再往前就会违背法和正义，有必要赋予受有不利的一方当事人以法律救济。

在判断情势变更的构成要件时，法庭认为该案的工料机调差金额仅占已完工工程造价金额的10.4％，没有造成当事人之间利益明显失衡；另外，工料机价格的上涨并不属于双方订立合同时不可预见的情况，作为专业的工程承包企业，对于工料机价格存在波动这一市场风险常识是应知的。〔8〕 但是，施工合同履行过程中，如果主要建筑材料价格的涨幅达到50％导致施工成本大幅上升时，认为已经超出了正常市场风险范围，应当予以调整，但应该在市场风险范围和幅度外补偿部分差价。〔9〕

〔8〕 相似观点参见江西省高级人民法院民事判决书（2020）赣民终64号；同时参见《四川省高级人民法院关于审理建设工程施工合同纠纷案件若干疑难问题的解答》第24条：约定工程价款实行固定总价结算的施工合同履行过程中，主要建筑材料价格发生重大变化，超出了正常市场风险范围，合同对建材价格变动风险负担有约定的，依照其约定处理；没有约定或约定不明的，当事人要求调整工程价款，如不调整显失公平的，可在市场风险范围和幅度之外酌情予以支持，具体数额可以委托鉴定机构参照工程所在地建设行政主管部门关于处理建材差价问题的意见予以确定。

〔9〕 四川省内江市东兴区人民法院民事判决书（2019）川1011民初2424号。

三、地质条件异常时的准用可能性

在山西煤炭运销集团夏门煤业有限公司（下称“夏门煤业”）与九台市鑫山矿业工程有限责任公司（下称“九台公司”）建设工程施工合同纠纷案中，[10]双方签订《夏门煤业公司马家庄矿 90 万吨/年改扩建井巷工程施工合同》，其中夏门煤业是发包人，九台公司是承包人，承包范围是包工包料。井巷工程施工过程中，夏门煤业公司发现，由于该井田区域过去小窑破坏性开采严重，施工中遇到了多处采空区，导致无法布置长壁工作面正规开采，同时由于采空积水、积气情况不明，给井工开采带来了极大的安全隐患，因此决定将矿井开采方式由井工开采变更为露天开采，并通知九台公司终止《改扩建井巷工程施工合同》。九台公司认为夏门煤业违反合同约定，应当赔偿损失，继而成讼。

法院认为，上述事实表明在合同履行过程中，发生了双方当事人订立合同时无法预见的、非不可抗力造成的不属于商业风险的重大变化，继续履行合同已经不能实现合同目的，即改扩建井巷工程已不能实现合同目的，根据原《合同法解释（二）》第 26 条，厦门煤业有权终止合同，自通知到达九台公司时施工合同终止。最高人民法院再审裁定书也认可了该观点。[11]

根据原《合同法解释（二）》第 26 条，情势变更是指合同成立之后客观情况发生了重大变化，但是地质状况自始即存在，并非在订约后才有变动；由于没有《德国民法典》第 313 条第 2 项的规范，谓“已成为合同基础的重要观念表明为错误的，视同情况的变更”。因此，以该条为基础肯定情势变更原则的适用，在我国的法解释上似有困难。由于《德国民法典》的主观行为基础主要是指合同当事人的共同动机错误，在我国学理解释上，有观点认为，“重大误解”不仅指其中一方当事人的错误，还可以包括双方当事人的错误，构成重大误解时，可以作为撤销的对象。这样，在我

〔10〕 山西省高级人民法院民事判决书(2015)晋商终字第 10 号。

〔11〕 最高人民法院民事裁定书(2015)民申字第 2456 号。

国法上，当事人共同的动机错误问题由合同效力制度加以规制，不必再借助情势变更原则进行处理。[12] 但有不同的意见指出，重大误解的对象仅限于合同内容，不包括合同的交易基础，此处形成了法律上的漏洞，应当将主观交易基础情况解释为"情势"的一种。[13] 笔者认同后一种意见，并认为，因重大误解而撤销时，行使撤销权的一方虽得从合同拘束中摆脱出来，但同时要赔偿对方当事人因合同撤销而遭受的损失。解释上，德国学者认为，因错误而发生的赔偿义务并不以撤销人的过错为条件，因为这是一种纯粹的信赖责任或表现责任。[14] 虽然我国现行法规定承担赔偿责任以撤销人有过错为条件，但在撤销人以重大误解为由行使撤销权时，应当推定其有过错。不过，共同错误的情况下，由于对方也有相同的误解，因此单方误解的赔偿基础并不存在，以重大误解制度来处理并不合理。此外，《民法典》施行后，由于重大误解的法效果只有撤销而没有变更，往往不能满足当事人对于合同调整的期待，以其来替代情势变更制度更不可取。

本案中，由于在井巷工程施工过程中发现多处采空区，导致无法布置长壁工作面正规开采，这一地质状况是当事人通过地质调查或者合理的工地勘察所不能知晓的，也是当事人在缔约后才认识到的。由于原《合同法解释(二)》第 26 条明确指出，情势变更系针对合同成立后的客观情况变化而论，可见解释者有意排除了当事人双方共同认识错误的情形。同时，如上文所述，如果共同错误问题无法通过重大误解制度解决，那么此处即形成了法律上的漏洞。本案判决实际上回避了我国法上的这一规范漏洞，没有回答何以此时能够确认有客观情况发生变化的事实，而径直从"合同目的不能实现"的角度判定合同终止。虽然结论值得赞同，但说理不达，颇为遗憾。

我国《民法典》施行后，这一法律漏洞应当在解释上得到填补。虽然《德国民法典》第 313 条区分了客观交易基础和主观交易基础，但是德国

---

〔12〕 韩世远：《合同法总论》(第三版)，法律出版社 2011 年版，第 386 页。

〔13〕 王洪亮：《债法总论》，北京大学出版社 2016 年版，第 338 页。

〔14〕 〔德〕卡尔·拉伦茨著：《德国民法通论》(下)，王晓晔、邵建东、程建英、谢怀栻译，法律出版社 2003 年版，第 527 页。

学说上有代表性的观点认为，主观交易基础和客观交易基础的要件事实会在个案中重叠，二者并非界限分明。〔15〕 对于缔约时双方共同未能认知到的情势，可以作为主观交易基础中的情势消极不存在的共同期待看待，也可以认为，缔约之后伴随着对客观世界的逐渐认知而存在客观交易基础欠缺。此一理解，可以作为对我国《民法典》第 533 条所使用的“合同的基础条件”的诠释，以此来扩张我们传统民法理论所主张的“情势变更”仅限于合同成立后“客观情况”发生变化的情形。

同时，本案也引发了笔者对于《民法典》第 533 条排除情势变化导致“合同目的不能实现”这一适用情况的质疑。德国学说上占主导性的观点认为，目的障碍（Zweckvereitelung）属于客观交易基础丧失的主要案型。〔16〕 谓目的障碍应区分两种不同情况进行处理，第一种情况是，接受给付一方的目的或者已经落空，或者通过另外的方式已经得到实现，这是履行不能的问题，需要根据不同的合同类型从法律中明确不同的对待给付义务状态；第二种情况是债权人希望通过给付实现自身某种特定的合同目的，比如对给付标的物有特定用途的使用，原则上，债权人应当完全承担债权标的的使用风险，但在例外情况下，该合同目的又有可能成为交易的基础，在其对债权人而言失去意义时，根据交易基础理论该使用风险可转嫁于债务人。〔17〕 如果仅有以“显失公平”为标识的对价关系障碍类型，那么本案的情况就难以涵摄进入情势变更原则考察的视野，由此产生规范上的漏洞。

---

〔15〕 Soergel/Teichmann，§ 313 Rn. 16f.；Müko/Finkenauer，§ 313 Rn. 12ff.；Medicus, AT，Rn. 860. 甚至提出主客观二分法的拉伦茨本人也承认，二者并非完全的泾渭分明，而是存在某些流动的边界。

〔16〕 也有德国学说将合同目的归入合同内容之中，因而目的障碍自然成为履行不能的一种情形。参见 Flume，Rechtsgeschäft und Privatautonomie，in Hundert Jahre Deutsches Rechtsleben，Festschrift zum hundertjährigen Bestehen des Deutschen Juristentages，Bd. I，1960，S. 215 f.；Beuthien，Zweckerreichung und Zweckstörung im Schuldverhältnis，Bd. 25，1969，S. 58。

〔17〕 Köhler，Unmöglichkeit und Geschäftsgrundlage bei Zweckstörungen im Schuldverhältnis，1971，S. 116 ff.

四、小结

合同法以有约必守为原则，依法成立、发生效力的合同对当事人具有拘束力，即使发生履行困难或者实际情况不同于当事人缔约时的设想，也不得单方变更或者解除合同。但是，由于合同的拘束力来源于当事人严肃认真的达成的给付内容，对于缔约时没有预见到的情况，当事人在何种程度上进行了约定，需要进一步判断。由此产生的问题是，在当事人没有预料或者无法预料的情势变化发生时，法律行为是否还应当如订立时那样继续发生法律效力？

根据情势变更原则，在合同订立时当事人不仅就合同的内容达成了合意，而且还以特定的事实或者法律关系的存在为条件，当这些基础的情势发生动摇时，在满足一定条件的前提下允许合同变更或解除。对此，不能一般性的认为情势变更原则破坏了有约必守（Eingriff in die Vertragstreue），构成了对有约必守的限制，而是要根据诚信原则，透过补充的合同解释规则，充分界定当事人约定的履行义务的内容；同时，为保障合同的可信赖性，作为合同基础的情势必须要和不具有法律意义的动机、期待以及愿望区分开来。

从原《合同法解释（二）》第 26 条开始，解释者一直在尝试规范情势变更原则的实质性要件，主要体现在对情势“重大变化”“无法预见”以及“显失公平”等要素的界定上，司法实践也是在不断形塑该类要件。但同时，作为情势变更原则的适用前提，首先应当在具体个案中查知作为合同基础的“情势”是什么，这就需要去界定行为基础和法律行为内容的关系，尤其要区分具体法律行为中“约定的和法定的风险分担”，前者涉及当事人就预料到的风险作出的法律行为上的规定，后者是指当事人没有特别约定时，考察是否存在相应的法律上的规定。只有在这两项都欠缺时，才有适用情势变更原则的余地。

我国学界普遍认为，原《合同法解释（二）》第 26 条所称的情势是指合同缔结时的客观事实，情势变更应当发生在合同成立之后。合同成立时已经存在的客观状况，但事后才为当事人所知的，是否仍属于情势“变更”，学界多有争议。《民法典》第 533 条在文字上用“合同的基础条件”替代了“客观情况”，解释上应当弱化“客观”，而重在从当事人的“认识”角度确定交易基础，从而挖掘出自始欠缺交易基础和交易基础嗣后丧失两种情况。

主题文献

中德私法研究第 20 卷
页 87—174

行为基础：一个新的法律概念(上)

保罗·厄尔特曼* 著 袁炜娜** 胡相宜*** 张弘毅**** 译

摘要：本文延续古老的情势不变约款理论、Windscheid 的前提理论，提出了行为基础理论。第一部分首先反驳对前提理论的三种批评，为前提理论及行为基础理论的必要性辩护。这三种批评是：前提与法律行为的动机、原因或内容无法区分，前提具有单方性，前提与不当得利制度冲突。其中第三种批评最为重要，因此需对原因理论展开详细探究。第二部分界分行为基础与其他制度。行为基础指法律行为缔结时，其中某一当事人的设想，这种设想的重要性被相对人认识，且没有提出反对意见，或者是多个当事人的共同设想，并以此为效果意思的基础。法律行为的基础并非法律行为的动机、目的、内容、所附条件、负担、前提、情势不变约款、罢工和战争约款，也需与非常规要物合同中的返还请求权、出于重大事由的终止权、错误、给付不能等制度相区分。尽管本文写作时实证法尚未明确承认行为基础理论，但可通过解释将若干具体规定归入行为基

---

* 保罗·厄尔特曼(Paul Oertmann，1865—1938)，法学博士、哲学博士，曾先后任莱比锡大学副教授、埃尔兰根大学教授、哥廷根大学教授。译文的底本为：Paul Oertmann，Die Geschäftsgrundlage：Ein neuer Rechtsbegriff，Leipzig，1921。

** 袁炜娜，华东政法大学法律学院硕士研究生。

*** 胡相宜，浙江大学光华法学院博士研究生。

**** 张弘毅，北京大学法学院 2021 级博士研究生。

础的理论框架，从而得出行为基础丧失导致法律行为被废止的一般性原理。第三部分讨论这些行为基础理论的法定适用情形：和解错误、买卖和承揽中的瑕疵解除权、使用租赁出租人和使用借贷出借人的法定终止权、不安抗辩权和借款贷与人的撤回承诺权、受托人和保管人的偏离指示权、遗嘱因错误而可撤销或无效。

关键词：前提理论　原因独立制度　实证法例证

第一部分　前提和法律原因

第一章　前提理论

对行为基础的概念和含义进行研究的著作，不能避开以Windscheid著名的前提理论（Voraussetzungslehre）为出发点。当事人是否被期待在任何情势下都要遵守曾经缔结的法律行为，这个重要的问题当然不是第一次被讨论；相反，Windscheid进一步发展的法律概念的前身，正是那个古老的、直到最近才摆脱没有道理的遗忘的“情势不变约款”（clausula rebus sic stantibus）学说。他并未尝试将这个前身解释清楚，我将此视为他的基础著作的重大缺陷。然而Windscheid也从必要且一般的角度探讨了我的主题中的问题；这些问题在他的著作产生的影响下，逐渐发展为现代法学学术和法律适用的核心问题，只要认真钻研这些问题，就无法绕开他的著作。关于这个问题，世界大战的教训首先向我们揭示了它无可争议的实务重要性。如今可以肯定的是，在Windscheid的众多反对者中，没有一个人，甚至连其中最为重要的Lenel也没能最终击败前提的概念；他们在民法典第二次审议中的胜利是虚幻的，而不是真实的。

另一方面，现今很少有人还能想到Windscheid理论中那些充满才智的结论。关键在于，要将其中长久的价值和失败或者短暂的价值区分开。

因为如果Lenel的令人眼花缭乱而非令人信服第一篇文章*中每一句话都是站不住脚的，那么在此前提下Windscheid的学说就将是要么完全正确的，要么完全错误的。我希望本书的解释能令人信服地证明这一点。关于现有形式的前提理论可探讨的最重要的内容，迄今都没有被提出，更不用说令人信服的解释了。另一方面，现有的基本[1]阐释大部分是错误的，或者是因为反对学说的误解而造成的。

(1)不少观点声称，前提理论消解了动机和法律原因(causa)，或者和法律行为内容的界限[2]，因为Windscheid从来没有想过单纯的、未出现在法律行为事实构成本身中的动机的意义[3]。他在所有场合中说的都是在处于一个前提之下的意思的**表示**[4]，且该意思表示并非在所有情形中都需要**明示**作出[5]，而仅仅是在具体的法律适用中承认**默示意思表示**的可能性[6]。他的反对者们，首先是Lenel，至少会因此而责怪Windscheid，因为他们建议在**默示的条件**的角度下对Windscheid所提出的一部分案例进行适当的处理[7]。当然，Windscheid确实还没有对意思和意思表示进行足够精确的区分，他还没有认识到，其实**法律行为的事实构成**不在于意思本身，而只在于意思的**表示**或意思的**对外表达**，因此，不是**意**

---

* 译校分工如下：第1—4章，袁炜娜译、王吉中校；第5—8章，胡相宜译、袁炜娜校；第9—12章，张弘毅译、胡相宜校。Arch. ziv. Prax. 74. S. 229, dagegen schon **Bekker**, Pandekten, S. 374.

〔1〕 **Gradenwitz**重要的注释学上的反对意见，Begriff der Voraussetzung, Berliner Dissertation von 1880，本身是值得注意的，但是其未引起**更普遍**意义上的**关注**。

〔2〕 So auch **Lenel**, a. a. O., S. 221/2, **Wendt**, **Reurecht** I, S. 19fg., RGEntsch. 62, Nr. 65, S. 268.

〔3〕 且不管终意处分，但是对此通说也可以得出相同的结论。

〔4〕 Voraussetzung S. 1 und sonst.

〔5〕 A. a. O., S. 80/1, 106/9.

〔6〕 A. a. O., S. 109 oben.

〔7〕 在一些涉及被视为非重大前提的案例中，帝国法院常常认为应当从所谓的(默示的)条件的角度帮助解决问题，so Ziv.-Sen. VI, v. 13. V. 1889, Entsch. 24, Nr. 32, S. 169 ff.; Ziv.-Sen. II, v. 9. I. 1906, das. 62, Nr. 65, S. 267 ff。

思的存在是积极的，至多是意思**瑕疵**才是法律行为有效成立的**消极**要求。[8] 但这样一种指责并不是特别针对前提理论，而是同时针对Windscheid 及其几乎所有同时代人的一般法律行为理论，因此，**本文**不会再考虑这个缺陷。

(2)更为严重的是一种经常听到的指责，即Windscheid 意义上的前提仅是一方当事人的单方意见，因此不可能产生合同上的后果。事实上，Windscheid 并不要求相对人必须同意前提的约款，而只要求[9]相对人必须已经**知悉**该约款，或者该约款对于相对人必须是**可辨识的**(erkennbar)，即可以从意思表示中(客观上)认识到该条款，即使或许事实上相对人**主观**上没有认识到该条款。当然，在**合同**中，这还不足以使前提成为具有法律效力的法律行为组成部分。但是，Windscheid 是否认为单方的前提在合同组成部分的意义上具有**约束力**，而不仅是前提所加入的**单个意思表示**的组成部分，这对我来说也是非常有疑问的。如果相对人没有在承诺的意思表示中或者至少默示[10]接受该前提，在欠缺意思表示的一致的情形下，合同根本不存在，而单方的前提并不会成为有拘束力的合同组成部分。

(3)第三个指责是[11]前提理论否定了不当得利之诉的统一基础，因为这种理论绝对无法**毫无例外地**解释不当得利。此外，如果义务是以合同条款为基础的，那么就无法解释(善意的)不当得利债务人对不当得利数额的有限的责任。Lenel [12]的观点是类似的："并不是错误的前提，而是只有挫败的目的才可以证成不当得利之诉(condictio)。"

这就引出了具有决定性意义的问题：罗马人的不当得利之诉、德国民

---

〔8〕 在这一基本观点上，我相当同意现代的意思表示理论研究学者的观点，尤其是 Binder 所著的《意思和意思表示》。但是，我不仅认为**在法政策上**有必要考虑到效果意思的欠缺，而且我认为，在实证的罗马法和德国民法中，在这个意义上都基本上遵循了意思理论，他们最大限度地将效果意思的欠缺作为无效或可撤销的理由，即使相对人没有认识到这种欠缺，或者本应该或本能够认识到这种欠缺也是如此。参见《德国民法典》第 118 条、第 122 条第 2 款，罗马法参见例如《学说汇纂》(1.3 Dig. 34,5)，但是我不同意 Binder 对此的解释。

〔9〕 A. a. O, S. 6, 82/3.

〔10〕 Wendt, a. a. O.

〔11〕 Arch. ziv. Prax. 74, S. 228.

〔12〕 Arch. ziv. Prax. 74, S. 228.

法上与之相对应的不当得利请求权，是否真的可以从欠缺前提的角度，完全或仅部分地加以解释？**Windscheid** 把这些作为他的概念的主要证据，可能他的全部或一半支持者都追随了他的观点〔13〕。但是，正如Lenel和**Wendt** 所证明的那样，反对者也将前提在不当得利理论中真正的或所谓的不可适用性作为反对整个前提法律构造的论据。然而，必须提出的问题是，整个法律争议本身是否基于错误的"前提"而产生的。为了能够确定这一点，有必要对作为利益移转的正当理由的"原因"(causa)概念进行更详细的审查，欠缺原因，就可能导致不当得利。而现在即应当研究原因。

第二章　法律原因的问题

尽管共同法关于法律行为的原因(causa)和抽象的法律行为的学术研究很多，但过去和现在都缺少不局限于偶然制度源头的基础性的研究。**Stampe** 的研究尽管范围不大，但却非常值得关注〔14〕。但是，我不能、也不想将此研究视为一个**结论**；这种结论很难靠一个人的研究来实现，当然也很难凭借后来在其他主题下的思想的发展来实现。

1. 用于处理私人的财产关系的行为(Geschäfte)，通常人们将之理解为存在并非根本性的差异同类的概念。然而，在现实中，应当区分以下两种根本不同的交易类型：

(1)**经济行为(Wirtschaftsgeschäfte)**，其并非由法秩序创造，而仅是由法秩序承认和安排；它们的作用是直接或间接地——通过有关各方所承担的义务的环节——以各种方式达到经济上的结果。交换利益、无偿给予(Liberalität)、有偿或无偿转让使用、成立社团等。如果没有法律制度，或者至少没有完善的法律制度，这些行为只可能成为**事实行为(Realakte)**，这种事实行为直接产生经济上的结果。现物买卖(Realkauf)、现物赠与(Handgeschenk)，甚至是先占(Okkupation)和抛弃(Dereliktion)。

---

〔13〕 So z. B. **Kohler**, Lehrbuch, S. 571/2, **Baron**, Pandekten, § 60, **Bekker**, **Pandekten**, S. 369, **Brinz**, Pandekten, III, § 556 (die Voraussetzung komme in Betracht als conditio oder causa oder modus).

〔14〕 Das causa—Problem des Zivilrechts, Greifswald 1904.

然而,后来完善的法律——各民族的法律历史在逐渐发展中仍留有痕迹——强制从事首要经济行为的当事人实际履行所承担的利益移转;经济行为由此获得了债法上的法律行为的意义。

(2)特定的法律行为(spezifische Rechtsgeschäfte),它是以产生某种法律效果为目的,例如转让所有权、设立质权、设立遗嘱,也可以是签发票据、作出权利的放弃或债务承认、转让债权、承担债务等。

此种法律后果并非是出于其本身的目的而产生,而是始终旨在实现经济上的后果。从法律后果本身,不能推断出它要达到什么特定的经济目的。比如,经济目的不是在所有权的转移本身中——可以是为了清偿债务,可以为了赠与,可以为了交付供使用等,因此不一定会导致受领人取得经济上的利益移转。

2. 首要的经济行为和纯粹的法律行为的关系可以是不同的:

(1)经济目的可能甚至不被法秩序考虑,但这种关系在法律上被分解为用于实现经济目的的个别的纯粹的法律行为。例如,仅在通过为实现交易目的而进行的要式买卖(mancipatio)或双方的要式口约(stipulatio)的角度下,买卖才获得了法律意义;在这里,法律上的联系只是通过纯粹的法律上的行为来进行;法律上的联系和经济上的联系的形式没有任何共同之处。

(2)相反,也有可能仅将特定的法律行为被视为经济行为的不独立的部分:一旦这被法律秩序接受(见1),才具有法律意义,纯粹的法律上的行为(Rechtsakte)(所有权的转移、负担的表示等)只是将它们作为[经济行为]其部分,而不是独立的。只要法律行为是“要因”或“个别化”(individualisiert)的,就属于这种情形,大多数负担行为也是如此。但是在所有权的情形下,根据许多罗马法—共同法中的针对交付(traditio)的观点,也不承认所有权转移行为与经济基础交易相分离,尽管这一观点是不正确的,而著名的学者们[15]也曾向民法典推荐过该制度,但由于非常充分的理由,民法典的起草者拒绝了这一制度。当然,这种关联关系也可以

〔15〕 Besonders **Strohal**, Iherings Jahrb., Bd. 27, S. 335 ff., vergl. auch Kindel, Das Rechtsgeschäft und sein Rechtsgrund, 1892.

由**当事人意思**而不是法律引入：通过增加一个条件，当然并非所有的特定的法律行为都允许附条件，众所周知土地所有权让与合意并不能附条件(《德国民法典》第925条第2款)。

然而，在法律不承认抽象行为的情形下，并不存在为了以自身为目的的所有权移转，而仅有为了清偿债务、赠与、设立借贷等目的而发生所有权的转移。

(3)但是可能在大多数完善的法秩序占据主导地位，即**折中**的、结合的处理模式是：经济行为本身具有法律效力，它被提升为法律行为，但除此之外，特定的法律行为也或多或少地被承认具有独立的效力，而不仅仅是作为经济行为的组成部分。那么，既有依赖于经济目的而产生并非独立的法律后果的"要因的"(kausal)法律行为，也有效力独立于经济行为的"抽象的"(abstrakt)法律行为。

在现行的法律中，这种特定或抽象的法律行为的制度，主要是由那些直接产生法律后果的行为形成的：执行行为或处分。相反，负担行为只是通过强加一个"应当"(soll)，为实现预期的法律结果做准备，这通常是首要的经济行为的不独立的部分。抽象的负担债务的行为(若有)，一般只在遵守某些要式的情形下才被允许：要式口约、票据、债务承认等等。

3. 这里被称作"特定"或"纯粹"的法律行为的行为(Akte)，在内容上大体上与Stampe(同上)所说的"辅助行为"(Hilfsgeschäft)相对应。这种表述并不错误，在一定意义上甚至是有促进作用的，但是还不是足够形象。它没有反映出这种行为的内在本质，而这种行为的特征是在原本就被承认的独立性方面，有自己的**法律效力**，这种表述片面地强调经济上的依赖性，而忽视了法律上的独立性，这种独立性完全没有涉及外部关系上的不当得利的衡平，也仅以非常有限的方式触及内部关系。如果欠缺原因导致了具有物权效果的抽象行为可撤销，那么Stampe的称呼或许是妥当的；但是，正如在早期的学术研究中，这个词常常被等同于"可以提出不当得利之诉"(Kondizierbarkeit)，无论根据罗马法还是根据德国民法事实上都并非如此。

进一步而言：主行为("利益移转的行为")和"辅助行为"的对立，并非处处都和首要的经济行为与纯粹的法律行为的相对应。诚然，关于财产权利的每一项纯粹的法律行为都服务于利益移转的目的或一般经济目的，但这并不意味着**反过来说**，即经济行为永远不可能有这种单纯的辅助意义。如果A将一匹马卖给B，因为他由于预约合同或者其遗嘱人的遗赠而对此负有义务，那么，缔结买卖同样是为了服务于其自身事实之外的经济目的(ex causa solvendi)，正如抽象的所有权转让的情形亦是如此。此处买卖是Stampe意义上的真正的"辅助行为"，但它仍然是一种经济行为，而不是一种纯粹的法律行为，此时针对单纯的法律上的行为没有不当得利(见下文第三章之5)。同样，如果A为了获得B在此条件下给予他的东西(例如以赠与或遗赠的形式〔16〕向C出卖某物——该买卖相对于C而言是经济行为，相对于B而言是辅助行为〔17〕)。因此，正确的、有法律效力的区分不是区分主行为和辅助行为，而是上面展开的首要的经济行为和纯粹的法律行为之间的区分。

4. 纯粹的法律行为——无论它们是处分行为还是(独立的)负担行为——其与经济目的关系、与"利益移转"(Stampe)的关系可以是非常不同的。利益移转过程本身就贯穿着一系列时间上不同的发展阶段，即使这并非是必要的：设立、清算(解消)、其间可能的担保、变更、扩大等等。一个纯粹的法律行为，例如所有权的转让(在交付之外还有物权合意)，可能指向上述每个发展阶段。因此，纯粹的法律行为可以旨在设立债务。例如，在借贷的情形下(授信原因，causa credendi, allgemein contrahendi)，或许仅仅是标志或承认法律行为已经达成。例如，在定金的情形(arrha)。但也包括清偿债务(清偿原因，causa solvendi)；同样也包括对现有债务的**担保**，例如让与担保的情形；这可以称为担保原因(causa confirmandi，或者 cavendi)。行为的多种的原因也是可以想象的。因此，在赠与的情形下，交出原先未以满足特定要式承诺的物品，同时起到了确立债务的作用——由于欠缺要式，债务还不存在——并履行债务

〔16〕 遗嘱可以让义务人必须与受益人(第三人)签订甚至是有偿的合同，这是众所周知的，也是毋庸置疑的。

〔17〕 Stampe 第40页忽略了后者，从而导致不公平地对待了实现条件原因(causa condicionis imlendae)。

(《德国民法典》第 518 条第 2 款);类似地,根据《德国民法典》第 313 条第 2 句[18],在未以特定方式缔结不动产转让合同时,进行土地让与合意和登记也是如此。此外,该法律上的行为可以为了几个完全分开的经济目的而达成。例如,A 将其财产抵押给 B,以担保 B 对 C 的债权,因为 A 之前对 C 负有该义务——然后 A 对 B 和 C 的债务关系出于担保原因进行给付,且因他自己和 C 的债务关系向 C 基于清偿原因为此行为。

现在毋庸置疑的是,过去习惯于把经济目的分为授信原因、清偿原因、赠与原因的三分法是错误的。因为赠与(donare)是**一种特殊的**经济目的,但清偿(sovere)是一个发展阶段,这个阶段可考虑每种经济目的,包括赠与,至少是赠与的承诺。然而,当Stampe (第 39 页)因清偿的**辅助行为特征**而不采纳清偿原因时,该观点并不值得称赞。这是混淆了履行(solutio)本身和为履行而进行的特殊的给付行为,如所有权的转移。因清偿原因的交付可以被称为辅助行为。然而,清偿本身是一个发展阶段,即不断发展的利益移转过程的不同阶段的一部分。辅助行为也和经济过程中较早的一个发展阶段有关,在此过程中的第一个、设立债务的行为只是部分表现。

另一方面,正确的是,经济过程的特征与其整体发展且从而为了清偿的结果行为有关,该行为的法律评价产生了影响:不存在抽象的清偿原因,而只存在基于情感的义务原因(c. obligationem ex emotione)、赠与原因(donatione)等等的清偿。因此,以履行**赠与债务**为例,至少可能、事实上在很大程度上受到赠与或者无偿处分权利特征的影响,例如,门槛更低的债权人撤销权[19];替代履行赠与产生的责任,与买卖之债的责任相比是或者应当是不同的、更加温和的[20]。

5. 然而基于上述,紧接着另一个问题是:Stampe 意义上的利益移转的过程或多或少是一个持续的过程;如果将其理解为只包括债法上的**设立行为**(Begründungsgeschäft),如缔结买卖合同等,那就是完全错误的。

---

[18] 该条文现为《德国民法典》第 311b 条第 1 款第 2 句。——译者注

[19] 参见我的"有偿行为",见第 85 页以下。

[20] Das dargetan zu haben, ist ein Verdienst Stampes, a. a. O.

Stampe 强调，这包括一切服务于“经济上的总体结果”的安排(Gestaltung)之内容(第 24—26 页)。然而，属于该结果的多种行为，在事实方面根本没有统一之处，而统一之处仅在**目的**的意义上。这种仅是目的上的统一，在意旨上不应当理解为基于统一过程的统一行为〔21〕。正如尽管按照Schultze 如今几乎没有争议的观点〔22〕，人们因此在**过程**中忽视了目的统一，也没有看到统一的法律行为，而只能看到目的意义上的统一的**过程**，即持续的“程序”(procedere)，在Stampe 的“利益移转”中，“行为”(Geschäft)一词的使用也是不合理的。因此，他说的是“**基础行为**”(**Grundgeschäft**)，而不是“辅助行为”，似乎只是带着某种犹豫的态度(见第 30 页及以下)。相反，只有整个经济过程中的个别发展阶段才可以被描述为行为：设立债务的过程、清偿债务的过程等，因为并且只要其中每个[阶段]都包含了法律意义上的特殊事实构成。它们确实是整个利益移转过程的意义上的部分现象，但它们本身是为了促进这一目的向特定方向发展，从而本身就是具有一定经济行为上的特征。凡是否认这一点的人，都会为了经济方法而放弃这种特殊的**法律的思考**方法，从而把事物混为一谈，而根据现行法的见解——也为了概念上的清晰——必须把这些事物区分。

但是，如果没有统一的利益移转行为，法律上的执行行为也不能被称为这个不存在的主行为的“辅助行为”，而只能称为利益移转过程中各个法律上独立发展阶段的行为。从而授信原因、清偿原因等等的区别仍然存在〔23〕。

不过，利益移转过程的各个发展阶段在**法律**上也是相互**关联**的：如果欠缺了作为首要的基础的设立行为，就不可能有法律上有效的担保、变更或清偿行为——为了适用罗马法的法律语言，清偿(solutio)需要以债务

---

〔21〕 不同的事实部分连续地发生(例如，要约和承诺)。因为最终只存在一个事实，其事实的部分不仅在经济上也在法律上是不独立的。

〔22〕 Deutsches Konkursrecht, 1880, S. 139, Anm. 1 und sonst, besser in „Privatrecht und Prozeß“, 1883, S. 48, 287 ff. („eine Mehrheit von Rechtsgeschäften“)

〔23〕 当然很难将**免除行为**视为利益移转过程中的发展阶段；免除行为的目的不是为了清算债务关系。因此，即使债务人的协力是必要的，其本质上是**债权人**——而不是**债务人**的行为。债权人也不因现有的债务关系的而进行免除，而是从无关的独立原因(赠与、清偿等)进行免除。

(obligatio)为前提，而通过清偿债务消灭[24]。但是正因如此，在法律意义上不能将清偿(solutio)和债务(obligatio)视为同一行为的不独立部分。即使两者**在时间**上结合在同一个行为中，法律分析也必须对其仔细区分。例如，现物买卖和现物赠与的情况。遗憾的是一些学者仍然没有认识到这一点。除此以外，如果不能承认因交付而产生债务并同时履行该债务，如何能因交付人的瑕疵而证成现物出卖人和现物赠与人的合同责任，而不仅仅是侵权责任？

6. 至此的阐释仅涉及的是，在不同参与其中的权利范围(Rechtskreis)之间，某种形式的财产移转问题。然而，若该行为仅触及了某些利益范围(Interessenkreis)，又会如何呢？[25] 在大多数情形下，此处有疑问的是首要经济过程，对此法律只是进行从属性地规制，如众所周知有些法律行为的特征甚至是非常有争议的，如先占和抛弃。但是，也存在这类的纯粹的法律上的行为(Rechtsakte)，例如根据《德国民法典》第 928 条，放弃土地所有权和先占土地。在这里[26]，无法讨论行为本身之外的基础行为(原因)；行为本身自证其正当性，因为没有其他人能证明该行为是正当(gerechtfertigt)或不正当的。

按照通说，**时效取得**也应如此。但是，我已在其他地方试图表明[27]，这种观点站不住脚的。就像利益移转的行为一样，时效触及的是基于**多人**之间的权利范围。而且它只是消除了**取得行为**的最初瑕疵，而不是也消除了**取得原因**的瑕疵——即**方式**[的缺陷](modus)，而非也消除了**取得名义**[的缺陷](titulus acquirendi)。

---

[24] 这样适用于**抵销**(compensatio)。根据正确的通说(参见笔者针对第 387 条的评注编码 4 的对此的支持和反对的说明)，抵销并非像物权合意一样是抽象的行为，而是利益移转过程中并非独立的部分，就和付款一样。如果人们观察债权人的行为，这就是非常清楚的。因为一个不存在的相对债权自始就不是一个合适的受偿对象。但即使认定为债务人的行为，其结果也并无不同：人们不能通过放弃相对债权来清偿不存在的债务，就像通过付款一样。

[25] **Stampe**, S. 23，其过窄地仅涵盖了取得行为并且从而谈及了利益分配。

[26] So auch **Stampe** a. a. O.

[27] Recht, 1910, Sp. 585 ff.

第三章 欠缺法律原因

1. 每一项触动他人财产的法律行为都是为用于利益移转的经济的目的服务的，这是一种原因(causa)。既然权利本身不是目的，那么必须通过法律上的进路来考虑该目的。或者在欠缺原因的情形下直接否认法律效力。事实上，这种否定通常是由法秩序本身来解决的，通过不承认或者仅以有限的方式承认独立于原因的法律行为。在债法中这种现象尤其明显，罗马法和德国法都是如此：独立于原因的负担行为，只有在遵守或多或少的严格要式时才有效：罗马的要式口约(stipulatio)以及《德国民法典》的第780、781条中的书面方式：非要式的债务允诺仅满足成为首要的经济行为的组成部分，如买卖、租赁等，众所周知即使在罗马也只是在某些特别允许的情形下。因此，Windscheid〔28〕将双务合同中双方义务的关联性，归因于"默示条件"的主观因素，是绝对不正确的。

当法律无规定时，当事人当然可以通过添加明示或者默示的条件而使法律行为相关联。是的，这并非罕见。例如一个所谓的现物要约，同时完成了债法上的出让行为(Veräußerungsgeschäft)和物权法上的所有权移转，一般情形下，要约将**不可分割**地指向这两个方面，接受要约的人将无法通过要约以外的要因行为取得所有权。任何其他的处理方式——将根据当事人的利益"根据诚实信用并适当考虑交易习惯"(《德国民法典》第157条)——都将完全违背当事人企图的意思，以Strohal〔29〕的说法，根本不需要拒绝抽象的所有权移转，就可以回避它。

另外，通过本身抽象的允诺行为的内容，也可以使其存续依附于要因行为；例如在罗马，在更新的要式口约(novatorischen Stipulation)的情形下，允诺人(Promittent)所允诺给付的，只是他在另一个法律基础上已经负担的债务(„quod tu mihi debes ex causa emtionis dare spondesne? spondeo")。

---

〔28〕 Voraussetzung S. 88, 144.

〔29〕 Jarhb. Dogm. 27 S. 344：A赠与B两头公牛用于交换，B表示说，他会以一定的买卖价金保留这些公牛。

2. 在众多的案例中——众所周知，无需在此一一列举——法秩序现在已经取消了特定的法律行为对原因的直接依赖，即首要的经济上的基础行为。与这一规则相关的法政策的利弊，也已众所周知，不必再介绍。为了交易安全和行为自由，完全正确的是，在任何情形下，《德国民法典》不允许受到某些反对抽象交易的人（Kindel、Neubecker，基本上还有Strohal）的误导（必须说，这些误导是偏激的）。

3. 然而，这就造成了形式上的法律状况与经济目的之间的矛盾。既然法秩序是建立在为了经济繁荣的陈腐但永远真实的价值基础上的，那么这个矛盾必须得到衡平。众所周知，不当得利之诉（condictio）对于罗马人起到了该作用，对于我们来说是不当得利请求权（《德国民法典》第812条及以下）。

如今，关于这一请求权的形式法律上的性质，几乎已经没有争议了。有些观点声称：不当得利之诉需要主张欠缺原因的行为是无效的，而这种无效需特别被证明。这是一种偶然出现而不值得进一步反驳的观点。然而正如共同法甚至《德国民法典》施行第一年后常常认为的，可以提起不当得利之诉也不等同于可撤销。众所周知，撤销具有物权效力，对**第三受领人**也是如此，只是第三人受到善意取得的保护（《德国民法典》第142条）。相反，对不当得利请求权原则上只针对**第一个**取得人；只有在第822条的例外情形下才针对**第二个**取得人：他的责任绝不是基于恶意，而只是由于取得是无偿的，且无偿同时导致排除了第一个取得人的责任。如果存在此种情形，得利人责任是直接的，而不仅仅是像撤销的情形下[30]，通过向第一取得人作出意思表示，通过废止先前的缺乏原因的法律行为来解决。在存在多个当事人时，他们仅能主张他自己的交易中欠缺原因，而不可主张其他交易中欠缺原因。此外，已经实施了欠缺法律原因的行为的同一个人绝非必然享有不当得利请求权，即并非在**间接**财产给付的情形下：如果A为了清偿B对C的债务，根据B的指示向C进行给付，如果这个债务后来被证实不存在，那么B可以向C主张不当得

〔30〕 这与破产中和破产外的所谓的债权人撤销权的情形本质上相同，其与真正的撤销权和不同以及其与不当得利请求权相似之处，也可以在此体现。

利，但是A不能向C主张不当得利[31]。但是，如果主张该权利意味着撤销转让行为，那么所有权重新回到A，因此，A还可以主张物权法上的返还请求权，在C对所受领的标的进行有效处分后，根据《德国民法典》第816条的规定，取而代之的是不当得利请求权。

因此，不当得利请求权绝不是为了完全消除缺乏原因的行为，而只是对由此产生的财产移转进行经济的衡平，以此使之在经济上是正当的。不多，但也不少。因此，正如不当得利请求权在效果的极端程度上逊于撤销权一样，它在效果领域的外部范围也超越了撤销权：正如我们所看到的，不当得利请求权也可能属于没有直接参与欠缺原因的行为的人；它还针对善意但无偿的第二个受领人；它扩展到对原物的用益和代偿，如果原状返还得利已经发生不能[32]，则需要对其进行价值偿还（《德国民法典》第818条、第819条）。

4. 罗马法上的不当得利之诉、德国民法上的不当得利请求权，其法政策原因单纯在于欠缺**法律原因**的产生的取得是毫无道理的。根据《德国民法典》第812条的文义，这一点不应该再有争议。因此，基础本身就是一个纯粹的客观基础，而不是主观基础，这一点从以下事实中可以清楚地看出：不当得利请求权不仅仅在给付欠缺法律原因的情形下存在（"通过他人给付或**以任何其他方式**"，第812条）。如果得利是通过给付而产生的，那么，欠缺法律原因是基于当事人意思的，还是基于法律或道德秩序对主观存在的原因的客观的否定，这一点并不重要（违反法律之不当得利和违反善良风俗的不当得利，condictio ob iniustam 和 turpem causam，《德国民法典》第817条）。当然，**Windscheid**也没有否认这一点[33]。当他就**部分**情形认为不当得利返还的原因在于前提之丧失之时，他并未在更大程度上废除此概念的统一性，像《德国民法典》第812条

---

〔31〕 另外B的请求权并非直接指向A交给C的标的。例如，如果A并未向C支付指示的金额，而是和C约定了支付的替代方式，那么，如果B对C以这种方式清偿的债务并不存在，那么，我认为B对C的不当得利请求权应指向原来设定的实际债务数额，而不是返还为其受领的替代物。最多，数额在价值较少的情形下，根据《德国民法典》第818条，会受到相应的限制。同样在以交付代替履行的方式清偿第三人债务的情形下。

〔32〕 否则常见的情形参见例如《德国民法典》第951条第1款第2句。

〔33〕 Voraussetzung S. 55.

那样，以给付和其他方式之间的区分。归根结底，共同的指导原则仍然是没有依据，即权利取得的发生欠缺原因。

因此，不当得利请求权是否可以至少以欠缺前提——或者说欠缺合同基础的情形下为基础，与此同时欠缺给付目的并非通过客观的不公平而导致的。而我必须坚定地回答这个问题，答案是**否定的**。

然而，（“特定的法律行为”的）给予行为与要实现的具体法律目的（原因）之间的关系，在最大程度上是由当事人的意思创造的；这取决于他们，例如，无论处于授信原因还是清偿原因的1亿的交付，以及应当适用于履行哪一个债务。但是，它们必须被赋予**任何某种原因**，这不仅是心理上的需要，而且也是法秩序所要求的，因为如果没有法律上的理由，即没有客观上承认的任何原因，根据法律条文就会存在不当得利请求权。在这方面，存在**某种**原因，即使不是这个**特定的**原因，也是法律客观规定的。在这个意义上，这种原因的存在从而变成了任何给予行为的在任何情形下的要求，这个要求并不是基于个别情形下当事人的意思而特别增加的。但Windscheid认为，前提应是特殊条款、从约定或者意思的特别“自我限制”，如意思的条件和期限的意思，这种意思本身不被表示出来，的确通常是不被表示出来的。它是一种偶然的，而不是共同法中众所周知的区别意义上的要素（essentiale negotii），相反，《德国民法典》第812条意义上的原因无疑是给予行为的要素，因为欠缺原因一律导致可能要消除其经济上的后果。某个原因的存在，尽管不是具体的这一个，也是客观的法律上任何给予行为缺乏正当性因素而被不许的理由，但任何人如果在其意思表示中增加一个在Windscheid的意义上前提〔34〕，就会提出一个本身在法律意义上不重要的情势。即使无此前提，这个行为本身也是一个完整的行为，而给予行为由于欠缺原因而不完整，因为它虽然具有法律效力，但欠缺经济上的正当性，因此可以从经济结果上加以推翻。

这就和Wendt提出的反驳联系在一起：如果不当得利之诉以某个合同条款为基础，该条款中写明“想要追求的法律关系仅在事物的某种状态下才存在”，毫无疑问或者很自然的是，在这种状态丧失或者不发生的时

〔34〕 **Windscheid**, a. a. O. S. 1.

候，作出的给付必须**完全地**、**毫无保留地**返还。在《德国民法典》第346条、347条中的**解除**情形正是这样，和由于欠缺原因而导致的第818条、第819条相比，解除引起了更为严重的责任。

另一方面[35]，不当得利请求权正如其罗马法中的前身，并不要求交易相对人实际识别或应当识别给付和原因的关联性。根据《德国民法典》第819条的含义，仅仅对于知悉责任的**范围**——知悉和应当知悉才是**不同的**。但是，所作出的**前提**，要么只有经过合同约定才有效，要么即使Windscheid认为是单方的，也只有在另一方知悉或应当知悉的情形下才有效。

5. 另外，不当得利的适用领域也绝非与Windscheid意义上的前提的适用领域相一致。无论这一法律构造的适用性如何，若有，它可以考虑用于要因行为和给予行为(特定的法律行为)。这和条件和期限是相同的。这将导致给予行为对其所追求的目的的依赖性较之欠缺原因的一般意义更强：如果设想的情势不发生或丧失，给予人将有权使给予行为回转；这将不是在自身生效的条件的意义上发生的问题，而是在其法律构成上的解除权发生的问题。反对前提理论的人也会在Windscheid影响下承认，事实上经双方合意的条款是合同的正当组成部分。

被设定为前提的情势，可以是欠缺此种情势也会是欠缺原因。因此，特别是在间接财产给付的情形下：如果A根据B的指示向C进行给付，那么A可以约定所有权的转移是在以此B向C清偿债务的法律构成的前提下才发生的。如果后来证明这种前提不存在，A自己可以要求C返还所获得的给付，假若没有这种前提，仅有B才有不当得利请求权，而这是所谓的A向C给付的原因关系。恰恰是在这种情形下，这种前提对欠缺原因的法律后果的意义就显现出来了。但它也将表现在**后果**上：事实上的、合同中的前提将被视为真正的(一定条件下的)解除权，或至少被视为类似的废止权，而在作出前提时产生的返还的义务将根据《德国民法典》第346、347条更严格的原则或至少类推适用该条文，而不是根据较温和的第818、819条来确定。特别是，交易相对人将无论如何可以**收取金**

[35] 这一点Lenel已经在**Lenel** a. a. O. S. 233 ff 中提示到了。

钱利息(第 347 条最后一句)[36]。不仅像根据《德国民法典》第 818 条的不当得利债务人按照事实上已经收取的用益。基于这样的考虑,即使是直接的财产给付的情况下,在这个意义上,前提也绝非没有任何价值。

前提在这些情势下将获得其最重要的意义,而这种情势已经不能被视为给付的原因。例如,A 为什么不能以在一定期限内或《德国民法典》第 355 条[37]规定的期限内收到第三人负担的给付为前提向 B 付款? 为什么 C 不会以租赁批准局(Mieteinigungsamt)废止对用于强制居住的房屋没收为前提,与 B 达成土地所有权让与合意?

当然在这种情形下,通常附停止条件或解除条件会更加合适,根据《德国民法典》第 157 条,仅按前提字面意思表达的条款时常可以被解释为一个(可能是默示的)条件。但是,这一次并非所有情形**都适用**——如果行为是**不可附条件的**,就并非如此,比如众所周知的《德国民法典》第 925 条第 2 款的土地所有权让与合意。这一规定当然不能延伸到较弱的、只有债法效果的废止条款。但即便如此,当事人也可能有其充分的理由,只将限制性条款与这种较弱的效果结合起来。通过这样,就仍可控制其添加该[条件]的条款的部分,是否适用该限制性的条款。换言之,出于类似的理由,将"解除保留条款"(Verfallklausel, lex commissoria)解释为仅仅是解除权而不是在产生疑问时作为行为的条件(《德国民法典》第 360 条)[38]。

但到目前为止,前提最重要的适用领域是——或者说行为基础的概念来代替的领域——仍然是要因行为,正如条件一样。

相反,不当得利请求权和它的罗马法前身不当得利之诉所涉及的,仅是给予行为或者给付行为("特定的法律行为")。正如目前的文献所强调的,这必须被果断地阐释和证明[39]。

(1)首先在我看来,从罗马法中没有一个案例可以证明不当得利之诉

---

〔36〕 现《德国民法典》第 347 条规定了解除后的用益和费用,不再特别规定金钱之利息。——译者注

〔37〕 现为《德国民法典》第 350 条。——译者注

〔38〕 现为《德国民法典》第 354 条。——译者注

〔39〕 S. dazu meinem Aufsaty im Recht, 1920, S. 10 ff.

与要因行为直接相关。尽管Zitelmann[40]表达了很多相反观点。但是他引用的《学说汇纂》(1. 5 § 1 Dig. XIX，1，Paulus libro tertio ad Sabinum) 并未如此说明。其内容是：

Sed si falso existimans se damnatum vendere vendi derit，dicendum est agi cum eo ex empto non posse，(quo niam doli mali exceptione actor summoveri potest)，quemad modum，si falso existimans se damnatum dare promisisset，agentem doli mali exceptione summoveret. Pomponius etiam incerti condicere eum posse ait，ut liberetur.

这段话有多少是篡改的——至少是括号内的半句不符合古典程序法的内容("bonae fidei iudiciis exceptio doli ipso iure inest")，或许还有最后一句中的"incerti"一词——在此并不重要。因为在任何情形下，这段话都没有说到要因行为之诉：决定性的最后一句话并不涉及**合同**的不当得利之诉，而是其中涉及承担的**义务**(请求返还自由之诉，condictio liberationis)。而从文体上讲，至少也是指从 quemad modum 开始的紧接着的段落，以及包括其第一种案型在内的整个段落。然而，以 quemad modum 为开端的**第二种**案型，只涉及纯粹的法律行为：抽象的要式口约，并且对于消除欠缺原因的情形适用一个不当得利之诉(libererationis)，此时考虑的是非债清偿之诉(cond. indebiti)，这是没有疑惑的，实际上也是不言自明的。如果我们从错误的 quoniam 句中去思考一切可能性，这两种情形之间的关系就更加清楚了：在第一种案型中，不需要特别的抗辩(exceptio)，但在第二种案型中则需要，此处要式口约之债已经变成了非债(indebiti)。而根据所附的 Pomponius 的引文，这种防卫中的抗辩对应的是进攻中的不当得利之诉(condictio)，然而，在那些没有可能或没有必要适用抗辩的情形下，这种诉变得毫无意义。

当然，困难之处可能在于 Paulus 的裁判。在该裁判中，由于出卖行为而履行错误设想的义务，最后是不能或者很难成功地诉请的。但我们很快就会发现，这是可以解决的。

---

〔40〕 Rechtsgeschäfte im Entwurf，Teil II，1890，S. 48，Anm. 110.

可能我们的帝国法律中的情况是更毋庸置疑的。《德国民法典》第812条第2款已经宣布“通过合同承认债务关系存在或者不存在”是(可以主张不当得利返还的)给付的一种特殊情形,同样,第684条的第一草案也是如此,只是版本复杂得多[41]。这样的要因合同(Kausalvertrag)可能在同样意义上可以被视为可主张不当得利返还的给付,但无论是在文本中还是在其立法起源历史中都没有任何说明(参见《民法典立法理由》第一卷第693页),人们不能不从上文引用的第812条第2款中得出一个令人信服的相反结论:像这样的要因行为(Kausalgeschäft)不能主张不当得利返还。就我所能确定的是,这也是普遍承认的[42]。当然,**Zitelmann**认为,这在法政策上有很大的疑虑。他认为,如果在一个前提下缔结买卖合同,并不是买卖的双方的部分被废止了,而是各自的给付可以要求不当得利返还。因此,如果前提A的设定者要求返还其作出的物之给付,那么相对人B仍然负有义务,他必须以如下方式证明他需要的第二个条件:“他在这个前提下仍负有义务,这个前提是A的给付义务或给付本身仍然存在。”

我绝不能同意我尊敬的朋友的阐释,首先我否认可以根据现有的要因行为而要求对合同给付作不当得利返还。因为给付仍然还有原因——此处是情感原因(c. emitonis)。首先需要废止**要因行为**,而不是直接去主张不当得利请求权,必要时仍可使用前提或相似的角度——下文会对此进一步说明。但如果合同因缺少前提而被解除,通过解除或类似于解除的行为,法律效果当然会作用于**双方当事人**,没有必要以**Zitelmann**意义上的默示作出的前提为冒险的理由,主张特殊的诉(condictio)或抗辩(exceptio)。毋宁说,他自己的义务,可能由于买卖合同的原因丧失而当然不必再履行,而他可以在给付目的嗣后丧失的不当得利之诉(condictio ob causam finitam)的意义上,提出一种常见的不当得利请求权,以取回其已经作出的给付。

---

〔41〕“如果因不当得利而产生返还债权的前提存在时,作出债务允诺或者债务承认的债务人可以拒绝履行其允诺或承认的债务,或要求消灭债务。”

〔42〕S. statt aller **v. Tuhr**, Allgemeiner Teil III, S. 54, 122; auch **Zitelmann** a. a. O., S. 48/49.

另一方面，也有人因为动态的内部原因反对可以对要因行为进行不当得利返还：要因行为本身所带来的是一种纯粹的取得，即相对人引起的得利，这种说法是完全不正确的——得利只能是他所获得的东西扣减他所要给付的价值的剩余。但是，后者的返还当然与废止债务关系完全不同。

更重要的还是以下方面：要因行为——买卖、租赁、借贷等——其概念本身就具有法律正当性的事由，即原因，不可将其分离。它本身就是财产移转的主行为，或者至少是其发展阶段，不需要在本身概念之外的、更广的法律正当性，它从未容许过这样。《德国民法典》第 812 条意义上的给付是完全不同的：土地所有权合意、交付、债权让与、债务免除，但根据第 2 款，也包括对债务的承认，在罗马法中主要是要式口约；它们都只有通过在其自身事实之外的经济交易，即"财产转移行为"，才能找到其经济上的、间接的、法律上的正当性；它们不会因其丧失或无效而立即丧失效力——否则，它们就不会是抽象的！但是，至少在经济结果上，它们仍会面临着直接的矫正。不当得利请求权服务于这种矫正。但不当得利不矫正要因行为。

另一方面，无疑仍会发生的是，要因行为追求不同的法律目的，而这种法律目的不在其本身的概念之内，例子见上文《学说汇纂》(1.5 D. 19,1)；另见《学说汇纂》(1.44 i.f. Dig. 46, 3)：一个人可能出卖某物，因为他有因为预约合同或遗赠这样做负担义务(1.44 Zit.)。那么就有两个原因：购买中所承担的个别给付的原因是买卖合同，因为买卖合同的原因是清偿合同义务。如果这种义务在现实中不存在或者嗣后丧失，那么买卖合同中的双方义务并没有失去法律依据，但合同本身却失去了法律基础，如果这种没有目的的行为继续存在，在法政策上会是难以容忍的。但是，又如何解决这个问题呢？既然按照上面的说法不当得利请求权已经被否定了。对于一些案型v. Tuhr 试图提出建议[43]：所谓的预约合同已经包含(在一切情形下附条件的)对主给付义务的承受。据此，如果预约合同无效，则后者显然是无法律原因(非债或者原因丧失，indebite, sine

[43] Allgem. Teil II, S. 494, III, S. 122/3.

causa)而执行的，而可以主张不当得利返还。但v. Tuhr 的这种观点本身就引起了很大的疑虑。任何法律技术都不能出于预约合同，将只有一方参与缔结法律行为，或者更正确地说是协助法律行为的预约合同变成对双方都有约束力的行为〔44〕，即使为了缔结有偿行为的预约合同中，其仅具有为将来做**准备的**意义，人们在其中也不可能看到一种独立的无偿行为，特别是需要特定方式的**赠与承诺**〔45〕。

但是v. Tuhr 的观点仅能为一部分案型带来理想的解决方案。如果义务是与**第三方**达成主行为，v. Tuhr〔46〕也接受旨在未来缔结合同的真正的预约合同。而相应地，如果**以遗赠的方式**将某物卖给第三人，遗赠义务当然要以向受遗赠人完成真正的买卖为前提。对v. Tuhr 来说，关于所有的这些案型的提出的问题仍然应当回答。

我认为，只有因欠缺前提或合同基础而产生的解除权，才能在此取得理想的结果。就连罗马人似乎也认为这是理所当然的。至少上述《学说汇纂》(l. 5 § 1 Dig. 19,1)中的第一种案型，只有在这种假设下才能得到令人满意的解释：在错误地承担了他应负的义务从而进行出卖的人，是不能被成功起诉的。因为仅仅是他基于错误的假设或主张欺诈抗辩(exceptio doli)就已经构成了对合同的放弃，是导致合同消解的解除行为。

根据**我们的**民法同样会是这种情况。如果某人为了已经承担的义务而订立合同，从而郑重表示这种假设是订立合同的基础；这不仅是留在内心深处的单方动机，而且是整个双方法律行为的共同基础或支撑，用Windscheid 的话说，这是一个前提。这就引出了我研究的实际主题，因此，我的研究应该已经被证明是一个法律上必要的、实质性的主题，至少对一个重要的案例来说是如此。

---

〔44〕 若如此，未成年人也将可以在相对人单方的允诺的意义上缔结买卖合同，根据《德国民法典》第 107 条。

〔45〕 So auch meine „Entgeltliche Geschäfte“, 1912, S. 100, s. auch S. 119. 当然也并非是完全不生疑问的。

〔46〕 A. a. O., S. 494 oben.

第二部分　行为基础的概念及其和相似概念的关系

第四章　行为基础的概念

以下部分会专门研究经济行为，它具有“自足性”(Autarkie)，它总是构成利益移转过程的某一发展阶段，甚至在一个行为中表现了其整体。但是经济行为还是建立在一定的基础上，其中这种建构是由法律行为的事实构成得出的，这种建构不能在没有客观事实以外的(weltfremd)形式主义(Formalismus)被完全剥离。以下我的著作将会涉及行为基础[47]，这个概念或多或少地将被确定。举例来说，设想一下，A向B订购250公担(Zentner)冶金焦炭的情形。一般而言，除了该缔结的行为本身的事实——货物和金钱交换——没有任何其他的基础。但是，如果A明示地或者和B一致同意——也许是在乙的建议下才这样做的——订购焦炭以满足其过冬的需求，这又会怎么样呢？[48]

另一种情形可能是：C对他的竞争对手D负有不交易某种货物的义务，同时他按年获得一定的补偿金，而此后D放弃了该行为或者商品。那么整个行为基础就丧失了——从此C的不作为义务和D的相应的支付价款的义务就无法达到其目的了(zwecklos)。

或者如果某一天要进行节日表演，有人租到了窗口座位，但是队列游行后来被推迟了[49]。

实际上，在当下无比重要、但是更难正确处理的另一种情形是，在各

---

〔47〕 至此，概念和表述尚未在技术层面上完善，但是有时合同的“基础”会被客观地提及，so z. B. im Erk. des LG. Heibronn v. 22. X. 1915, J. d. R. 15, S 72, **Crome**, Arch. ziv. Pr. 115, S. 40, (Verschiebung der „Tarifgrundlage“), neustens v. Tuhr, LZ. 1921, Sp. 135 ff。

〔48〕 S. dazu **Rietsch**, Der besondere Tatbestand des Vergleichs, S. 74.

〔49〕 耶林著名的案例，《民法案例》，第11版，编号46。在处理本案时，经常有观点反对说，即不应该认为窗口的租金不是按固定的日历日支付，而是按承租人入住的日期支付，而不管承租人是哪一天入住的。对此，我不能赞同：谁能保证承租人到入住之日还在原地，或许推迟几个星期，这样出租人还能处置窗位？在我看来，只在原来的那一天租房，入住日和游行日是同一天，自然是双方的行为基础。

种各样的长期供应合同中，价格一直以一种难以预料的、不成比例的方式上涨。这可能对一方和另一方来说都是灾难性的：对出卖人来说，如果他必须以固定价格发货，而他必须以很高的价格获得货物或原材料；对买受人来说，如果根据今天越来越普遍的做法，出卖人根据"可变化价格"条款或以"浮动"价格出售给他，而现在，由于不可预见的高价格上涨，将要交付的货物的销售可能性降低了或完全停滞了。在我看来，某种程度的价格均衡应该而且必须被视为此类行为基础，这一点是毋庸置疑的，但如何划定这条界线是极其困难的。我也不打算在此时讨论其法律上的可行性问题。暂时只讨论这种现象的性质，我把它称为行为基础。

没有必要再次将更多的行为基础的案型制成一个列表，主要是因为后文会将展示各种各样的必要的示例。我也不打算在此时讨论其法律重要性的问题。我暂时只讨论这种我称为行为基础的现象的本质。

1. 首先是关于**行为的客观基础**，而不仅仅是意思决定的主观基础和某位当事人的表示。从而行为基础非常清晰地有别于单纯动机以及Windscheid意义上的前提，或者人们在前提理论中读到的含义[50]。行为基础、前提和单纯动机原则上是没有相同之处的。

(1)行为基础一方面[在内容上]**少**于一个(具有决定意义的)动机。对某一情势的存在、持续或未来发生的错误设想，**可能**对意思决定产生决定性的影响。但是它绝不是必然的：它只有——或许——**消极的**含义，即**没有此**[**设想**]意思决定将不会达成，正如Zitelmann所表达的"正确设想将是相反的动机"[51]。或者——以Windscheid的话来说——前提(根据笔者的语言用法：行为基础)是，"若无此，当事人就不会想要达成法律行为"。如果在**保罗·海泽**(Paul Heyse)的小说《安德烈亚·德尔芬》中，男主人公坎迪亚诺因为认为自己的朋友罗森堡男爵是可恨的威尼斯检察官(Venezianische Prokuratoren)之一而将其刺死，那么错误的设想当然也是一种行动动机；但如果在《游吟诗人》中，卢纳伯爵的弟弟曼里科被处

〔50〕 正如Windscheid所认为和近来帝国法院Woch法官(1916年第45卷)所说的，只有在某些情况下才有继续受合同拘束的意思已经被相对人所识别，这也是不够的。

〔51〕 So zum folgenden Windscheid, a. a, O., S. 7, Zitelmann, Irrtum und Rechtsgeschäft, S. 338, Lehmann, Prozeßvergleich, S. 87, Hedemann Vergleichsirrtum, S. 108ff.

决，而他认为是其是吉卜赛人后代，那么行动的积极动机就完全不同了——即出于嫉妒。在帝国法院的著名案例(卷 20 第 31 号)中，以往的酒税保持不变的事实，而非是出卖人的决定，导致了出卖人以某个价格出售酒。然而，如果知道即将上涨，他肯定根本不会卖酒或不以约定的价格出售酒。合同相对人是相邻土地的所有权人的设想，很难成为就所主张的土地合适性(Grundgerechtigkeit)达成和解的积极动机；但如果他知道对方无所有权，人们本来是不会达成这种目的不达的且没有价值的和解。因此，在罗马的资料中，如果遗赠因错误的设想而可撤销，他们并不要求这种设想给予的是积极动机，而只是要求**如果没有这个设想**就不会进行给予("si probetur alias legaturus non fuisse"，l. 72 § 6 Dig. 35，1)。

但是，在这个消极意义上，行为基础并非必然——即使可能在大多数情况下是这样——是动机。如果某人显然基于某种基础而做出法律行为，例如，一个人买的画是伦勃朗的，那么假设他知道事实上 Franz Hals 才是真正的作者，他也**有可能**买下这幅画。但这种情况是不重要的，相对人不能援引这种情况来维持交易。在任何情况下，这幅画已经被当作伦勃朗的作品卖掉了，一个假设的、但实际上不存在的想要购买 Hals 的画作的意思不能用来维持合同。

此外，动机总是单方的，且同一动机对**双方**同样具有决定性意义的情况，是不必要的，且是相当不可能的。事实上在并非罕见的情况下，相对人知道欠缺行为基础(如欠缺一方当事人设想和告知具有决定性的性质)时，不存在的错误设想根本**不能**决定他完成法律行为。由于行为基础必须始终存在于**双方当事人**，如果将行为基础等同于动机，则在此不存在相同的瑕疵。然而，这类案件显然特别需要保护。

但是如果承认[行为基础]其与动机不同，处理就不难了：尽管产生错误的人的相对人自己并没有错误的设想，但他知道这种设想构成了其意思决定的基础。并且如果他也带着这种认识接受了法律行为，他就将这种情势当然提升为对[法律]行为具有决定性意义的、客观的**基础**。

(2)另一方面，合同基础比单纯的动机包含更多的内容。动机纯粹是心理学上的东西，本身只存在于一方当事人。人们只能说一个意思表示的动机，而不能说一个由至少两个意思表示组成的合同动机。只有在单方行为的情况下，才不能或不一定能区分当事人的意思表示动机和与此相对应的法律行为的动机。

但是，行为基础并非涉及个别的意思表示，而是涉及整个[法律]行为(Geschäft)；一方或另一方当事人主观上仅作为意思表示基础的内容，从根本上是不予考虑的，无论如何只有在例外情况下且从其他的角度来看(情况才可能不同)。因此，根据《德国民法典》第 119 条第 2 款的规定，对画作性质的单方的错误，既未被相对人识别，对其而言也是并非可识别的，不可能被评价为欠缺行为基础的情况。例如，如果有人只出卖了“一幅古老的荷兰画”，那么该作品属于古老的荷兰画派的事实就是行为基础的一部分；如果该画是赝品，或者只是复制品，或者不是古老的荷兰画，那么设想的行为基础不存在的这种视角就发挥作用了。尽管另一方面，买受人购买该画中的伦勃朗真迹的设想很**可能**是第 119 条第 2 款意义上的值得注意的错误，它也可能赋予买受人撤销权。但是，不能说这是欠缺合同基础或合同基础不存在的问题，这种仅是单方的性质错误与欠缺双方的合同基础的效果有一定的不同，根据《德国民法典》第 122 条第 2 款的规定，因为由于所谓的消极合同利益的赔偿义务仅在撤销的情况下才发生，而在发生欠缺行为基础时却没有该种赔偿义务。

但是，即使将动机**告知**于相对人〔52〕，或者双方恰好有共同的错误动机，也不能当然使这种动机情况成为合同的基础。相反，在行为的外部事实中，该情势作为约定的基础被提及且可被识别。当然不必然是明示地用语言表达，尽管这种明示表达是常见的，对于交易安全的利益维护上是理想的。但是，如果连实际的意思表示都很可能是默示的，那么在仅是行为基础的情况下，就更应该如此，毕竟这与法律行为的缔结没有那么直接的联系。无论从客观裁判者的角度还是从当事人的主观角度来看，只要行为的缔结与现有或未来的这种或那种情况有可识别的关系就足够了。但是，对于**行为基础**(见下文 2)在行为的事实构成的外部表现的要求，要

---

〔52〕 所以在**Leonhard**，Allgem. Teil S. 392 的示例中，有人买了一把雨伞，“因为他旧伞丢失了”，这是单纯的动机，也不是他所说的“单方的前提”。

弱于实际法律行为组成部分(Geschäftsbestandteilen)。

如果这是正确的,那么,以交易安全为由,针对单纯的、不可识别的动机的所有合理的疑虑,对于双方共同的行为基础都是无关紧要的。只有在纯粹的单方行为的情况下[53],特别是在遗嘱的情况下,行为基础也可以纯粹是单方的。然而,恰恰是在这里,从未有人对纯粹主观的解释要素和有效条件产生疑虑,因为不存在基于合理的信赖而需要保护的相对人。凡承认终意处分中动机错误为撤销事由者,不得反对考虑交易的主观基础。**此种**行为基础与单纯的动机之间的区别能否维持,最初应该是个未解决的问题。

出于已经展开的原因我想要避免“前提”这个词,代之以这里经常使用的“行为基础”一词。正如Windscheid曾经完善的概念,前提是**单个的[意思]表示**的基础或者组成部分,而不是双方共同的法律行为。前提还包括,如其所见,主要是原因的领域,实际上它必须与原因分开(见第一部分)。最后,“前提”这个词表明了表意人内心的心理过程,然而事实上,当事人究竟是否必须对行为基础有一定的、积极的设想,事实上至少也不是完全没有疑问的。

2. 但是在另一方面,行为基础也不是[法律]**行为的组成部分**[54]。当然不必以各种方式明示强调它作为法律行为的生效要件。假设有必要,至少在此概念未来完善的方面,它的适用范围将极为有限。因为只有在当事人对行为基础或者某种事实的发展或存续存在严重**疑问**时,当事人通常才会有理由明示强调(这个基础)。但这样一来,一般情况下他们不会满足于单纯的前提,而是为法律行为设定真正的条件(Bedingung)。除非相对人**拒绝**使[法律]效果取决于被认为有疑问的事件发展时,情况才有可能不同。但是这样一来,当然就不可能将被拒绝的情势作为法律行为的前提或基础。

此外,行为基础不应当被认为是行为的**默示**组成部分。真正默示的

---

〔53〕 在需要另一方受领的意思表示情形下情况则相反。后者更要考虑相对人的利益保护,正如在合同中的情况。

〔54〕 Ebenso v. Tuhr LZ. 192, Sp. 157.

表示,如果不想让这个概念变得毫无意义,那么它与明示表示的区别只能是外在表示的事实部分,而不能包括内在的心理过程。如果说法律意义上的意思表示至少需要**意识**到外部举止的表示内容[55],那么这也适用于默示的意思表示。现在,当事人一定或多或少地认识到,该情势作为"行为基础"的经济和事实上的意义[56]。否则,该情势怎么可能成为"行为基础"?但在法律行为的意义上不能这样,因为法律行为是由"意思或(根据Bülow)应有的表示(Sollenserklärung)"组成的。只不过是当事人从自己的设想出发,对当下和未来的交易的环境、情势和通过行为需要规制的结果相联系,对法律行为的内容得出一定的结论。而这一点在此处是不存在的。或者当事人确信,使其经济目的实现所必需的情势的发生或持续——在这种情形下,这种确信是行为基础,但不是他的法律行为的意思的一部分。或者他们认为,这种[情势的]发生或持续是值得怀疑的——不过,在这种情形下,他们的效果意思也会受到相应的**限制**,但这是在另一种意义上的,即以真正的、有时不必明示说出的条件。**在这一点上**,Lenel 反对"前提"的概念是十分正确的:前提通常只是法律行为的组成部分,此时当事人对前提是否发生是有疑问的,但人们通常认为它应当是(默示的)条件。

如果法律行为内容指的是设想的情势,例如出卖艺的术品出自某位大师之手,上述情况也不会发生改变。这种提示**本身**只是宣示性的,它不属于规范性的[法律]行为内容的一部分,不属于当事人所承担的义务的一部分。当然这种提示可能也有更多的意义:作为性质的担保或者作为法律行为的条件。但是通常只有在当事人察觉出其所强调的情势或多或少是**令人存疑的**,才会发生这种情况。单纯的**提示**可能还没有这样的意味;这在我们法律的意义上,已经从仅是(宣示性的)**声称的**性质和(规范性的)**担保的**性质的比较中得出。

但是行为基础并非法律行为的事实构成的组成部分。也并非《德国民法典》第 133 条意义上的,它必须属于用于解释的、直接在合同成立公

---

〔55〕 关于这个重要但是尚未解决的争议问题,见我的评注。
〔56〕 例如,焦炭用于冬季供暖,窗边的座位用于观看游行,货物用于转卖等等。

式中适用的语言所涉及的全部事实。行为基础对于意思表示和法律行为的意义没有解释价值，而是在其意义之外或之后。诚然，根据帝国法院的名言，意思表示的含义应当如何，一定能在其中找到体现，即使它的表达有多么不完美。但是对于行为基础并非如此。它尽管可能但并不必然是法律行为的一部分，其出现是可以辨识的，并且合同的相对人也能够在事实上辨识其意义，就已足够；与此相对的是，在遗嘱和其他单方表示中，客观的可辨识性就已经足够。

因此，规范意义上的行为基础，即法律效果的发生或存在意义上的行为基础，根本不属于心理过程。行为基础不是效果意思和法律行为上的意思表示的直接组成部分和限制性条款。可能至多根据《德国民法典》第157条的规定，将其考虑为借助于意思的补充，即借助于"拟制的当事人意思"的法律行为组成部分——我将在下文第15章中说明必要的内容。但无论如何坚持：行为基础不会成为通常意义上真正的法律行为的组成部分。拟制的意思补充并非当事人的意思，相对于意思存在而仅需表示查明的情况，意思补充只是一种假设的情况，假设如果当事人考虑到了事物发展的不同的可能性推测会如何。这不是真正的意思解释，正如类推对于法律解释而言的。

3. 行为基础也不是通常意义上的［法律］行为目的〔57〕(Geschäftszweck；原因，causa)。我已经在第一部分说明了这一点，在此不再详细阐述。原因并非不是单纯的任何心理目的，而只是基础行为，其发展要通过给予行为（承诺、交付、免除、让与等）来推动。然而这里涉及的不是给予行为，而是基础行为，基础行为在其本身的事实构成中包含了法律正当性和该行为本身的原因。

当然，归根结底，基础行为或经济行为的进行也是为了超越其本身概念的目的。比如，一个人赠与他人某物，是为了缓解受赠人的紧急情况，使其对自己友好，感谢其表示的恩惠或接受的礼物；一个人购买某物，是为了把获得的东西卖到别处去获利——这是E. Marx在经济过程

〔57〕 Stampe (Jur. Woch. 1921, S. 11) 试图在目的丧失或者目的障碍的方面处理我的主题的一部分案例。

中建立的著名公式 g—w—g，或者是为了自己消费它。但是，但这种目的本质仅仅是**主观的**、心理上的，它不是**法律行为**的目的，而是法律行为一方或另一方**当事人**的目的。因此，它一般无法被外界辨识，或者至少通常在交易中不具有法律上的意义〔58〕。如果目的至少在主观上与交易及其客观基础无关，行为基础的存在或丧失并不必然影响目的。如果一幅圣母像的旧画被当作拉斐尔的画出售，而实际上这幅画出自 Fra Bartolomeo 或 Andrea del Sarto 之手，出自 Frans Hals 的肖像画被认为是伦勃朗的作品，那么合同基础就丧失了。因为毫无疑问，对于卓越的并且被认为是非常昂贵的艺术作品而言，某位古老大师的著作权通常是整个合同缔结的主要的行为基础。但是，针对购画人的购买目的——通过充实其真正、卓越且古老的画作的藏品集，也不能说，这只能通过拉斐尔而非尽管同样完美的 Andrea del Sarto 来实现。

针对行为基础和行为目的难以把握的区分的指责，人们必须考虑著名[普鲁士]一般邦法（Allgemeines Landrecht，I，5，§§378f.）的关于因变化的情势而产生的解除权的条文。**双方的**合同目的都不能实现，这种情况很少发生，除非人们在至此讨论意义上考虑原因丧失，完全不在与我们有关的案情中。相反，只有解除权事由被明示地表达出来的时候或者不言自明时，土地法才承认丧失**单方的**、主观的目的作为解除权事由（《德国民法典》第 380 条）。这对我来说一部分太广了，一部分又太窄了——**太广**指的是“不言自明的”目的被表示出来，而不考虑相对人的知悉是有意义的；**太窄**指的是，如果是并非不言自明、也并非明示表示的，但是相对人可以知悉在特殊情形下其重要性，后来该目的仍然未被注意到，最重要的是，基于（主观的）[法律]行为目而取代行为基础的、完全没有根据的对解除权的限制。

4. 但行为基础到底是**主观**的东西（即由双方决定的），还是纯粹**客观**的东西？换句话说，这取决于当事人设想为决定性基础的东西，还是取决于在法秩序或无偏见的裁判者看来应视为这种基础的东西？

〔58〕 其他价值标准很重要的地方，如在刑法（量刑）中，往往也在损害赔偿法（《德国民法典》第 826 条）和其他社会道德上的评价贬低中（《德国民法典》第 226 条等类似的情形）。

在第二种观点中，这一概念将失去与缔结法律行为的学说的联系，而必须归入给付义务的学说。主要问题是，这些客观相关的情况随后发生的变化是否以及在多大程度上会导致交易的调整或废止。

因为很显然，这种对行为基础的客观观点，不能建立在**自始**是否存在某些情势的基础上：法律行为的内容和标的是由当事人决定的，因此，是否以及哪些情况应该为交易的达成提供决定性的基础，只能取决于当事人〔59〕。[法律]行为不可能在客观上是“不正确的”，正如Gottschalk在其关于意思表示错误的著作中所教导的那样，只有[法律行为]标的或性质才可能偏离当事人主观上对它的设想。例如，卖出的钱币是真正的古董，而不是现代复制品。但如果认为，即使当事人不考虑这种设想，出卖复制品客观上也会存在(行为基础的)瑕疵，那就荒唐了。

但是，即使后来情势发生了变化，也不应当从客观角度评价其效果。如果这样做了，那么只要对于一般的意思决定具有决定性意义的情势发生了变化，就会赋予每一方当事人解除合同的权利。一方面，这将造成过度的不确定性——哪些情况在这个意义上是客观重要的，哪些不是？另一方面，它将违反当事人特别的意思和个人利益。当然，情势变化的客观意义孰大孰小，对其评价具有相当重要的意义。尽管如此，例如，类似无因管理是否被允许，只能将**认知前提**去推定当事人的意思。

此外，关系的客观转变一般只会影响**一方**当事人的特殊利益。如果届时他们废止了合同的拘束力，相对人的利益就会被无情地牺牲。但是，如果行为基础是**主观**的，那么将限定于此种情势：其意义对一方当事人的意思决定具有决定性，并且这种决定性意义为另一方当事人所知且未对此有所反对。相反，如果把调整的客观意义作为依据，要么要求太多，要么则太少：如果他只是要求为了双方的利益，则**太少**，如果他要求考虑只对于一方当事人来说具有决定性意义的变化，则**太多**〔60〕。

---

〔59〕 斯塔尔在其关于情势不变条款的文章中也承认了这一点，另外，他在这个意义上只允许客观上的重大变化，见第45页以下，第54、58页。

〔60〕 值得注意的是，《德国民法典》并没有仅因为一方当事人在合同的履行中不再有任何利益而赋予其解除权，而只有在相对人当事人的迟延行为已经发生的情况下才赋予其解除权(第326条)。

正确的可以被理解的行为基础可以与某种情势的**存在**、**持续**或者**新发生**有关。在中间那种情况下，心理过程是最不重要的，因为人对现有关系的持续并不那么关心——是的，人们当然考虑得比较少。但是也不至于**毫无**设想。因为没有一个人会在做交易时完全没有预设；他在意思决定中，并没有预料到事物会发生变化，而是把它建立在现存的、或假定为现存的情况的基础上。但是，人们也可以用这样的方式来代替他的意思表示，即假设情况的进一步发展或变化(无论哪种情况)是可能的和有决定性的——就像在所有投机交易中一样。那么，事物现有状况的延续不是被预设的，不是行为基础；只有通过这种或那种**发展**，才能达到“习惯的目的”。

5. 经过目前的阐述，但究竟何为行为基础是不难确定的：

行为基础是指法律行为缔结时，其中一个当事人的设想，这种设想被可能的相对人认识到其重要性，并且没有提出反对意见，或者是几个当事人的**共同设想**，即存在或发生某些情况，并以此为效果意思的基础。它意味着一种**假设**，但既不是独立的法律行为的规范，也不是将原本执行的法律行为的规范仅限制在某些可能的所设想的情形下。行为基础存在于已经对外表示的或已经公开可知的设想，法律行为内容存在于被表示的**意思**，条件也存在于[被表示的意思]其中作为法律行为内容的“自我限制”。

然而，行为基础并不是只存在于一方的单方面的东西；在这方面，它与真正的法律行为组成部分没有任何区别：在合同领域，为了使合同产生效力，法律行为必须是双方的，更正确地说，是双方**共同的**合意。并非在这个意义上其应该与法律行为的组成部分相对立，而是说它不属于当事人的意思过程和表示的过程，而是他们双方建立的基础。

这与Windscheid意义上的**单方**的、相对人仅是可以知道的前提存在决定性的对立，而且所有对其重要性(Beachtbarkeit)提出的疑虑，都无法以反对这里所阐述的概念的方式来加以使用。对于单方可被辨识的，或者尽管被相对人辨识的而不同意的前提，根据我的学说，是不相关的。它并没有成为**合同的**基础，即使它构成个别意思表示(要约或承诺)的基础，前提至少也不是意思表示的组成部分。因此不能说，如果相对人不接受，则要约与承诺表示不一致，从而存在《德国民法典》第155条意义上的不合意。

第五章 与相关法律构造的关系

1. **在实践中**，人们常常把合同基础（Vertragsgrundlage）与明示或默示的**条件**（Bedingungen）相混淆[61]。这已经在**Windscheid**和**Lenel**的著名论辩中有所体现。该论辩一方面涉及前提（Voraussetzung）的适用范围，另一方面涉及条件的适用范围。但是**原则上**，进行区分并不困难：

（1）条件无论如何都是真正的法律行为组成部分（Geschäftsbestandteil）；它们必须在法律行为事实构成的范围内被共同表示出来，至少从与其他表示构成的关系中作为**默示**表明的被推断出来。

（2）作出附条件表示的人，必定在心理上认为被设置为条件的情势（Umstände）的发生或多或少是不确定的。与此相对，就行为基础而言，某一情势的存续或在将来出现，在当事人看来是如此理所当然，以至于他们将其行为建立于这一在他们看来确定的基础之上。这些基础所涉的是那些若当事人已经意识到其不确定性，就会将之升格为条件的情势。然而，如此便成了**明示的**条件。但是，不合理的是通过解释改变现有的心理过程，将当事人事实上彻底抛弃的要素作为"默示"包含的纳入其中。以一个单纯虚构假设的过程来修正一个真实的过程，推定在加入实际上并不存在的某种认识的情况下其将会如何发展，是完全不被允许的。

尽管如此，若人们依然偶尔尝试从默示条件的角度出发，处理某种程度上进入行为基础范畴的案例[62]，那么，从这一本身值得尊敬的努力中可以得出：人们认识到，双方当事人对于法律行为的坚持并无裨益，但是人们不敢，或者说不敢果断地使用被舍弃的前提的概念，人们对于行为基

---

〔61〕 这些概念不充分的区分特别明显地体现在**奥地利的**民法典第901条中，参见 dazu **Pfaff** a. a. O. S. 326。

〔62〕 So **R. Leonhard**，Irrtum. Aufl. 1，S. 380，395，Allgem. Teil，S. 480，对于一个特殊情形的论述 ferner **Dernburg**，Bürg. Recht Ⅱ，§ 40 a. E.（免除的情形），s. auch **Manigk**，Irrtum und Auslegung（原文为 Anslegung，有误。——译者注），1918，S. 138，236，**Burchardt**，Gruchots B. 39，S. 32ff. Dagegen **Hedemann**，Vergleichsirrtum，S. 100/1，**Oertmann**，Arch. ziv. Prax. 117，S. 279 ff。

础的新视角也还不太了解。特别是关于性质错误。性质错误本身无疑并非真正的法律行为的错误(Geschäftsirrtum)。另外,鉴于其在罗马法中也如同今日在民法中一样重要,所以,此种性质错误必须被从一般的动机错误中分离出来。

Leonhard 的解释尝试(Erklärungsversuch)并不能完全令人满意。他一开始就否认**单方的**、根据《德国民法典》第 119 条第 2 款与第 122 条第 2 款毫无疑问同样也具有法律重要性的错误:若相对人认识到了意思欠缺(Mangel),可能也认识到了当事人对[意思]缺失的不知以及此种不知对于其意思决定的重要性。这样一来,相对人会轻易地默示**同意**法律行为仅在没有[意思]缺失的情况下有效,这是不可想象的,也绝不能想象。并且,如果相对人将他已知的[意思]缺失视作根本不重要的或者对于发生错误的表意人的效果意思而言是不重要的,这是完全不可能的。

在**双方**错误的情形中,引入默示条件也是饱受争议的。其一是因为,如前所述,这一概念在心理学上并不适用于那些人们对事实非常肯定的情形。其二是鉴于事实上的后果。若例外地将对某一性质的设想升格为默示的法律行为条件,那么将会产生两种结果:要么限制效果意思的条件不再出现在意思表示中。那么,[外部的]表示就会与[内部的]意思内容不同——即一个是不附条件的行为,而另一个是附条件的行为。亦即,该错误将不再是单纯的性质错误,而是真正的内容错误(error in negotio),故应该适用第 119 条第 1 款,而非根据第 2 款进行评价。要么条件可以被视为(默示)加入表示之中。那么,在作为条件的性质不存在时,法律行为根据其内容本身**不生效力**,但不能仅仅因意思瑕疵而**撤销**;如果是这样的话,意思和表示之间的矛盾也就不需要再讨论了。就我看来,第 119 条第 2 款的内容根据Leonhard 的观点将会恰好不适用于上述案型,而该观点对于这些情形的解释本应是充分的。

对于Manigk 的解释尝试,本质上同样的质疑再次出现了。然而,他避免将明示的描述作为“默示的条件”,而将其作为“默示的表示内容”,认为这一表示内容涉及所设想的在交易上重要的性质的存在,此种表示内容将关于性质的错误从动机错误的范畴中抽离,并归入内容错误之中。

在我看来，Manigk 某种程度上试着借此使前提甚至行为基础被承认。但是，我的进路与其不同的是，对我而言仅是行为基础的，却被他视为(默示的)内容，对此参见上文第四章之 2。

若完全不考虑这些，Manigk 的学说也并不适合用于解释《德国民法典》第 119 条第 2 款。我对于R. Leonhard 的评论，大部分对其也适用。首先，若性质错误的重要性所基于的视角是，合同约定(Abrede)了存在所设想的性质，那么该性质在**客观上**在交易上是否是重要的、知悉缺失该性质是否也可能已经阻碍了"理智对待"这一情形的人缔结法律行为，就变得无关紧要了。为何被设想的法律行为内容应该取决于那些**客观**因素，而不只是发生错误一方当事人特别的、**主观的**利益状况？

帝国法院的裁判表达了与Manigk 类似的观点(Ziv.－Sen. Ⅱ v. 20. Ⅹ. 1911, Gruchots B. 51, S. 575 ff., bes. S. 580)：

> 在信用买卖中，**法律行为内容**通常包含被授信的买受人在缔约时处于如下状况：他一般被视为有能力支付价款。

这在**客观上**当然是完全值得赞同的。但是，在此仍旧不明确的是，正如Manigk 的观点一样，所谓的行为内容应该被理解成什么——理解成(默示的)条件或者其他。因为从法律行为的规范意义上来说，买受人**负担义务地**承诺其信誉度的情况，是根本不可能发生的。

在我看来，更值得赞同的是更早的**帝国高等商事法院**一致同意作出的判决(v. 2. Ⅺ. 1877, Entsch. Bd. 23, Nr. 48, S. 137 ff.)，据此，在承诺信誉的情况下，受领人的信誉度被描述为"放款人的义务有效存续的理所当然的**前提**"。Burchardt 也在提及这个判决时采用了前提的观点，并且相信，只有当人们不接受默示条件的观点时，此种观点才是有帮助的。

2. 众所周知，Windscheid 将其前提的概念与**负担**(modus)联系起来，Brinz 甚至认为**所有**前提的情形都可以分解为状况(conditio)的部分、原因(causa)的部分、负担的部分。但实际上，前提或者取而代之的行为基础与这两种观点均没有太大关系。一方面，不论依据旧法还是新法，负担都是真正的**法律行为组成部分**，当然也需要符合自由行为(liberalen

Akte)的形式要求，就现行法而言，在此类行为之中，这一法律行为组成部分无论如何都能独立存在(赠与、终意处分)。因此，它在各种情况下都**有使负担义务的效力**[63]，产生任一权利人的履行请求权，但在合同基础的情形中却完全不会如此。

另一方面，负担无论如何都与行为**基础**完全无关，而仅仅涉及一个在当事人目的意义上多少**可以忽略的**点。因此，负担自始不能或嗣后不能在原则上不会对法律行为产生影响，罗马法也是如此[64]，至少对于遗嘱负担而言如此，可以参照《德国民法典》第 2195 条。虽然这在赠与负担的情形中并未被法律明文规定，但是按照符合当事人目的方式进行解释，通常应得出相同结论[65]。

3. **非常规的要物合同**(Innominatrealkontrakt)中的返还请求权(Rückforderungsrecht)同样不能通过行为基础丧失的观点进行解释[66]。这首先涉及给予(Zuwendung)，而不是要因行为(Kausalgeschäft)，返还请求权的形成毫无疑问是建立在非常规合同一开始并未被肯认为设立债务的行为(schuldbegründender Akt)这一基础之上。但只要在非常规的要物合同被肯认为设立债务的行为之后，仍旧保留返还请求权，此种(不当得利)返还请求权就只能因合同对待给付的不存在而被视为解除权的一种，即其仍旧根植于合同内容本身，而非单纯的合同基础的缺失。

4. **出于重大事由的终止权**(Kündigungsrecht)(《德国民法典》第 626 条、第 671 条第 3 款、第 696 条、第 723 条、第 749 条)在关键问题上同样与行为基础[67]的观点无涉[68]。一方面，它仅是关于某些行为类型的特别规定，尤其是劳务合同(Dienstvertrag)和合伙，**必要时**可以相应地扩张

---

〔63〕 罗马法中也是如此，s. **Windscheid**，a.a. O. S. 158。

〔64〕 S. l. 1 Cod. Ⅵ，45，l. 8 Cod. Ⅳ，6，**Dernburg**，Pandekten Ⅰ，§115，Z. Ⅰ 2b，更限制的、但是最终未反对真正的负担的范畴，**Windscheid**，a. a. O. S. 182ff。

〔65〕 进一步的说明，参见我的评注第 525 条编号 5。

〔66〕 Anders Windscheid，a. a. O. S. 24，157.

〔67〕 原文为历史基础，有误。——译者注

〔68〕 我的法律体系和交易习惯也是如此，1914，S. 207 与**Kuhlenbeck** 和**Stahl** 相对，他们将此种终止权与情势不变约款相联系。就像他们试图从前提的观点解释终止权一样：**Dernburg**，Bürg. Recht，Bd. Ⅱ，§111，Ⅱ，4；**Kohler**，Lehrbuch Ⅰ，S. 575，**Krückmann**，Arch. ziv. Prax. 116，S. 381，**Stammler**，Schuldverhältnisse，S. 93。

适用于其他继续性债之关系，例如继续性供给合同。

另一方面，就内容而言，其适用范围远广于行为基础。因为重大事由绝不可能仅包含与法律行为实施或者直接与合同关系相关联的情形。所以，可以肯定的是，那些涉及当事人纯私人关系的情形也能作为“重大的”终止事由，例如一方当事人对另一方当事人持续不友好的、恶意的行为〔69〕。但即使在真正的合同义务违反的情形中存在重大事由，例如那些被《德国商法典》第71条、第72条〔70〕或者《德国营业法》第123条、第124条作为重大终止事由承认的类型，其也绝不会在任何情况下或者仅按照惯例导致合同基础消灭——如果想要对重大事由进行扩张，使得合同的每个部分都建立在另一方当事人持续尽责行为的基础之上，人们将需要毕生探寻合同基础的概念。

即使可以证明双方当事人在缔约时应当知晓，相关情势是否出现并不会对合同关系的存续产生影响，例如，提供劳务的人相信他可以忍受以残暴和虐待倾向而臭名昭著的老板时，重大事由是什么这一问题，仍旧非常重要。有效的**特别约定最多**能使那些本身“重要的”未来情势自始失去其将来的意义〔71〕。

出于重大事由终止的**效果**，其相较于行为基础丧失的效果而言也是非常有限的：其使得该合同**作为**已经缔结的、至今仍有法律效力的合同完全保持不变，而仅使得合同产生的、继续性的合同关系以及合同的时效提前终结。与此相对，行为基础的丧失至少从一开始就可能涉及整个法律行为的存续〔72〕。我当然不否认，行为基础的丧失或者嗣后被证明自始缺失，有时应该被允许作为制定法意义上的终止原因。但是，这样一来，就不再需要此种不完备的辅助工具了，因为在**解除法**中有其他更加完备的工具可供使用，它们可以自始发生效力或者自合同基础丧失时发生效力。只有那些否认合同基础丧失的意义的人，才必须向终止权寻求帮助。

更确切地说，人们尝试将《德国民法典》**第627条**认可的劳务合同中

---

〔69〕 S. Reichsgericht Ziv. —Sen. Ⅱ v. 27. Ⅱ, 1912, Entsch. 78, Nr. 88, S. 385 ff.

〔70〕 这两个条文现在已被废止。——译者注

〔71〕 众所周知，这也并非没有争议的。

〔72〕 参见下文第四部分。

的终止权类推到此种工作的领域，在这些领域中把劳务人的“特殊信赖”视为法律设想的相关劳务关系普遍的基础。但是，不考虑其他顾虑，对**提供劳务的人**的终止权的批准也是反对这一观点最关键的理由。

5. 最近经常被提及的情势不变约款（clausula rebus sic stantibus〔73〕）则有所不同。人们已经多次认识到了其与**Windscheid**前提理论的相似性。并且，其与我所指的行为基础之间的关系也非常紧密〔74〕。的确，人们可以断言，**在某一领域范围内**被设想的约款以及行为基础，仅仅是同一法律政策性思考的两种不同的表达和理解方式。并且，人们可能完全可以说，所有约款的支持者都是行为基础学说的追随者或者至少是先驱者〔75〕。

然而，二者的区别也不能被忽视。就我看来，主要有以下两点：

(1)正如其名，人们明显将约款设想为真正的、通常被默示表示的**法律行为组成部分**〔76〕。因此，此种保留的**效力**根据其意义也只能是符合合

---

〔73〕 例如，[情势不变]约款理论更早的主张者之一的**Leyser**，在其划分中提出了一个公示，该公式本质上完全符合行为基础的观点(参见**Pfaff**在Wiener Festschrift für **Unger**中的论述，S. 247)：“Videndum, an tails conversio contigerit, ut, si eadem rerum facies, quae nunc est, ab initio adfuisset, alter nihil promisisset。”

〔74〕 本文并无意对约款作更详细的介绍，特别是关于现代司法裁判中对其承认的教义史及研究。就大量现代的研究而言，无需对此多做介绍了。Vgl. besonders die umfassende Zusammenstellung bei **Böckel**, Wirkung der Kriegs auf Rechtsverhältnisse der Elektrizitäts— und Gaswerk, München, 1918, sowie **Leetz**, Die clausula rebus sic stantibus bei Lieferungsverträgen, Marburg 1919. 二者都支持尽可能地承认约款，本质上是出于《德国民法典》第157条合同解释的观点。下文注释中引用的，特别是**Stahl**和**Krückmann**全面的作品也同样，对于民法领域以及更加原则性的研究中的相同观点参见**Erich Kaufmann**, das stattliche Buch, Tübingen, 1911. Für die Bedeutsamkeit der Klausel ferner u. a. **Starke** Lieferungsverträge unter der Einwirkung des Krieges, Aufl. 2, Berlin, 1917, S. 9 ff., **Cohen**, Jur. Woch. 1916, S. 109 ff., der daren **Windscheids** Voraussetzung als rediviva erblickt, **Recken**, LZ, 1914, Sp. 1696 ff.（特别是在广告合同的情形中）, **Heymann**, D. J. Z. 1919, S. 866(关于Bismarck—Erinnerungen这一著名案件的讨论)；谨慎的，但也不完全反对的意见，**Hausmann**, Jur. Woch. 1915, S. 634 ff. und **Silberschmidt**, Bl. f. RAnw. 67, S. 149 ff. Crome，在其关键反对者的体系中，最近对于某一领域(特许合同)作出了巨大让步，Arch. ziv. Prax., 115, S. 1 ff. 因此，总的来说，如今文献中赞成的意见更胜一筹，当然，缺少必要的基本说明。关于整体上甚至更加谨慎的司法裁判最完整的说明参见Krückmann和Böckel的著作。更多关于约款的文献(博士论文)参见**Leetz** a. a. O., S. 5, Anm. 1。

〔75〕 Ebenso **Pfaff**, a. a. O., S. 296.

〔76〕 S. dazu **Siber** in Gruchots B., Bd. 60, S. 458 ff.

同的和一般法律行为意义上的。若和Stahl[77]以及Krückmann[78]一样，把"所谓"约款的效果归因于法律的承认，那么在这种**情况**下有效的约定、法律行为组成部分的思想就不复存在了，并且构建了一个本质上属于客观法的制度的设想，这与情势不变约款的名字并不相符[79]。

与此相对，行为基础丧失的效果是否归因于当事人的意思，或者恰恰归因于法律，这个问题至少是存疑的，并且是更可能在**第二种**意义上被肯定的，参见下文第4部分。

(2)尽管人们总是想慷慨地对其予以承认，但约款的范围仍旧与行为基础的范围相差甚远。因为后者也包含了对于过去和现在都确定存在的情势的设想，这些情势的特征一旦给定就不再改变——虽然其并不仅仅涉及[情势的]**发生**，还在更大的范围内涉及[情势的]存续。例如，涉及出自某位画家之笔的画，产自某家饲养场的赛马。行为基础同样包含了对于一个确定不存在的、但是被设想嗣后会发生的情势在未来**出现**的想象。例如，购入土地的建造许可一定会颁发，订购的货物在一定期限内到达。

与此相对，在这两类情形中，均没有充分的理由涉及此处探讨的这一类约款。至少在**第一类**情形中不被涉及：因为一个曾经存在的历史事件当然以其曾经的形态存在于未来。但是，在**第二种**情形中也不能涉及。[80] 因为它并不设想当前的关系可以存续，而恰恰相反，涉及某种未来被期待的发展的未发生。

然而，**第三种**情形对于约款和行为基础而言却是共同的：双方当事人

---

[77] Dissertation über die cl. R. s. st., Erlangen, 1909.

[78] Arch. Ziv. Prax, 116, S. 439ff. **Frizte**, Arch. Bürg. R. 17, S. 44 同样明显地指出，约款应该在本质上与前提相区分，因为其无须被表示，更准确地说，其后果仅仅与事实构成相联系；zustimmend dazu **Böckel**, Wirkungen des Krieges usw., S. 57。

[79] 如果人们依然**普遍**坚持**情势不变约款**的表达，那么一种完全正确的直觉也许同时就会成为这个表达的基础，也即这并不取决于**诸如**客观情势的纯粹的变更，而是取决于被当事人设想为很有可能的抑或肯定的发展的落空。

[80] **Krückmann**, Arch. ziv. Prax. 116. S. 350, 440，当然也运用约款的观点处理此类情形。**Hedmann**, Vergleichsirrtum, S. 102，甚至为了解释《德国民法典》第779条而有前提地引入了约款，当然，是为了使约款与现行法不同的再次生效。但是，该条规定的和解的不生效力事实上和约款完全无关：只有当达成和解时被设想存在的情势**自始**就不存在的情况下，不生效力才会发生，而不是当存在的情势嗣后出乎意料地丧失之时。

设想当前关系的存续和维持，并仅在其基础上实施法律行为。例如，在目前的价格状况、双方之间的商业关系或者友好关系存续；所供应货物继续免税或者减税；目前的交易需求或者个人需求不变的情况下〔81〕。在上述范围内，这两个法律构造竞合。并且由于此类情形可能确实是最为普遍的、最易想到的，因而也解释了为何它们首先吸引了司法实务以及理论研究的注意。在这种情况下，人们持有一种完全正确的想法，即此时可能必须允许背弃已经实施的法律行为〔82〕。但是，通过约款的使用，人们曾经将正确的结论建立在了相当值得怀疑的理论基础之上——人们尝试给那些通过正义感得出的结果寻找一个有力的理论**基础**，而不是去发觉以另**一种**方式毫无偏见地被确定的约款的**后果**。但实际上找不到此种理论基础。因为约款的观点并未实际作出其应有的贡献。此种状况与条件的情形类似——正当，且因为双方当事人坚信现有关系的存续，所以他们将不会通过特别约款使已缔结合同的存续或者效力取决于此。他们对此越坚信，此种约款的事实构成就越少被认真考虑；这些约款恰恰在那些最不能忍受其缺失的情形中缺失。因为约款之缺失所涉及的是，双方当事人最坚信存续的、并且丝毫未考虑过其会改变的情形，而不仅仅是那些当事人认为其存续不重要的情形。此外，必须遵循的想法绝不能因为接受了[情势不变]约款理论而告终；此种思考仅仅包含了这些情形中的一小部分，这些情形从根本上无异于轻视法政策。因此，整个[情势不变]约款理论就是一个为了解决实践中普遍出现的问题而用不完备的方法进行的尝试。但无论如何，此种尝试还是非常有益的。并且，这些约款的支持者所提供的材料〔83〕也几乎可以当然被用于修正行为基础学说，他们在存疑时可以被作为承认[行为基础学说]基本思想的同盟者。

若和Krückmann及其追随者一样，完全放弃为[情势不变]约款理论寻找受合同约束的基础，而寻求具有客观合法性的替代物，那么此种关系

〔81〕 S. **Krückmann**，a. a. O.，S. 350.

〔82〕 对此，早前的尤其是土地法实践中的案例，在其中基于约款的法律行为被视为可终止的，大多也能被用笔者我的主题的例子。S. die reichhaltige Zusammenstellung derselben bei **Rehbein**，Kommentar Ⅱ，S. 113，263.

〔83〕 目前最完整的整理参见**Krückmann**，Arch. ziv. Prax. 116，S. 157-487。

就会完全不同。重点将根本不再是"约款"这个词,而落在"情势不变"一词之上〔84〕。这样一来,便涉及现存法律关系的废止可能性(Aufhebungsmöglichkeit),类似于上文所说的出于重大事由的终止权。我现在当然无意否认,此种明定的法律救济是可能的,并且在多种适用情形中属于积极的法律秩序。从某种意义上说,若法律不仅仅为当事人具体设想的落空提供废止可能性,此外还在某种可推定对一般当事人的意思而言具有决定性作用的情势发生改变时提供废止可能性,那么此种救济便产生了问题。这不再是法律行为事实构成的问题,而仅仅涉及那些法律规定的解释和准用。

但问题同样在于,除此之外,在缺少此种适用和安排的法律规定时,是否不存在"情势不变约款"根据**特别**事实构成发挥作用的可能。在**这个**问题上,我的主题涉及的问题以及关于该问题的文章内容显现出了其意义。

另一方面,那些法律规定适用情势不变约款的情况也不能简单地从这个问题中被排除,更确切地说,其必须被一同包含在当下的学术讨论范围中。相反地,认为法律行为应该建立在特定经济关系基础之上的想法,在某些领域中以此被从当事人个人设想的偶然性中解放出来,并且被具有高度客观性的规定所吸收,升格为立法者的动机。这完全应该归于本文的主题之中。

6. 行为基础绝不可能与**罢工约款**以及**战争约款**同时存在。它们在任何情况下都是真正默示的法律行为组成部分。只要它们是附加的,这个问题就超出了我关于特殊情形研究的范围,并且因此成为多余的,如同在那些法律允许法律行为在被设想为典型的当事人想象的情形丧失时可以废止的情形中一样(第 321 条、第 610 条〔85〕等等)。

基本思想当然是相似的,但是以其他的、更进一步的方式被适用。

与此相对,那些约款当然很少被**广泛地**作为行为基础:它们仅涉及完全特定的、影响初始给付状况的情形。它们的**实践**意义曾经在于变更举

〔84〕 S. auch **Löwenwarter**, Jur. Woch., 1920, S. 89.

〔85〕 现已被废止。——译者注

证责任，此外，它们引起了对有利于债务人的**单方**给付障碍的承认，即排除《德国民法典》第 279 条〔86〕的适用〔87〕。

7. 我在本章之 1 中曾提到，在性质错误的情形中，行为基础这一法律构造显现出了其与**法律行为错误**这一法律构造的结合点；我在本章之 1 中不同意根据第 119 条第 2 款从默示条件或者默示表示的角度出发证明性质错误的重要性。但是，也许在多数看似单纯是性质错误的情况下还涉及行为基础的缺失〔88〕。若双方当事人都认为该画出于某位画家之手，认为那匹马或者那条狗品种优良，那么该法律行为通常将被视为完全是在这些基础上达成的。无论如何都不能仅在特别的合意或表示的情形中讨论：属于某一特定的"货样"(Kollektion)、供应物，甚至单纯的价格也可以支持双方当然地将合同标的的某种性质作为基础。例如，若一位钱币商将一枚尼禄皇帝时期的青铜币以 100 马克的价格卖给我，比如著名的印有 Decursico(Cohen Nr. 83)头像或者印有 Janus(das. Nr. 171—2)神庙的青铜币，那么每个人都应该知道，在这种情况下指的是一枚真币，而非一枚来自 Paduan 的复制品；真实性当然是合同基础。

当然应该避免产生以下观点，即《德国民法典》第 119 条第 2 款似乎仅仅因为合同基础的缺失而赋予了撤销权。然而，此种观点有时却应该被支持。可以在我对第 119 条评注的 4e，以及其中引用的著作中找到赞成的理由，最新的观点如 Flad〔89〕，其仅在"性质与法律行为内容存在直接的并且为相对人知悉的关系时"，允许撤销。但是，**Gottschalk** 在其二卷本的著作中〔90〕甚至首先尝试将我称之为"行为基础"的错误论整体引入性质与法律行为内容的关系中。当然，没有包含如描述一样的观点必要的明确性以及与本文所处理问题的一般联系。因为只有当法律行为是

---

〔86〕 现已被废止。——译者注

〔87〕 此处对于被司法裁判以及帝国法院的裁判多次在其意义中被极端化的战争约款不做进一步介绍。

〔88〕 Vergl. Auch **v. Tuhr**, LZ., 1921, Sp. 153 ff. 其对于 RGEntsch. 94, S. 65 u. 97, S. 合理地作出了解释，在双方当事人错误设想了其约定与官方股票价格一致的情况下，存在行为基础的缺失而非当事人的错误。

〔89〕 Gruchots B. 61 S. 17.

〔90〕 错误在民法中的意义，Hannover, 1917—19。

"不正确的"，即当根据双方的约定，该法律行为与实然或应然的世界的现实不相符时。例如，当一颗珍珠或者一块宝石作为"仿制的"出售，而实际上是真的；或者相反，作为真实的出售，但实际上是假的，他才认为该错误是显著的，无论在罗马法的意义上还是在德国法的意义上。

显然，Gottschalk 的此种观点对于**整个**错误领域的解释而言是不充分的。此种观点从一开始就不适用于表示错误和内容错误的绝大多数情形，亦即如今《德国民法典》第 119 条第 1 款的领域〔91〕，而最多仅涉及性质错误的领域。但就算在涉及性质错误的领域也并非完全适用。我当然可以轻易地承认，罗马法的相关部分应该被适用于涉及整个法律行为的此种"不正确"的情形〔92〕。但可能仍需努力在这一方面使原始资料，特别是Gottschalk 倾注了大量心血收集的例证再次经得起严格的检视。性质错误而导致法律行为的广泛适用可能可以由此得到解释，即此处引用的文献大多考虑了**行为基础的缺失**而不仅是更不需要被保护的**单方**错误。但是，Gottschalk 没能证明罗马法和德国民法都没能注意到这一点。《德国民法典》第 119 条的文义**仅仅**或者至少也指向了单方错误的情形；但其被重视的必要性主要还是产生于《德国民法典》第 122 条第 1 款和第 2 款。因为相对人的知与不知仅对于单方错误的情形而言是有意义的；若合同或其基础本身是"不正确的"，那么此种对实际上不存在性质的错误设想一定是双方当事人共同知晓的。的确，我甚至认为，合同基础错误的情形应该被纳入第 119 条**直接**适用的范围。第 119 条论及了**错误**的情形。此种错误存在于一方当事人的——也可能是**双方**当事人同时〔93〕——表示与其内心意思不一致时，后者要么涉及与表示不同的标的

---

〔91〕 **Bekker**（Pandekten Ⅱ，S. 368—9）尝试以完全不同的方式将错误与前提联系起来：他在当事人关于法律行为的相对人、法律行为的对象及法律后果的设想当中看见了效果意思的前提。这基于老派的意思理论的思考范围。这实际上不涉及单个意思的前提是什么，而涉及由两个表示构成的**法律行为的**前提或基础是什么。并且这当然**不是**一方当事人本身的单方错误。

〔92〕 例如，在著名的 Ulpian 的 l. 9，§ 2，Dig. ⅩⅧ，1 中："si acetum pro vino veneat，aes pro auro vel plumbum pro argento vel quid aliud argento simile"，因此，整个法律行为被视为完全肯定地建立在这一不正确的设想之上。在 l. 140，Dig. tit. cit. 中也一样。在其他情形中被设想为**不合意**。但是有时作者会肯定地想到单方错误，例如在 l. 11 t. c. 中。这也并不适用于所有罗马法学家，**Paulus** 在 l. 21，§ 2 D. t. c. 中就不是如此；这可能仅仅是**Ulpian** 的特别观点。

〔93〕 参见我关于这些情形的论文 Arch. ziv. Prax. 117，S. 275 ff.，Nachtrag 118，S. 407/9。

或法律行为内容，要么针对真实的表示对象作为实际上不被其所包含的性质的载体。但是，在Gottschalk讨论的情形中，当事人双方的内心真意与其外部表示完全吻合。当然，双方所想要的和表示的与真实的世界并不吻合。性质错误存在于，例如，若某人购买了一幅古画，或者一幅古荷兰派的画，但错误地认为这是伦勃朗的画；但如果将一幅仿品作为伦勃朗的真迹，将一枚产自 Paduan 的青铜币作为真正的尼禄皇帝或 Vespasianus 时期的铜币出售，那么就存在——完全不考虑可能存在的恶意欺诈的情形——行为基础缺失的情形。

但是，我也不再完全同意我的评注以及Flad的著作中得出的限制适用《德国民法典》第 119 条第 2 款的观点。不容置疑的是：若某人随意购买一幅古油画，一件贵重物品等等时，没有用任何方式打探其真实性、作者、金属含量，那么通常其错误将可能不会被考虑。原因仅在于，他通过自己的行为方式反复地自我制造了表象，即那些情形对他而言并不重要，以至于在此范围内对于一切可能产生的意思决定而言缺少第 119 条第 1 款和第 2 款要求的与错误之间的**因果关系**。但是，在这些情形与那些被设想性质的存在升格为合同基础的情形之间，仍旧存在不能被低估的中间地带——人们想到了经典的教学案例。案例中，根据目录或广告，一位守林人订购了“阿尔布雷希特的外衣”，一位园丁订购了“印欧语词源百科全书”〔94〕。在这种情况下，书在真实内容上的特征绝不能被升格为合同基础；然而，另一方面，拒绝授予撤销权不仅是对买受人的不公平，还与第 119 条第 2 款的一般文义相悖。但同样也归于这一款之下的情形是，某人因错误理解相对人〔95〕的说明或者因第三人〔96〕的信息，而坚信合同标的存在某种性质，并因此认为将其特别升格为合同基础的做法是多余的。

---

〔94〕 不久前，我的一位熟人就遇到了相似的案例：他在一张德语书单上订购了Pappulias关于希腊和罗马质权的作品，并且在收货时出乎意料地发现，那本书完全是用希腊语写的。在此种情况下，根据《德国民法典》第 119 条第 2 项毫无疑问有撤销权。

〔95〕 例如，在一个钱币目录中，一枚钱币被描述为保存“良好的”；一位收集钱币的新手在不知道钱币商用语习惯的情况下订购了它，根据用语习惯，“良好的”实际上最多意味着保存得一般。

〔96〕 例如，在 B 的佣人告诉他，这个宠物是驯化过的之后，A 从 B 处购买了一条猎犬；这个信息是虚构的。

若设想的性质总是必须“与法律行为内容存在被相对人知悉的联系”(Flad),那么《德国民法典》第119条第2款将基本完全是多余的和无意义的。因为这样的话,合同将仅作为关于标的某种性质的载体而被缔结,即通常在此种性质存在的默示条件之下被缔结,以至于在该性质缺失时,完全不存在有效的法律行为。或者基于此种性质的**基础**,至少在我主题的意义上,第119条第2款将同样不需要被适用,以使买受人从法律行为中解脱出来[97]。

虽然我承认,纯单方的、与行为基础无关的性质错误在法政策上并非毫无疑问地有撤销可能性。立法者在制定第119条第2款时显然并未意识到,最重要和最有保护必要性的情形——在设想的性质升格为合同基础的情形下——几乎不需要这个条文,因为他们完全没有理解单纯的主观性质错误和升格为合同基础的性质缺失之间的差别。但是,这对于忠于法律的解释者而言并不是断然忽视现有法律文意的理由。

尽管如此,第119条第2款的规定并非当然不适用于我主题之下的情形。这些情形最起码证成了所谓的当然解释(argumentum a fortiori):若赋予某一可归责于该方且相对人既不知也不可知的单方错误以撤销权,那么此种撤销权在客观行为基础丧失的情形下也必须被赋予。原因在于,若为了消除主观意思瑕疵而牺牲客观“正确的”法律行为,但对于已经客观“不正确的”法律行为却不这样做,这将是不可理解的,甚至是荒谬的。这仅仅涉及,在这些情形中赋予一个相较于第119条第2款规定的撤销权**更加有效的**或者甚至**更有利于**那些被预期所蒙骗的当事人的消除可能性。《德国民法典》第459条及以下规定的**瑕疵解除权**对于某些情形而言,被作为此种可能性纳入考量,虽然相较于撤销权,瑕疵解除权的效力在某种程度上更温和,但是它因更宽松的期间规定——在知悉升格为合同基础的性质发生缺失之后半年,在土地的情形中甚至一整年,并不像第121条那样,要求在知悉后“立即”行使——尤其是因舍弃第122条规

[97] 当然,也可能根据特定的合同内容,法律行为应该仅针对不考虑某种性质是否存在的标的。例如,A将一幅旧荷兰派的画出售给了B,并郑重声明该画“来历不明”或者“非名家之作”。B以为其出自某位大师之手的错误设想,当然完全无关紧要。

定的麻烦的损害赔偿义务而更胜一筹。此种损害赔偿义务对我们探讨的情形而言可能是非常不合适的。因为若合同作为标的某种性质的载体，那么在性质缺失的情况下，买受人并不单方面为其缺失的后果负责。可是，相对人可能并不知晓"撤销的原因"，也即**错误**，并且因此，从第 122 条第 2 款并不能推导出撤销权人损害赔偿责任的免除。

瑕疵解除也并不能在所有情形中达到目的。特别是在那些设想性质的缺失给**出卖人**提供了从合同中解脱出来的动机的情况下不能。例如，在Gottschalk 假设的情形中，作为假珍珠被出售的珍珠被证实是真的，或者被记在另一位作者名下的画实际上是出自一位大师之手。在此种——当然更罕见的——情形中，不存在任何动机，使得出让人，相较于相反情形中的买受人在一种更小的程度上被保护。但是，买受人也并非总能主张瑕疵解除权：根据第 459 条[98]的规定，只有当标的物要么存在第 1 款意义上的**缺陷**，要么缺少出卖人**允诺的性质**时，才被赋予瑕疵解除权。但是，在将性质作为合同基础的情形中，难以要求方方面面都被允诺。然而，就我而言，以下观点更优，即在第 459 条第 2 款的意义上，单方允诺也应该被视为有效[99]，而且不应该仅仅考虑直接补充买卖合同本身的允诺。但是尽管如此，在允诺和出卖人单纯的事实说明之间仍旧存在显著的差别。如果某人在报纸上宣告，他想要出售一幅鲁本斯的真迹，那么这毫无疑问是一种允诺；因此，若某人购买了该画并且之后证明画是假的，那么其应该有瑕疵解除请求权。但是，若 A 仅仅偶然告知 B 其拥有一幅鲁本斯的画，B 欣赏了该画并且在 A 没有要求的情况下，对此提出了巨额的、与真迹价位相符的金额，那么情况就完全不同了。确定的是，该画是安特卫普市大师的作品在此属于合同基础。但是，人们很难将其视为第 459 条第 2 款意义上的**被允诺的**性质。

被设想为合同基础的性质发生缺失的情形，不仅在错误撤销的视角下，而且在所谓市政官之诉瑕疵的视角下也不能彻底地而令人满意地被评价。此处，重要的首先是彻底地而令人满意地被评价，而非一个积极处

[98] 此处指修改之前的《德国民法典》第 459 条，该条文目前已被删除。——译者注

[99] 参见我的评注第 459 条编号 5a 中的说明。

理的尝试。

如上所述，**Krückmann** 的观点并不值得赞同[100]，其在情势不变约款的观点之下，将合同的可废止性引入所有根据《德国民法典》第 119 条第 2 项已经赋予每个人对于缔约时已存在的事实要件的错误撤销权的情形之中。此种观点过于激进。因为据此，那些第 119 条意义上的重要性质的嗣后变更，只有当其在缔约时完全未显露出重要性的情形下，才可能使得法律行为废止。例如，某人购买了一定量的土豆，想将其用于播种的目的，但并未在实施法律行为时表明此种目的。若这些土豆不适于播种，那么他应该能够根据第 119 条第 2 项撤销。但是，若这些土豆在缔约的时点可以用于播种，而在交付之前丧失了此种性质，那情况又如何？根据 Krückmann 的观点，他应该可以取消该法律行为。撤销仅可能在前一种情形中根据即刻性和损害赔偿义务的要求是可以忍受的，与此相对，因设想的、但未被升格为行为基础的性质嗣后丧失而导致的可废止性将是令人不愉快的，不考虑那些允诺的情形。

8. 此外，重要的是本文提出的行为基础的概念与**给付不能**(Leistungsunmöglichkeit)这一概念的联系。虽然那些持旧的限制说的学者仅仅承认逻辑上不能的概念——"未发生(Nichtgeschehen)的必要性"——并且此外决不同意债务人将任何给付困难(Leistungserschwerung)作为免责原因[101]，对于这些学者而言此种联系不存在。对于如今依旧是通说的、与之相反的学说的支持者们而言，同样几乎不存在此种联系，此种学说将更加宽泛的"法律上"不能的概念与"逻辑上"不能的概念相对立(**Titze**，**Kisch**)。因为这样一来，就不再需要提出情势不变约款或者行为基础，以使得债务人能够防御不合比例的给付困难所带来的不利了。

然而，帝国法院对此似乎有不同的看法。在著名的 Ziv. —Sen. Ⅲ v. 21. Ⅸ. 1920 判决中[102]，其郑重指出，若在《德国民法典》第 325 条[103]

---

[100] Arch. ziv. Prax. 116, S. 375/6.

[101] 参见我的评注中第 275 条编号 3 a 以及下之前的序言中的说明。

[102] Jur. Woch. 1920, S. 961 ff., Entsch. Bd. 100, Nr. 38, S. 129. Ähnlich schon vorher **Haußmann**, Jur. Woch., 1915, S. 635.

[103] 此处指修改之前的《德国民法典》第 325 条，现已被废止。——译者注

的意义上，不仅仅事实上不能，而且经济上不能也应该被重视，那么“情势不变约款便因此显现在制定法之中”。与此相对，批判随即多次提出合理的反驳〔104〕。经济上给付困难的效果不可能建立在不能的客观观点之上，帝国法院自身基本上已经在其他不同的判决中承认了这一点。众所周知，帝国法院一如既往坚决地拒绝供货人主张因战争或革命所引起的给付困难，如果他明显接受了此种经济发展的风险〔105〕，并且因此，法院将当事人意思以及法律行为进程的性质作为决定性因素，而在彻底适用不能的思想时却只关注客观关系的发展，只有存在特别的保证合同时，才承认“经济上变得不能的给付”的责任的正当性。

若接受如今越来越有影响力的Krückmann的媒介理论（Vermittlungslehre）的话〔106〕，情况就有所不同了：据此，真正的不能是指在逻辑上根本不能。但此外，某些给付障碍也被认可，它们赋予了债务人出于重要利益的抗辩权（Einrede），此外还可能有解除法律行为的权利。对于拥护此种学说〔107〕的学者而言，与通常被称为情势不变约款的行为基础的子集之间的紧密联系是非常明显的。该学说的创始人将最深入的研究奉献给[情势不变]约款理论〔108〕绝非偶然。的确，在此种情况下，对于精深的研究者而言，最终面临着同一个问题〔109〕：至少对于合同责任的领域而言，出于重要利益的给付拒绝权无异于主张所谓约款的情形，更准确地说：主张行为基础的丧失。那些承担给付义务，特别是在法律行为生活之

---

〔104〕 Besonders **Krückmann**, Jur. Woch., 1920, S. 963, Dove, das S. 962, **Rosenthal**, das. 1921, S. 6 und 20, S. 435 ff., 896 ff., **Stampe**, das. 1921, S. 11. **Krückmann**表示：“当实践将经济上的不可期待置于不能的概念之下时，其将两个根本不同的东西连接在了一起，即**不能**的事实构成以及**不愿**的事实构成，情势不变约款在给付不可期待的情形中是不愿地表现。”**Rosenthal**同样认为，债务人从原始债务内容中解放出来不应该归因于《德国民法典》第325条，而应该归因于第242条，此外，他也吸收了**Windscheid**前提的观点。当他赋予法官权利，通过**形式判断**在约定的给付之上投入其他的给付金额，这当然饱受批评——因为**前提**的观点明显不能提供此种积极的改变。

〔105〕 近期的判决仍旧如此，Ziv.-Sen. Ⅵ v. 11. Ⅻ. 1919, Jur. Woch. 1920, S. 373/4关于一个所谓外币之债的案例。

〔106〕 Arch. ziv. Prax. Bd. 101, S. 1ff. 并且从那时起更加普遍。

〔107〕 如今也在**Planck-Siber**和**Oertmann**的评注中被接受。

〔108〕 Arch. ziv. Prax. Bd. 116 a. a. O.

〔109〕 Übereinstimmend **Krückmann**, a. a. O., S. 176.

中承担给付义务的人，无论如何都是在一个债权人也熟悉的，并且通常被设想为生产或者购置条件的某种平衡的基础之上实施给付的。若此种平衡被以一种过于粗糙的、不可忍受的方式干扰、破坏，那么就应该公正地不再苛求债务人履行给付。

若Krückmann在此种情况下首先相信仅能够通过抗辩权进行救济，那么这便可以从第一种尝试必然的谦抑性中得到解释；在其之后的论文中，他越来越走向代之以或者此外赋予债务人**解除权**。由此，当然取得了法政策上显著的进步：债务人不再需要等到债权人对其提起诉讼再作决定；他可以以值得期待的方式自己表明情况，并且由此以同样有利于相对人的方式将其解决，而单纯的抗辩权将不能给予对待给付的命运令人满意的说明。债务人肯定可以防御性地主张此种困难给付是不可期待的；但是，人们必须根据与Krückmann及其支持者相反的Nipperdey〔110〕的用语习惯，以"**抗辩**(Einwendung)"替代"抗辩权"。因为至少在提起诉讼的债务人主张给付的不可期待性的这一行为中，债务人背弃了合同并且解除了债之关系。无论如何，这并不适用于所有情形。给付的不可期待性可能仅涉及某一**时段**，该时段经过以后，债务人可以再次被期待履行给付。例如，在食品和燃料突然因罢工而涨价时〔111〕。这当然不涉及合同终局的消除，而仅仅涉及暂时拒绝给付的权利，亦即单纯的——延期——抗辩权〔112〕，参见下文第十六章。

另一方面，从**债权人**的利益状况中也可以得出，给付不可期待的观点和与此相联系的出于重大事由的抗辩权的观点并非在所有情形中都是充分的：通常对于债务人而言，给付只是暂时不能，有时甚至是狭义的，而非广义的不可期待。那么，根据债务人纯抗辩权的观点，债权人必须等待，直到障碍消失。但是这可能对其利益产生重大影响。因为他通常是

---

〔110〕 Kontrahierungszwang, 1920, S. 104/5, Anm. 1.

〔111〕 近期大量达成磋商的德国债务人的案件也属于此，这些债务人有义务向其瑞士债权人以黄金的方式偿还抵押债务——若本没有通过战争立法将黄金约款作不生效力解释的话。6. Ⅻ. 1920以及此后公布的RG. v. 9. Ⅻ. 1920的新协议尝试处理瑞士债务人由此造成的损失，最终导致那些支付黄金的义务暂时、但不是终局的解决，就像它们在关于此类情形的文章中出于行为基础的观点已经被得出的那样。此外，当然造成了本国重要利益的严重损失！

〔112〕 So auch **Krückmann**, Arch. 116, S. 306.

在有意识满足特定需求的情况下订立该合同的。因延期而不能被实现的给付对于债权人而言将是没有意义的——不可避免的延期消除了合同基础，并且人们不再能期待债权人长久等待、继续维持合同。这几乎已经在战前，尤其是第一次世界大战时期的司法裁判中被一致认可了[113]。然而，多数学者再次回到了混乱的[给付]不能的思想之中。但是，此种观点与上文不可期待性的情形一样不够充分：因为若人们想要贯彻此种观点，就必须将债之关系视为**自动**消灭，而不考虑双方当事人的意思。但是，他们的利益或者甚至期望可能是，尽管有阻碍，但仍旧履行给付，尽管迟延，但仍旧接受给付。并且，若人们想要正式地排除此种可能性，这将成为一种不可忍受的专制行为。

因此，我们得出：在所有所谓"法律上"不能的情形中，债务人的给付、债权人的接受不再能够被期待，他们应该被赋予一种手段使自己从合同中解脱出来。对此，正确的视角并非[给付]不能，而是行为基础丧失。人们当然可以质疑，此种视角是否适用于所有不可期待的情形，并且此种视角自始就几乎未考虑法律行为的给付义务之外的**所有**领域。但这却在此从未引起人们的注意。因为我们并不一般性地涉及给付不能或者不可期待的问题，而实际上仅仅在行为基础丧失的视角下作为相关情形提及。

第三部分　现行德国法中行为基础的法定适用情形

第六章　概述

人们意欲首先研究的是，根据现行法，基础的缺失是否**总是**可能导致法律行为的废止。在至今未承认这个概念的情况下，人们当然不能在制定法明显地找到它；然而，为此求助于法律秩序中另一个指引性的观点却是可能的。不过，此种观点只能用作辅助。这个观点**首先**涉及，某些规定

[113] S. z. B. Entsch. 88, S. 74; 90, S. 102; 92, S. 88; 94, S. 47. Dazu (mit weiteren Angaben) **Oertmann**, Jur. Woch., 1920, S. 478, auch **Rothe**, das. S. 475.

是否不能**直接**被我主题之下的观点所理解，该观点即使尚未在概念上被明确承认，但是感觉是正确的。这个问题现在必须首先被研究。

更确切地说，这些规定的可适用性虽然并不仅取决于此，**此外**还取决于是否可以从当事人意思或者具有普遍客观法律上的原则中推导出行为基础可能的意义。因为那些拥护第一种想法的人，也必须额外借助于明文规定。这些规定，只要是强制的，就将不顾及可能有偏差的当事人意思而调节行为基础本身的效果；只要是补充的，就至少不能从当事人所表示的意思中推断出相反的内容。

在这种情况下，一开始就应该关注到法政策学处理方式之间的重要差异：事实上，法律可能将行为基础的思想作为**对于个案**起决定作用的判决因素使用；若根据情况被视为基础的情势被证明落空，法律行为会被以各种方式废止或变更。但是，各种情势的缺失或丧失可能因为其对于一般当事人意思的典型意义而被视为法律行为废止的立法原因，以至于[情势的缺失或丧失]在个案中个别的意义完全再被进一步研究了。如此，特定情势作为被假设的行为基础的意义便成了**法定**废止或变更单一的立法动机了，尽管并非所有下文描述的情形中都是如此。对此，绝不能将这些情形排除在本文的范围之外。相反，它们在某种意义上以最有力的方式展现了本文研究的概念的价值。在这种情况下，这个概念失去了其与法律行为实施学说之间某种的联系。

第七章　和解错误(《德国民法典》第779条)

众所周知，根据《德国民法典》第779条，和解是“不生效力的，若依该合同的内容而确定地构成基础的情况不符合实际，并且争议或者不确定性在知晓实情的状况下将不会发生”。

经常被研究的是，在这一点上，是否应该寻找对于行为基础的承认；或者，如同人们至今通常所说，(双方的)前提。**Kohler**〔114〕和**v. Thur**〔115〕肯定了这一观点，当然，以并非不可撤销的方式：Kohler指摘道，在前提

〔114〕 Lehebuch Ⅰ, S. 573.

〔115〕 Allgemeiner Teil Ⅲ, S. 268/9.

缺失的情况下，和解被解释为“不生效力的”，但是“前提缺失”实际上仅能为“抗辩权”奠定基础。因此，这一观点完全是错误的，因为在承认纯解除权作为“前提缺失”的后果的情况中，也绝不可能存在抗辩权：尚未行使的解除权和撤销权一样，均不能产生技术上的抗辩权；但是，**已行使的**解除却作为权利废止事实对存在的义务产生了影响，即产生了**抗辩**，而非**抗辩权**。与此相对，v. Thur 将前提理解为一个条件（eine condicio in praesens vel in praeteritum collata）[116]，根据上文第 5 章编号 1 所说，此种观点不值得赞同。

总的来说，用这一概念解释第 779 条并非毫无疑问。人们也可以尝试认为：和解的“不生效力”是基于，在作为基础的情况不存在时，**完全不可能达成和解**，和解自始缺少其**事实构成**。判决取决于人们将什么看作和解内容：

（1）人们可能认为，和解内容仅仅是双方的给付。例如，一方当事人放弃有争议的请求权，另一方承诺给付补偿。在此种双方接受给付的情形中，存在法律要求的“互相让步”。对于双方而言，[此种让步]本身完全不需要涉及有争议的请求权。此种争议的解决仅仅是和解的**目的，而非内容**，并且是在当其未被实现时。例如，因为被承认享有争议的土地权利的邻居实际上并非所谓附负担土地的所有权人，使得所达成和解的**事实构成**并未被满足。达成和解的当事人对于所有权的设想仅能被评价为行为**基础**。

（2）但是，此种观点与和解的本质并不相符[117]。它已经背离了法条的**文义**，即争议解决并非**目的**，而仅仅作为和解的**内容**（“一个合同，通过该合同争议……**被解决**……”）。但是，在其他法律行为中也存在通过承认或放弃获得对待给付的情形。例如，人们当然可以为了权利的放弃而支付**买卖价款**。和解如果一定要以独特的、区别于所有其他合同的内容作为保障的话，那么我们就必须寻找在其他合同中都没有的额外的事实构成要素、种差。作为此种内容，仅能想到**争议解决**这一点。它是真正的

---

[116] Allgemeiner Teil Ⅱ, S. 199.

[117] S. auch **Lenel**. Arch. ziv. Prax. 79, S. 82.

和解的实质，而双方的让步尽管**必不可少**，但仅仅构成促成和解的工具〔118〕。

所以，不确定性的消除对于和解而言同样是非常本质的，就如同交换之于买卖，有偿使用提供之于租赁。因此，如同不存在真实的买卖一样，当一方的给付不能确定地构成另一方经济上的补偿，例如在“出售一枚硬币”(venditio nummo uno)的情况之下，在某种程度上与赠予混为一谈(negotium mixtum cum donatione)〔119〕，即双方给付的接受若不能消除不确定性，那么就不是和解。那些消除当然也是原因，但并非和解本身的原因，此种和解作为目的行为(Zweckgeschäft)完全不能显示出独立于原因的本质，而仅仅是双方以和解的方式进行给付的原因，只要给付在抽象给予的意义上被完成。例如，一方免除，另一方支付一定金额的补偿。

因此，当未能通过约定解决争议时，和解将被视为是“不生效力的”。更准确地说，这样一来就完全不存在完满的和解的事实构成了；存在的仅仅是双务的、无偿的(liberatorischen)或真实的行为，这些行为同样缺少法律上的联系和法律正当性理由，就如同买受人的承诺与出卖人的承诺相分离或者相反。因此，它们要么只根据其自身性质是要因行为(例如日常的、口头的给付承诺)，就完全没有法律重要性；要么一旦构成抽象给予(免除、债务承认等等)，就缺少法律正当性的理由。

那么，**就此而言**，《德国民法典》第779条的规定并非基于行为基础的承认，而是基于在设想的情形中完全不存在足够的和解事实构成〔120〕〔121〕。

---

〔118〕 此处例如**Lehmann**，Prozeßvergleich，S. 86 ff.，特别是S. 88. **Lenel**，a. a. O.，在**更广泛的**意义上涉及了和解内容的争议解决；然而，他在其中首先仅看到了和解**目的**，但该目的同时也应该是“和解本质的组成部分”。

〔119〕 后罗马时期买卖因非常损失(laesio enormis)而生的可撤销性也与此有关。

〔120〕 因为对于和解而言，争议解决是根本的，因此必须就争议关系达成合意。与此相对，补偿的给付仅作为附加的**次要**因素，为了在这些情形中也实现法律行为被要求的**有偿性**，在这些情形中，争议解决本身仅在**一方**当事人的意义上被实现；vgl. auch v. Thur，a. a. O.，S. 265. 心理的基本概念在和解过程中不像在买卖中一样，从事至今仍不存在的法律联系或关系的新建，而仅仅从事对已存在法律联系或关系的解释。

〔121〕 **Lenel**，同上注，得出了与此相同的结论，但是在我看来带有部分可撤销的原因。他区分了和解**内容**和和解**目的**，而事实上被他描述为目的的因素首先导致或者甚至完善了和解的事实构成。没有和解原因(causa transactionis)的和解不仅仅是漫无目的的过程，还什么都不是。

以下情形可以作为上述观点的适例：某块土地所谓的所有权人A和主张其上通行权的B达成了关于承认这一通行权的合同，对此，B承诺向其支付1000马克作为对价。双方的给付可以在土地权利**买卖**的意义上被接受。那么，若B未获得该权利，如因为A对于应设负担的土地缺少所有权，A将被起诉要求履行或者损害赔偿。但是，只要该法律行为是为了**和解目的**而实施的，那么评价将会改变——若能证明，A完全不是该地块的所有权人，那么已经作出的承认就没有意义，也不适于促进争议解决。因此，和解并未成立，B的承诺由于仅作为和解行为的非独立部分也失效。与此相关的如已履行部分的返还请求权根据《德国民法典》第812条产生〔122〕。

(3)但是，错误理论绝不能毫无差别地适用于那些完全未解决争议的和解的情形。在以下情形中就是如此：A和B就遗产的数额发生争议，并且此后被证实，该遗嘱无效。在此种情况下，关于债务数额的争议已经被解决，不能被再次处理，这与上文所说的争议继续存在的情形有所不同。

但是另一方面，遗嘱有效是双方都可辨识的、显现出来的整个法律行为的基础。此种基础在遗嘱被证明无效之后不复存在，和解在此之后也由于目的不达且没有价值而必须被撤销。

毫无疑问，此类情形〔123〕按照文义和意旨同样应该被《德国民法典》第779条所涉及。按照和解的内容被作为固定基础的情况——一个有效遗嘱的存在——与实际情况并不吻合，并且关于遗产数额的争议在知晓遗嘱无效的情形下将不会产生，甚至完全不可能存在〔124〕。

因此，行为基础的重要性同样通过第779条被承认，尽管该法条不仅仅，甚至并非主要与此相关。值得怀疑的似乎仅仅是，该法条为何在行为

〔122〕 如果以和解的方式达成的承认涉及一项**义务**，那么尽管和解失效，其根据《德国民法典》第781条被作为抽象的行为仍然有效并且可以被要求返还。更确切地说，根据《德国民法典》第782条，以和解的方式达成的债务承认本身仅需要被**口头**作出。但是，如果和解本身因为文中引用的原因，主要依《德国民法典》第779条是不生效力的，那么这还能适用吗？在我看来不能。因为一个本身不生效力的和解按照其意义也不能作为支持有助于一个**与其无关的**不充分的口头债务承认。因此，通过不生效力的和解所达成的口头承认不需要被返还。

〔123〕 **Burchardt**在Gruchots B. 39，S. 27中探讨的情形同样属于此。

〔124〕 Ein anderes Beispiel bei **Lenel**，a. a. O.，S. 84.

基础不存在的情况下采完全不生效力而非和解的解除，如第一草案中的规定一样。人们可能可以归因于，在实践中，(3)中的情形与(2)中的情形并非总是能够轻易区分的，以至于采取同种保护法律安定性的处理方法似乎是可取的。但是，对至于当时的立法者而言，这两类情形之间区别的模糊性如同行为基础概念的模糊性一样，是非常重要的；人们处于Lenel论文的影响之下，该论文反对前提理论，并且相信用目的和默示条件的视角可以解决问题。然而，这适用于和解，可能会导致和解完全不生效力。因为和解作为目的行为同样非常依赖于其原因的真实性，就如同买卖和租赁一样[125]。一个关于合同基础欠缺的普遍处理的结论无法在第779条的这些情形中被得出，至少不会出现完全承认此种欠缺是不生效力事由的情况。

我不得不承认，第779条的规定相对于草案存在**退步**。草案规定在第667条第2款：

> 然而，如果缔结合同时缔约人明示或者默示以某一情势的不存在作为前提，该情势将会排除争议或者不确定性，那么，在合同缔结之后才知晓此类情势的缔约人可以要求撤销和解。第744条规定可以准用于此种请求。

这一规定当然不适用于(2)中的情形，在这些情形中，争议并未通过合同被解决，并且和解自始未成立。但是，这本没有那么重要，因为在这些情形中根据上述第666条本就完全不可能达成和解。更确切地说，第667条仅针对(3)中情形。在这一点上，草案特别由此导出了与如今第779条、与仅仅赋予那些在缔约时对行为基础的缺失**毫不知情**的当事人以解除权不同的结果。与此相对，**双方**当事人均可主张合同的完全不生效力，即所谓的遗嘱继承人也可以主张，即使他在知悉遗嘱的情况下参与

---

[125] Rietsch的观点是完全错误的，Voraussetzungstatbestand beim Vergleich，S. 60 ff.，68，按照该文的观点，《德国民法典》第779条的法律后果完全**无需事实构成**即可发生。因为无需后成要件的法律后果简直是无法想象的；法官的解释，涉及法律后果，也必须与某些事实构成相联系。事实上，Rietsch的意思可能是，《德国民法典》第779条不产生法律后果，因为在《德国民法典》第779条的情形中并不存在一个对于法律后果发生所必要的事实构成。根据文中所述，这对于第779条的部分情形是正确的，当然并不是所有情形。

了关于以此为前提的遗产数额的和解。

另外，人们不能**在实践中**过高地评价此种区别的意义。至少不能在出于和解的已履行给付的返还请求权成为可能的情况下高估。第一草案简明扼要地表示，只有对缺失不知情的给付人才有返还请求权。但是，如果当事人出于根据《德国民法典》第779条自始**不生效的**和解作出了给付，那么这就是非债清偿(die Leistung einer Nichtschuld)。众所周知，谁在给付时知道债务不存在，那么根据《德国民法典》第814条，他就不能请求返还。另一个区别至少看起来更加重要：

草案的规定明显地与Windscheid的前提理论相关(Mot. Ⅱ S. 654/5)。然而，只有当双方明示或者默示地将某一严重情势的不存在作为前提时，这一错误的前提在该规定的意义上才是重要的，也就是说，要么**双方**当事人在缔约时从错误的前提出发，要么仅一方当事人处于此种状况之中，但另一方当事人知道此事。在后一种情形中，明知的一方当事人在不能主张合同废止的情形下，却要承受错误的另一方当事人的前提。与此相对，草案在此"……出于实践原因，并不要求前提被明示或默示地表示，为了防止该规定的解释过于严格或者过于狭窄。"

因此，**单方的**、存在于内心的前提有理由被否定。

但另一方面，前提甚至也不需要被升格为真正的**合同组成部分**；只要它在合同缔结时已经出现就够了，而完全无需**被表示**。因此，行为**基础**的本质与法律行为**组成部分**恰好相反。与此相对，**现行法**要求依**合同内容**被作为固定基础的情况是不正确的；这样一来，似乎放弃了本文所辩护的单纯**行为基础**的重要性。《德国民法典》第779条的适用范围将因此大大受限，并且该条所规定缺失的强烈的后果对于这一被缩小的范围而言似乎更加合适。

但是，我不认为，此种对第779条的限制解释是必要的。此种解释将因此不能实现所追求的目标，因为该规定可能几乎完全没有意义——原因在于，恰当人们坚信作为基础的情势存在时，将有更少的动机把它在和解中作为基础强调。相反，若人们特别突出了其存在，那么，情况将与附**条件**作几乎同等的理解，根据一般的原则，其缺失将使得该法律行为不生效力。

第779条的文意事实上也禁止我们得出此种结论。它甚至没有表明，在和解中**被描述**（或表示）为固定的情况一定是不正确的，而是使用了“根据和解的内容作为固定**基础的**情况”的表述。因此，和解的内容只需证明前提是已经存在的，亦即必须明显地将前提**包含**在内。但是，如此并不能使其成为和解的**组成部分**。若两人关于遗产的数额或者一方在事务处理过程中帮另一方垫付款项的数额达成和解，那么从合意的内容中可以明确得知，其以遗嘱、事务处理合同的有效性为协定的基础。但是，不仅不能以缔约的形式，也不能在法律行为事实构成中就这几点直接协商或作出表示。如果实际上第779条在这些情形中应该完全不适用，那么该合同即使没有法律政策上的意义也要被继续维持吗？我不相信，司法裁判在任何时候都参与其中。

至少就目前的文意而言绝非毫无疑问，并且再次体现了，第二宣读法律草案（Lesung）受到**Windscheid**反对者的影响，在和解的规定上相较于草案不进反退。

另外，从草案第667条的末句中不能得出，本文第一部分中否定的要因行为的（不当得利）返还请求权对于草案而言是习以为常的。它显然没有考虑到和解本身的返还请求权，而仅仅考虑到了已完成给付的返还请求权。不仅立法理由书第二卷第655页（“**受领人的义务**”）表明了这一点，第744条规定关于所谓为其他目的之[给付型]不当得利（condictio ob causam datorum）的引注也能说明这一点。因为和解本身，如果情况确实如此，从对假定成果的给付的视角出发，当然不能被偿还，而仅能从非给付型不当得利（condictio sine causa）目的嗣后消失之返还诉权（ob causam finitam））的视角出发，即依据草案第745条。

第八章　瑕疵解除权（《德国民法典》第459条及以下，第633条及以下）

1. 众所周知，《德国民法典》第459条[126]在第1款中规定物的出卖人为此负责：

---

[126] 现已被废止。——译者注

他们应担保其物在风险转移于买受人时[127]，无灭失或者减少其价值或其通常效用或者**作为合同前提的效用**的瑕疵。价值或者可用性上微不足道的贬损不被纳入考虑。

关键的、在此被强调的表述来源于第一草案第381条，并且显然以Windscheid的前提概念作为支撑，这一概念同样被其创造者用于解释市政官诉权（ädilicischen Ansprüche）。立法理由书的说明与此相符（第二卷第224页）：

此种责任**从义务性的出让合同中产生**，但是仅仅基于度重要交往利益的关照，并且在积极权利的范围内。

然而，人们确定地认为纯单方前提是无关紧要的。并且因此，人们反对Windscheid学说的主要观点，或者那些人们通常对于这一观点的理解也被消除了[128]。

但是，这一规定也符合本文基于行为基础的理解吗？

(1)人们可能认为，这一规定说明了值得重视的仅仅是**合同**中在真正法律行为组成部分和意思表示意义上被设定的前提。但是，本条的文义相较于《德国民法典》第779条更不需要进行限制解释。合同不仅仅包含其内容，还包含其基础；合同基础也远不只是某一当事人意思形成过程中的主观要素。若A在古董商B处购买了一个古锡壶"作为酒器"，那么，这并不当然包含以合同方式作出的密封性的允诺，但这已经被以足够使出卖人明白并且由其通过沉默同意的方式升格为了合同基础。买受人在酒器密封性不足的情况下因瑕疵根据《德国民法典》第459条第1款被赋予瑕疵解除权，将不容置疑。

但是，在更常见的瑕疵消除了商品**通常**使用性能的情形中，人们将引入行为基础的观点，当然，不是作为该规定唯一充分的基础。因为对于买受人的效果意思而言，该商品可以满足惯常使用目的，是理所当然的、对于

---

[127] 众所周知，这个时点(《德国民法典》第446条、第447条)在时间上晚于合同缔结的时点；因为所有在**时间间隔**中产生的瑕疵自始就仅在瑕疵担保权的考虑范围之内而不是瑕疵解除权。

[128] S. auch **Crome**, Arch. z. Prax. 78, S. 122ff.

出卖人而言清楚的基础。此种可用性的想象对于每一个买受人而言，由于缺乏特殊的双方情势，必须被设想为其效果意思当然的基础，出卖人毫无疑问应该考虑到这一点。若他想要避免将其作为行为基础，那么可能就需要尤其注意这些瑕疵或者明确拒绝承担出现瑕疵情况下的责任。

(2)在《德国民法典》第 459 条第 1 款的意义上，当然不仅仅考虑了此种对买受人意思产生决定性影响的瑕疵。在上述例子中，即使 A 知道了该锡壶不能作为酒器使用，也可能将其买下作为餐厅的装饰品。但是，这对第 459 条意义上的瑕疵解除权并不产生影响，只要他曾经事实上将该容器“作为酒器”购入即可。并且，这也绝不否定行为基础观点的适用。因为这与**动机**本质上完全不同，正如上文所述(参见上文第四章之 1)。

2.《德国民法典》第 459 条第 2 款在本文主题的意义上造成了更多的难点：

出卖人也对标的物在风险移转之时具备所允诺的性质负责。

(1)首先可以非常确定的是，买受人纯单方的对于某一性质存在的想象，例如买入的古画出自某一大师之手，遮阳伞也可以用于挡雨，就本条而言是无关紧要的。以此证明了其与《德国民法典》第 119 条第 2 款(参见上文第五章之 7)的不同，后者根据正确的、当然并非毫无疑问的观点也特别地指向单方错误的情形。借由此种论断，这一著名的、极其令人不快的争议问题根据这两个规定的竞合适用〔129〕失去了其大部分的意义。

这些情形并不属于合同基础的范畴。

---

〔129〕 对此，参见笔者的评注中的说明，《德国民法典》第 459 条及以下编号 2e 的引言，和第 119 条编号 4 i 及以下，作为第 119 条及第 459 条以下竞争性适用观点的反对者，补充参见：**Brodmann** in Ehernbergs Handbuch des HR. Ⅳ, 2, S. 86, **v. Damm**, Zschr. Z. Pr. 42, S. 521/2, **Haymann**, Anfechtung, Sachmängelhaftung usw. beim Kauf (Vortrag), 1913, S. 11 ff. (特别激进的), **Henle**, Göttinger Gelehrte Anzeigen 1909, S. 596 ff., Treu und Glauben im Rechtsverkehr, S. 15, **Wolzendorff**, Jahrb. Dogm. 64, S. 319 ff., besonders 326, 339, 344. **对此**，有时也有明显的限制：**Hanke**, Sonderrecht des Viehkaufs, S. 173, **Lent**, Gesetzeskonkurrenz, Bd. Ⅰ, S. 395 ff., **Riezler**, Venire contra factum proprium, S. 148 ff., **Schmidt**, Gesetzeskonkurrenz, S. 85ff., 90/6, **Stampe**, Freirechtsbewegung, S. 15/6, v. Tuhr, Ⅱ, S. 582, s. auch **Adler** in Grünhuts Z. 39, S. 539.

众所周知的是，**帝国法院**，主要是司法裁判总的来说否定竞争性适用的观点；相关判决，由于已有整理，此处不再详细列举。另外，司法裁判并未完全没有反复，s. z. B. Ziv. —Sen. V, v. 25. Ⅸ. 1909, Recht 1909, Nr. 3044, u. v. 20. Ⅰ. 1909, Gruchots B. 53, S. 935 ff.

（2）若该性质的存在是被允诺的，那么，买受人根据《德国民法典》第459条、第463条不仅可以主张瑕疵解除，还可以主张未履行的损害赔偿。此外，其是否还有撤销权存在争议，但我的观点是肯定的。就我看来，问题实际上仅仅在于，瑕疵解除请求权和损害赔偿请求权不参照恶意不告知的情形根据第477条，在6个月后，或者在涉及土地的情况下一年后，时效届满，而撤销权依照《德国民法典》第121条的规定在30年之内均可以行使，只要因为撤销权人从未知晓被设想性质的缺失。

考虑到这个情形，不应该承认这一偶尔被提出来的主张——遗憾地——是正确的，即**事实上**在买卖中绝对没有撤销权和瑕疵担保责任同时适用的可能性。但是，另一种学说也并未获得认可，其认为瑕疵担保责任的特权作为特别法排除了撤销权的适用：若买受人仅仅单方面地设想某一性质的存在，而并没有被出卖人所允诺，那么这完全不能落入瑕疵担保责任的范畴；就这方面而言，瑕疵担保责任不可能排除撤销权的适用。但是，若出卖人**额外**作出了允诺，那么这将能够改善买受人的处境，而完全不会**恶化**其处境。如果买受人不能期待在30年之内主张其对于性质的错误设想，这一结果也可能出现。只要该性质对他而言是被允诺的，但仍然发生缺失，那么他就可以**同时以两个**观点支持其请求，因为其此外曾可能主张另一种观点而不允许其为此主张某一观点可能是不合逻辑和不恰当的。这可能引起更少法政策学上的思考，相较于买受人出于自身利益毫不犹豫地尽快使得被允诺性质的存在变得明确。在时效期间经过之后剩余的撤销可能性对其而言，相较于出卖人责任的主张更加不利：此时，他不再享有损害赔偿请求权；相反，根据《德国民法典》第122条对出卖人承担损害赔偿义务，至少在出卖人对于缺失以及买受人错误既不明知[130]也不应知的范围内。因此，买受人在其所谓特权的时效经过之后，仍旧可能保留撤销权作为剩余权利，是不符合逻辑的。

正如人们一直认为的那样，此种情形与合同基础的观点无涉。因为某一性质的允诺并非单纯的基础，而是买卖合同的**组成部分**或者甚至是

---

[130] 另外，在本案中，根据《德国民法典》第477条，瑕疵担保请求权无论如何在30年之后时效期间才届满。

特别附加的**补充合同**的内容。

这在重要观点中也未曾改变，若人们应该将性质的允诺视为**承担保证责任的单方**行为，如同大部分理论所接受的那样，当然，与帝国法院的裁判惯例相反[131]。因为单方的允诺至少还有**法律行为的**特征，即基于**意思表示**，与此相反，行为**基础**则**不能**被视为意思表示。

另外，不言自明的是，被允诺性质的范围决不能受到《德国民法典》第119条的限制。特别是买受人的瑕疵解除权及其损害赔偿请求权均不能以该范围被促成法律行为实施的某一性质存在的错误设想所确定为前提。

(3)剩下的是中间情形，即出卖人恰巧没有对性质作出允诺的表示，但是作出了**说明**。对此，这种说明经常被作为本文意义上的**合同基础**。但是，应该如何处理此类情形呢？

①若出卖人恶意欺骗买受人存在某一性质，而没有对其作出允诺[132]，那么根据帝国法院[133]在大量判决中采用的一种著名的观点，应该产生《德国民法典》第463条所说的损害赔偿义务。但是，这份**独立的**文献——即使帝国法院裁判的支持者大部分是帝国法院的顾问——却有理由地主要采取了拒绝的态度。然而，这个问题在此无须进一步探讨。

必须被强调的是：若支持帝国法院的观点，就不得不承认买受人在选择损害赔偿请求权之外，还享有瑕疵解除请求权。因为在担保权的意义上，二者都被视为**更加有力的**法律手段，以至于在这些法律手段的适用范围内，单纯瑕疵解除权作为**更加温和的**法律手段被间接赋予。

②但是，相反却不亦然。人们可以思考的是，单纯被说明的性质的缺失虽然不引发损害赔偿义务的效果，但是买受人至少将被赋予瑕疵解除

[131] 参见我的评注中的说明，第459条编号5 a，und in Ehrenberg Handbuchs Ⅳ，2，S. 472，Anm. 5。

[132] 例如，他通过在报纸上发布广告预先告知商品具有某种性质或者散播其商品有某种性质的谣言，又或者他将明显信任此种性质的买受人蒙在鼓里。但是，在土地买卖中，这首先涉及了**非要式的**并且作为合同组成部分的根据《德国民法典》第313条不生效的担保。

[133] 参见我的评注中的说明，《德国民法典》第436条编号5 bβ。评注中所说加入了我在Ehrenbergs Handbuch des Handelsrechts Bd. Ⅳ，2，S. 486中引用的更多的判决和作者(für das Reichsgericht besonders **Haymann**，**Jeß** und **Kiehl**，dagegen **Fuchs**，**Geppert**，**Matthiessen** und **Riehl**)。

权和减价权。这当然与《德国民法典》第 459 条的文义相悖。正如我们所见,它使得责任仅因**被允诺的**性质而产生。更确切地说,该条表述是经过深思熟虑的[134];偶尔可见用"被说明的"一词替代"被允诺"的建议[135]并未得到支持。因此,在单纯被**说明的**或者甚至未以必要的**合同形式**被允诺的性质不存在时,买受人似乎需要依靠《德国民法典》第 119 条规定的撤销权。

事实上,这对于各种情形的规则都为自己找到了法律政策上的良好原因。为了缔约,出卖人"匆忙中"依照经验轻易地对其商品的良好品质作出了大量赞美的评论,没有理智的买受人会轻易相信这些品质,在任何情况下都不会对其效果意思产生任何决定性影响。但是,他若真的将那些被赞美的品质的设想当真的话,那么人们可以合理地对他提出更高的要求,使其通过合同被允诺。

然而,我认为,这些思考并不能涵盖所有情形。一个简单的说明当然还不是我称为合同基础的东西,但是它可以轻易地通过建立在其上的更进一步的合同谈判**形成**合同基础,而不是在合同之中正式地允诺性质的存在。例如,人们思考以下情形,我想要把我的别墅出售给一个多子女的家庭并且向有意购买者郑重承诺,可以在已有的两个壁炉之外在另外的房间放置壁炉,以使得在暖气因煤炭不足而停止运行时仍旧有足够的可取暖空间。在正式的买卖合同中,这一点却并未被写入。此后证实,壁炉的特性阻碍了其他壁炉的安装——一个在我的居住地最经常和目前最令人难堪的情形!此时,买受人能否依赖于第 119 条的值得怀疑的撤销权?我不能赞同此种观点。可以肯定的是,他无权主张未履行的损害赔偿,因为第 463 条未包含此种情形,并且我们为了此种例外规则的准用不拥有这一权利。第 459 条也不能简单扩张于此。但是另一方面,若合同基础真的与纯单方对于性质的说明有所不同,那么就有在性质发生缺失时,至少出现与之相应的结果的可能性。虽然不是减价——这是一种积极机制,不允许断然地扩张其法定适用范围,根据其性质这也不符合此类情

---

[134] So auch Protok. Ⅰ, S. 688.

[135] So von **Crome**, Arch. ziv. Prax. 78, S. 122ff., bes. S. 141, 143.

形——合同建立在对某一性质的设想的基础之上，那么在此种基础缺失时，仅仅在减少对待给付的条件下维持合同就没有意义了。买受人必须能够自由选择，使法律行为**维持原样**或者使其彻底**消失**。

但是，对此，也不能将瑕疵解除权及其特别的、修正的形态纳入考虑。其相较于一般解除权的特殊性也只因为立法者对买受人过分的关照而可以被解释，人们想要尽可能久地保护买受人在瑕疵解除和减价两种救济之中的选择权。但是，如今在减价权不可能的情形中，按逻辑同样不存在行使不同于一般解除权的瑕疵解除权的空间。从《德国民法典》第459条肯定不能推断出，瑕疵解除权通过此也未被排除在外。

3. 在对我的主题而言重要的点上，**承揽合同**（《德国民法典》第633条及以下）的相关规定完全与买卖合同中的规定相同，故此处不再赘述。

第九章　出借人和出租人于自己对合同标的物有需求时的终止权

1. **使用租赁出租人**（Vermieter）[136]因自己对租赁物未预见的需求，而可享有终止权，这在罗马法和共同法上早已被承认，参见I. 3 Cod. IV. 65, c. 3 X III, 18。而且这些片段并不是［简单将之当作政策性的］实证法规定，而是从事物的逻辑（Logik des Verhältnisses）中推导出的这项权利。

我们必定会在这里看到对合同基础观点的承认。当然也存在一般人认为的适用继续性关系基于重大事由期前终止的可能性。但是此种观点下，如果保持逻辑一贯，那么出租人因迫切需求被一般性赋予的终止权，总是要受到承租人更为迫切的居住维持利益不被侵害之限制；这样一来，租赁合同缔结时对未来需求的不可预见性便无关紧要了，因为需求的迫切性以及期前终止合同的必要性，并不因能否预见而有不同。但前述片段恰恰是从相反的基本思想出发的，特别是法令中的片段（Dekretalenstelle）更是将需求的**嗣后**产生作为一项要求而提及：

---

[136] 以下简称“出租人”。下文的承租人、出借人等亦同。——译者注

当租赁合同订立时不存在的困境如此要求时。[137]

这样，合同基础的观点就胜出了。我们在生活中都很容易理解，只要出租人不是以出租为职业，其出租决定（Vermietungsentschluß）的基础不言自明地就是，自己对租赁物没有迫切的需求。承租人对此是明知的，因为这是如此显然。由此，这一出租人意思的基础就成了共同的行为基础。但是如果出租人的需求在当时已经存在，且对出租人的决定——例如出于严重的经济窘迫或者他计划通过其他方式满足[需求]——没有产生影响，那么对租赁物非必要性（Entbehrlichkeit）的设想就**不是**合同基础了。

我们都知道，今日的法律中不再有这一法定的终止权制度了。其也与当今时代不符。终止权制度在过去那样一个经济发展阶段中是可以接受的，甚至是适宜的，使用租赁在那时还是比较少见的现象，几乎每个人都要首先将其房屋供亲属自用，习惯上只有偶尔还有多余房间可用时才会对外出租。但今天的情况完全不同，数不清的房屋从一开始就完全或主要作为供他人有偿使用的投资工具而被建造，绝大多数所有权人也根本不再与承租人共同住在一起。在此种情况下，人们通常完全不会考虑合同缔结时出租人自己对所出租房屋的使用需求，并且我们没有任何理由在法律上，将所出租房屋对于出租人的非必要性假定为合同基础。否则在法政策上，那将是不当地单方偏惠出租人，完全不符合社会政治情感。

当然这不是说，租赁房屋对出租人自身使用需求的非必要性**绝不允许**被视为决定性的（mäßgebende）合同基础。而只是说，对此的**法定配置**已经不再适应我们的状况与观念了。不过，**个案**情势完全可以表明此种合同基础之存在——不多于，但也不少于在任何其他的合同类型中的情形。例如，A 提供给 B“在自己的别墅中以使用租赁的方式使用几间房间，因为自己目前还没有孩子，也用不上”，后来 A 有了孩子。又如，州法

[137] 原文为拉丁文：“Si necessitas, quae tamen non imminebat locationis tempore, id exposcit.”本章译者特别感谢德国明斯特大学陈欢博士生对拉丁文翻译的帮助。当然文责自负。——译者注

院法官C被征召去州高级法院担任助理法官(Hilfsrichter),于是在此期间其将房屋交给D使用,“因为自己现在暂时也用不上”,不久助理法官任期结束。在合同中,临时性和情谊性(Gelegenheit und Gefälligkeit)的特征越明显,此种个人情势作为合同基础的重要性也越能够被认可。

2. **使用借贷**(Leihe)在今天仍被认为是临时和情谊的行为。因此这里就不存在前述疑虑了。法律规定正确地突出了对出借人利益的关照,比如此种关照在《德国民法典》第599条著名的责任减轻中就体现得淋漓尽致。由此可以解释,甚至值得赞同的是,《德国民法典》遵循了大多数其他法典〔138〕的范例,在第605条第1项中承认出借人“因未预见之情势需要借用物”时的终止权。第一草案立法理由书〔139〕只是简单将其归结为“公平”(Billigkeit)。但我认为,抛开这一含糊而孱弱的理由,合同基础丧失的观点可以更好地实现目标。〔140〕“使用借贷作为情谊行为的本质”(Natur)使这一行为自始就建立在以下基础之上:出借人认为标的物对于自己的使用并不必要。我至少相信自己可以断言,在我的人生中,还从没有过不是怀着这样的设想而作为出借人或借用人缔结借用合同的。法律将这一设想采纳为合同基础,只不过是在遵从正确的、有疑义时存在的当事人的直觉(Parteiempfinden)。

以上所述显然不仅适用于使用借贷合同本身,而且也应适用于使用借贷之单纯**预约**。〔141〕只是此时终止权要变为解除权,因为这里涉及的确实不是一项已经产生的、**既往**存在不受影响的法律关系的嗣后废止(Auflösung)。

第十章 《德国民法典》第321条和第610条的给付拒绝权与撤回权

人们都知道,《德国民法典》第321条在“合同缔结后,另一方当事人的财产状况发生了危及对待给付请求权的实质恶化”时,赋予了双务合同中先给付方一项给付拒绝权。但是该给付拒绝权并非终局性的,而是仅

〔138〕 Angaben in den Motiven II, S. 452.

〔139〕 A. a. O.

〔140〕 So auch **Kohler**, Lehrbuch, S. 575.

〔141〕 So auch Mot., S. 453, **Stahl**, S. 21.

持续“至对待给付提出或已提供担保”。

第 610 条[142]还在相关的情形中进一步规定[143]：

> 有疑义时，承诺提供借款的一方当事人，在另一方当事人的财产状况发生了危及返还请求权的实质恶化时，得撤回其承诺。[144]

几乎普遍认可的是，这两个条文都与前提理论，或更准确地说，与前提理论下通常被称为情势不变约款的特殊情形有关[145]；人们确实经常将它们称为[情势不变]约款的法定适用情形，然后争论对其他情形的类推可能性。

然而，这两个条文间存在一处明显的不同：《德国民法典》第 610 条规定的是一项“撤回权”，与解除权即使不能说本质上相同，至少也可以说是本质上相似的[146]；而《德国民法典》第 321 条[147]只规定了一项延缓抗辩权意义上的给付拒绝权。此外，第 321 条显然应被理解为补充性（任意性）法条，而第 610 条文义上却似乎是单纯的解释规则（“有疑义时”）。这意味着，如有证据表明，哪怕仅是**一方**当事人有不同的意思，第 610 条也会被排除适用。因为其是对一项合意单纯的**推定**，当然应于合意**证实**不存在时被推翻。

然而无论如何，这两处的不同立刻被证明是极其可疑的。[148] 对于解释规则和补充性规则之区分，“有疑义时”的字样虽然作为一项有价值的指引是重要的[149]，但也绝非决定性的。真正起决定作用的，毋宁只有**内容**：解释规则关涉**事实构成**，补充性法条则关涉**法律后果**[150]。**按此**理解，第 610 条依其文义现在就属于后一类了。并且这也符合法政策评价

---

[142] 现为《德国民法典》第 490 条第 1 款。——译者注

[143] 该条源于共同法实践，参见**Regelsberger**，Jahrb. Dogm. 40，S. 475。

[144] 参见台湾大学法律学院、台大法学基金会编译：《德国民法典》，北京大学出版社 2017 年版，第 424 页。——译者注

[145] So schon ROHG. Bd. 23，Nr. 48，S. 137（“自明的前提”）。

[146] Vgl. dazu meinen Kommentar zu § 610，Z. 3.

[147] 原文为第 610 条，有误。——译者注

[148] S. dazu **Oertmann**，Rechtsordnung und Verkehrssitte，1914，S. 265. 关于解释性规则，另见**Stammler**，Schuldverhältnisse，S. 24。

[149] **Oertmann**，a. a. O.，S. 224.

[150] **Oertmann**，a. a. O.，S. 229，256.

(Abwertung):如果只需简单举证借用人(Kreditsucher)在缔约时不同意就可以排除撤回权,这无论如何都不合理。也没有任何充分的理由,将第321条和第610条在这一点上作如此根本不同的理解。

[就第一处不同而言],二者**效力**上的不同可以从两种案型不同的法政策处境(Lagerung)中得到解释。金钱借贷(Darlehen)依其概念就是一项信用行为(Kreditgeschäft)[151],因此借入方的信用状况是合同缔结不言自明的基础;而在双务合同中,有疑义时当事人应同时履行,只要这样,一方就不会因另一方财产恶化而受有危险。因此,在双务合同中,仅于相对方负有**先给付义务**时,一方财产状况的恶化才需要被考虑:先给付义务以《德国民法典》第321条规定的方式被变更(abgewandelt),而非在此之外的整个合同都可撤销。因此,两条文间的这个差异只是源于不同事物不同对待这一古老的法政策和法哲学基本原理,而绝不是否认它们具有共同源头的理由。

由此,《德国民法典》第610条可以相应地作如下限缩,借用人可以通过提出并给付足够的**担保**而排除撤回权。[152] 这样一来,就能产生与第321条一致的结果了,并且,不能认为法律在评价要素相同的前提下想要差别对待这两种情形。不过,第610条的**文义**没有为撤回权的此种限缩提供依据。对此我们可以在以下**两种**解决路径中选择**一种**:要么,类推适用第321条末尾规定的阻止权(Abwendungsbefugnis);要么,可以认为担保为之后的借款返还提供了保障,第610条规定的构成要件就不满足了。

我们如果认可了这一点,那么一以贯之更应该承认,撤回权不仅可以通过事先的担保给付,也可以通过在撤回后**不迟延地**提出担保给付而被消灭。因为借用人方面根本无法判断相对人是否会行使以及何时行使解除权,而且其往往也会情有可原得过于乐观地判断自己的财产状况,因此根本不会考虑到撤回权,所以[如果坚持担保给付必须事先完成],撤回权消灭的可能性基本就留在纸面之上了。此处所说的,还可以通过类推适

---

[151] 德文中借款Darlehen近义词即为Kredit。——译者注
[152] So auch **Regelsberger**, Jahrb. Dogm. 40, S. 481.

用与撤回权实质相似或者亲缘最近的解除权规则得到正当化，第357条[153]规定，解除相对人即使在解除权行使后，也仍然可以通过不迟延地行使其已有的抵销权，使解除不生效力。

与此相反，在以下的情形中，这两个条文能否适用则很成疑问：

(1)若嗣后查明，早在**合同**缔结时，合同相对人(借用人)的状况就已非常不良，以至于危及对待给付请求权或者(第610条中的)借款返还请求权。[154] 法律如果也想将这类案型包括进去的话，那么在对两处条文精心措辞时是很难对此保持沉默的。此外，更关键的是，几次草案的起草人也曾仔细考虑过这个问题，并且有意给出否定的回答[155]：人们指出，在此处讨论的情形中，当事人的保护必要性极低；在[缔约]开始的时候调查相对人的信用状况，这是每个人自己的事情，相较于相对人状况嗣后出现恶化，此种情形的当事人是绝不可能受到保护的。另外，当事人还可以在相对人对导致其信用不良的情势恶意保持沉默时，通过《德国民法典》第123条的撤销，使自己不负赔偿义务地从合同中解脱出来。并且，在欺诈之外，关于相对人信用状况的单纯错误也常常可能被评价为《德国民法典》第119条第2款意义上重要的性质错误，从而产生基于错误的撤销权(当然这相比其他路径要不利一些)。[156]

(2)在一方当事人(贷与人)已经完成**给付**(拨出借款)，相对人的财产状况**才**发生恶化时，《德国民法典》第321条和第610条的特权(Gerechtsame)更无适用空间。法条文义对此类情形没有提供任何指引。如下考量又关键性地反对类推适用：事实状况已经变了，这两个条文构成要件要求的情势完全不存在了。一旦A向B先行给付完成，他就再也无法从世界上抹去这一事实[从而回到先给付义务还未履行的状态]，除非通过**解除**；但允许解除又超过了第321条想要赋予其的[权利]。只有当对待给

---

[153] 现今《德国民法典》第352条。——译者注

[154] 关于这种情形在共同法上的撤回权问题，特别推荐 ROHG.，Entsch. Bd. 23，Nr. 48，S. 137，Seuff. Arch. 34，Nr. 5。

[155] S. Motive II. S. 315，Protokoll I，S. 632.

[156] 关于这种撤销可能性，参见**Regelsberger**，Jahrb. Dogm. 40，S. 479，**Oertmann** zu § 119，Z. 4 d γ 以及在值得关注的判决中特别推荐 RG. 66，Nr. 92，S. 387。但也存在很多反对观点(我在上文已提及)。

付义务到期、相对人补救尝试失败陷入迟延(Verzug)后,先给付一方才可以根据第 326 条[157]解除合同。除此之外,危害对待给付很难谈得上可以**立即**发生解除权。

如果贷与人已经支付了款项,那么第 610 条允许的借款**承诺**的撤回就完全没有适用空间了。此时可以考虑的仅仅是,能否根据已提供之借款面临无法返还的危险**本身**,而产生返还请求权。但对此的答案仍然是否定的[158],至少一般情况下应如此。法律从来没有考虑过这种情况;据我观察,学说也不将其作为实证法上的权利对待。但是,只要本文探究的合同基础的**一般**原则应当发挥作用,其当然也就适用于此:法律的沉默只是要求我们不能不考虑特殊情形的、仅仅基于财产状况恶化**无条件地**认可解除权或终止权,但并未反过来要求我们不假思索地一律对其加以否定。[159]

对于这些情形,或许至少可以从《德国民法典》第 321 条和第 610 条中推出一项不是那么广泛适用的、抵御相对人财产恶化的保护性权利(Schutzrecht):一项请求**设定担保**的权利。这样一项权利,即使在先给付已完成或者款项已拨出之后,也当然有适用空间,而且不需要终止或动摇债务关系之存续。此外,还有很好的法政策方面的观点承认这样的权利。在共同法的实践中[160],也并非没有这样的范例,尽管某些**罗马法**上的理由在**Regelsberger**(第 468 页)看来是不充分的。

现在至少能确定以下两点:其一,贷与人若根据第 610 条可以**撤回**借款承诺,那么其此时也必须被授予担保设定请求权。**Regelsberger**[161]就此正确适用了"举重以明轻(in maiore minus)"这一法谚。但此处不再讨论这一案型。其二,对问题(2)的否定回答并不意味着要一律拒绝承认担保给付的权利,而只是说**不能当然地**根据相对人危险的财产恶化扩张适

[157] 现今《德国民法典》第 323 条。——译者注

[158] Wie im Text OLG. Golmar 13. XII. 1901, OLG. Rechtspr. 4, Nr. 11 b, S. 31.

[159] Ähnlich **Stahl**, a. a. O., S. 75 ff.

[160] S. die Angaben bei **Regelsberger**, Rechtsgutachten in Sachen L. Favre gegen Gotthardbahn, Würzburg 1878, und Jahrb. Dogm. 40, S. 451 ff., besonders 470.

[161] A. a. O., S. 447; vgl. I. 21, Dig. 50, 17.

用第 321 条和第 610 条，推出担保给付的权利。这并不影响其他问题：这样一项权利，能否至少依据**个案**情势在合同基础理论之下得到承认。**对此**，有待后文处理。

但是据我观察，对这项权利**一般性的**承认似乎遭到了主流观点的反对。对该权利的承认缺乏实证法依据，也非直接源于事物的逻辑（Logik der Dinge）或者强有力的法政策权衡。相反，**Regelsberger**[162]是通过深入研究 Favre 这一个案而得出结论的：

> [贷与人]要求[借用人]为未来[返还]给付设定物保（Realsicherheit），对债务人而言并不单纯总是一件不舒服的事情：其抵销掉了合同中贷出借款[一方]的优势，有些时候甚至成了要求[贷与人]先给付的筹码。

到目前为止，我一直搁置了两个条文在法政策和法概念方面的根据。与学说和判例通说一样，我也认为这应当在前提或者情势不变约款理论中寻找，只是本文坚定认为，这里关涉的不是合同**约款**（默示的也不是），而是合同**基础**。当然，这只是两个条文在法政策方面原则性的指导思想（Leitgedanke），**在个案中证明**相应合同基础之存在**并非**其得以适用的前提条件。这正是这些条文的立法价值所在，否则的话我们可能完全不需要它们了。立法者完全正确地**假定**了，人们只有在相对人可信度持续维持的基础（此为相对人所知悉）之上，才会在双务合同中作出像贷款许诺那样的先给付允诺。

但这与两个条文无法适用于相对人信用**自始**不良的情形，如果相协调呢？遵照前文所说的话，就不难得出答案：同意缔结借款合同——原则上一方负有先给付义务的双务合同与此相同——之人，不对相对人的信用状况进行了解，一般这就明显表示，信用状况对其而言并不具有决定性意义；他可能完全将这笔贷款当作坏账（*à fonds perdu*），又或许为了让经济困难的借用人渡过难关。至少在后者，有疑义时，可以认为存在此种考量。

一方面，情况当然也可能不同，相对人的信用状况同样可能构成（为

[162] A. a. O., S. 453.

相对人所知悉的)行为基础,就像在任何其他行为中一样,这当然也会发生相应的效果。但法秩序却绝无理由在此之外一**般性**地(或者说依职权地)将信用状况提升为借款行为的基础,否则将导向十分不妥的法政策结果,交易安全和借用人的正当信赖将无端受到严重威胁。另一方面,正如我们所见,借用人的正当利益通过撤销的可能性,在那些真正有需要的情形中足以得到保护。[163]

第十一章　受托人(《德国民法典》第665条)与保管人(第692条)的偏离指示权

《德国民法典》第665条规定:

> 受任人按其情形得认为若委任人知其情势,亦允许不依指示(abweichen)者,得不依委任人之指示。受任人应于不依指示前通知委任人,且不因迟延致生危险者,并应等待委任人之决定。[164]

我们都知道,该条文与几乎所有新近法典的范例是一致的[165],也与被正确理解的共同法是一致的[166]。这一条文不能被理解为,受托人有权不依指示,也有权按照最初约定的方式进行事务处理。正确的理解应当是,根据诚信原则,受托人也有**义务**不遵从指示,只要可以认为,委托人当初知道真实情势时即会同意,并且受托人的负担未因此过分加重。[167] 如果这是正确的,那么人们应当更进一步认为:随着第665条规定的事实构成的出现,合同关系的内容发生了真正的变更。

---

〔163〕 贷与人也可以基于**自己**财产状况的嗣后恶化而撤回借款合同之预约吗?关于《德国民法典》第610条在这个案例中的类推适用,参见**Stahl**, S. 15ff., 74. 在结论上我支持他的观点,但也仅根据本文主题的**一般性**观点:《德国民法典》原则上**没有**假定,个案中合同一定是以有钱一方(Geldmann)相应的财产状况为基础而缔结的。这是完全正确的,因为相当于给债务人的主观支付能力上了一道保险,这一点特别是在《德国民法典》第279条中表达得已经非常清楚了。如果发生了**客观**事件,例如危机、革命或战争爆发,导致**一般性**的金钱稀缺,则另当别论。Vgl. auch **Krüchmann**, Arch. ziv. Prax. 116, S. 166.

〔164〕 参见台湾大学法律学院、台大法学基金会编译:《德国民法典》,北京大学出版社2017年版,第634页。——译者注

〔165〕 S. die Angaben in den Motiven II, S. 535.

〔166〕 Vgl. **Dernburg**, Pandekten II, § 116 bei Anm. 2.

〔167〕 S. **Oertmann** zu § 665, Z. 3, noch weitergehend **Schollmeyer**, Schuldverhältnisse, S. 122.

一方面，这里与情势不变约款等理论无关。因为根据该条的文义和意旨，当对于偏离指示而言关键性的情势自始即存在，但委托人并不知道时，仍应认为发生偏离指示的权利。例如，A 向银行家 B 写信说，他想将其在 B 处保管的矿厂 C 的股份以某个特定的价额出卖；B 得知的准确消息说，该矿山的一口矿井发生了渗水，考虑到之后几天股价预期将大幅下跌，B 以最快的速度于一个更低的价位抛售了股份。这里关键的不是偏离指示之情势在客观上是不是重要的，而是其对委托人可被推知的意思的影响。另一方面，该条文与委托人效果意思之解释也没什么关系：如果能通过《德国民法典》第 133 条和第 157 条解决问题，第 665 条就既不必要也无适用空间了。此处的问题毋宁正是，条文意旨允许的措施与委托人明示或经解释确定之意思不相符，该怎么办。

这样，就只能从委托关系最初内容的基础的丧失或者错误（Unrichtigkeit）[168]的角度来观察这一规定的法政策理由了。委托人对相关情势形成了特定的设想，并据此决定其指示的内容。如果这些对其而言非常关键的设想，被证明自始或者因为嗣后的变化而实质上是错误的（verfehlt），那么承载着合同特定内容（而非整个合同关系）的行为基础就丧失了。

法律最坚决地强调了，只有委托人的主观设想和客观现实的不一致才是决定性的。即便[情势的]发展可能使得继续执行**原**指示变得危险，甚至可能导致灾难性的后果——但只要偏离指示有违委托人可推知或者可证明之意思，偏离指示权仍就不会发生。这一点既能从条文的第 1 句，也能从第 2 句规定的通知义务中，确定地推导出来。

因此，起决定性作用的仅仅是，委托人在作出意思决定时作为基础的**设想**——而非意思——与事物真实的状况或者后续发展不一致。

对于**保管人**而言，第 692 条的情形与第 665 条委托人完全一致，此处就不再详细展开了。

---

[168] 当然，起草者主观上对此并不清楚。

第十二章　继承法中的行为基础

我们都知道，意思瑕疵在继承法中具有特别重要的地位，行为基础也是如此。在生者间的法律交往，如果只考虑一方而非双方的法律行为事实构成(Geschäftstatbestand)中包含的前提，那么就会损害相对人值得保护的利益。在遗嘱中，并不存在行为相对人，也就没有必要特别保护受益人(bedachten Personen)[169]的信赖了。受益人通过遗嘱行为是单方受益的，而且这种受益仅当其建立在被继承人真实且合法(ordnungsmäßig)形成的意思决定的基础之上时，才具有内在合理性(innere Berechtigung)。因此，历来在立法和学说中，相较于生者间的法律交往，意思表示理论(Willenstheorie)在这类行为中的适用更为狭窄(strenger)，人们甚至认为动机错误在此处也可受斟酌(Beachtbarkeit)。

罗马法对此的观点显然不是特别清晰，相关片段明显存在漏洞，也无法确定其能否一般性地可被适用。而且还根本不清楚，撤销权之发生究竟是动机错误的结果，还是恰恰源于行为基础或者前提之欠缺。前提理论的创立者将相关案例归入其主题之下，仅强调了以下特殊性：在此种情况下，意思之限制(Willensbeschränkung)不必在法律行为缔结(Geschäftsschluß)本身之中以受益人可识别的方式显露出来(hervortreten)，而只需"真实意思"也即其内心中的前提可识别即可。[170]

但是，很难说这种表述就完美地再现了问题的意义。一方面，前提不必为**受益人**可识别，这是不言自明的。因为其根本就不是或者通常不是[171]遗嘱行为的当事人。另一方面，前提或者动机错误又必须以**某种可识别的**方式显露出来，这也是自明的，否则人们就无法对其加以探知并从

---

[169] 受益人为继承人(Erbe)和受遗赠人(Vermächtnisnehmer)的上位概念。需要特别注意的是，德国法中继承人和受遗赠人的范围与我国有显著区别。在我国，遗嘱继承人必然在法定继承人之中，受遗赠人必然在法定继承人之外(我国《民法典》第1133条第2、3款)；但在德国，并不存在此种法定继承人内外之限制，二者之区别纯粹只是法效果上的，继承人概括取得遗产之全部或一部，受遗赠人仅取得针对特定标的之债权(《德国民法典》第1937条、第1939条、第2087条、第2149条)。——译者注

[170] **Windscheid**, Voraussetzung, S. 84, 125.

[171] 不考虑共同遗嘱(wechselseitigen Testament)和继承契约(Erbvertrag)。

中得出任何法律后果了。其实，这里涉及的只是如下两个问题：

(1)前提(行为基础)必须在**法律行为事实构成本身**(geschäftlichen Tatbestande selbst)中显露出来吗？还是仅需证明对效果意思而言关键性的情势不存在即可？相信动机错误说的人，当然会认为后者就足够了。相反，承认前提或行为基础理论的人，就应采取更为严格的前者。如果实证法对此不加以规定的话，那么可以证明其不是以行为基础欠缺理论，而是以单纯动机错误受斟酌的理论为根据。

换种提问方式，关键在于，被错误设想的情势，是与主观意思有关，还是与客观表示有关呢？——意思由动机决定，而客观意义上的表示(Erklärung in objektiven Sinne)[表示行为的结果(Ergebnis des Erklärungsaktes)，而非表示行为本身(dieser Akt selbst)]相反必须建立在作出行为时以某种可识别的方式显露出来的某一基础之上。

不过对其之要求不必特别严格。可以肯定的是，行为基础不是真正的缔约形式的有形式要求的组成部分(formbedürftiger Bestandteil der eigentlichen Abschlußforme)；其只需在广义的行为事实构成(geschäftlichen Tatbestand im weiteren Sinne)中显露即可。其无疑也不用总是**明示**地出现；只要在一个中立的观察看来，该终意行为是以某种**可识别**的方式建立在对某一情势的设想的基础之上即可。例如，A 给其认为破产的 B 留下了 50,000 马克“以改善其财产状况”，A 死亡后方查明，B 尽管遭受了一些损失，但还是有着不少的财产。此例中，很难说存在**明示**的行为基础；那 50,000 马克当初也可能是用于改善一个还有些钱的人的处境。但是可以说存在**默示**的[行为基础]。另一个例子，传言艺术家 C 遇到了困境，其身患重病的朋友 A 在立遗嘱时，记录遗嘱的公证人 B 向 A 建议道，“为 C 做点什么”，于是 A 就给其留了一笔巨额的遗赠，然后便去世了。嗣后查明，有关 C 遇到困境的传言完全是没有依据的。

(2)另一方面，相比前提或者行为基础，动机错误的适用也可能会对法律行为表示(Geschäftserklärung)提出更严格的要求。因为认真对待动机观点之人，必然会要求证明在可能是数不清的心理决定因素的总和中，恰恰是那个决定性的因素发生了错误。相反行为基础，我们在上文（第 4 章编号 1）已经提到，无须是意思形成中单一的或者主导性的决定因素。其仅需是**消极**决定性的，也即如果知道真实情势，就不会作出意思决定和表示了；而无须构成意思决定和表示的积极决定性因素。举个例子，A 的遗嘱中有如下语句："因为我同等喜爱和尊重的三个侄子 B、C、D 中，B 最需要钱，所以我将其指定为我遗产的继承人"。这里 B 相较于另两个侄子得到偏爱并被指定为继承人的决定性因素，毫无疑问是——没有发生错误的——有关其缺钱的设想。但是同样毫无疑问的是，A 认为 B 配得上[继承遗产]，这一点构成了其处分的基础。如果现在查明，B 实际上是一个道德卑劣之人，比如其曾多次参与抢劫等犯罪行为，那么，虽然指定继承人的积极决定性动机并未发生错误，但是处分之基础却丧失了。当然，人们可能会进一步问道，[行为]基础是否在任何地方都一定要是此种消极意思决定性的呢。至少，当一个确定的、甚至可能是明示的行为基础被证明丧失时，就无须进一步的证据了——即使是消极动机意义上的都不再需要了。

当今实证法的立场又是如何的呢？一个确定无疑的答案是很难被给出的；动机与行为基础间关系迄今为止的模糊性，大大阻碍了清晰规则的形成。

[就第一个问题而言]，我并不打算对罗马法上那些已被经常谈及的片段做详尽的讨论。这些片段对当前问题的解答也基本是徒劳的。比如从 l. 28 Dig. 5，2 中无法确切地得知，女被继承人在遗嘱中是否自己讲明了，其对继承人的指定是出于得知儿子死亡的(假)消息，或者还是基于其他情势。同样在著名的 l. 72 § 6 Dig. 35，1 中，也得不出没有疑问的结论：

> 错误的原因(Begründung)不得对抗遗赠，是更为正确的[观点]，因为遗赠这一给予行为的原因(Grund)并不附着(anhaftet)在遗赠之上。但大多数时候，若能证明遗嘱人在其他[无错误之]情形下不会愿意遗赠，也可适用恶意抗辩(Einrede der Arglist)制度。[172]

---

[172] 原文为拉丁文：Falsam causam legato non obesse verius est，quia ratio legadi legato non cohaeret. Sed plerumque doli exceptio locum habebit，si probetur，alias legaurus non fuisse。——译者注

无论如何，真实的情况更有可能是这样的：被继承人在遗嘱中曾提及“错误原因”(falsa causa)或者可以认为遗嘱中存在错误原因。因为在错误原因**完全未被提及**的情况下，根本不可能认真地考虑遗嘱无效，Papinian也想过无效的可能性但还是拒绝了。在I. 93 (92) Dig. 28，5中，指定继承人的“引言”(praefatio)便写道：

> 考虑到我希望的人已无法成为继承人，我在此指定Novius Rufus为我的继承人。[173]

从l. 88 Dig. 30[174]中也得不出完全无疑的结论：

> 如果家父仅在其还能保留遗产时才愿意向其遗赠，那么根据Aristo的观点，其就不应被赋予针对共同继承人的遗赠之诉(Klage auf das Vermächtnis)，因为家子自己已经认为负债超过遗产的实际价值了。即便被继承人没有将这一条件(Bedingung)明示地表达出来，但只要可以非常明确地证明其想要如此，结论也是相同的。[175]

这位法学家要求无论如何必须有**严格**的证明：必须明确地(manifestissime)确定，家子在放弃遗产的善举(beneficium abstinendi)生效时不应有遗赠；只是不要求存在**明示的**附加条件。如此严格的举证要求，除了通过被继承人的终意处分本身来推断其相应的意思指向(Willensrichtung)，又怎么可能完成呢?

就第二个问题而言，在我看来，被继承人的错误设想无须构成处分的**积极动机**。至少对于处分的**特定**内容，或者对某一特定个人的指定而言[无须如此]。因此，在l. 28 D. 5，2和l. 93 (92) D. 28，5中，建立在错误设想基础之上的，并不仅仅是个别的指定，还是整个遗嘱之设立。在最重要的前引I. 72 § 6 Dig. 35，1这一片段中，没有要求处分必须积极地

---

[173] 原文为拉丁文：quia heredes，quo volui habere mihi continger non potui，Novius Rufus heres esto。——译者注

[174] 原文为l. 88 Dig. 30，1，有误。——译者注

[175] 原文为拉丁文：Sed si non alias voluit pater habere eum legatum，nisi hereditatem retineat，tunc neque adversus coheredem dandam ei legati petittionem secundum Aritonis sententiam constat，cum ipsi filio non vieretur esse solvendo eredita：et hoc ita est，licet non condicionaliter ex—pressisset，intellexisse tamen manifestissime ad probetur。——译者注

以某一错误为基础，而只是要求消极地证明，若无错误即无处分（si probetur, alias legaurus non fuisse）。

行为基础的观点，而非更为严格的动机错误的观点，在我看来就这样无歧义地表达出来了。

（3）就《德国民法典》而言，其首先在第 2078 条第 2 款认可了动机错误可作为一项撤销事由：

> 被继承人所为表示之内容有错误；或根本无意为该内容之表示，且可认为如知其情势即不为该表示者，得撤销其终意处分。
>
> 被继承人所为之终意处分，系因错误地认为或期待某一情势发生或不发生，或受不法胁迫者，亦同。
>
> 于此情形，不适用第 122 条之规定。[176]

这一表述直至草案二读时才出现；在草案一读时，彼时的第 1781 条对此部分适用了前提理论的观点，该条规定，若被继承人出于“对某一将来事件或法律效果之发生或不发生的设想”而决定处分，而该前提未实现（Nichterfüllung）时，就会产生撤销权；被继承人出于“过去或当下相关的情势”而决定处分时，也会发生相同的效果。可以看出，动机错误和前提丧失间一般性的区分还尚未被提出，那时二者的区分只是，作为前提的情势是有关过去或现在，还是有关未来的。这两种情形处理的问题实质上都是前提或者行为基础。这从第 2 款可以明确地看出：

> 仅当错误可以自处分中察觉出（entnehmen），或者前提从处分中明示或默示地表示出时，处分方可撤销。

错误必须自处分本身中觉察出来，如草案——极有可能出于误解[177]——表述的那样，这只能意味着：事实上不正确的设想对意思决定的决定性影响，必须在处分的全部事实构成（Gesamttatbestand）中明示

---

〔176〕 参见台湾大学法律学院、台大法学基金会编译：《德国民法典》，北京大学出版社 2017 年版，第 1472 页。——译者注

〔177〕 因为从处分中通常只能推断出设想的重要性（Bedeutsamkeit），而非设想之错误（Irrigkeit）。

或至少默示地被表达出来；该设想必须构成前提，或者依本文的语言习惯，构成终意处分的基础。[178]

现在第2078条的文义已经不是[一草时]的那样了。而且我们是否有权将缺失的要求补充进法律，似乎也是略微存疑的。Endemann[179]认为当然可以那样[补充解释]，理由是"否则的话，对动机之探寻将令一切终意处分都处于不确定之中"，这一点在法政策上不能被低估。也只有坚持这一要求才能与前提或行为基础的法律构造相适应。但通行的学说[180]却持反对意见(will davon nichts wissen)，Leonhard给出了心理学上的(inneren)理由：一方面人们通常会将最重要的情势当作是自明的，从而恰恰不会提及它；另一方面，遗嘱中提到的某一动机，也可能事实上对被继承人而言根本不是决定性的。

在Leonhard的这些理由中，第二项理由无论如何是不成立的。因为遵从一草的Endemann的学说显然并不想让撤销更容易，而是更难。其没有说，**任一**在遗嘱中被提及的动机都可因错误导致撤销权；相反其说的是，发生错误的因素，如果没有在遗嘱中被表达为决定性因素，**那么就不会**导致撤销权。更重要的是第一项理由，其虽然与一草的文义不一致，但在法政策上甚至必须被承认是无法推翻的。因为[一草]要求，前提要发生效力的话，必须在遗嘱中明示或默示地被**一同表达**(miterklärt)出来；但事实上，对于最重要的和最不言自明的"前提"而言，这恰恰是很少发生的。就此而言，**现行法律**的文义相较**一草**是一大进步。在这一点上，一草在法政策上太过狭隘了，并且建立在一个上文批判过的错误观点之上，即将前提看作是条件那样的意思表示的组成部分。

将前提替换为**行为基础**，[就可以避免这些批判]。行为基础并非意思表示本身的部分，也就既无需明示出现，也无须受表示的形式拘束。只要能够通过任何客观的证据确定，设想中的某一已经发生或未来将发生的情势构成意思决定的基础，就足够了。相关情势的确定性、无歧义

[178] 因为一草立法理由书于第1781条处(Bd. V, S. 47/9)提到了至少12次条件。

[179] Lehrbuch, Aufl. 8/9, Bd. III, § 66, III, 3. S. 519.

[180] So **Planck** zu § 2078 Z. 2 b, **Leonhard** das. Z. 3.

性，并不需要仅源自行为事实构成甚或缔约形式（abschließenden Geschäftsformel）本身。相关情势必须没有疑问地构成表示的**基础**；但**其究竟是不是**，则可以根据所有相关情势来确定，而不是只能来自《德国民法典》第133条中的法律行为解释资料——因为这里本就不是法律行为解释的问题。可以确定，下述资料包括在内（这些也是首要的工具）。例如，被继承人将之与遗嘱一同保存的解释性评论（erläuternde Bemerkungen），随意写就的纸条，对做记录的法官、公证人或者见证人进行的表述等类似情势。在此之外还可考虑那些与遗嘱设立无直接关联的情势。例如，通信往来、朋友圈子中反复听到的表示等等，只要能足够确定地从中推断出处分的心理学基础（psychische Grundlage）即可。

遗嘱并不需要表明，其效力之发生建立在对存疑之情势的设想之上，而只要情势对意思决定之重要性能以其他方式被确定即可。例如，某人将“其忠诚的仆人”，或者“其可靠的同党派的好友以及竞选助手”指定为受遗赠人，嗣后查明，该仆人曾长期盗窃主人家的财物，或者所谓的竞选助手事实上一直在为敌对政党服务，这就足够产生撤销权了。

只有在此宽松的意义上，我才认为Endemann要求的特定情势在终意处分的事实构成中（或者如果人们愿意的话，在终意处分的实施中）“公开”（kundbares）出现，才是正确的。行为基础必须客观地、无疑义地可得确定，也就是要源于个案中特别的情势。除此之外，任何遥远的、与处分本身毫无关联的证明手段。例如，向受益人作出许诺是基于所谓的动机错误或者不确定的一般性考量〔181〕，都不应被允许，否则将会实质上不可挽回地掏空终意处分的根基。

不能由此认为，这样的解释艺术会抹杀一草和现行法间有意存在的差异。这里还是存在巨大的差异的：依草案，设想中的情势对终意处分之存在（Bestand）的重要性必须在终意处分中以某种方式被**表示**出来；而依现行法，作为处分基础的情势只要以某种方式在客观上足够确定地显露

〔181〕 例如，人们作出有利于朋友或者职员的处分，经常是完全出于认为他们很好、很忠诚的想法。在个案中认定行为基础时，这种考虑当然可以作为一项**辅助性的**因素；但其不能作为唯一决定性的因素。

出来即可,其可以在法律行为事实构成之中也可以在之外,在这其中,郑重进行的缔约形式(Abschlußformel)可以说就像是一座大厦最后落成的拱顶。如此,第 2078 条的构造与行为基础就不存在差别了。

可是,第 2078 条仅在真正决定性的积极动机发生错误时才允许撤销,这难道不是差别吗?法条的**文义**确实可以导致对撤销权作如此严格的要求。但**不必须**如此。通行的学说已经正确地认可了,错误设想的情势不需要是被继承人作出处分的**唯一**原因。[182] 我们还应进一步承认,前文多次提到的**消极**动机(亦即被继承人若知悉错误设想情势之不存在或不会发生,就不会作出相关处分)错误也可以产生撤销权。[183] 第 1 款的类推适用以及罗马法—共同法的历史都是支持这一点的,被继承人若知悉真实情势本不会为处分,即可发生撤销权。因此在上述三个侄子案中,如果被指定的继承人并不是那么令人喜爱和尊敬,就可以发生撤销权了,尽管继承人被指定的积极理由不是错误设想的可敬品格,而是正确设想的窘迫处境。

如果被继承人是将事物的某种发展作为其处分基础,那么**未来**情势偏离设想的发生或不发生无疑也可使撤销权发生。有疑问的是,被继承人**完全未想到**相关事件可能发生的情形。Endemann [184]批评帝国法院在一项判决[185]中对此种完全无法被考虑和权衡的情势加以斟酌:"将众多不可预见和不受限制的可能性都纳入[法官的]考虑范围,这绝不可能产生确定且客观上可证明的结果。"依本文所采之观点,该批评是非常正确的,通常情况下,完全没想过的未来情势是无法在终意处分总体事实构成中或者以他客观的方式作为基础而出现的。但当然,被继承人也不需要对事物未来进展中的所有细节都预先在心中作好精确的预演。如果一位妻子将其丈夫指定为继承人,该丈夫嗣后因强奸或通奸而被定罪

[182] So **Planck** zu § 2078, Ziffer 2 a, Leonhard, das. Z. II D., RG. Ziv. —S. IV v. 29. IX. 1904, Entsch. 59, Nr. 11, S. 33 ff. Anders **Endemann**, Erbrecht, § 66, III (richtiger IV) b, Motive V, S. 48.

[183] Ebenso RG. a. a. O., S. 40 oben, Leonhard, a. a. O.

[184] A. a. O. III (richtig IV) b, 2.

[185] Ziv. —Sen. IV v. 16. X. 1911, Entsch. 77, Nr. 48, S. 165 ff.

(verurteilt),那么他不能主张因其妻子根本没有考虑过这种情形,该情形之不发生没有在遗嘱中或以其他方式作为基础出现,从而逃避遗嘱被撤销的命运。毋宁,只要被继承人对受益人的现实状况、生活方式、可敬品格等之存续作出了设想,且这构成给予的基础以可识别的方式表现出来就足够了。例如,某人将其妻子指定为前位继承人(Vorerbin),将女儿们指定为后位继承人(Nacherbinnen),"从而一家人可以和平地共同生活在一个经济共同体中",如果该遗孀以恣意的、不道德的生活方式打破了这种家庭联系的统一和纯洁,即使被继承人完全未考虑到此种可能性,那么给予行为也可以被撤销。如果有人反对这一观点,那他也要在以下案例中[荒谬地]排除撤销权:[情势的]未来发展与被继承人的设想完全相反,比如继承人或者受遗赠人违背被继承人的情感和愿望,难以置信般地变得堕落和令人厌恶。

对此问题,帝国法院(第 77 卷第 174 页)表示:

> 即便此种[对未来可能性的]考量,因为离被继承人的设想范围过远而完全不存在,我们还是能认为此时其"对[情势之]不发生产生了错误的设想"。正是这种否定性(die Negative),这种对情势的不加怀疑(Nichtbedenken),构成了被继承人的错误。如果还能确定该不加怀疑与终意处分之内容间存在因果关系,即允许撤销。

但是帝国法院随后却附和 Endemann 的上述观点,放弃了这一立场;其在后来的一份判决[186]中认为,这样的观点是与第 2078 条第 2 款不合的:

> 被继承人[对某一情势]的不加怀疑不足以成为撤销终意处分的理由,即便可以认为不加怀疑与终意处分之内容间存在因果关系。

根据[法条的]形成史,撤销的前提是,被继承人因对过去、现在或将来存在的事件之发生或不发生的积极设想而决定作出终意处分。

若被继承人对事物未来可能的发展没有任何设想,那么就不能以事

[186] Ziv. —Sen. IV v. 4. II. 1915, Entsch. 86, Nr. 49, S. 206 ff.

物嗣后的发展不符合其可能的愿望为由主张撤销。这无疑是十分正确的。唯一重要的是当初的那个意思形成，而当初的意思形成不可能受到嗣后的影响。但是这绝不意味着，第2078条要求被继承人必须对**每一个**特定事件之不发生都有**精确**的设想，才能主张撤销权。根据法条的意旨和文义[187]，只要被继承人基于对当前状况将继续存续的**一般性**设想而作出意思决定，就应当足够了。在帝国法院于第86卷裁判的案例中，某人将其妻子与三个孩子指定为继承人，并附言："在世的妻子有权自由处分遗产直至其死亡或再婚。"嗣后法院认定，该遗孀"彻底堕落"，并最终以精神耗弱宣告其为禁治产人。孩子们通过襄佐人（Pfleger）[188]的代理基于错误主张撤销遗嘱。上诉法院（Kammergericht）支持了原告的诉讼请求；与此相对，帝国法院撤销原判发回重审，理由是本应查明，被继承人是否对某一（特定）情势之不发生有所设想，并因此而决定处分。在我看来，我支持上诉法院在本案中的观点。因为毫无疑问，某人给予配偶如此大的信任，令其得（甚至为孩子们决定）自由处分总括财产，是基于对其**可信赖性**以及道德完满性之存在且于未来继续存续的设想。[被继承人的]处分是基于特定的期待的：妻子的可信赖性不会被之后的情势所动摇；其处分即使不是基于**某一具体**的动摇可信赖性的情势不发生的设想，也至少是基于其不会发生的一般性设想。此外，我认为这里也不欠缺上文要求的，设想作为遗嘱之基础可以从遗嘱本身识别出来（Ersichtlichkeit）。因为从被继承人基于信赖在遗嘱中牺牲孩子的利益而赋予**配偶**以如此的自由地位（freie Vertrauensstellung），就可明显看出被继承人是以受任人（Berufenen）是且将一直是可信赖的这一设想为基础的。

前文第77卷那个案例中的判决就不是这么没有疑问了，其判决理由也有待完善。该案的案情是：配偶双方互相指定对方为继承人，并且决定在双方都去世后，将遗产分为四等份，双方的亲属各得一份，市政法人B

---

[187] 根据二草立法会议记录（Protok）第5卷第51页，立法者看上去对该问题采取了更严格的做法。但其实肯定并非如此，至少法条文本未重新叙述。

[188] 大陆多翻译为"保佐"，但在该词来源的日语用法中，"保佐"较近似"辅助"，易生误解，因此译者从台大本《德国民法典》译为"襄佐"。参见台湾大学法律学院、台大法学基金会编译：《德国民法典》，北京大学出版社2017年版，第1352页（注释1）。——译者注

得两份。在妻子去世后，丈夫收养(an Kindes Statt annahm)了一个其此前的私生子，并且撤销了其遗嘱（显然是根据《德国民法典》第2079条），将该子指定为其单独继承人。作为妻子受益人的亲属要求撤销该遗嘱，这得到了帝国法院的支持，理由就是上文所述的那样。

在**结论**上，我支持这一观点。根据《德国民法典》第2270条的规定，配偶双方指定彼此为继承人的遗嘱，有疑义时为所谓的共同遗嘱(korrespektives Testament)。一方被继承人期望着，并且能够期望，在其死后，另一方的处分也能被维持；将之直接作为该方处分的可识别的基础，并不激进；若不是出于这一设想，他肯定就会另行作出其他决定了，例如将一方仅指定为前位继承人，将他中意的其他人指定为后位继承人。先去世的一方对于仍在世另一方**撤回**遗嘱的情形，现在已经可以通过《德国民法典》第2071条得到保护，其规定，共同遗嘱的一方死亡后，另一方想要撤回遗嘱则必须以拒绝接受留给他的遗产为前提。但该条不适用于其他的可撤销事由，特别是第2079条（特留份权利人出现）的撤销。人们必须承认，先去世的一方不会想到这种如此特殊的可能性，其处分明显是建立在另一方处分**保持存在**的一般性基础之上的。这就正当化了第2078条撤销的结论。否则的话，在法政策上也是极度不合理的。活得更长的一方配偶就获得了一项特权(Freibrief)，通过再婚、生育、收养子女，来剥夺先去世一方配偶所期望的[对遗产的]使用，或者将双方的遗产交到其自己亲生的或者领养的孩子手里。在我看来，撤销权是打消这些疑虑的唯一工具。当然，仅是活得更长的一方配偶**发现**特留份继承人时，[去世配偶亲属的]撤销权还不会发生，只有当其基于这一事实主张第2079条的撤销时，[去世配偶的亲属]才享有撤销权。因为先去世一方配偶的处分基础并非“生存配偶”对其“保持忠诚”“不收养孩子”等，而单纯是，活得更长的一方配偶的处分仍然保持存在。

(4)〔189〕一草立法理由书第5卷第50页将现今的第2079条（一草第1782条）当作第2078条（一草第1781条）的“下位情形”：

〔189〕 原文为c)，有误。——译者注

特留份权利人于继承开始时已出生，而被继承人于作成终意处分时，因不知其生存而忽视(übergangen)之，或权利人于作成终意处分后始出生，或始成为有特留份之权利人者，其终意处分得撤销。可认为被继承人如知有情势仍欲为该处分者，不得撤销。[190]

很明显，这里在法技术上作了不同的处理：第 2078 条表明，终意处分基于关键性的动机错误（或按笔者的想法行为基础欠缺）而可被撤销，必须**个案**地认定；但第 2079 条却规定，此种情形下**当然**可撤销。换言之，此处撤销权人**无须**在个案中特别**举证**，被继承人是基于对既有的或未来产生的特留份权利欠缺的设想才作出处分的；更无须要求错误设想作为处分基础这一点被表达出来。但是另一方面，第 2079 条仍然要求存在错误，或者在本文的意义上，存在行为基础的欠缺。如果某人**明知**特留份权利人之存在而忽视其权利时，第 2079 条不再适用，此时适用的是第 2302 条至第 2338 条的特留份法规则。这样，**不知情地**侵害既有的或者嗣后产生的特留份权利，比明知地侵害，对遗嘱的影响更大[191]。[192] 有很好的理由[可以解释这一点]：因为十有八九，被继承人若明知特留份权利之存在或者设想到未来特留份权利将产生，就不会如此毫无顾忌地作出处分了。也正是因为该条以这一推定为基础，最后一句才会规定：可认为被继承人如知有情势仍欲为该处分者，撤销被排除。此时显然就要适用通常的特留份法规则了。因此，若能证明关于特留份权利之不存在的错误设想没有成为动机或者行为基础，遗嘱就还是有效的。

但是对第 2 句来说，此种设想并不需要以终意处分的内容或者文义本身作为根据。无论是法条文义还是规范意旨都无法正当化此种限制。人们毋宁可以结合一切可用之情势来认定，当然，处分行为本身——在其全部事实构成中——仍是最具价值的判断资料。该条的性质不是可被

---

[190] 参见台湾大学法律学院、台大法学基金会编译：《德国民法典》，北京大学出版社 2017 年版，第 1473 页。——译者注

[191] 在前者，遗嘱可撤销，在后者，仅是特留份权利人享有债权，因此前者的影响更大。——译者注

[192] 这里与古罗马的紧急继承法（Noterbrecht）相似，遗腹子（postumus）的出生也对遗嘱产生相较于忽视既存的直系继承人（suus）更加巨大的影响。

一方相反之**意思表示**排除适用的补充性规则)，而是解释性规则。并且该条不是在解释法律行为中意思表示的**内容**是什么，而是在解释，某一有错误或者欠缺的设想对被继承人的意思决定有何影响。

因此，第 2078 条与第 2079 条在实践中的差别基本上就只在举证责任方面：在第 2078 条的一般情形中，导致撤销可能性的**条件**(Bedingung)需要被证明，而在第 2079 条的例外情形中，对该条件之设想则被立法者假定为动机而[当然地]允许撤销。立法思想当然不会因此而有不同，但后者中撤销权人权利行使的难度却被正确地大幅减轻了。同时，在第 2078 条中，不那么令人满意的争议问题此处也不存在：一方面，不可能要求错误设想之重要性在处分本身中可识别的显露出来，另一方面，被继承人即使根本没有想到未来可能产生特留份权利，也不会反对撤销——上文批判过的反对观点**在这里**一开始就**没有**基础，这也许更可以在相似的第 2078 条中成为拒绝的理由。

此外，第 2079 条的适用范围还确定地包括以下情形：被继承人错误或欠缺之设想无需是指定某一继承人或者遗嘱其他内容的**积极**动机。因为其指定**这些或这个**继承人的决定，与不知特留份权利已经存在或将要发生无关。这顶多只能算是被继承人意思的**消极**动机：正确设想的**存在**会使处分不发生。

第 2079 条与第 2078 条间一个实质性的差别在于，根据前者之文义，特留份权利**嗣后**产生时的可撤销性不取决于被继承人的错误。但这绝无什么特别的意义。[193] 因为通常情况下被继承人恰恰没有考虑到未来将产生特留份权利人，[因此其实也是存在错误的]；若其考虑到了还不顾之而为处分，那么就几乎总是要适用第 2 句[194]了，此时被继承人对(将来要发生之)情势的知悉没有阻碍其处分。在剩下的少数其他案例中，被继承人考虑到了某人将出生，但却没有想到其具有特留份权利，在这里，对真正的决定性情势也仍然有错误。因此，Leonhard 所谓的在此情

---

[193] Anders anscheinend **Leonhard** zu § 2079 I und II D, wie hier RG Entsch. 59, Nr. 18, S. 63.

[194] 原文为第 2 款，有误。——译者注

形中第 2079 条的规则不是“建立在被继承人自身发生意思瑕疵的基础之上”[195],而是建立在例外的对情势不变[约款]的认可之上,对此我无法同意。[意思瑕疵与情势不变约款]完全不矛盾,起码根据第 2079 条末句是不矛盾的。情势不变约款通常仅在行为基础消灭(beseitigt)的情况下被考虑,其与行为基础欠缺的其他案型的不同仅在于,此处的欠缺是嗣后才产生的。两种案型中的意思瑕疵可以被同等对待。

关于第 2079 条的特殊性,**Endemann**[196]提出了另一种完全不同的观点:可撤销性并非被继承人发生错误之结果,而乃源自特留份权利人亲属法上的地位在继承法上受到的保护(erbrechtlich geschützte, familienrechtliche Stellung)。因此,起决定性作用的并非被继承人的主观意思,而是客观情况是否适当。忽视特留份权利人这一**事实**本身即可正当化对遗嘱之撤销;意思瑕疵已经存在于未考虑继承适状(Erbfalle)[197]时存在的继承法上的义务拘束(Pflichtgebundenheit)之中。

这一观点或许不无**法政策**上的道理,但与实证法的观点实在相距甚远:一方面,该观点完全无法解释第 2 句,该句强调应由被继承人经确定之意思支配终意处分。另一方面,**Endemann** 的理由也可以同样运用到被继承人完全知悉特留份权利人之存在(Dasein)而忽视其权利的案例中,但现行法在此处显然只赋予了特留份权利人一项针对特留份的债权,完全未提及遗嘱的撤销。或许,Endemann 的观点有其法政策上的考虑,比如否则有违社会伦理情感和需要——不过,我们作为法律的**解释者**,对此不能予以考虑。简言之,认为根据《德国民法典》,[撤销]完全取决于作为**事实**的忽视而非意思因素的观点,是完全不符合事实的。正确的是,不是**此类**动机,而仅仅是被继承人据以作出意思决定的**基础**的正确性,才应决定性地受到关注。

(5)[198]在另外一些近似的案例中,立法者对《德国民法典》第 2077 条

---

[195] RG. Bd. 59, S. 63 cit.

[196] Lehrbuch III, § 66, IV (richtig V) bei Anm. 35/6.

[197] 即被继承人死亡之时,参见《德国民法典》第 1922 条。——译者注

[198] 原文为 d),有误。——译者注

也做了不同的法技术处理：

被继承人以终意处分对配偶为财产之给予者，在被继承人死亡前，其婚姻已解消之时，其终意处分无效。被继承人于死亡时已具备离婚之要件，且已诉请离婚或得他方同意者，视为婚姻已解消。被继承人于死亡时，已有废弃婚姻之权利，且提出申请者，亦同。

被继承人以终意处分对他方婚约当事人为财产之给予时，于被继承人死亡前，其婚约已解除者，其终意处分无效。

前两款情形，得认为被继承人仍欲为处分时，该处分并非无效。[199]

第一草案立法理由书（第 1738 条第 53 页）也原则上将该条作为第 2078 条的下位情形。此种相似性更明显地体现在草案中：该条曾作为第 1783 条位于前述条文之后，并且就像其他相似的案例一样，法效果也是**可撤销**。一草立法理由书曾强调，选择撤销还是无效，只是一个"法学建构(juristischen Konstruktion)的问题"，而二读时改选后一种方案，当然也没有改变该条的基本思想。在此处，基本思想也是建立在对行为基础欠缺的承认之上。[200] 因为对婚姻中的当事人而言，婚姻关系之发生且存续是一个不言自明的基础。因为大多数情况下，一方当事人被指定为继承人，不是因为他这个人本身(als Individuum)，而是因为他的配偶身份(als Ehegatte)。正是因为这种情况涉及的是一个如此典型的基础，像在相似的第 2079 条中那样，法律放弃了将遗嘱之效力系于基础欠缺的个案证明，而是将典型设想中的基础之欠缺充作了法定撤销事由的法政策理由。这也只是一种对基础欠缺的推定，一如第 2079 条，可从第 3 款规定的当给予并非建立在该种基础之上时该条不可适用中看出。

第 2079 条和第 2077 条在这点上的相似性恰恰提示人们，第 2077 条

---

[199] 参见台湾大学法律学院、台大法学基金会编译：《德国民法典》，北京大学出版社 2017 年版，第 1471—1472 页。——译者注

[200] So auch **Leonhard** zu § 2077, I.

也是一项**解释性规则**。[201] 初看之下,第2077条产生的疑问比第2079条更多:该条规定的是某一**法效果**的发生("不生效"),而解释性规则应当与**构成要件**的存在形式(So-oder Anderssein)相关。但这不是终局决定性的。因为这里的法律效果不是像[补充性规则]那样被法条给定的,而是被继承人自身意思过程(Willensprozeß)想要的直接结果,是被继承人在行为基础方面的意思存在瑕疵的结果。**Endemann**认为,第2077条的基本思想应从**法律行为错误**(Geschäftsirrtum)的视角来观察[202],这也是不成立的,其实他在别处也承认,"就法律公开性的特点(kundbaren Prägung des Gesetzes)而言,这里涉及的不是错误的情形"。法律行为错误是意思和表示的不一致;而此处不可能如此,因为被指定人当时就是配偶,直到遗嘱设立后才不是。就算在其他的[婚约解消]情形中,作为前提的婚姻关系的不存在,也不可能使认知中要成为配偶的"那个人"变成另一个人;这里只是指定准配偶为继承人的**基础**被证实落空了——被继承人**若**知悉该情况,就不会愿意将其指定为继承人了,但正**因**被继承人**不知**真实情况,他事实上想要指定的继承人也就是那个人。

如前文中的法条一样,本文无意对第2077条作**详尽的**阐释。这里仅指出与本文问题有关的**两**点。

(1)被继承人能够通过**嗣后**对表面上的[203]或已离婚的配偶的行为,来充分地证明其内心的和蔼与爱意(freundliche und liebevolle Gesinnung),从而阻止遗嘱被撤销吗?还是说,仅当[被继承人]在**指定继承人时**不在乎被指定者是否具有配偶身份,[遗嘱才不会被撤销]?法条的文义支持第二种更严格的观点:被继承人对被指定人持续至今的或者嗣后重燃的爱慕,绝不能直接为过去设置一项推定,认为那时的被继承人即使不考虑婚姻关系是否真的存在或者将存续也会作出处分。被继承人**嗣后**

---

[201] So auch **Planck** zu § 2077, Ziffer 1, anders (wenig klar) **Endemann**, § 65 zu III, S. 515.

[202] A. a. O. 他说:"无效的原因可以如此理解:配偶或者婚约人这一身份特性(Eigenschaft)对处分内容而言是如此的重要,以至于根据被继承人的意思,如果被指定的人不具该特性就变成另一个人了,他就不想再[处分]了。"

[203] 指当事人以为彼此是配偶,但实际上婚姻无效的情形。——译者注

的意思——因为缺少必要的形式,大多数时候也缺少确定性——不能产生决定性的影响。不过,有的时候不考虑被继承人的愿望是不公平的,其很可能正是基于信赖未撤回遗嘱[的有效性]而没有重新指定重归于好的配偶为继承人。但另一方面,这种情况并不多见。如果非要严谨地考虑这种情况的话,那么可能导致:一些曾经的配偶会寻求通过可疑方式申请举证,从而规避第 2077 条对其之限制(die Regel des § 2077 unschädlich zu machen)。而且第二种观点的僵硬性还可以通过以下办法被缓和:被继承人对已离婚配偶存续的爱慕,在有些情况下至少可被认为是,遗嘱设立时第 3 款那种意思的辅助认定因素之一。

(2)有疑义时[204],将**婚约当事人**指定为继承人同样会在婚约解消后变得不生效力,也就是说,应当认为遗嘱是建立在婚约存续的基础之上的。相反,婚约从一开始就没有法律效力的情形则未被第 2077 条涵盖。这是合理的:因为通常说来,人们更重视婚约事实的一面而非法律的一面。[205] 当然,不排除个案中有的被继承人就是因为设想中的未婚妻这种法律身份才指定其为继承人;如此的话,若处分之基础此后被证明落空,还是有适用第 2078 条撤销的空间的。这一情形仅是不适用作为特别法的第 2077 条,但还是可以回到作为一般法的第 2078 条。

---

[204] 因为第 2 款的限制很明显在此处也适用。

[205] So auch **Leonhard**, § 2077, Z. IV.

专题论文

中德私法研究第 20 卷
页 177—203

普塔法学方法论的“秩序”观念：德国 18 世纪法学的新尝试

吴奇琦*

摘要：本文以普塔(Pütter)的构想为中心，检视德国 18 世纪私法学的秩序观念，亦即所谓“真理”的先后顺序，包括“整体与部分”思维、“一般与特殊”思维、“权利义务本位”思维、一般民事私法学的体系位置，以及他提出的罗马私法教学优化教学法。这些观念都与 18 世纪初叶开始发生的罗马法第二次体系重构息息相关，更是民法总则的概念赖以形成的各种基础。

关键字：德国 18 世纪私法学；秩序(Ordnung)；罗马私法教学方法；民法总则

一、引言：罗马法的两次体系重构——16 世纪的尝试与 18 世纪的新尝试

在法学史上，触及整个体系基础的根本性“重构”或者说“秩序重整”，其实不多。第一次是 16 世纪的人文主义法学(Legal Humanism)，第二次则是

---

* 吴奇琦，法学博士，澳门大学法学院助理教授。

18世纪的**理性主义法学**(Legal Rationalism)。

在第一次重构上不得不提的是,以重整罗马法编排著称的法国法学家Hugo Donellus(胡果·多内鲁斯)(1527—1591年)。他的《民法评注》(*Commentarium de Iure Civili*)故意无视Iustinianus(优士丁尼)(482—565年)《民法大全》(*Corpus Iuris Civilis*)那种不太体系化的顺序。Donellus此作的第一卷第一章,一开始便说明了,他不希望遵循《学说汇纂》的编排(*compositio Pandectarum*)。他写道,问题不是出在《学说汇纂》的内容本身,而是出在**秩序**(***ordo***)上[1]:

> *Quid ergo in illa compositione desideramus? si de rebus quaeritur, non modo nihil, sed etiam eædem illæ ipsæ res sunt, quibusvtimur, ad quas & ipsi tum retinendas, tum explicandas accedimus. si de ordine & collocatione, requirimus omnia. Curita sentiam, quando hic primum monendi locus est, paucis exponam. Cum iusciuile, qua parte de iure suo cuique tribuendo praecipit, in hisduabusrebustanquampartibus, atque hoc ordinevеisetur, in eius, quodcuiusq; est, cognitione, & eius cogniti obtinendi ratione, vtpostea dicetur pluribus suo loco: nihil non in Pandectis peruersumest, quodpertineat ad vtriusq; partis tum collocationem, tum explicationem. Nam cum ius nostrum cuiusque positum sit partim in persona ipsacuiusq, partim in rebusexternis: iuris autem nostri obtinendi ratio consistat in iudiciis* [...]
>
> 那么,我们在其编排上有什么欲求呢?如果是就内容而言的话,不仅没有,而且我们使用的还是相同的内容本身,我们同意对它们本身予以维持和阐释。但**如果是就秩序与编排而言的话,我们的要求是全盘性的**(requirimus omnia)。为何我这样想呢?这里首先是提建议的地方,我就稍加说明。这是因为,"规定赋予每个人他自

---

〔1〕 此作在Donellus死后才被出版,本文作者查阅的是以下1626年的版本:Hugo Donellus, *Commentariorumiuriscivilis libri viginti octo*, apud Danielem & Dauidem Aubrios & Clementem Schleichium, 1626。

己的”只是民法的一个部分（parte）。若从**秩序**上看，“每个人自己的”**有两类东西作为其部分**（duabus rebus tanquam partibus）：那便是认识它们，以及认识维护它们的手段。下文会在适当的地方各自详论。**属于这两者的，都在《学说汇纂》中被弄得一团糟，部分地是就编排而言**，部分地是就阐释而言。因为我们每个人的**权利**（ius nostrum cuiusque），有一部分是设立于每个人的人本身，一部分是设立于外在的物；至于我们**权利的维护手段**（iuris nostri obtinendi ratio）则在于诉讼……[2]

有别于中世纪法律人将罗马法当成“神的馈赠”（*donum Dei*），因而不热衷于对罗马法原始文本加以批评或改动，中世纪结束后涌现的人文主义浪潮着重文本的历史性，因而着重文本的相对性，这便动摇了罗马法的上述权威。信赖的依据，开始从权威转移至理性与科学自由。正是从此时开始，不断有法学家对罗马法的编排深感不满。Donellus 便是在这种背景下，将私法（*ius privatum*）分成两个部分（*pars*）：其一是权利，当中再分为关于人（*persona*）的权利与关于物（*res*）的权利；其二是诉讼，亦即权利的维护手段[3]。其实，Donellus 的这种秩序重整，可谓只是借镜《法学阶梯》的编排（人、物、诉）来重编《学说汇纂》而已，因此还是受罗马法本身启发的。

第一次重构的成果，与其说是技术性的，倒不如说是思想上的破格，亦即打破了罗马法原秩序不可改动的迷思。此后，法学家们便更大胆了。在“秩序化”其功未竟的情形下，到了 18 世纪，法学还是一直背负着沉重的罗马法历史包袱：庞杂繁乱的内容经常只是其发展史上路径依赖的结果，而不能仅以逻辑合理性予以解释。因此，法学家们的迫切任务依然没有变过，因为焦点仍然是落在**“秩序”**（Ordnung）上。然而，这次有点

---

[2] Hugo Donellus, *Commentariorum iuris civilis libri viginti octo*, apud Danielem & Dauidem Aubrios & Clementem Schleichium, 1626, liberprimvs, cap. I, 1r. 此段中文译文，由本文作者自行翻译。

[3] 关于私法，参见：Hugo Donellus, *Commentariorum iuris civilis libri viginti octo*, apud Danielem & DauidemAubrios & Clementem Schleichium, 1626, libersecvndvs, cap. VII, 43r ff。

不一样：**第一，就成因而言**，此次思潮正值启蒙思想爆发不久。**在那个年代的理性自然法主义思潮下，如何为法学这门学科的“真理”（Wahrheit）理顺个中“秩序”**，这一项基础工作在法学史上从来都未曾试过如此急迫；**第二，就成果而言**，这一次可谓成果斐然，至少就体系性和逻辑性而言，此次运动都**将法学尤其是私法学抽象思维推向了高峰**。

那么，在德国发生的这第二次重构，如何完成第一次的未竟之功？在这方面，当时德国哥廷根大学（Georg-August-Universität Göttingen）法学教授约翰·史堤凡·普塔（Johann Stephan Pütter，1725—1807）在1767年出版的《法律百科全书与方法论的新尝试》（*Neuer Versuch einer juristischen Encyclopädie und Methodologie*）〔4〕是非常重要的一部代表性文献。它详实反映了对18世纪法学家们来说都还只是**新尝试**的一些设想。其实，普塔在10年之前，亦即1757年，便已经写过一部《法律百科全书纲领》（*Entwurf einer Juristischen Encyclopädie*）〔5〕，顾名思义，他在此书（共184页）中提出的实际上是《法律百科全书与方法论的新尝试》一书（共254页）构想的雏形。因此，下文将以这两部著作为中心，对其思想详加检视。

二、分解思维：整体与部分（Ganzes und Theil）

普塔在《法律百科全书与方法论的新尝试》导论的开首便写道，人不勤勉，便无法获知真理（Wahrheiten）〔6〕。对真理的认识，便是所谓学问（Gelehrsamkeit）。真理有多少，学问的范围便有多大〔7〕。学问，又由多个部分（Theil）构成。这是因为，诸项真理，若着眼于一项共同的特定目

---

〔4〕 本文作者查阅的版本是1767年版：Johann Stephan Pütter，*Neuer Versucheinerjuristischen Encyclopädieund Methodologie*，Göttingen：Wittwe Vandenhoek，1767。

〔5〕 本文作者查阅的版本是1757年版：Johann StephanPütter，*Entwurfeiner Juristischen Encyclopädie*，Göttingen：Wittwe Vandenhoek 1757。

〔6〕 雷磊教授译其为“真”。此概念与法学的“科学主义转向”有关：自然科学的目的正是在于“求真”，或者说把握自然内在规律，参见雷磊：《作为科学的法教义学？》，载《比较法研究》2019年第6期，第84页以下。

〔7〕 Johann Stephan Pütter，*Neuer Versuch einer juristischen Encyclopädie und Methodologie*，Göttingen：Wittwe Vandenhoek，1767，§. 1.

的(einen gemeinschaftlichen bestimmten Zweck)而互有连结,便可被视为自成一个整体(ein Ganzes)。这种所谓“学问的部分”(Theil der Gelehrsamkeit),便是一门学科(eine Wissenschaft)[8],或者说一门科目(eine Disciplin)或一门知识(eine Kunde)。各门学科,又可以被视为一门一般性的总学科的部分(als Theile einer allgemeinen Hauptwissenschaft)。这一切科学加起来,更是一起穷尽了学问的广阔领域,如果这样并不超越人的认识极限的话[9]。

可见,普塔的想法是:全体的学问(der gesammten Gelehrsamkeit)作为一个**整体**,可以分解成作为一个整体的诸**部分**(als Theile eines Ganzen)的各门学科,而这些部分由于是由互有连结的多项真理所构成,因而又可以自成一个**整体**。这种“整体→部分”反复划分的结果便是:学问→学科→真理。

三、连结思维:一般与特殊 (allgemeine und besondere)

如同在一门学科当中诸项真理之间互有连结,学科与学科之间同样或多或少都互有连结。因此,Pütter 认为有可能将各门学科汇合起来,此即其所谓“百科全书”(Encyclopädie)的理念。“百科全书”的范围可大可小,最大的甚至是将一切学科汇合,亦即一部所谓的“**一般性**百科全书”(eine **allgemeine** Encyclopädie);相反,若不是将一切学科汇合,便是所谓

---

[8] 有将 Wissenschaft 译为“科学”,因而将 Rechtswissenschaft 译为“法律科学”。然而,本文作者选择将其各自译为“学科”与“法律学科”(或“法学”),理由如下:Wissenschaft 指的是体系化的知识(Wissenschaft 由 Wissen 亦即“知”加上后缀－schaft 予以名词化),也可以引申为学术科目(Disziplin)。根据通常用法,汉语的“科学”在许多时候却是倾向指自然科学。在德语中,科学或自然科学是 Naturwissenschaft,其由 Natur 和 Wissenschaft 组成,亦即研究自然(Natur)的一门知识或者说学科(Wissenschaft)。然而,这不代表笔者认为将 Rechtswissenschaft 译为“法律科学”是误译。实际上,正如雷磊教授所言,法学在 17 世纪开始,正是在自然科学强势支配下受其方法所影响,因而发生了科学主义的转向。参见雷磊:《作为科学的法教义学?》,载《比较法研究》2019 年第 6 期,第 84 页以下。

[9] Johann Stephan Pütter, *Neuer Versuch einer juristischen Encyclopädie und Methodologie*, Göttingen: WittweVandenhoek, 1767, §. 2.

“**特殊性**百科全书”(besondere Encyclopädieen)[10]。

可见，普塔在这种“分解与连结”(Zergliederung und Verbindung)[11]的过程中，除了前述“整体与部分”思维之外，又应用了第二对概念，那便是“一般与特殊”。虽然他并无明言，但本文认为，有一点是非常关键的：**“整体与部分”思维，乃是着眼于分解；“一般与特殊”思维，则是着眼于连结**。如果关乎各个部分，亦即与**各个部分都有所连结，便是“一般性”(allgemeine)的**；如果只关乎某些部分，亦即**并非与各个部分都有所连结，便是“特殊性”(besondere)的**。因此，“一般性百科全书”是“一般性”的，便是因为它与学问的各个部分(各门学科)都有所连结；至于“特殊性百科全书”之所以是“特殊性”的，则是因为它并非与学问的各个部分(各门学科)都有所连结。

实际上，正如朱庆育教授早已指出的那样，“身披厚重传统外衣的法学(Jurisprudenz)”最终之所以能转型为一门“科学”，**一般化**(Generalisierung)**思维**正是其中一种关键的技术[12]。

本文认为尤其值得指出的是，**总则**(allgemeine Teil)**亦即“一般部分”**的出现，便是以“整体与部分”思维将整体分解为“**部分**”(Teil)后，再以“一般与特殊”思维，将与各个部分都有联系的那个部分予以“一般”(allgemeine)的定性。观乎德语 allgemeine Teil，这一点颇为明显，但汉**语法学界约定俗成的译法“总则”一词，尤其是“则”字，却使人不容易看出背后的这种逻辑**。关于“总则”尤其是“民法总则”的正式出现，笔者已另行撰文详论。应当注意，“一般部分”这种概念显然不仅适用于法学，而是普遍适用于任何学科的。那么，就本文所关注的论题而言，首先应当问的问题便是：法学的“一般部分”应该探讨些什么？有什么和法学的其余各个部分都有联系？可想而知，按照普塔的思路，这个问题的答案应该见于他对“法学百科全书”的论述，下文将予以详述。

---

〔10〕 Johann Stephan Pütter, *Neuer Versuch einer juristischen Encyclopädie und Methodologie*, Göttingen: WittweVandenhoek, 1767, §. 3.

〔11〕 *Ibid*.

〔12〕 朱庆育：《法典理性与民法总则：以中国大陆民法典编纂为思考对象》，载《中外法学》2010年第4期，第485页以下。

四、权利义务本位思维：一切法律学科的真正对象

依普塔之见，在全部的人类学问当中，有以下八个组别是主要专业(die Hauptfächer allermenschlichen Gelehrsamkeit)：(1)语文；(2)历史；(3)艺术；(4)数学；(5)物理；(6)哲学；(7)**法律(die Rechte)**；8) 神学。因此，在芸芸“特殊性百科全书”中，便包括“法律百科全书”(die juristische oder Rechts－Encyclopädie)[13]。

首先，在“法律百科全书”这第一部分中，名为“法律学科的真正使命”(von der eigentlichen Bestimmung der Rechtswissenschaft überhaupt)的第一章[14]，普塔便开宗明义地写道，一切法律学科的真正对象，是权利[15]与义务[16]。“不侵害他人”(beleidige niemanden)、“给予各人属于他的”(Gib und lass einem jeden das seinige)，正是由此衍生。虽然普塔并无明言，但他在这里显然是引用了乌尔比安(Ulpianus)关于正义的两条最高的法律诫命(*jurispraecepta*)：*alterum non laedere*(不侵害他人)、*suumcuique tribuere*(给予各人属于他的)(D，1，1，10 pr)。依 Pütter 之见，它们是一切法律的唯一渊源，也是一切法律学问的真正边界所在[17]。他写道：

> 整体**法律学问**与一切法律学科的真正对象，在于**权利与义务(Gerechtsamen und Verbindlichkeiten)**，更确切言之，是指这样的权

---

〔13〕 Johann Stephan Pütter, *Neuer Versuch einer juristischen Encyclopädie und Methodologie*, Göttingen: WittweVandenhoek, 1767, §. 4.

〔14〕 Johann Stephan Pütter, *Neuer Versuch einer juristischen Encyclopädie und Methodologie*, Göttingen: WittweVandenhoek, 1767, erstes Hauptstück.

〔15〕 也许是考虑到 Recht 一词的歧义，普塔在这里使用了 Gerechtsame 来指称权利。实际上，观乎普塔的通篇论述，Recht、Gerechtsame 是混用的。

〔16〕 为了区别于法律领域的 Verbindlichkeiten 与 *obligationes*，普塔甚至在德语和拉丁语上都特意使用了不同的词，亦即 Pflichten 与 *officia*。有时他甚至会用 Obliegenheiten 来指义务(而不是指负担或者汉语法学界惯译的所谓“不真正义务”)。

〔17〕 Johann Stephan Pütter, *Neuer Versuch einer juristischen Encyclopädie und Methodologie*, Göttingen: WittweVandenhoek, 1767, §. 8; Johann Stephan Pütter, *Entwurf einer Juristischen Encyclopädie*, Göttingen: WittweVandenhoek 1757, §. 10.

利与义务:为了这些权利与义务,强制手段会被采用(*in iuribus et obligationibus perfectis*;完全的权利与义务)。[18]

相反,那些不可被强制的义务(Pflichten)(*officiaimperfecta*;不完全义务),则属于伦理学(Moral)的领域,而非法律学科,亦即不构成法律的任何部分,而是关于私人或国家智慧(Privat-oder Staats-Klugheit)的一门特殊学科的内容[19]。

五、一般民事私法学(ein allgemeines bürgerliches Privatrecht)的体系位置

既然法学的研究对象归根究底是权利义务,那么其余的法学论题当然便是围绕着权利义务展开的。普塔正是以权利义务为起点开始了他的论述。第一个问题便是:**权利义务从何而来**?

在这里,普塔的论述带有典型的自然法主义色彩。他认为,一切权利义务都源自一名更高位者的意思(Willen eines Höhern)。因此,其终极来源便是**上帝的意思**(Willen Gottes)。在他看来,如果不假设有一种更高位的力量(eine höhere Gewalt)可以施加义务,那么,义务的概念便无从形成。因此,一切义务最一般性的第一来源,便是上帝的力量。祂是天地的创造者和主宰,其意思是一切受造者的指引,其全能令其意思得以完全施行。祂的神圣、正当、智慧、善,只会意欲正当和良善(rechtundgut)的事情。人(Menschen)以其理性(Vernunft)思考自己和旁人后会认识到,他并不是自我依存的,而是依存于一位不可见的更高位存在(einem unsichtbaren höhern Wesen)亦即上帝。全靠上帝,人才得以保全自身。人得以从其他受造者那里得到的,或者他人为其利益而做或许诺做的,统统都是

---

[18] *Ibid*。此段中文译文,由本文作者自行翻译,原文如下(粗体为原文之标示):„Der eigentliche Gegenstand der ganzen **Rechtsgelersamkeit** und aller Rechtswissenschaften besteht in **Gerechtsamen und Verbindlichkeiten**, und zwar im genauern Verstande, d. i. in solchen, zu deren Erfüllung Zwangsmittel statt finden (*in iuribus et obligationibusperfectis*)“。

[19] Johann Stephan Pütter, *Neuer Versuch einer juristischen Encyclopädie und Methodologie*, Göttingen: WittweVandenhoek, 1767, §. 9.

全赖有祂[20]。

在这些原则的基础上，每个人**出于本性**(von Natur)，即使不怎样推理，也会有以下的一种内在感觉(eininneres Gefühl)：他可以把他的生命、他的身体、他的行动自由，以及他正当地为自己带来的东西，都看成是他自己的(als das Seinige)。如果他没有同意或过错的话，其他人不得对他有所请求(Anspruch)。他可以使用强制手段对抗一切侵害。当然，他的旁人也可以这样做[21]。

由此而得的一切关于权利义务的概念与命题(Begriffe und Sätze)，是共通于任何法律的一门基础学科的内容。这门学科名为**自然法学(Rechts der Natur)**，乃哲学的一个部分。为了追溯到这门科学的根基之处，人们必须想象，若没有国家、没有其他群体或意定约束(willkührlich eingegangene Verbindungen)决定人的状态，那么，彼此之间没有任何约束的两个或更多的人，在最初始的情形下，易言之，如果没有人做了任何产生约束(亦即义务)的行动(eine verbindliche Handlung; *factum obligatorium*)的话，一开始他们之间有何权利义务？然后，人们则应再思考，上述行动又会引发何种新的权利义务[22]？在这种**原始自然状态(ursprünglich natürlichen Zustande)**下，人又有何种权利和手段保全自身权利，免受侵害[23]？

实际上，人并非单独生活，而是会形成**群体**(Gesellschaften)。人的状态，也会因而发生变动。**家庭(Familien)**便是一种非常重要的群体。因此，接下来应当探讨的，便是关于婚姻状态、家父权力和主人权力(der väterlichen und herrschaftlichen Gewalt)以至整个家户的那些自然权利

[20] Johann Stephan Pütter, *Neuer Versuch einer juristischen Encyclopädie und Methodologie*, Göttingen: WittweVandenhoek, 1767, §§. 10-11.

[21] Johann Stephan Pütter, *Neuer Versuch einer juristischen Encyclopädie und Methodologie*, Göttingen: WittweVandenhoek, 1767, §. 12.

[22] Pütter 在这里的用词是 Gerechtsamen und Obliegenheiten。对他来说，这跟 Rechte und Verbindlichkeiten 无异。这里的 Obliegenheiten 并不是指负担或者汉语法学界惯译的所谓“不真正义务”。

[23] Johann Stephan Pütter, *Neuer Versuch einer juristischen Encyclopädie und Methodologie*, Göttingen: WittweVandenhoek, 1767, §§. 13-14.

与自然义务。这便涉及**群体法学**(*ius sociale*)[24]。

然后,群体又会从家庭扩展至更大的复合群体,甚至扩展至整个民族(ganze Völker)。这又带出了进一步的问题:整个民族如何联合起来共同保全和促成其福祉(Wohlfahrt),并受制于一个共同的最高权力?此即**国家**(Staat)的概念。通过将自然法和群体法应用于国家这个概念,许多归于国家最高权力的权利义务,都可以根据一些**一般原则**(allgemeine Grundsätzen)予以决定。一门特殊的学科便由此而生,那便是**一般国家法学**(allgemeine Staatsrecht,**或译为"国家法学总论"**),又名普通公法学(*ius publicum universale*,或译为"公法学通论")[25]。

同样,一个国家的臣民(Unterhanen eines Staats)彼此之间的权利义务,则构成**一般民事私法学**(ein allgemeines bürgerliches Privat-Recht,**或译为"民事私法总论"**)或者说普通市民私法学(*ius civile privatum universale*,或译为"民事私法学通论")的内容[26]。值得一提的是,民法或者说市民法(*ius civile*)在演变成现今形态之前,自古罗马以降一直都是混杂了公法与私法的内容的[27]。这是因为,市民法只不过是指适用于一个国家(*civitas*)市民的(*civis*)的法律。因此,市民法可分为市民公法与市民私法,后者便是现今意义上的私法,故普塔所谓的"一般民事私法学",即为现代所称的**私法学**甚至可以直接说是**民法学**。普塔指出,虽然每个国家状况各异,而且市民私法也很大程度上取决于各国立法者的任意命令(willkührlichen Verfügungen jedes Gesetzgebers),然而,我们还是可以从各种私法抽象出一般理论:

> ……人们必须根据某些被采纳的概念和命题,**将引致民事状态发生变动的多种私法予以一般化**(aufs allgemeine bringen),尤其是

---

〔24〕 Johann Stephan Pütter, *Neuer Versuch einer juristischen Encyclopädie und Methodologie*, Göttingen: WittweVandenhoek, 1767, §. 15.

〔25〕 Johann Stephan Pütter, *Neuer Versuch einer juristischen Encyclopädie und Methodologie*, Göttingen: WittweVandenhoek, 1767, §§. 16-17.

〔26〕 Johann Stephan Pütter, *Neuer Versuch einer juristischen Encyclopädie und Methodologie*, Göttingen: Wittwe Vandenhoek, 1767, §. 18.

〔27〕 关于"民法"一词的语义演变,参见唐晓晴编著:《民法一般论题与〈澳门民法典〉总则》(上册),社会科学文献出版社,2014年版,第11—14页。

就诸如监护、继承、消灭时效、审判等事宜，在**一般原则**(allgemeinen Grundsätzen)上寻求进一步发展。此举大概可以带来若干实益。[28]

最后，由于国家如同其他任何群体一样，都可被视为一个伦理人(als eine moralische Person)，有能力对外拥有某些权利和负有某些义务。此即**一般国际法学**(**allgemeinenVölkerrecht，或译为"国际法学总论"**)或称普通万民法学(*ius gentium vniuersale*，或译为"国际法学通论")这门学科的内容[29]。德语 Völker 是 Volk 亦即民族或称国族的复数形式，对应拉丁语 *gentium* 亦即 *gens* 的复数形式，故译其为"一般诸民族法学"(诸民族法学总论)、"普通诸民族法学"(诸民族法学通论)，也许更能清晰呼应普塔前述整个民族联合起来形成国家之说。

可见，普塔在这里所做的自然法学、群体法学、一般国家法学、一般民事私法学、一般国际法学之分，是**应用了按照上文各点独立论述的种种思维**：首先，将法律学科划分为各个学科(＝2. "整体与部分"思维)，而这些学科所处理的都是"一般"理论(＝3. "一般与特殊"思维)，因而这些学科都是围绕着一切法学的研究中心亦即权利义务进行展开的(＝4. 权利义务本位思维)。以本文所关注的主题为例，**一般民事私法学便是研究共通于各种私法的、以权利义务为中心的那些一般原则**。

六、秩序 (Ordnung)：诸项真理的"先后"

在划分出各门一般性法律学科后，又要如何研究它们？或者说，所应用的是怎样的**方法论**？这便触及普塔的**"秩序"**(**Ordnung**)理念。实际上，他早在 1757 年的《法律百科全书纲领》中，一开始(§. 1)便马上指

---

〔28〕 *Ibid*. 此段中文译文，由本文作者自行翻译，原文如下(粗体为原文之标示)：„[...] man müsste denn die vielerley Arten der Privat-Rechte，wie sie sich im bürgerliche Zustande zu verändern pflegen，nach gewissen angenommenen Begriffen und Sätzen aufs allgemeine bringen，und zumal gewisse Materien als von Vormundschaften，Erbfolgen，Verjährungen，Gerichten，u. s. w. in allgemeinen Grundsätzen näher zu entwickeln suchen；welches vielleicht mit einigem Nutzen geschehen könnte"。

〔29〕 Johann Stephan Pütter，*Neuer Versuch einer juristischen Encyclopädie und Methodologie*，Göttingen：Wittwe Vandenhoek，1767，§. 19.

出，对任何学科研究而言，秩序都是必不可少的。一旦欠缺秩序，研究便不会是“体系性”(systematisch)的。他写道：

> 秩序的必要，I）总的来说，a）见于一切的学科研究，因为一项真理、一门科学总是建基于另一者(da immer eine Wahrheit und Wissenschaft in der andern gegründet)，后者一旦欠缺，前者便不可能被理解；但首先是 b）见于学习，因为时间是如此短暂，而且一旦欠缺秩序，便没有任何学者可以是体系家(systematisch)，因而也不会是像样的。[30]

他认为，法律学问在秩序上长期存在缺陷，并已经造成了一些有害后果[31]。而在《法律百科全书与方法论的新尝试》中，普塔在论述“百科全书”(不限于“法律百科全书”)的各种实益时，同样提到了“秩序”这个十分关键的概念。他认为，一部“百科全书”越完整和越正确，就越能提供以下好处：(1)人们可以将相关的几门学科概括视为一个整体；(2)人们可以更清晰各门学科之间的关系，尤其是在科学之间划定真确的边界；(3)承上点，人们便可以确保他所投身的那个学问部分并无漏洞(keine Lücken habe)；**(4)对每一个部分，都是按照“一者最自然地(natürlichsten)跟随或先于(folget oder vorhergehet)另一者”的秩序予以处理**[32]。就本文的论题而言，甚至就普塔自己的通篇论述而言，这最后一点都尤其重要，可谓是其“法律百科全书”构想的核心。

在《法律百科全书与方法论的新尝试》中题为“法学方法论”(Methodologie der Rechte)的第二部分中，普塔专门针对法律学问本身，强调了

---

〔30〕 Johann Stephan Pütter, *Entwurf einer Juristischen Encyclopädie*, Göttingen: Wittwe Vandenhoek 1757, §. 1。此段中文译文，由本文作者自行翻译，原文如下：„Nothwendigkeit der Ordnung I) überhaupt a) bey jeder Abhandlung der Wissenschaften, da immer eine Wahrheit und Wissenschaft in der andern gegründet, und ohne selbige nicht zu verstehen ist; am meisten aber b) beym Studieren, da die Zeit so kurz ist, und ohne Ordnung kein Gelehrter systematisch, noch also brauchbar werden kann“。

〔31〕 Johann Stephan Pütter, *Entwurf einer Juristischen Encyclopädie*, Göttingen: Wittwe Vandenhoek 1757, §. 2.

〔32〕 Johann Stephan Pütter, *Neuer Versuch einer juristischen Encyclopädie und Methodologie*, Göttingen: Wittwe Vandenhoek, 1767, §. 5.

“**学科全体秩序原则**”(der Grundsatz aller Ordnung in Wissenschaften)如下:(1)作为学科基础的一切必需工具(nöthige Hülfsmittel),必须被**预设**或者说**前置**(vorausgesetzt);(2)要小心思考各门学科的边界,以便学科的秩序不致混乱,亦即不会将属于某处的东西不当地放到另一处,无论是不当地在它所属的位置**忽略**了它,还是不必要地将它**重复**展示两次;(3)将各门学科分割成**主部分**(递Haupttheile)和分枝(Abschnitte)逐一研究,并**以最自然的秩序**(in der natürlichsten Ordnung)从一项命题(Satze)前进到另一项由其证明和解释的命题。不遵从这种秩序,对**教科书**(Lehrbüch)和**学院讲座**(academisch Vorträg)尤其有害,这跟其他书籍哪怕不按照正确秩序也可介绍新思想和新事物不一样[33]。

虽然普塔没有言明,但本文认为,他的上述原则的各点推论,可以这样被统合起来:**应当在教材上将共通的基础命题依次前置到主部分**。就本文的主题而言,这正是民法总论这门学科的首要意义所在。虽然普塔并没有正式提出民法总则与民法分则之分,但显然其理念雏形在这里已经十分完备。

在实定法(positiven Rechte)的方法论中,以上原则有多项体现。本文将普塔的看法梳理总结如下:

(1)根据自然法一般原则填补实定法:人们必须注重实定法的渊源(Quellen)。实定法学的本质是认识**法律**(Gesetze)规定了什么,以及习惯或传统带来了什么。实定法愈是近乎完善,就愈能建构起一个由正确的概念与命题所组成的体系。如是者,若根据**法的类推**(Analogie des Rechts)对它们进行的比较,更是可以提供新型的法渊源。**一套健全的哲学教学法**(eine gesunde philosophische Lehrart)的确也素来被运用于实定法的学问上(der positiven Rechtsgelehrsamkeit):在没有法律、没有习惯法,也无从类推时,哪怕是实定法本身,也经常必须**借由自然法一般原则**(durch allgemeine Grundsätze des Rechts der Natur)**被补全**(ergänzet)。

---

〔33〕 Johann Stephan Pütter, *Neuer Versuch einer juristischen Encyclopädie und Methodologie*, Göttingen: Wittwe Vandenhoek, 1767, §. 117.

话虽如此，但根据法律或习惯法予以讨论，仍然是法律人的主要工作。如果有法律或习惯法，便一定不可以无视它们，而代之以备受采纳的概念和学理(angenommene Begriffe und Lehrsätze)〔34〕。

(2)应当从先前的历史来了解实定法：在说明法律或构成法的习惯或传统时，为了不至于无根无据(aus keinen Gründen)，无论是私法还是国家法(公法)，都必须依根据有影响性的一些情势(Umständen)来了解一国的实定法。这是因为，一国法律的制定经常在很大程度上建基于该国的特质，但只靠一瞥当前时代便能清晰并不容易，因为此时国家已是经历了许多变动了。总而言之，**要知道后来如何(der solgenden)，便应一一了解先前如何(jede vorhergehende)**。这也是历史法学派领军人物普塔一贯的思想：法律反映了各个民族的独特历史经验[或者说"民族特性"(Volkscharacter)]〔35〕所以，不先对相关的国家历史有彻底认识，便不易思考实定法〔36〕。但法律史(Geschichte der Gesetze)或者说法史(Rechtsgeschichte; *historia iuris*)〔37〕，则又是有别于实定法学的另一门学科了。

(3)实定法规则之间的"先后"关系：在不同种类、不同部分的实定法之间的关系上，同样适用前述的"学科全体秩序原则"，亦即在先者为在后者的认识基础(diejenigen den andern vorgehen, die zu deren Erkenntniss Gründe hergeben)，因此除非已对在先者有必要的理解，否则便不应转至在后者。仅当法律学问的两个部分之间没有这种先后关系时，"秩序"如何才是无所谓的，亦即两者可以被同步处理。所以依此原则，可以有以下各项推论：

---

〔34〕 Johann Stephan Pütter, *Neuer Versuch einer juristischen Encyclopädie und Methodologie*, Göttingen: Wittwe Vandenhoek, 1767, §. 120.

〔35〕 Peter H. Reill, *The German Enlightenment and the Rise of Historicism*, University of California Press, 1975, p. 187.

〔36〕 Johann Stephan Pütter, *Neuer Versuch einer juristischen Encyclopädie und Methodologie*, Göttingen: Wittwe Vandenhoek, 1767, §. 122.

〔37〕 Johann Stephan Pütter, *Neuer Versuch einer juristischen Encyclopädie und Methodologie*, Göttingen: Wittwe Vandenhoek, 1767, §. 123. 法律史又有别于法律学问史(die Geschichte der Rechtsgelehrsamkeit)或者说法律文献史、法学文献史(*historia litteraria iuris seu jurisprudentiae*)。法律史研究的是法律本身(der Gesetze selber)的起源、发展与改变；法律学问史，所展示的则是学者们在各个法律部分的学科上所做努力的起源与发展。参见 *ob. cit.*, §§. 124-125。

①国家法应当先于(vorgehet)私法而被讨论[38],因为普塔认为,很少有国家法会以该国的私法规则为基础命题,但反之则不然。

②旧法应当在新法之前预先(vorzusetzen)被讨论[39],因为如果不以过去的法为前设(vorausgesetzt)的话,现今的法便容易出现秩序上和慎密度上的不完善。但新法永完不能反过来成为旧法的基础。应当注意的是,普塔在这里并不是指旧法在适用上优先于新法,而只是在说认识上的先后。

③普通法[40]**应当在特别法前面(gehen vor)**[41],易言之,更为**一般性**的概念与命题(einem **allgemeinere** Begriffe und Sätze),先行于(vorkommen)其他只适用于特别对象并只能由自身的法律更精细地决定的那些概念与命题。举例而言,这一点可清晰见于在德国通用的**一般私法**(des in Teutschland üblichen **allgemeinen Privatrechts**)之于封建法(Lehenrecht)、战争法(Kriegsrecht)、汇票法等的关系。对本文的主题来说,这一点尤为重要。

七、混乱罗马私法教学的秩序化:别再把法律典籍当成教科书!

(一)罗马法优化教学法的原则

不足为奇的是,根据普塔的"秩序原则",罗马法应当先于其他法被探

---

〔38〕 Johann Stephan Pütter, *Neuer Versuch einer juristischen Encyclopädie und Methodologie*, Göttingen: Wittwe Vandenhoek, 1767, §. 126.

〔39〕 Johann Stephan Pütter, *Neuer Versuch einer juristischen Encyclopädie und Methodologie*, Göttingen: Wittwe Vandenhoek, 1767, §. 127.

〔40〕 Gemeine Rechte,亦即"一般法"(allgemeine Rechte),在 Pütter 的论述中两者无异,参见 Johann Stephan Pütter, *Entwurf einer Juristischen Encyclopädie*, Göttingen: Wittwe Vandenhoek 1757, §. 15.

〔41〕 Johann Stephan Pütter, *Neuer Versuch einer juristischen Encyclopädie und Methodologie*, Göttingen: Wittwe Vandenhoek, 1767, §. 128.

讨(虽然他认为,早于罗马法的旧法尤其是希腊法可以是例外[42])。他认为,法律学者尤其注视罗马法,将其放在其他法前面的首位,这不仅是实际上最普遍的做法,而且同样有许多好处,也普遍为其他的法提供了概念与原则。因此,若德国的法律学者想从事当代法学其他部分的研究,却没先透彻学习罗马法,那肯定是错的[43]。而在**罗马法的教学法**(Lehart)上,普塔认为应当奉行以下原则。

(1)纯粹地呈现罗马法,而不应混同其他法一起论述[44]:此乃正确教学法的第一条规则。人们应当分开处理每一门法律,而不应将关于完全不同对象、立法者和时间的多门法律混合在一起。所以他认为,德国一些大学里关于《学说汇纂》的讲座,其主要目的是讲授罗马法,但却有时与教皇教会法(dem päbstlich-canonischen Rechte)、旧德国或萨克森法(alten Teutschen oder Sächsischen Rechten)、帝国法律或个别的邦法(Keichsgesetzen oder einzelnen Landesrechten),甚至从当今的国家法和封建法(dem heutigen Staats-und Lehenrechte)的东西混在一起讨论,此举是极大的错误。

(2)古罗马法先于优士尼丁罗马法[45](Das alte Römische Recht vor dem Justinianeischen vorauszusetzen):普塔指出,后来的确只有优士尼丁罗马法(das Justinianeisch Römisch Recht)在德国被视为普通法(ein gemeines Recht),而且迄今人们主要的精力都花在它上面。但是,不预先处理古罗马法就马上探讨优士丁尼罗马法,显然是错的。这是因为:其一,优士尼丁法律典籍(Justinianeische Gesetzbuch)不单是由优士丁尼皇帝时代和稍早时代的法律组成,而是很大程度上由更古老的法律和法学书(Rechtsbücher)所组成;其二,自由共和时代(Zeit der freyen

---

[42] Johann Stephan Pütter, *Neuer Versuch einer juristischen Encyclopädie und Methodologie*, Göttingen: Wittwe Vandenhoek, 1767, §. 130.

[43] Johann Stephan Pütter, *Neuer Versuch einer juristischen Encyclopädie und Methodologie*, Göttingen: Wittwe Vandenhoek, 1767, §. 131.

[44] Johann Stephan Pütter, *Neuer Versuch einer juristischen Encyclopädie und Methodologie*, Göttingen: Wittwe Vandenhoek, 1767, §. 132.

[45] Johann Stephan Pütter, *Neuer Versuch einer juristischen Encyclopädie und Methodologie*, Göttingen: Wittwe Vandenhoek, 1767, §. 133.

Republik)的罗马法，亦即从十二法表到 August（奥古斯都）时代的罗马法，以及后来由恺撒时代到优士丁尼时代的罗马法，是两个很不一样的法律体系，但后者是以前者的认识为前设的（vorausetzt）。因此，罗马法优化教学法的第 2 条规则是：应当先讨论古罗马法的体系，再着手于优士丁尼罗马法。

(3)先探讨罗马国家法，再探讨罗马私法〔46〕：原本就只有罗马私法才有法律效力（die Kraft eines Gesetzes），因为我们彻底地认为，罗马国家法不可能是德国国家法。而且，没有罗马国家法，罗马私法便不能被了解透彻。完全置罗马国家法于不顾，而只探讨罗马私法，是非常错误的。何况，罗马国家法的时代变化也不亚于罗马私法。一套仔细的教学法，必然要求古老的罗马国家法应当先于同一年代的罗马私法，而且恺撒时代的罗马国家法也应当先于在优士丁尼时代的。

(4)研究罗马法之前，先研究罗马法史〔47〕：不了解罗马国家，便不可能真正了解罗马公法，因而又不可能真正了解罗马私法。所以，应当在学院讲座课（academischen Vorlesungen）中将古代罗马史结合于古代罗马国家法和私法一并讲授。普塔认为，将这三者放在一部学院教科书和半年的讲座中，并不是不可行的事。此外，在进入优士丁尼罗马法之前，也应当先了解从恺撒时代开始的罗马国家史，这有助于理解《学说汇纂》许多的题（Titel）和片段。

(二)在教学上取消《法学阶梯》(*die Institutionen*)与《学说汇纂》(*die Pandekten*)的区分

普塔用了颇多篇幅批评当时的**罗马私法教学法**（至于罗马国家法则不可能是适用于德国的国家法，如前所述）。

根据他的介绍，在以往的大学法学课程计划（他没有指明是哪所大学，但应该是指他所任教的哥廷根大学）中，《法学阶梯》被安排在第二和

〔46〕 Johann Stephan Pütter, *Neuer Versuch einer juristischen Encyclopädie und Methodologie*, Göttingen: Wittwe Vandenhoek, 1767, §. 134.

〔47〕 Johann Stephan Pütter, *Neuer Versuch einer juristischen Encyclopädie und Methodologie*, Göttingen: Wittwe Vandenhoek, 1767, §§. 135-136.

第三学期(半年为一学期)学习,而《学说汇纂》则被安排在第三和第四学期学习[48]:

Im I. halben Jahre.	**第一个半年**
1. Ius naturae	1. 自然法
2. Römische Antiquitäten	2. 罗马古典学
3. Europaeische Staaten-Historie	3. 欧洲诸国史
4. Historia iuris	4. 法律史
Im II. halben Jahre.	**第二个半年**
1. Institutiones	**1. 法学阶梯**
2. Reichshistorie	2. 帝国史
3. Europaeische Staatshändel	3. 欧洲国家商业
Im III. halben Jahre.	**第三个半年**
1. Institutiones	**1. 法学阶梯**
2. Ius Germanicum	2. 德国法
3. Ius canonicum	3. 教会法
Im IV. halben Jahre.	**第四个半年**
1. Pandecten	**1. 学说汇纂**
2. Ius feudale	2. 封建法
3. der gemeine Procesz	3. 诉讼概说
4. Ius criminale.	4. 刑法
Im V. halben Jahre.	**第五个半年**
1. Pandecten	**1. 学说汇纂**
2. Ius publicum	2. 公法
3. Statistik	3. 国家学
Im VI. halben Jahre.	**第六个半年**
1. Teutsche Statistik	1. 德国国家学
2. Reichsprocesz	2. 帝国诉讼
3. Juristische Praxis	3. 法律实务

但他指出,以两门不同的讲座分别阐释《法学阶梯》与《学说汇纂》,这种习惯显然是从前教学法的残余(ein Ueberbleibsel von der ehemaligen Lehrart),因为人们以往习惯直接以法律典籍(Gesetzbücher)来阐释法(Recht)。为了省却不便,人们逐渐使用简释(*paratitla*)来便利讲座的进

〔48〕 Johann Stephan Pütter, *Entwurf einer Juristischen Encyclopädie*, Göttingen: Wittwe Vandenhoek 1757, §. 156; Johann Stephan Pütter, *Neuer Versuch einer juristischen Encyclopädie und Methodologie*, Göttingen: Wittwe Vandenhoek, 1767, §. 173.

行。然而，普塔认为此举其实顾此失彼：人们为了完整性(Vollständigkeit)起见而保留《学说汇纂》，为了秩序和简化(Ordnung und Kürze)起见而以《法学阶梯》为前者的预先基础(voraussetzte)，而不再去进一步开设《法典》(*die Codex*)和《新律》(*die Novellae*)的讲座；然而，这种方法事实上却让人们完全丧失了直接阐释法律典籍尚且可以得到的好处，至于最大的不便亦即秩序的匮乏(Mangel der Ordnung)，却又依旧不变[49]。普塔一针见血地批评道，为《法学阶梯》与《学说汇纂》开设两门不同的讲座，根本是不合理的：

> 因此，首先便看不出来为何人们要在**两个不同讲座**中研究一门法，因为显然《法学阶梯》与《学说汇纂》两者都只是以优士丁尼私法为对象，所以必然会是相同的东西说了两遍，或者两项研究中必然会有任一项不完整。在一开始，《法学阶梯》以没那么不便的秩序展示罗马法基础知识，应该是为了让人们更容易掌握在《学说汇纂》里经常出现的大量东西；于是，又会回到这样的一个问题：人们何不自己把《学说汇纂》的内容放进一个更可忍受的秩序之内(in eine erträglichere Ordnung bringe)？而且，如果采纳前文的那些建议，古罗马法的概念便被前置了(vorausgesetzt)(§. 133)，这样的话，为单独一门优士丁尼法开设两个不同讲座，便变得更没有必要。[50]

---

〔49〕 Johann Stephan Pütter, *Neuer Versuch einer juristischen Encyclopädie und Methodologie*, Göttingen: Wittwe Vandenhoek, 1767, §. 137.

〔50〕 Johann Stephan Pütter, *Neuer Versuch einer juristischen Encyclopädie und Methodologie*, Göttingen: Wittwe Vandenhoek, 1767, §. 138。此段中文译文，由本文作者自行翻译，原文如下(粗体为原文之标示)：„Es ist also erstlich nicht abzusehen, warum man einerley Recht in **zweyerley Vorlesungen** abhandeln soll, da offenbar sowohl die Institutionen, als Pandecten immer nur das Iustinianeische Privat-Recht zum Gegestande haben, mithin nothwendig entweder eine Sache zweymal gesagt, oder eine von beyden Abhandlungen unvollständig gelassen werden muss. Soll es darum geschehen, damit man in den Institutionen erst die Ansangsgründe des Romischen Rechts in einer nicht so unbequemen Ordnung sich bekannt mache, um hernach die Menge von Sachen, die in Pandecten meist ohne Ordnung vorgetragen wird, desto eher zu fassen; so kömmt man immer auf die Frage zurück, warum man nicht selbst den Inhalt der Pandecten in eine erträglichere Ordnung bringe. Und wenn nach obigen Vorschlägen erst ein Begriff des alten Römischen Rechts vorausgesetzt wäre (§. 133.); so würde man noch weniger nöthig haben, über das Iustinianeische Recht alleine zweyerley Vorlesungen zu halten"。

那么，为何人们始终维持着《学说汇纂》五十卷的原有秩序？以一个**自选的秩序**(**in einer selbsterwehlten Ordnung**)[51]来研究《学说汇纂》，约定俗成的编码索引甚至不一定需要改动。之所以不去选择一个体系上更佳的秩序(eine systematische bessere Ordnung)，也许真的如普塔所言，是因为推倒重来确实不易，再加上整个法律界墨守成规的惯例也太难被撼动。(今天何尝不是!)可是，一如他所说的那样，虽然很难，一旦成功却是功德无量。为了更好的未来，必须忍痛取舍：

> 但最大的**困难**可能**在于事情本身**，亦即找出这样的一个秩序。在这个秩序中，罗马法所包含的大量东西，可以根据正确的教学法在一个完备的体系中按照目的予以展示。当然，要统一所有法学家的思想，是困难的。然而，这为罗马法带来的不利，并不会甚于迄今在我们法学问的其他部分，例如国家法、刑法、封建法、德意志法上，每一部新的教科书都选择一个新的秩序那样有害。要做最彻底的工作的人，终需承受代价，但他确实会做出不朽的功绩。但愿，那些因使用和实践而已经熟悉罗马法律，同时又不缺哲学天才的人，愿意伸出援手。[……][52]

其实，普塔在一开始谈论实定法的方法论时，便已经指出**“法律典籍(Gesetzbücher)不容易同时被用作教科书(Lehrbücher)”**：如果人们可以

〔51〕 Johann Stephan Pütter, *Neuer Versuch einer juristischen Encyclopädie und Methodologie*, Göttingen: Wittwe Vandenhoek, 1767, §. 139.

〔52〕 Johann Stephan Pütter, *Neuer Versuch einer juristischen Encyclopädie und Methodologie*, Göttingen: Wittwe Vandenhoek, 1767, §. 140. 此段中文译文，由本文作者自行翻译，原文如下(粗体为原文之标示，着重号为本文作者所加)：„Doch die größte **Schwierigkeit** ist wohl **in der Sache selbst**, eine solche Ordnung ausfündig zu machen, worinn die Menge Sachen, die das Römische Recht in sich fasset, nach einer richtigen Lehrart in einem vollständigen Systeme dem Zwecke gemäss vorgetragen werden könne. Es wird freylich schwer seyn, hierüber die Gesinnung aller Rechtsgelehrten zu vereinigen; Es wird aber auch im Römischen Rechte eben so wenig Sachden bringen, als es bisher in anderen Theilen unserer Rechtsgelehrsamkeit, z. E. im Staatsrechte, im peinlichen Rechte, im Lehenrechte, im Teutschen Rechte zc. nachtheilig gewesen, wenn sast ein jedes neues Lehrbuch eine neue Ordnung erwehlet hat. Derjenige, der am gründlichsten zu Werke gehet, wird doch am Ende den Preis davon tragen, und sich in der That ein unsterbliches Verdienst machen. Nur ist zu wünschen, dass Männer, denen die Römischen Gesetze schon durch Gebrauch und Erfahrung geläufig werden, und denen es zugleich nicht an philosophischem Genie fehlet, Hand anlegen möchten“.

直接从法律中学习，如果各法所属的法律典籍都是以这样的教学目的来制定，因而同时可用作教科书的话，当然十分好。但是，如果人们想一想，大部分肇因于个别个案的立法都不是一下子发生，而是逐渐发生的，那么便会马上知道，“难以期待这样的法律典籍会具备**作为教科书本质性的东西**(ein wesentliches Stück)**的秩序**(Ordnung)，因为法律(Gesetzen)充其量可以被视为是偶然和任意的东西(etwas zufälliges und willkührliches)”[53]。何况，立法者也不是必须到处预设(vorauszusetzen)逻辑概念和一般原则，然后为每项命题提供证明，这样也不合乎立法者的尊贵[54]。

(三)人、物、权利义务的“一般研究”与“特殊研究”

普塔对他所谓“更佳秩序”的构想是这样的：首先，借此秩序，某些一般原则可以被稳妥地遵从。无论是整体上还是个别事宜上，虽然通常只有经过反复思考和实测尝试，才能精确地决定**最佳秩序**是怎样的，但普塔认为，有某些原则是如此可靠，以至于不得不确保其被遵从：(1)将普通法(gemeine Recht)区别于适用在某些处境(Stände)(*ex diuersitate ordinis personarum*；出于人的群组不同)或事务(Geschäffte)的特别法，并先研究前者；(2)民法(das bürgerliche Recht)应区别于和先于刑法；**(3)在每一个这些主部分(Haupttheile)中，首先解说权利与义务本身，然后才解说诉讼**[55]。

然而，在转至个别权利义务与诉讼的**特殊研究**(eine besondere Abhandlung)之前，必须先着手于**一个更为一般性的研究**(eine allgemeiner

〔53〕 Johann Stephan Pütter, *Neuer Versuch einer juristischen Encyclopädie und Methodologie*, Göttingen: Wittwe Vandenhoek, 1767, §. 121. 此段中文译文，由本文作者自行翻译，原文如下：„[...] es nicht leicht möglich ist, ein Gesetzbuch von der Art zu erwarten, dass nicht selbst die Ordnung darinn sehlen sollte, die in Lehrbüchern ein wesentliches Stück ausmacht, aber in Gesetzen allenfalls als etwas zufälliges und willkührliches angesehen werden kann“。

〔54〕 *Ibid*.

〔55〕 Johann Stephan Pütter, *Neuer Versuch einer juristischen Encyclopädie und Methodologie*, Göttingen: Wittwe Vandenhoek, 1767, §. 141.

Abhandlung)[56]。应当注意的是，普塔在这里所谓的“一般”与“特殊”，似乎更倾向是指“通常”与“非通常”的处理，或者说用没有歧义的话来说，应当是指“传统”与“非传统”的处理。普塔说道，即使是“一般研究”（传统处理），也应当**将人、物与权利义务一般原则予以前置**（vorauszusetzen）：

> I）人（Mensch）：按照不同自然状态和民事状态（nach seinen natürlichen als bürgerlichen verschiedenen Zuständen）对人予以探讨，从而决定其权利如何；II）**物**：探讨那些可以成为权利义务客体的物，有多少种决定因素（Bestimmungen）；III）**权利义务**：探讨罗马法上有哪些不取决于种类与客体的权利义务一般原则（allgemeine Grundsätze von Rechten und Verbindlichkeiten）[57]。

本文认为，根据普塔本人的随后论述，他所说的权利义务一般原则实际上内涵极为广泛，基本上包括了人和物以外的其余法学论题。这也可以印证普塔所主张的“一切法律学科的真正对象是权利义务”的理念：**要将这些杂乱的罗马法学理顺，便要把它们联系到其终极归宿，亦即权利义务的名目之下**。观乎普塔的以下见解[58]，权利义务的高度统括力即可见一斑。

首先，他指出，这些权利义务一般原则展示了罗马法如何区别于自然法。有一部分的这些原则是关于**权利**的取得方式，其他则是关于审判上有效**义务**（würksame Verbindlichkeit）的认定方式。当中包括但不限于：

> “i. 法务官（*praetore*）与助审法官（*iudice pedaneo*）这两种罗马审判方式的必要原则；
>
> ii. 程式（Formeln）与要式（Feyerlichkeiten）的采用；
>
> iii. 通过起诉方式（*per modum actionis*）与通过抗辩方式（*per*

[56] Johann Stephan Pütter, *Neuer Versuch einer juristischen Encyclopädie und Methodologie*, Göttingen: Wittwe Vandenhoek, 1767, §. 142.

[57] *Ibid*.

[58] Johann Stephan Pütter, *Neuer Versuch einer juristischen Encyclopädie und Methodologie*, Göttingen: Wittwe Vandenhoek, 1767, §. 143.

modum exceptionis)之分的一般概念与命题；

iv. 纯自然的合同(bloss natürlichen Verträgen)与有民事原因的合同(denen mit einer *caussa civili* versehenen Verträgen)之分；

v. 取得依据(*titulo adquirendi*)与取得方式(*modo adquirendi*)之分；

vi. 善意事务(*negotiis bonae fidei*)与严法事务(*negotiis stricti iuris*)之分；

vii. 手中物(*res mancipi*)与非手中物(*res nec mancipi*)之分[59]；

viii. 法律诉讼(*actionibus legis*)与法定行为(*actibus legitimis*)之分。

此外，还可以再加上以下的权利(以及相应的诉讼区分和义务种类)罗马式区分的一般理论，例如：

ix. 对物权(*iura in re*)与向物权(*iura ad rem*)之分；

x. 真正合同(*contractus veros*)与准合同(*quasi contractus*)之分；

xi. 具名合同(*contractus nominatos*)与无名合同(*contractus innominatos*)之分；

xii. 诺成合同(*contractus consensuales*)与要物合同(*contractus reales*)之分；

---

〔59〕 这里应当对译语作一点说明。笔者之所以把 *res mancipi* 和 *res nec mancipi* 分别翻译为"手中物"和"非手中物"，是因为笔者认为中文学界一直所沿用的译法例如"要式物"和"非要式物"(或"略式物")等，也许是翻译上的一种过度创作。这是由于，原文 *res mancipi* 在字面上并无"要式"的含义，也没有使用诸如 *sollemnitas* 等表示"要式"的用词。实际上，"手中物"和"非手中物"这种译法是日本与韩国法学界的通译，并非笔者自己的发明。笔者认为，这种译法不是没有道理的。原因有二：第一，*mancipatio* 这种举动，正是指将物持于手中，并声称物已经被据为己有[参见 Thomas Collett Sandars (ed.), *The Institutes of Justinian*, The Lawbook Exchange, 2007, xlvii]。正因如此，日本法学界将 *mancipatio* 译为"握取行为"。笔者甚至认为可以译为"手持行为"，因为 *mancipatio* 一词正是由 *manus*(手)和 *capere*(持、抓)构成。这比中文法学界以往将它音译为"曼兮帕蓄"的做法可取得多(意译虽然往往有过度创作之嫌，但尚且有解释作用，而音译则是完全不起任何解释作用)。第二，有研究指出，作为一种"指示权力"的 *manus*，有可能正是 *mancipi* 和 *mancipatio* 的根源[参见 Thomas Collett Sandars (ed.), *The Institutes of Justinian*, The Lawbook Exchange, 2007, xlvii]。因此，如果沿用中文法学界的旧译法"要式物"，便会在翻译上掩藏了一个关键线索，不利于理论溯源。

xiii. 口头合同（contractus verbales）与书面合同（contractus litterales）之分。”

至于权利与合同的“特殊研究”（非传统处理），则应当有着截然不同的另一个秩序，那是一个“**远远更为自然的秩序**”：

在权利义务的特殊研究中，我会将物权（die Rechte der Sachen），包括对物权（*in re*）和向物权（*ad rem*），放在所谓的人权（den so genannten Rechten der Personen）之前。在讨论个别的向物权时，**我不会像通常的教学法那样根据罗马式的外在形式来处理合同，而是只会探讨其一般原则（den allgemeinen Grundsätzen），并在这里根据一个建基于事物本身区别的、远远更为自然的秩序（nach einer im Unterschiede der Sache selbst gegründeten weit natürlichern Ordnung）来工作**。因此，我不会首先处理具名合同（*contractus nominatos*）然后处理无名合同（*contractus innominatos*），接下来再处理准合同（*quasi contractus*）、法定协议（*pacta legitima*）与法务官定协议（*pacta praetoria*）等，而是会首先把那些创设权利义务的合同（die Verträge, wodurch Rechte und Verbindlichkeiten gestiftet werden），亦即用于产生它们的，放到前面；再区分主约定（*conventiones principales*）与从约定（*conventiones accessorias*）；并再将那些所谓的和解（*transactiones*）区别于其他合同，然后我会再根据后者的内容进行划分，要么以物和针对它们的权利为标准，要么以所允诺做的某些行动（Handlungen; *facta*）为标准，而在前一情形下那要么是所有权，无论是生者之间还是因为死亡而赠送，还是为了相互约束例如买卖、交换、给予做（*do vt facias*），要么是其他权利，甚至物的使用等。[60]

---

〔60〕 Johann Stephan Pütter, *Neuer Versuch einer juristischen Encyclopädie und Methodologie*, Göttingen: Wittwe Vandenhoek, 1767, §. 144. 此段中文译文，由本文作者自行翻译，原文如下：„In der besonderen Abhandlung der Rechte und Verbindlichkeiten würde ich die Rechte der Sachen, sowohl in re, als ad rem, vor den so genannten Rechten der Personen vornehmen. Und in Erörterung der einzelnen iurium ad rem würde ich von der gewöhnlichen （转下页）

综上所述，从内容上看，这样的一种倡议已经非常贴近现代意义上的民法总则了，基本上就只差在没有明确说出“民法总则”这个术语而已。总而言之，普塔所提倡的改良教学法，是**将以往“以杂乱的法律典籍为中心”改为“以重新编排秩序的教科书为中心”**。本文认为很值得注意的一点是，在这样的处理下，**实定法文本与实定法教学之间便会产生一种张力**：实定法教学始终是旨在服务于实定法的认识，因此实定法文本乃是一切理论的立足点，而这也是普塔本人所一直强调的。因此，也许是为了避免这种的新式教学法让人们过分脱离实定法文本，他最后提出了一种颇有意思的罗马法学习上的建议：在讲座用手册（Handbücher）中，将包含重要原则，或对其解释而言是重要的《民法大全》法律的那些主段（Hauptstellen），在每一目（§）下以小字印刷，方便参照，这样便不用另外查找法律规定。若是由行家（Kenner）挑选的话，手册的尺寸就不会变得太大[61]。

普塔还提出了他自己的课程改革建议，而且新计划可以把整个课程从以前的三年缩减至两年半（参照前文所述改革前的课程计划）。当中，**原本的“法学阶梯”与“学说汇纂”这两门独立的科目，被合并成了一门“优士丁尼罗马法”**。他说，“当前述的建议都被付诸落实时”（wenn alle bisherige Vorschläge

---

（接上页）Lehrart hauptsächlich darinn abgehen, dass ich die Contracte nicht nach der Römischen äusserlichen Form abhandeln würde; sondern ich würde mich deshalb mit dem, was in den allgemeinen Grundsätzen davon vorgekommen, begnügen, und hier nach einer im Unterschiede der Sache selbst gegründeten weit natürlichern Ordnung zu Werke gehen. Ich würde also nicht erst die contractus nominatos, hernach die innominatos, und dann erst die quasi contractus und pactalegitima, praetoriau. s. w. abhandeln; sondern ich würde z. E. erst die Verträge, wodurch Rechte und Verbindlichkeiten gestiftet werden, denenjenigen, welche zu deren Aushebung dienen, vorsetzen; Unter jenen würde ich wirder conuentiones principales und accessorias unterscheiden; ingleichen wiederum eigentlich so genannte Vergleiche (transactiones) von anderen Verträgen, die ich sodann nach ihrem Inhalte eintheilen würde, nachdem entweder Sachen und die darauf statt findenden Gerechtsamen, oder gewisse Handlungen (facta) versprochen werden, und in jenem Falle entweder das Eigenthum, es sey nun Schenkungsweise unter den Lebendigen oder des Todes halber, oder für gegenseitige Verbindlichkeiten, als Kauf, Tausch, do vtfaciasu. s. f. , oder endlich andere Rechte, oder auch nur der Gebrauch einer Sache u. s. w“。

〔61〕 Johann Stephan Pütter, *Neuer Versuch einer juristischen Encyclopädie und Methodologie*, Göttingen: Wittwe Vandenhoek, 1767, §. 145.

bewurket wären)，以下是“最佳”(am besten)的课程计划[62]：

Im I. halben Jahre. 1. Recht der Natur sammt dem allgemeinen Staats-und Völkerrechte； 2. Pragmatische Geschichte von Rom，und damit zu verbindendes **altes Römisches** Staats- **und Privatrechts**； 3. Pragmatische Geschichte der heutigen Europäischen Staaten； 4. Allgemeine juristische Geleheten-Geschichte.	**第一个半年** 1. 自然法，连同一般国家法与国际法 2. 实用罗马史，以及相关的**古罗马**国家法与**私法** 3. 实用当代欧洲诸国史 4. 法律学问史总论
Im II. halben Jahre. 1. Politik； **2. Römisch-Iustinianeisches Recht；** 3. Pragmatische Reichshistorie； 4. Deutsche Schreibart.	**第二个半年** 1. 政治学 **2. 优士丁尼罗马法** 3. 实用帝国史 4. 德文写作法
Im III. halben Jahre. **1. Deutsches privat**-und Lehn**recht nur aus unvermischten alten Quellen；** 2. Päbstlich cannonisches Recht； 3. Allgemeinere Europäische Staatshändel seit dem Ursprunge des Westphälischen Friedens her； **4. Practische Uebungen in Beziehung auf das Römisch-Iustianeische Recht.**	**第三个半年** **1. 德国私法**与封建法，**仅依据不混杂的古代渊源** 2. 教皇教会法 3. 自西伐利亚和约以降的欧洲国家商业总论 **4. 关于优士丁尼罗马法的实务训练**
Im IV. halben Jahre. 1. Heutiges Deutsches Staatsrecht； **2. Heutiges Deutsches Privatrecht，und zwar dessen erster Theil，allenfalls in zwo Stunden jeden Tags；** 3. Europäische Statistik； **4. Practische Uebungen in Beziehung auf das Deutsche privat**-und Lehn**recht** & c.	**第四个半年** 1. 当代德国国家法 **2. 当代德国私法，第一部分，最多每日两小时** 3. 欧洲国家学 **4. 关于德国私法**与封建法**的实务训练等**
Im V. halben Jahre. 1. Historisch und politische Kenntnisz derer einzelnen besonderen Deutschen Staaten； **2. Heutiges Deutsches privat-Recht，und zwar dessen zweyter Theil，wieder allenfalls zwo Stunden jeden Tags；** **3. Practische Uebungen in Beziehung auf das heutige Deutsche** Staats-und **Privatrecht.**	**第五个半年** 1. 德国国家历史与政治知识专论 **2. 当代德国私法，第二部分，也是最多每日两小时** **3. 关于当代德国**国家法与**私法的实务训练**

〔62〕 Johann Stephan Pütter，*Entwurf einer Juristischen Encyclopädie*，Göttingen：Wittwe Vandenhoek 1757，§. 155；Johann Stephan Pütter，*Neuer Versuch einer juristischen Encyclopädie und Methodologie*，Göttingen：Wittwe Vandenhoek，1767，§. 172.

八、结语

据说普塔是共济会一个名为“三狮会”的分会的会员〔63〕。有趣的是，共济会其中一句最古老的格言是*ordo ab chao*，**亦即“从混乱出秩序”**，而“秩序”正好是普塔法学方法论开宗明义、反复强调的核心思想。这是否纯属巧合，不得而知。但无论如何，对法学以至任何一门学科而言，学人所追求的不外乎是“从无序走向有序”，或者说，**理顺“真理”的“秩序”**。因此，王洪亮教授早已言简意赅地指出了重点所在：“一个真实而有序的法律世界，**真实**为其中的诸多判例、学理所支撑，**有序**则表现在这本教科书的高度体系化上”〔64〕。的确，我们所说的“体系”，无论是“外部体系”还是“内部体系”，其本质都不外乎是秩序。如普塔所言，没有秩序，便难成体系，因而难成学科（Wissenschaft，或者说“科学”）。

法律人从16世纪开始，两次大规模的秩序重构，都是出于对当时失序状态的不满。观乎现今法学的秩序可见，普塔所描述的那第二次，亦即18世纪开始的那一次新尝试，最后是大致成功了，并且大体上沿用至今。作为这一次新尝试成果的体系建构，仍然是今天法学研究以至法学教育的重点〔65〕。未来是否会发生第三次的基础性重构，目前大概言之尚早。不过，也许并不需要有“时代的新秩序”（*novus ordo seclorum*）才算得上是一个新时代吧。

---

〔63〕 Stefan Redies, *Freimaurer*, *Tempelritter und Rosenkreuzer*: *zur Geschichte der Geheimbünde in Marburg im* 18. *Jahrhundert*, Tectum Verlag DE, 1998, S. 7, S. 79。普塔在哈雷大学结识的朋友、与其合着《自然法原理》一书并身为统计学创始人之一的 Gottfried Achenwall（戈特弗里德·阿亨瓦尔）（1719 - 1772）在1746年来到马尔堡时，也可能在普塔的建议下入了会，参见前引著作，S. 7。关于“三狮会”（Zu den drey Löwen），参见 S. 78 - 80。

〔64〕 王洪亮：《真实有序的法律世界》，载《法制日报》2004年4月22日。

〔65〕 李昊：《做一个理想的法律人》，“法律人进阶译丛”代译丛序，2018年。

中德私法研究第 20 卷
页 204—228

论合伙财产的法律性质

叶玮昱[*] 著

摘要:我国现行法仅规定了合伙财产的范围,但未明确合伙财产的法律性质。合伙财产的共有性质,即合伙财产究竟是按份共有还是共同共有,决定了合伙人对合伙财产的具体权利和义务。就权利分割的本质而言,合伙人享有财产份额并非否定合伙财产共同共有的理由;共同目的才是引起合伙财产共同共有的原因。此外,合伙财产的法律性质还包括合伙财产独立于合伙人个人财产(财产区隔),以及合伙财产可以成为组织财产。尽管我国《民法典》没有明确规定合伙财产独立于合伙人个人财产,但可以通过解释具体条款、整理法院判例得出大致结论。合伙企业财产是组织财产当无疑义,民事合伙财产在满足一定条件的情况下也可以成为组织财产。

关键词:合伙财产、共同共有、财产区隔、组织财产

一、问题的提出

《中华人民共和国民法典》(以下简称《民法典》)第 969 条规定了合伙

* 叶玮昱,法学博士,浙江财经大学法学院讲师,“浙江省地方立法与法治战略研究院”助理研究员。

财产包括合伙人的出资以及因合伙事务依法取得的收入和其他财产。然而，法条并未言明合伙财产的共有性质。从法院判决和学理研究现状来看，我国法院和民法学者对合伙财产或者合伙企业财产究竟由合伙人共同共有还是按份共有尚未形成共识。[1]

合伙财产的共有性质直接影响到合伙人对合伙财产的权利。例如，合伙份额的转让、合伙财产的处分与分割等。只有在明确合伙财产的共有性质之后，才能系统地分析、解释、整合散落于各处的法律规范。因此，对合伙财产共有性质的认定不可谓不重要。除合伙财产的共有性质外，合伙财产的法律性质还涉及合伙财产与合伙人财产之间的关系、合伙财产是否是组织财产。围绕这两个问题，学理甚少讨论，也未见法院形成相对统一、连贯的判决思路。因此，讨论合伙财产的法律性质，无论对于学理、司法实践还是《民法典》的解释，都意义重大。

二、合伙财产的共有性质

我国现行法并未明确规定合伙财产的共有性质，我国学者则提出了共同共有说、按份共有说和混合说。法律的沉默加上学理的分立，使得合伙财产的共有性质变得扑朔迷离。既然现行法和当前学理不能给出一个明确的答案，那么不如先回到之前对此有所规定的时期一探究竟。

---

〔1〕 少数学者明确指出合伙人按份共有合伙财产(按份共有说)。彭万林主编:《民法学》,法律出版社 2000 年版,第 237 页;高富平主编:《民法学》(第 2 版),法律出版社 2009 年版,第 360 页;李锡鹤:《究竟何谓"共同关系"——再论按份共有与共同共有之区别》,载《东方法学》2016 年第 4 期。

反对者则认为,合伙人之间的共同关系产生了共同共有财产,因此合伙财产由合伙人共同共有(共同共有说)。钱玉林:《合伙人的财产份额及其相关的几个法律问题》,载《河北法学》2001 年第 3 期;陈年冰:《合伙企业财产的法律性质》,载《宁夏社会科学》2004 年第 5 期;戴永盛:《共有释论》,载《法学》2013 年第 12 期;李永军:《民事合伙的组织性质疑——兼评〈民法总则〉与〈民法典各分编(草案)〉相关规定》,载《法商研究》2019 年第 2 期。

另有一些学者未给出明确回答。在这其中,部分学者列举了夫妻家庭共同共有和遗产继承共同共有,但未明说合伙财产是否共同共有。梁慧星主编:《中国物权法研究(上)》,法律出版社 1998 年版,第 559—561 页;蔡永民等:《物权法新论》,中国社会科学出版社 2008 年版,第 135—137 页。

法院判决多数支持按份共有,但也有支持共同共有的,参见最高人民法院民事裁定书,(2017)民再字第 228 号;山东省高级人民法院民事判决书,(2014)鲁民四终字第 77 号。

(一)我国各时期的立法与学理

自清末法典编纂更始，立法者就开始尝试规定合伙财产的共有性质。以新中国成立为分界点，大致可分为“明定合伙财产共同共有”和“未明定合伙财产共同共有”两个时期。

1. 明定合伙财产共同共有

新中国成立前明确规定合伙财产共同共有的法律或法律文件包括《大清民律草案》(第 812 条)和《中华民国民法》(第 668 条)。[2]《民国民律草案》(第 656 条)只规定了各合伙人之出资及其他合伙财产为合伙人所共有，未明确共有的性质；但(第 844 条)另规定，数人依法律规定或契约结合，共同共有其物者，为共同共有人。既然“共同共有某物”需依法或者依契约，那么在法律没有明示的情况下(合伙契约在多数情况下自然也不会明说)，能否当然推断合伙财产非由合伙人共同共有呢？其实，是否言明合伙财产共同共有并不重要。重要的是，《民国民律草案》中有关合伙财产的规则(尤其是合伙人针对合伙财产的具体权利义务)是否与共同共有规则相同，而有别于按份共有规则。

《大清民律草案》《民国民律草案》和《中华民国民法》均明确指出了共同共有人、按份共有人针对共有财产权利之间的区别。例如，按份共有人得自由处分其应有部分(《大清民律草案》第 1045 条第 1 款，《民国民律草案》第 831 条第 1 款，《中华民国民法》第 819 条第 1 款)；在无特别约定的情况下可以随时请求分割按份共有物(《大清民律草案》第 1051 条，《民国民律草案》第 837 条，《中华民国民法》第 823 条)。共同共有人于共同关系尚存时，不得请求分割共同共有物(《大清民律草案》第 1066 条、《民国民律草案》第 847 条、《中华民国民法》第 829 条)。由此可知，除了能否自由处分应有部分外，是否可以随意析产是区分按份共有和共同共有的关键。回到合伙财产，法律明确规定合伙人既不得自由处分合伙财产，也不

[2] 1949 年之前的《大清民律草案》《民国民律草案》和《中华民国民法》使用的是“共同共有”和“分别共有”这对概念，分别对应“共同共有”和“按份共有”。为了确保表述上的统一，全文使用“共同共有”和“按份共有”。

得随意请求分割合伙财产(《大清民律草案》第 813 条、《中华民国民法》第 682 条),但是允许合伙人在经全体合伙人同意的情况下将自己的股份转让与第三人(《中华民国民法》第 683 条、《民国民律草案》第 666 条)。

从清末民国的三部法典和草案的相关规定来看,合伙财产与共同共有物之间的共性要大于其与按份共有物之间的共性。主要表现为,合伙人和共同共有人均不得随意请求分割共有财产。然而,合伙人在满足一定条件的情况下可以对外转让份额,这一点又确乎将合伙财产推向了按份共有。其实,"经全体合伙人同意可转让持分或股份"的规定既非采自《德国民法典》亦非仿效《瑞士债务法》,《日本民法典》和《法国民法典》中也未见类似规定。〔3〕事实上,对 20 世纪上半叶的欧洲大陆法系诸国来说,禁止合伙人转让所持份额是普遍观念和制定法规则。相比之下,中国当时的法典和草案却已明确规定合伙人转让禁止的例外,实乃一首创。然而,这一例外并不会动摇合伙财产共同共有的性质,因为法典和草案已明确规定了共同共有人的权利义务由法律规定或契约约定(《大清民律草案》第 1064 条、《民国民律草案》第 844 条、《中华民国民法》第 828 条)。如此一来,合伙人针对合伙财产的权利和义务并不直接由物权编所有权章共有一节规定,而是交给了债编中的合伙一节和具体的合伙契约;而合伙人依法可以转让合伙份额只不过是具体类型共同共有的特殊内容罢了。

2. 未明定合伙财产共同共有

新中国成立后的法律,有明确合伙财产共同共有的(1995 年 1 月的《合同法(试拟稿)》第 424 条)),有只说合伙财产由合伙人共有的(1986 年《民法通则》第 32 条),也有干脆不提是否共有的(《民法典》)。

---

〔3〕在德国,"民事合伙人经全体合伙人同意可转让其成员权"之成为民法学界的通说,始于 20 世纪 70 年代。Flume, Allgemeiner Teil des bürgerlichen Recht I/1: Personengesellschaft, Berlin, 1977, § 17 Ⅱ, S. 352; Wiedemann, Die Übertragung und Vererbung von Mitgliedschaftsrechten bei Handelsgesellschaften, 1965, S. 58; Huber, Vermögensanteil, Kapitalanteil und Gesellschaftsanteil an Personalgesellschaften des Handelsrechts, 1970, S. 388. 德国通说认为,《德国民法典》第 719 条第 1 款其实是对转让成员权所做的限制,与处分合伙财产无关。Habermeier, in: Staudinger Kommentar BGB, Band 6, 7. Auflage, 2017, § 719 Rn. 2.,3。《奥地利普通民法典》第 1182 条第 1 款规定了,各合伙人经过其他全体合伙人的同意可以处分其股份。但现在的民事合伙规则是 2012 年改革的结果,清末民国的法典和草案在此不可能借鉴《奥地利普通民法典》的规定。

新中国成立后的法律和草案几乎都规定，合伙人不得随意请求分割合伙财产[4]，合伙人非经全体合伙人同意不得将自己的财产份额（股份或合伙财产）转让给第三人。[5] 就合伙人对合伙财产的具体权利而言，新中国成立后的法律与清末民国的法典和草案之间并无本质区别，那为何人们会在合伙财产共有性质的问题上产生分歧呢？笔者认为，引起分歧的原因主要有以下几点：首先，《民法典》第974条允许合伙人在全体一致同意的情况下对外转让财产份额[6]，而根据《民法典》第298条、第299条的规定，按份共有人对共有财产按照其份额享有所有权，而共同共有人则是共同享有所有权。如果坚持按份共有人有份额而共同共有人无份额，那么合伙人享有份额就意味着合伙财产实为按份共有。其次，合伙人享有优先购买权。《合伙企业法》第22条规定，合伙人转让其财产份额时，其他合伙人享有优先受让的权利。[7] 由此可见，相比于共同共有，合伙财产的确更多地具有按份共有的基本特征。

3. 合伙财产共有的学理分歧

我国学理关于合伙财产共有性质的认识不一，大致可分为共同共有说、按份共有说和混合说。

(1)共同共有说。各合伙人共同管理共有财产，共有关系存续期间既不能处分其份额也不能随意分割合伙财产，因此合伙财产共同共有。[8] 然而，按份共有人也是共同管理共有财产，也可以约定限制处分份额或限

---

〔4〕 1995年1月《合同法（试拟稿）》第424条、1995年10月的《合同法（试拟稿）》第380条、2006年《合伙企业法》第21条、《民法典》第969条。

〔5〕 1995年1月《合同法（试拟稿）》第431条、1995年10月《合同法（试拟稿）》第380条、2006年《合伙企业法》第22条、《民法典》第974条。

〔6〕 正如有学者指出的，既然成员身份作为一个整体适用禁止拆分原则，那么依法转让的就不仅仅是财产上的份额，还包括成员身份下的管理权。严城：《民法典合同编（草案）合伙合同的成功与不足》，载《法治研究》2019年第1期。另外，“财产份额”和“财产权”这两个概念之间还是存在差别。涉及合伙人所享有的特定的财产权时，规范的措辞应是“权利”或者“请求权”，而不应该是“份额”。虽然《民法典》第974条沿用了《合伙企业法》中“财产份额”这一概念，但结合之前的立法文件，此处实际上指的是合伙人的应有份额或股份。

〔7〕 人大法工委印发的《民法典各分编（草案）》（征求意见稿）也规定，合伙人对外转让合伙份额时，其他合伙人享有优先购买权。之后该条被删去。

〔8〕 参见魏振瀛主编：《民法》（第4版），北京大学出版社、高等教育出版社2010年版，第277页；杨立新：《共有权理论与适用》，法律出版社2007年版，第389页；朱虎：《〈民法典〉合伙合同规范的体系基点》，载《法学》2020年第8期。

制分割财产。因此，仅凭共同管理这一点，很难说合伙财产并非按份共有。也有学者指出，合伙人之间的共同关系产生了共同共有财产，因此合伙财产由合伙人共同共有。〔9〕另外在我国司法实践中，也不乏指明合伙财产系合伙人共同共有财产的判决。〔10〕

(2)按份共有说。合伙财产按份共有的理由有：共同共有是不划分份额的共有，而合伙财产按照投资比例划分份额；按份共有人按照份额享有共有财产的收益，而合伙人按照投资比例享有收益。〔11〕结合《民法典》和《合伙企业法》的相关规定，合伙财产之所以是按份共有，主要是因为合伙人依法享有并可处分财产份额，合伙人按照份额分配合伙企业利润，合伙人内部按照份额承担合伙债务。〔12〕针对共同关系引起共同共有的观点，学者反驳，能够产生共同共有的共同关系只有夫妻关系、家庭关系和继承关系，并不包括合伙关系。〔13〕另有学者指出，虽然共同共有关系也是存在份额的共有关系，但是共同共有人不能像按份共有人那样在关系存续期间处分共有份额；既然合伙人可以处分财产份额，那么合伙财产就由合伙人按份共有，合伙人之间的高度信赖并不会影响到合伙财产按份共有。〔14〕

(3)混合说。一方面，共同共有的确不能划分份额，而合伙财产则是

---

〔9〕 参见李永军：《民事合伙的组织性质疑——兼评〈民法总则〉与〈民法典各分编(草案)〉相关规定》，载《法商研究》2019年第2期；戴永盛：《共有释论》，载《法学》2013年第12期；陈年冰：《合伙企业财产的法律性质》，载《宁夏社会科学》2004年第5期；钱玉林：《合伙人的财产份额及其相关的几个法律问题》，载《河北法学》2001年第3期。

〔10〕 参见最高人民法院民事裁定书(2017)民再字第228号；山东省高级人民法院民事判决书(2014)鲁民四终字第77号。

〔11〕 参见彭万林主编：《民法学》，法律出版社2000年版，第237页；高富平主编：《民法学》(第2版)，法律出版社2009年，第360页；尹田：《物权法》，北京大学出版社2013年版，第313－314页；戴孟勇：《论共同共有的类型及其纯化》，载王洪亮等主编：《中德私法研究》(14)，北京大学出版社2017年版；最高人民法院民事裁定书(2016)民再字第319号。

〔12〕 参见戴孟勇：《论共同共有的类型及其纯化》，载王洪亮等主编：《中德私法研究》(14)，北京大学出版社2017年版。

〔13〕 参见梁慧星主编：《中国物权法研究(上)》，法律出版社1998年版，第559－561页；蔡永民等：《物权法新论》，中国社会科学出版社2008年版，第135－137页；戴孟勇：《论共同共有的类型及其纯化》，载王洪亮等主编：《中德私法研究》(14)，北京大学出版社2017年版。

〔14〕 参见李锡鹤：《究竟何谓"共同关系"——再论按份共有与共同共有之区别》，载《东方法学》2016年第4期。

按照投资比例划分份额，合伙人按照投资比例确定收益。另一方面，合伙人共同管理合伙财产，个别合伙人既不得自由处分合伙财产，也不得随意请求分割合伙财产。据此有学者认为，合伙人出资形成的合伙财产属于按份共有，而合伙运营所获收益则属于共同共有。〔15〕

(二)合伙财产共同共有

总结我国各时期的立法和学理可知，合伙财产究竟按份共有还是共同共有取决于以下三个问题：一是，共同共有是否不分份；二是，是否只有共同共有人才共同处分、管理共有物；三是，合伙关系究竟是不是共同关系。

1. 共同共有也是划分份额的共有

共同共有是否划分份额？根据通说，按份共有中的"划分份额"指的是对所有权进行"量"上的分割。〔16〕首先，所有权的分割既可以指权利的归属被分割〔17〕，也可以指所有权权能(Eigentumsbefugnisse)分属于不同的人。〔18〕其次，所有权的分割是对所有权进行观念上的、思维上的分割；进行观念上的分割后，产生的不是对空间上可界分的物的组成部分的所

〔15〕 参见崔建远：《物权法》(第3版)，中国人民大学出版社2014年版，第250—251页。

〔16〕 台湾地区学者谢在全认为，按份共有人享有应有部分，应有部分系所有权之量之分割(一定之比例)，其分量虽不如所有权大，但其内容、性质及效力，与所有权无异，仅其行使权利应受到应有部分之限制而已，是以应有部分之处分、设定负担或所受之保护，与所有权均属相同。参见谢在全：《民法物权论(上)》(修订专版)，中国政法大学出版社2011年版，第328页。这一观点也是大陆民法学界的通说。梁慧星、陈华彬：《物权法》(第6版)，法律出版社2016年版，第212页；崔建远：《物权法》(第3版)，中国人民大学出版社2014年版，第237页；王利明：《物权法》，中国人民大学出版社2015年版，第187页。〔德〕鲍尔·施蒂尔纳：《德国物权法(上册)》，张双根译，法律出版社2004年版，第36页；〔德〕M. 沃尔夫：《物权法》(第20版)，吴越、李大雪译，法律出版社2004年版，第29页。

〔17〕 Engländer, Die regelmäßige Rechtsgemeinschaft, 1914, S. 293; Larenz, Jher. Jb 83 (1933), 108 ff, S. 134; Schmidt in: Münchener Kommentar BGB, Band 6, 7. Aufl., 2017, § 741 Rn. 2. 瑞士民法学者持相同观点，Peter Liver, Schweizerisches Privatrecht, 5 Band Sachenrecht 1. Halbband Basel, 1977, § 12 I 1, S. 53。

〔18〕 Otto v. Gierke, Deutsches Privatrecht II, 1895, S. 347 ff., 368 ff. 但其实两种观点之间并无本质区别，因为资格与行使权利的能力只不过是表述上的差异；两者都是权利的组成部分，不可能从权利中剥离出权利所有权资格或者所有权权能。

有权，而是对空间上不可界分的、事实上不可见的部分的所有权。[19] 分割所有权后导致按份共有人不再享有完整的权利，而是全体共有人一起成为物的所有权人，同时排除共有人以外的第三人。[20] 因此，对所有权进行观念上的分割后，并不会出现共有标的上的同质的、同级别的个别权利的总和，而是出现了同时属于全体共有人的总体权利。换言之，所有权的分割造成的不是一定份额的权利，而是权利的一定份额。

权利共同体，也就是(多数人的)共有，本身就意味着权利属于两个以上不同的人，分割权利只不过是逻辑上的必然结果。除了按份共有关系，在共同共有关系中何尝不是出现了权利属于两个以上不同的人的现象呢？在按份共有中，所有权的分割直接导致按份共有人享有非真实的、观念上的权利；他可以自由处分的，不是一定份额的所有权而是所有权的份额(Miteigentumsanteil)，并且这一份额在法律上是独立存在的。[21] 之所以在法律上独立存在，是因为按份共有的产生和维系不以共有人之间的人身关系为前提。[22] 在共同共有中，共同关系使法律上独立存在(即可以处分)的份额落空；尤其是当共同共有人与特别财产之间直接的主客体关系被割裂时，这一特点表现得尤为明显。[23] 据此，笔者同意“按份共有表现份额，共有人可主张份额；共同共有不表现份额，共有人无从主张，但并非没有份额”[24]这一观点。

---

〔19〕 [德]鲍尔・施蒂尔纳：《德国物权法(上册)》，张双根译，法律出版社 2004 年版，第 36 页；Vgl. Bauer/Stürner, Sachenrecht, 18. Aufl., 2009 § 3 B I, Rn. 28。

〔20〕 这一结果不违反一物一权原则。Volker, Beuthien, Die Gesamthand — was ist das eigentlich? ZGR 2019, 664 ff, S. 671 f.

〔21〕 Hilbrandt, Der Bruchteil bei der Bruchteilsgemeinschaft — eine Untersuchung der Rechtsstruktur des Bruchteils, AcP 202(2002), 631 ff, S. 639 f.; Beuthien, Die Gesamthand — was ist das eigentlich? ZGR 2019, 664 ff, S. 672.

〔22〕 PeterLiver, Schweizerisches Privatrecht, 5 Band Sachenrecht 1. Halbband, 1977, § 17 I, S. 108.

〔23〕 一旦共同共有人不再是特别财产的所有权人，共同共有人也就不再享有针对特别财产的所有权的一定份额。当然，是否出现特别财产取决于制定法的规定。如果没有出现特别财产，那么共同共有中的权利的分割仍旧是所有权的分割，但此时是否有法律上独立存在、可自由处分的份额则取决于制定法的规定或者契约的约定。

〔24〕 李锡鹤：《究竟何谓“共同关系”——再论按份共有与共同共有之区别》，载《东方法学》2016 年第 4 期。

2. 共同处分共有物是共有的基本特征

对权利进行观念上、思维上的分割后，产生了同时属于全体共有人的总体权利，原则上只能由全体共有人一起处分共有财产和组成共有财产的个别标的。按份共有关系如此，共同共有关系亦如此。与德瑞立法例相同，新中国成立以前的法典和草案都规定，全体共有人——包括按份共有人和共同共有人——一起处分共有财产和组成共有财产的个别标的。只是到了我国现行法才规定（《民法典》第 301 条）按份共有人处分共有财产无须经过全体而是仅须多数共有人的同意。在此采多数决，是怕适用共有人全体同意原则容易在少数人坚持异议时形成僵局。然而，这一理由难以成立：既然法律已经允许按份共有人随时分割共有财产以及转让应有部分，那么僵局自可不攻而破，无须借助多数决。〔25〕笔者推测，我国现行法之所以为按份共有人和共同共有人处分共有财产设置了不同的规则，是因为立法者不是从所有权的本质出发认识按份共有，而是过多地受到了社团法或公司法的影响。另外，笔者并不赞同学者提出的“合伙人对合伙财产整体和单个合伙财产不享有份额是解释禁止处分规则的更为合理的解释方案”的观点。〔26〕

若是以现行法的规定为准，即共同共有人全体一致处分共有物、按份共有人依多数决处分共有物，那么认定合伙财产共同共有便显得更合理。一方面，处分合伙财产依多数决会导致合伙人滥用权力，从而损害合伙的稳定和合伙债权人的权益。〔27〕另一方面，合伙事务原则上由全体合伙人共同执行（《民法典》第 970 条、《合伙企业法》第 26 条），而执行合伙事务多半以处分合伙财产或组成合伙财产个别标的作为原因或结果。因此，合伙事务原则上由合伙人共同执行也就意味着合伙财产原则上由全体合伙人共同处分；擅自处分合伙财产的行为因违反了事务执行权而引

---

〔25〕 参见张双根：《共有中的两个问题——兼谈对〈物权法（草案）〉“共有”章的一点看法》，载《比较法研究》2006 年第 2 期；戴孟勇：《物权法共有制度的反思与重构——关于我国《物权法》“共有”章的修改建议》，载《政治与法律》2017 年第 4 期。

〔26〕 参见朱虎：《〈民法典〉合伙合同规范的体系基点》，载《法学》2020 年第 8 期。

〔27〕 参见最高人民法院民事裁定书，(2016)民再字第 319 号。

起损害赔偿责任。[28] 综上所述，若是认定合伙财产按份共有，那么物权法中的按份共有多数决处分规则就会与合伙法中的合伙事务共同执行规则发生冲突。

3. 合伙关系的核心是"共同目的"

很多学者认为，合伙财产之所以共同共有，是因为合伙关系是共同关系。[29] 何谓"共同关系"？我国台湾地区学者谢在全认为，"共同关系系二人以上因共同目的而结合所成立，依法律或习惯足以成为共同共有基础之法律关系"[30]。大陆民法学者也多半赞同这一定义。[31] 然而，深究共同关系和共同共有之间的关系后会发现，共同关系真是一个玄之又玄的概念。首先，法律或者习惯规定的共同关系可以是夫妻关系、亲属关系、合伙关系等，但这些关系只是共同关系的具体类型，而不是共同关系本身。事实上，很难说存在一种一般的、抽象意义上的共同关系；即使创造了"共同关系"这一概念，也只不过是为了引出成立共同共有的法定事由。其次，德国、瑞士、奥地利的民法学者从未提过"共同关系"，而仅仅提到了"人身关系""信赖关系"或者"多数人的结合"。据此笔者认为，不需要硬加一个"共同关系"来充当理论中介。这也难怪，有学者会认为"'共同关系'是民法学界为解释自以为理解但实际上并不理解的法律关系而杜撰的伪概念"[32]。

与其创造出一个制定法中没有的概念，倒不如先从法律规范中找到

---

〔28〕 如果合伙人擅自处分合伙企业财产，那么根据《合伙企业法》第 97 条的规定，他向合伙企业或其他合伙人承担损害赔偿责任。参见最高人民法院民事裁定书(2014)民申字第 1677 号。

〔29〕 参见李永军：《民事合伙的组织性质疑——兼评〈民法总则〉与〈民法典各分编(草案)〉相关规定》，载《法商研究》2019 年第 2 期(总第 190 期)；戴永盛：《共有释论》，载《法学》2013 年第 12 期；陈年冰：《合伙企业财产的法律性质》，载《宁夏社会科学》2004 年第 5 期(总第 126 期)；钱玉林：《合伙人的财产份额及其相关的几个法律问题》，载《河北法学》2001 年第 3 期(总第 107 期)。

〔30〕 谢在全：《民法物权论(上册)》(修订五版)，中国政法大学出版社 2011 年版，第 394 页。

〔31〕 参见张双根：《共有中的两个问题——兼谈对〈物权法(草案)〉共有章的一点看法》，载《比较法研究》2006 年第 2 期；裴桦：《关于共同共有两个基本问题的思考——兼评我国〈物权法〉相关条款》，载《甘肃政法学院学报》2008 年第 4 期；戴永盛：《共有释论》，载《法学》2013 年第 12 期；李永军：《民事合伙的组织性质疑——兼评〈民法总则〉与〈民法典各分编(草案)〉相关规定》，载《法商研究》2019 年第 2 期(总第 190 期)。

〔32〕 李锡鹤：《究竟何谓"共同关系"——再论按份共有与共同共有之区别》，载《东方法学》2016 年第 4 期。

一个已有的、能够表明合伙本质特征以及合伙关系核心的概念。而这个概念，就是《民法典》第 967 条中的“共同的事业目的”，简称“共同目的”。全体合伙人为了实现共同目的而订立合伙合同并负有约定的义务，所以合伙合同才会不同于其他类型的债权债务合同（尤其是买卖、赠与、共同贷款等交换合同），而约定的共同目的才是合伙的本质特征（das essentiale societatis）。〔33〕 从法史学的视角来看，人们关于“共同目的”的认识经历了相当长的时间，直到潘德克吞法学将其定型。〔34〕 潘德克吞法学家 Gesterding 认为，合伙是一个令多人联系在一起、为了实现共同目的的合同，而合同约定的共同目的，是单独的合伙人仅凭个人之力无法实现或者无法很好实现的目的。〔35〕 自此之后，“共同目的是合伙本质特征”的观点慢慢被人们接受了。〔36〕 当然，也并不是所有的立法例都同意这一点，有的认为“多人以分享收益为目的从事经营”（英国 1890 年《合伙法》第 1 条）或者“分享好处而共同出资”（《荷兰民法典》第 1655 条）才是合伙的本质特征。而我国《民法典》第 967 条则同时接受了“共同目的”和“共享利益、共担风险”这两个要素，将其视为合伙（合同）的基本特征。然而，这并不影响下述命题的成立：如果没有约定的共同目的，那么就不构成合伙；为了实现约定的共同目的，合伙人将自己与其他合伙人“捆绑在一起“；一旦共同目的无法实现，那么合伙将不复存在。由此可见，合伙关系的形成、存续和消亡离不开约定的共同目的。换言之，约定的共同目的才是合

〔33〕 BeckOGK/Geibel, 1.1.2019, § 705 Rn. 123; BeckOK BGB/Schöne, 55. Ed. 1.5. 2020, BGB § 705 Rn. 26; Peter, Mülbert, Einheit der Methodenlehre? —Allgemeines Zivilrecht und Gesellschaftsrecht im Vergleich, AcP 214 (2014), 188, S. 245.

〔34〕 罗马法并没有视共同目的为合伙的本质，其特征只是通过合同建立起的多人关于财产关系的共同体。Hingst, Die Societasleonina in der europäischen Privatrechtsgeschichte: der Weg vom Typenzwang zur Vertragsfreiheit am Beispiel der Geschichte der Löwengesellschaft vom römischen Recht bis in die Gegenwart, 2003, S. 50.; Matthias Lüdeking, Der gemeinsame Zweck in § 705 BGB, AcP 220 (2020), 303, S. 307 ff. 自然法学家则没有对共同目的形成统一的认识，如格劳秀斯认为成立合伙只需要各个合伙人共同利用，而普芬道夫认为，合伙的本质在于分享收益；后者被 1804 年的《拿破仑法典》接受。Matthias Lüdenking, Der gemeinsame Zweck in § 705 BGB, AcP 220 (2020), 303, S. 310 f.

〔35〕 F. C. Gesterding, Alte und neue Irrthümer der Rechtsgelehrten: eine Reihe von Abhandlungen und Monographien, 1818, S. 257. 共同目的不限于财产意义，也包括社交娱乐等。

〔36〕 Matthias Lüdenking, Der gemeinsame Zweck in § 705 BGB, AcP 220 (2020), 303, S. 313.

伙的本质特征，也是合伙关系的核心，决定了合伙财产的法律性质。

4. 合手约束

如果份额单独地属于个别共有人，那么处分该份额自然不会关系到其他人，所以按份共有人自由处分其应有部分。但是，如果处分份额会威胁到共同体的存续或者影响到共同财产的管理，甚至影响到共同目的的实现，那么就应限制个别共有人的处分权。

在按份共有关系中，财产的结合多出于偶然事由（加工、附合、混合等）。一方面，按份共有人之间并不具有紧密的人身关系；另一方面，也未出现所谓为特定目的而存在的特别财产。[37] 在继承共同体中，虽然各继承人之间的人身关系多半出于亲属关系或者由于他们同属于死者生前的生活圈，但他们却想尽快结束这一状态并从遗产中获得自己的那一份。在夫妻共同体中，人身关系的形成并不是因为丈夫和妻子的财产成为双方共同财产，而是因为婚姻本身不仅意味着持续的共同生活也意味着出现了为夫妻双方取得财产的经济共同体。[38] 合伙人之间的人身关系，则表现为合伙合同使各合伙人负有了促进共同目的之实现的义务（《民法典》第 967 条、《合伙企业法》第 2 条）。[39] 正因如此，法律禁止或者限制任何可能影响到人身关系稳定以及合伙存续的行为，包括请求分割合伙财产或者处分财产份额。而上述限制，在德瑞民法理论中被称为“合手约束”。[40]

---

〔37〕 人为实现一定的目的而联合，目的的实现离不开经济基础，因此服务于特定目的特别财产也随之形成。该财产可能来自夫妻或合伙人的投入，也可能来自被继承人。通过具备独立的管理、利用和清算目的，特别财产区别于权利共同体参与者的个人财产。在德国法中，合伙财产（Gesellschaftsvermögen）、共同财产（Gesamtgut）和遗产（Nachlass）都是特别财产。Schäfer in：Münchener Kommentar BGB，Band 7，7. Aufl. 2017，§ 718 Rn. 2；Münch in：Münchener Kommentar BGB，Band 9，8. Aufl.，2019，§ 1416 Rn. 3；Gergen in：Münchener Kommentar BGB，Band 11，8. Aufl. 2020，§ 2032 Rn. 11。

〔38〕 因为合伙财产也具有服务于特定目的的功能，就此而言，夫妻财产共同体类似于人合公司。Vgl. Volker，Beuthien，Die Gesamthand—was ist das eigentlich? ZGR 2019，664 ff，S. 678.

〔39〕《德国民法典》第 705 条、《瑞士债务法》第 530 条、《奥地利普通民法典》第 1175 条、《民法典》第 967 条、《合伙企业法》第 2 条。

〔40〕 例如《德国民法典》第 719 条、第 1419 条、第 2033 条。“合手约束”适用于共同共有关系（合伙关系、夫妻约定共同财产制和共同继承关系），当事人之间具有紧密的人身关系，人身关系决定了共同共有人既不得请求析产也不得自由处分财产份额。

在我国法语境下，“合手约束”还有其他具体表现。例如，《民法典》第975条规定，合伙人的债权人不得代位行使合伙人依照本法律和合伙合同享有的权利。《合伙企业法》第41条规定，合伙人发生与合伙企业无关的债务，债权人不得代位行使合伙人在合伙企业中的权利。若是允许合伙人的债权人代位行使权利（利润分配权除外），那么就意味着合伙人的债权人可以直接参与合伙事务。如此一来，便是破坏了合伙人之间的人身关系，最终将影响到合伙的存续。

（三）小结

正如我国学者提出的，“对合手理论的忽视导致了合伙这一共同共有的重要类型在我国法语境下的定位困境”。〔41〕“合手理论”的核心就是“合手约束”，其首先表现为权利共同体的参与者“手叠手握住”标的，（任何一种权利共同体的）共有人只能共同地处分共有财产和组成共有财产的个别标的〔42〕；其次表现为出于共有人之间的人身关系而做出的处分限制，即合手共有人既不得随意析产也不得自由处分财产份额。〔43〕可以说，“合手约束”的第一个层面是基于共有财产（无论是按份共有还是共同共有）这一客观事实而施加的处分限制，第二个层面则是基于合手共有人之间的人身关系而施加的处分限制。而仅仅借助第二个层面的限制，就足以说明合伙财产由合伙人共同共有。

回到我国法，共同管理、共同处分合伙财产并非判断合伙财产共有性

---

〔41〕 唐勇：《论共有——按份共有、共同共有及其类型序列》，北京大学出版社2019年版，第47—48页。

〔42〕 Sanger, Gemeinschaft und Rechtsteilung, 1913, S. 99; Schulze－Osterloh, Das Prinzip der gesamthänderischen Bindung, 1972, S. 177 ff.

〔43〕 从合手的起源来看，合手这一概念首见于13世纪编成的“萨克森法镜”中的采邑法。合手最初描述了一种领主将领地封分给封臣的仪式，封臣“手手叠加”地握住领主的手。合手采邑者，即封臣，成为永久的生活和权利共同体，一直到合手破裂、分割封地。每个合手采邑者（Gesamtbelehnter）就该封地获得同样的支配（Gewere），即同样的占有和使用的权利。只要封地没有被分割，合手采邑者就不能将属于自己的份额转让给第三人，除非其他合手采邑者同意转让。如果其中一个合手采邑者去世并且未留下子嗣，则封地由其余仍活着的合手采邑者保有。由此可知，自合手诞生之日起，合手约束就已超出了对共有财产的处分限制，而是延伸到了合手共有参与者的析产和处分财产份额。Vgl. Francis, Limbach, Gesellschaft und Gesamthand, Tübingen 2016, 184 ff.

质的依据。共同共有也分份额，合伙人对合伙财产的权利享有份额与合伙财产共同共有之间并不矛盾。法律出于维持人身关系、实现共同目的的考虑，规定合伙人不能或者只能在全体合伙人同意的情况下转让份额。最后，约定的共同目的才是合伙本质特征，它使合伙（合同）得以区别于其他类型的合同。

二、合伙财产独立于合伙人财产

合伙财产共同共有，夫妻（共同）财产、家庭（共同）财产也是共同共有。不同于夫妻共同财产、家庭共同财产，合伙财产的法律性质还表现为合伙财产独立于合伙人财产。合伙财产独立于合伙人个人财产首先表现为，合伙财产之上发生的损益属于合伙而非合伙人。〔44〕其次，合伙财产具有独立性，在终止合伙关系、清算合伙财产之前，合伙人既不能分割合伙财产，也不能直接要求其他合伙人对合伙财产的非正常灭失承担损害赔偿责任。〔45〕最后，合伙财产独立于合伙人个人财产的具体规则包括，合伙人债权人的抵销排除、合伙人债权人的扣押排除、合伙人退伙时的份额增加或价值变动。

（一）合伙人债权人抵销排除

《合伙企业法》第 41 条规定，合伙人发生与合伙企业无关的债务，债权人不得以其债权抵销其对合伙企业的债务。这一规定与清末民国的三部法典和草案的内容并无不同（《大清民律草案》第 813 条第 2 款、《民国民律草案》第 668 条第 2 款、《中华民国民法》第 682 条第 2 款）。但《民法典》却没有规定合伙人债权人的抵销排除。既然“法不禁止即自由”，那么法律未予规定是否意味着合伙人债权人可以以其债权抵销其对合伙的债务？

---

〔44〕 合伙财产获益时，受益对象是合伙而非合伙人；合伙财产受损时，赔偿对象是合伙而非合伙人。参见最高人民法院民事裁定书（2020）民申字第 363 号。

〔45〕 参见最高人民法院民事裁定书（2015）民申字第 158 号；最高人民法院民事裁定书（2017）民再字第 228 号。

从比较法和法律史的角度观之，债权人抵销排除从16、17世纪开始就已经是一个逐渐通行于欧洲大陆主要国家的商事规则。[46] 该规则的法理基础则在于：合伙债权属于全体合伙人、个人债权的债务人只是个别合伙人。既然主动债权和被动债权的当事人不同，自然不符合抵销所需的条件。另外，如果全体合伙人的债权是可分的，那么个别合伙人的债权人就应该能够以其债权抵销（相应部分）对合伙的债务。然而，抵销排除规则却并不考虑债权是否可分，而是一概排除。这是因为，抵销排除意味着合伙财产被视为具有特定目的的经济上的统一体，而作为特别财产的合伙财产也就当然地区别于合伙人的个人财产。[47] 此外，合伙人债权人抵销排除规则的历史远久于学理和判决承认民事合伙的主体地位，所以该规则与民事合伙的主体性无关。[48]

其实，合伙人债权人能否以其债权抵销其对合伙的债务，取决于是否出现了为促进共同目的之实现而独立存在的合伙财产。从《民法典》第967条、第969条的内容来看，合伙人为了实现共同的事业目的而出资、开展合伙事务，该出资以及因合伙事务依法取得的收益和其他财产构成了合伙财产。如果合伙财产不独立于合伙人个人财产，那么就既无法解释法律为何要单列"合伙财产"，也无法说明为何合伙人在合伙关系结束前不能请求分割合伙财产。因此，虽然我国《民法典》并未规定合伙人债权人的抵销排除规则，但完全可以通过解释《民法典》第967条、第969条得出这一结论。

---

〔46〕《合伙企业法》第41条以及新中国成立前的法典和草案，就合伙人债权人抵销排除的规定与《德国民法典》第719条第2款的内容一致。就法条之间的亲缘关系而言，《德国民法典》第719条第2款源自《德意志普通商法典》(ADHGB)第121条。《德意志普通商法典》第121条规定，合伙存续期间，在合伙债权之间以债权人对合伙人个人的债权和合伙债权之间不发生部分或全部抵销。合伙解散之后，当且仅当在分割共有财产时，合伙债权移转给了个别合伙人，此时才允许抵销。在新时代欧洲的商事合伙的形成过程中，先是在意大利，由商事法律和法院判例首先承认了这一原则（即债权人抵销排除），之后又传播到了德国和法国。Lutz, Prot. ADHGB III, 1858, S. 1137 f.; Francis Limbachm, Gesamthand und Gesellschaft, 2016, Rn. 69 f.

〔47〕Habermeier in: Staudinger Kommentar BGB, 2003, § 719 Rn. 20; Schäfer in: Münchener Kommentar BGB, Band. 7, 7. Aufl., 2017, § 719 Rn. 13.

〔48〕德国民法理论直至20世纪70年代，而法院判例直至21世纪初才承认民事合伙的主体地位。

(二)合伙人债权人扣押排除

合伙人债权人可以扣押合伙财产中合伙人的份额,但不能扣押属于合伙财产的个别标的物中的份额。[49] 换言之,不允许合伙人债权人绕过合伙人的合伙份额或财产份额而直接染指合伙财产本身或组成合伙财产的个别标的。

《合伙企业法》第 42 条规定,合伙人的自有财产不足清偿其与合伙企业无关的债务的,合伙人可以以其合伙企业中分取的收益用于清偿;债权人也可以依法请求人民法院强制执行该合伙人在合伙企业中的财产份额用于清偿。而可强制执行的标的就是扣押范围。通过"合伙人的债权人只能请求执行合伙人在合伙企业中的财产份额、而不得请求直接执行合伙财产和组成合伙财产的个别标的"的规定,立法确立了合伙企业合伙人债权人的扣押排除规则。该规则的法理基础在于,合伙财产直接属于合伙企业(《合伙企业法》第 20 条),而个别合伙人只享有份额相对应的价值。

然而,《民法典》却没有作出类似规定。另外,《最高人民法院关于人民法院民事执行中查封、扣押、冻结财产的规定》(2008 年)第 14 条也只是说,对其他共有人享有份额内的财产的查封、扣押、冻结,人民法院应裁定予以解除,并没有提到共有人(当然也包括合伙人)的债权人能否扣押共有财产。从相关判决来看,法院则倾向于认为"合伙人个人债权人与合伙无关,合伙人的债务只能以其自身财产进行清偿",以此驳回债权人执行合伙财产的请求。[50] 由此可见,现实的法院判决认为民事合伙人的债权人也不得直接请求执行合伙财产。

概言之,为了实现共同目的、保障合伙存续,合伙财产独立于合伙人个人财产。因此,无论是民事合伙还是依法设立的合伙企业,合伙人的债权人在合伙关系存续期间都不得通过扣押或强制执行而直接染指合伙

---

〔49〕《德国民事诉讼法》第 859 条第 1 款。又如《瑞士债务法》第 544 条规定,除合伙契约另有约定外,合伙人的个人债权人,仅得就合伙人已经结算的股份,请求清偿其债权。

〔50〕 最高人民法院民事裁定书(2017)最高法民申 4499 号;江西省高级人民法院民事判决书,(2016)赣民终 608 号。

财产。

(三)合伙人退伙时的份额增加和价值变动

根据份额增加规则,个别合伙人退伙的,其在合伙财产中的份额增加给其余合伙人;它被认为是一项对合伙财产应有部分的物权变动规则,是为留下来的合伙人而创设的,从而有别于商事合伙人退伙后其他合伙人应有部分的价值变动规则。〔51〕 商事合伙在法律上是独立的,它具有权利能力和当事人能力,合伙财产完全属于商事合伙。因此,商事合伙人退伙不会影响合伙财产的归属状态,只是改变了财产份额相对的价值。反之,如果合伙财产直接归全体合伙人所有,那么当个别合伙人退伙时,最好的方式就是将所有权的份额直接转让给其他合伙人,即退伙人将自己享有的对合伙财产的支配力转移给留下来的合伙人。

《合伙企业法》第 51 条规定,合伙人退伙时其他合伙人应当退还退伙人的财产份额。结合该法第 52 条和第 20 条的规定,财产份额的退还方法可以是退还货币或退还实物;由于退还后的合伙财产仍旧归合伙企业所有,因此留下来的合伙人的财产份额也就相应减少了。由此可见,我国《合伙企业法》第 51 条、第 52 条是所谓的价值变动规则。《民法典》并未规定合伙人的退伙规则,也就无从得知合伙人退伙后是否发生份额增加。既然合伙人可以通过转让份额的方式退出合伙,那为什么不允许他通过其他方式退出合伙呢?未规定合伙人的退伙规则无疑是《民法典》的一大不足,而我国现实的法院判决则一直援引最高人民法院关于《贯彻执行〈中华人民共和国民法通则〉若干问题的意见(试行)》(已废止)第 54 条来处理合伙企业以外的其他类型合伙的合伙人退伙时的财产清算和财产返还。〔52〕 从内容来看,最高人民法院关于《贯彻执行〈中华人民共和国民

〔51〕 根据《德国商法典》第 124 条的规定,无限商事合伙在法律上是独立的,它具有权利能力和当事人能力。因此,合伙财产属于无限商事合伙而不是个别合伙人。无限商事合伙人的退伙不会影响合伙财产的归属状态,只是导致其余合伙人享有的应有部分的价值的变化。Vgl. Habermeier, in: Staudinger Kommentar BGB, 2003, § 738 Rn. 4; Schäfer in: Münchener Kommentar BGB, Band 6, 7. Aufl., 2017, § 738 Rn. 8.

〔52〕 最高人民法院民事裁定书(2016)民申字第 1105 号;最高人民法院民事裁定书(2017)民申字第 3374 号;最高人民法院民事裁定书,(2018)民申字第 6205 号。

法通则〉若干问题的意见(试行)》(已废止)第54条与《合伙企业法》第51条的内容并无差别但这不意味着民事合伙人退伙时也发生财产份额价值的变动。其实,无论是物权变动规则还是价值变动规则,都以清算合伙财产为前提。合伙人退伙时并非直接返还出资,而是必须同时计算经营所得;而这种计算方式则以合伙财产独立于合伙人个人财产为前提。

(四)小结

合伙财产独立于合伙人个人财产可以是出于法律的直接规定,也可以是出于实现合伙目的、维持合伙存续的考虑。通过解释我国现行法以及现实的法院判决后可知,合伙人债权人的抵销排除和扣押排除规则不仅适用于合伙企业也适用于民事合伙。虽然《民法典》并没有规定合伙人退伙规则,但只要最高人民法院关于《贯彻执行〈中华人民共和国民法通则〉若干问题的意见(试行)》(已废止)第54条的"规范精神"延续,法院仍旧可以据此解决民事合伙人的退伙问题。最后,虽然物权变动和价值变动这两个规则在适用结果上并无区别,但后者意味着合伙已成为独立的主体,而合伙财产完全的成了组织财产。

三、合伙财产作为组织财产

合伙财产独立于合伙人个人财产,可能是出于财产的所有人不同,也可能是出于实现合伙目的、维持合伙存续的考虑。以上两点都与合伙作为组织体有关。合伙企业是一类组织(《民法典》第102条),而合伙企业财产归合伙企业所有(《合伙企业法》第20条),所以合伙企业财产是组织财产当无疑义。《民法典》并没有规定民事合伙的组织性,也就无法得知民事合伙财产是否是组织财产。既然无法从现行法中得出关于合伙财产作为组织财产的一般结论,那么就不得不先回到学理层面予以讨论。

(一)"群理论"作为法理基础

我国民法学界并未就合伙财产作为组织财产提出统一的法理基础。

反观德国，弗卢梅教授于1972年提出的“群理论”，已经成为论证合手合伙（包括外部民事合伙、无限商事合伙和有限商事合伙）组织性以及合伙财产作为组织财产的法理基础。

“群理论”的核心观点是，合手合伙（民事合伙、无限商事合伙和有限商事合伙）是“超个体的效果整体”（überindividuelle Wirkungseinheit）；合伙作为群体，是超个人的联合体（überindividuelle Personengemeinschaft）。[53] 与其他类型的合手共同体（夫妻约定共同财产制和共同继承关系）相比，合伙不仅被冠以“合手”之名，同时它还是一种组织形式（Organisationsform）；不仅是一种单纯的债权债务关系，而是与法人一样，属于《德国民法典》总则编中的内容。[54] 合伙的行为和权利归属于由合伙人相互联结而形成的“群”，产生了群行为、群权利。反观按份共有关系，它从未超越个体层面，所以按份共有人的权利一直是个体权利（Individualrecht）。

“群理论”的提出，使外部民事合伙得以与无限商事合伙和有限商事合伙一起，成为夹在自然人和法人中间的权利主体。在提出该理论的30年后，德国联邦普通法院终于承认了民事合伙的权利能力、行为能力和当事人能力，并迅速成为德国民法学界的主流观点。[55] 之后，判例通过承认（外部）合伙的登记能力、支票汇票能力、当事人能力，使得（外部）合伙上升为具有权利能力的组织而合伙财产成为组织财产。[56] 然而，在我国

---

〔53〕 Flume, Gesellschaft und Gesamthand, ZGR 1972, 177 ff.

〔54〕 Flume, Gesellschaft und Gesamthand, ZGR 1972, 177, S. 179 f. 德国法学家Karsten Schmidt 曾如此评价 Flume 的 Allgemeiner Teil des Bürgerlichen Rechts, Band I/1. Die Personengesellschaft：他从第一句话开始就努力向读者表达核心命题并告诉他们，自己将通过这整一册书做一件前人从未做过的事情，即论述合手合伙是人法中的法律现象。Karsten Schmidt, Die Personengesellschaft als Rechtsfigur des „des Allgeneinen Teils“, AcP 209 (2009), 181, S. 182.

〔55〕 BGHZ 146, 341. 然而，人们仍能听到质疑之声。Reinhard Bork 认为，合同共同体虽然属于民法典总则部分的内容，但它并没有 Flume 所说的权利能力。Reinhard Bork, Allgemeiner Teil des Bürgerlichen Gesetzbuchs, 2. Aufl., 2006, Rn. 195. Manfred Wolf 则认为，只是无权利能力的人的联合体的变体，虽然合手作为“群”被承认具有权利能力，但这只是一种自然现象；而权利的所有人是作为“群”出现的、互相捆绑在一起的人（们）。K. Larenz/M. Wolf, Allgemeiner Teil des Bürgerlichen Rechts, 9. Aufl., 2004, Rn. 69.

〔56〕 Peter Ulmer, Die Gesamthandsgesellschaft－ein noch immer unbekanntes Wesen? AcP 198 (1998), 113-151, S. 128.

法语境中，现行法、法学理论和司法实践并不承认民事合伙的登记能力或者其他能力（至少存疑），因此就不得不另辟蹊径讨论民事合伙组织化的可能性。

（二）民事合伙协议的组织属性

人们对合伙协议法律性质的认识经历了一段相当长的历史。由于罗马法中的合伙（societas）是各合伙人之间的债权债务关系并且没有任何外部效果，因此当时的合伙协议就只是单纯的合同。而依照现在的（德国）通说，合伙协议是包含有组织要素的债务合同。[57] 合伙一旦成为拥有合手财产和合伙组织机构的外部合伙，那么它就变成了具有权利能力的人的联合体。此时的合伙协议，不可能只是单纯的债务合同，而必然同时是组织契约。

为什么只有合伙协议，而不是其他类型的合同也可以成为组织契约？合伙协议是各行为人基于同一目的（共同目的）而发出方向相同的意思表示；这一目的多半指向第三方实体，且该第三方实体有无法人资格在所不论。[58] 如果共同目的指向第三方实体，那么行为就并非基于创立者的意思活动（Willensbestätigung），而是基于正在形成的团体作出的一种逐渐展开并渐次显现的意思。[59] 既然是一个正在形成的团体和一种逐渐展开并渐次显现的意思，那么根据共同意思的具体内容，共同意思可能指向组织化程度不同、强度不一的第三方实体。这个第三方实体就是独立于（或者超越）各行为人的组织，此时的合伙协议意在创造出这样一个组织。

---

〔57〕 MüKoBGB/Schäfer，7. Aufl. 2017，BGB § 705 Rn. 155－157；Staudinger/Habermeier，2003，Vorbemerkungen zu §§ 705-740，Rn. 8 ff.；Flume，Die Personengesellschaft，1977，S. 11 ff.；Wächter，Die Aufnahme der Gesamthandsgemeinschaften in das Bürgerliche Gesetzbuch：Ein Beitrag zur Entstehungsgeschichte des BGB，2002，S. 43 ff.

〔58〕 韩长印：《共同法律行为理论的初步构建——以公司设立为分析对象》，载《中国法学》2009年第3期；王利明：《论民法典对合伙协议与合伙组织体的规范》，载《甘肃社会科学》2019年第3期。共同目的是合伙的目的而非个别合同人的目的。Flume，Die Personengesellschaft，1977，S. 37 f.。究竟是用共同行为还是用契约来称呼合伙协议，在笔者看来其实无关紧要。即使认为合伙协议是契约，也必须考虑到它与其他类型契约之间的差别，以及它在不同阶段表现出的差异。

〔59〕 Gierke，Die Genossenschaftstheorie und die deutsche Rechtsprechung，1887，S. 133. 弗卢梅批判这一想法弥漫着一种神秘主义的气息。Flume，Juristische Person，1983，S. 317.

一旦合伙协议被视为组织契约，那么合伙就不再是单纯的债权债务关系，而是一跃成为了组织。

我国学者普遍赞同商事合伙(合伙企业自然是商事合伙)协议是组织契约，[60]至于民事合伙协议是否是组织契约，学者们各持己见。有明确反对者，[61]有明确肯定者，[62]也有持折衷观点的学者。[63]

根据肯定说和折衷说，民事合伙协议(至少可以)是组织契约，民事合伙是一类组织。否定说则认为，民事合伙协议只是单纯的债权债务关系，主要理由包括合伙人之间是以代理的形式与第三人发生法律关系、合伙财产属于全体合伙人共同共有而非合伙组织所有、合伙协议因合伙人一人死亡而终止。[64] 针对第一个理由，笔者认为，并非合伙事务执行权和代理权的法律性质决定了合伙协议的性质，而是反过来，合伙协议的性质决定了事务执行权和代理权的法律性质。当然，作为单纯债权债务关系的合伙协议也可以就(对内)执行和(对外)代理作出分工。但只有当合伙协议同时是组织契约时，个别合伙人才不仅作为其他合伙人的代理人同时也作为合伙的代理人，与第三人发生法律关系；另外，其他合伙人或者合伙必须为代理人在执行合伙事务过程中实施的侵权行为或者其他法定之债负责。针对第二个理由，笔者质疑合伙财产共同共有与合伙协议并非组织契约之间的因果关系。在德国、瑞士民法中，共同共有虽以合手理论为法理基础，但合手理论并不排斥组织契约与组织体。此外，从德

---

〔60〕 江平、龙卫球：《合伙的多种形式和合伙立法》，载《中国法学》1996年第3期；董翠香、祖良军：《合伙主体的层次与合伙立法研究》，载《烟台大学学报》(哲学社会科学版)2007年第3期；王利明：《论合伙协议与合伙组织体的相互关系》，载《当代法学》2013年第4期；房绍坤、张旭昕：《民法典制定背景下的合伙立法》，载《吉林大学社会科学学报》2016年第1期。

〔61〕 李永军：《民事合伙的组织性质疑——兼评〈民法总则〉与〈民法典各分编(草案)〉相关规定》，载《法商研究》2019年第2期(总第190期)；董翠香、祖良军：《合伙主体的层次与合伙立法研究》，载《烟台大学学报》(哲学社会科学版)2007年第3期。

〔62〕 王利明：《论民法典对合伙协议与合伙组织体的规范》，载《甘肃社会科学》2019年第3期。然而，组织规则属性与组织契约是否是一回事尚且存疑。

〔63〕 房绍坤、张旭昕：《民法典制定背景下的合伙立法》，载《吉林大学社会科学学报》2016年第1期；肖海军、傅利：《合伙契约性与主体性的解构——基于民法典分则'合伙法编'的视角》，载《当代法学》2018年第5期。

〔64〕 江平、龙卫球：《合伙的多种形式和合伙立法》，载《中国法学》1996年第3期；李永军：《民事合伙的组织性质疑——兼评〈民法总则〉与〈民法典各分编(草案)〉相关规定》，载《法商研究》2019年第2期。

国、瑞士民法理论的最新发展来看，合伙财产共同共有与合伙组织性之间的裂痕已经随着成员权这一概念的出现和普及而消弭殆尽。[65] 针对第三个理由，合伙是否会因合伙人一人死亡而解散清算并不能决定合伙协议的性质。即使是公司章程也可以约定"股东一人死亡即解散公司"，而人们也不会因为存在这样的条款就否认公司章程是组织契约。换言之，任何性质的合伙协议都可以选择割裂合伙与个别合伙人之间的命运纽带。

笔者认为，合伙协议是否是组织契约，首先取决于合伙协议是怎么写的，即体现于合伙协议中的合伙人共同意思。当然，不能一刀切地认定所有民事合伙协议都同时是债权债务契约和组织契约。例如，很难说临时合伙的合伙协议是组织契约。[66] 相反，如果合伙人在合伙协议中约定了"在不设立合伙企业的前提下开展长期交易活动、合伙事务执行和管理参照公司组织规则"，那么这类合伙协议就不仅是单纯的债权债务契约，而同时是组织契约。

(三)作为"企业经营者"的合伙

民事合伙可以从事经营活动，而合伙企业则是一类依照法律设立的营利性组织。在未依法设立或者从事非营利活动的情况下，合伙就不是合伙企业而只是《民法典》第 967 条以下的合伙。问题是，这类合伙能否成为组织，成为具有(至少部分)权利能力的法律主体呢？

最高人民法院曾在一则判决中指出，对于不构成合伙企业的长期民事合伙，如果该合伙的组织运行具备了公司化特征，那么在处理合伙人关系以及合伙人与合伙的关系时可以参考《公司法》或《合伙企业法》的相关

---

〔65〕 Werner Flume, Allgemeiner Teil des Bürgerlichen Rechts, Band I/1, Die Personengesellschaft, 1977, § 5 S. 66 ff.; Karsten Schimdt, Die Personengesellschaft als Rechtsfigur des "Allgemein Teils"—Dogmatisches Konzept und Wirkungsgeschichte von Werner Flumes "Personengesellschaft", AcP 209 (2009), 181-204, S. 197 f.

〔66〕 例如两个人在 A 市游玩时一起出钱买了特产，之后的某个周六在 B 市广场摆摊售卖，卖完后便散伙各自回家。很难从两人的(口头)合伙协议中看出有指向某个独立于二人而存在的第三方实体的共同意思，该合伙协议也不可能约束之后加入的合伙人。

规定。[67] 虽然存在合伙人与合伙的关系表明合伙应该是独立于个别合伙人之外的实体，但是人们并不能由此推知合伙能否成为享有权利能力的组织并拥有属于自己的财产。尽管如此，法院提出的“组织运行是否具备公司化特征”这一点足以引起人们进一步的思考。

“组织运行具备公司化特征”意味着出现了“企业型合伙”（不一定是合伙企业），[68]因此笔者试图结合“企业经营者”这一概念谈一谈民事合伙具有权利能力的可能性。[69] 德国商法学者施密特指出，民事合伙也可以是“企业经营者”，典型例子就是所谓的小商人家庭经营、未登记的企业顾问或旅行办公室以及自由职业部门；（法律交往要求）这些企业经营者成为权利和义务的承载者，有侵权能力以及当事人能力，甚至可以对他们的企业进行破产清算。[70] 问题是，什么样的民事合伙才能成为企业经营者呢？一是经营的是企业，二是满足经营者的身份要求。其中，企业需要满足的三个要素包括物力和人力资源、被组织成一个整体以及作为提供者以组织化的经济整体出现在市场上。[71] 在结合“经营”这一概念的功能要素后，企业的特征可以表述为独立的、有计划的、持续的在市场上从事有偿供给业务。[72] 而所谓的企业经营者，简单地说，就是企业的权利和义务的归属者。当经营运行实现组织化、对外不再以个别合伙人的身

---

〔67〕 最高人民法院民事裁定书(2017)年民再字第 208 号。

〔68〕 早在《民法典》颁布之前就有学者指出，合伙是既不同于自然人也不同于法人的一种特殊民事主体，但这类合伙仅仅指企业型合伙而不包括合同型合伙。王利明：《论合伙协议与合伙组织体的相互关系》，载《当代法学》2013 年第 4 期。笔者赞同上述观点，但不认为所谓的企业型合伙一定是合伙企业。

〔69〕 不同于弗卢梅提出的“作为人的联合体以及第三种法律主体的合手”，施密特教授认为存在三种类型的（私法）法人，它们分别是财团（Stiftungen）、团体（Körperschaften）和外部人合公司（Außen－Personengesellschaften）；这是因为，既然合手合伙和法人都是超个体效果整体的不同组织形式，那么就没理由认为法人不能涵盖合手合伙。Karsten Schmidt, Die Personengesellschaft als Rechtsfigur des „Allgemeinen Teils“, AcP 209 (2009), 181, S. 201 f.

〔70〕 Karsten Schmidt, Zur Vermögensordnung der Gesamthands－BGB－Gesellschaft, JZ 1985, 906, S. 912.

〔71〕 第一个要素与数量以及规模无关，即使只有一个员工、一个顾客、一台用于经营的电脑或载重汽车，也能算得上必要的物力和人力资源；第二个要素以组织化为核心；第三个要素强调企业成为法律关系的连结点。Karsten Schmidt, Handelsrecht. Unternehmensrecht I, 6. Aufl., 2014, § 3 I Rn. 5 ff.

〔72〕 Karsten Schmidt, Handelsrecht. Unternehmensrecht I, 6. Aufl., 2014, § 3 I Rn. 8.

份出现的时候,如果此时仍旧认为企业的权利和义务直接归属于个别合伙人,那么无疑与法律现实脱节。例如,现实生活中,几个人一起出资成立合伙但不设立合伙企业,从事买卖、运输服务,并为此辟出专门的办公场所、指定专门的运货汽车,而交易对方也知晓上述事实,这种情况可谓比比皆是。综上所述,如果"合伙的组织运行具备公司化特征"并且"对外以合伙而非个别合伙人的名义从事经营",那么即使未依法设立合伙企业,这类合伙仍可以以"企业经营者"的身份自居并拥有合伙财产。

(四)小结

夫妻共同体、家庭共同体、共同继承人都不可能成为组织,但合伙却可以成为超脱于合伙人个人的组织,而合伙财产可以成为组织财产。德国法以"群理论"作为合伙组织属性、合伙财产作为组织财产的法理基础,并最终使得合手合伙成为自然人、法人之外的第三类法律主体。但这一理论究竟能否被我国法接受并最终枝繁叶茂,还有待于进一步的讨论和观察。

在我国法语境下,民事合伙协议也可以是组织契约。合伙人的共同意思指向了一个外在于全体合伙人的第三方,合伙人根据合伙协议开展的经营活动具有组织运营的特征,这一切使得合伙协议"升级为"组织契约。另外,当"合伙的组织运行具备了公司化特征"并且"对外以合伙而非个别合伙人的名义从事经营"时,合伙成为"企业经营者",在法律交往中具备了相应的权利能力并拥有合伙财产。当然,并非所有的合伙财产都是组织财产。例如,临时性合伙就不符合上述条件。〔73〕

结论

无论共同共有还是按份共有,都是对权利进行分割并导致了一定的

---

〔73〕"《民法典》中合伙合同的预设对象与《合伙企业法》的预设对象分别构成了合伙类型光谱的两个极点,大量中间类型的合伙根据其组织性的强弱个别考量适用或类推适用何种规范"。参见朱虎:《〈民法典〉合伙合同规范的体系基点》,载《法学》2020 年第 8 期。朱虎教授的观点可部分表述为"在纯契约合伙(尤其是两人组成的临时合伙)与合伙企业之间存在着组织化程度不一、权利能力不等的合伙",笔者对此深表赞同。另外,只有那些符合了一定条件的合伙,其财产才可以成为组织财产。

份额，全体共有人共同的分享所有权。合伙人享有财产份额或者合伙份额，并不代表合伙财产就是按份共有。合伙财产之所以由全体合伙人共同共有，与其说是因为合伙关系是共同关系，不如说是因为约定的共同目的是合伙的根本特征，并使合伙人相互捆绑在了一起。合伙财产共同共有主要表现为：合伙关系存续期间，合伙人既不得分割合伙财产也不得自由转让合伙份额。在我国法语境中，合伙财产共同共有的理由还包括，合伙事务执行权归全体合伙人享有的规则导致合伙人共同处分合伙财产。

合伙财产独立于合伙人个人财产，要么是出于法律的直接规定，要么是出于促进合伙目的之实现和维持合伙之存续的考虑。合伙财产独立于合伙人个人财产的具体规则包括，合伙人债权人的抵销排除、扣押排除以及合伙人退伙时的份额增加或财产份额价值变动。虽然《民法典》对民事合伙财产独立性的规定尚不明确，但上述规则在司法实践中已获得了普遍的承认和适用。

合伙企业财产是组织财产自不待言，民事合伙财产在符合一定条件的情况下也可以成为组织财产。20世纪70年代提出的“群理论”一方面使合手合伙一跃成为自然人、法人之外第三类主体，另一方面通过成员权这一概念弥合了共同共有（核心是合手约束）与合伙主体性之间的裂痕。虽然我国民法学理至今并未认真考虑德国民法中的“群理论”，更勿论对此接受与否，但这一点不妨碍民事合伙协议在我国法语境中也可以是组织契约。当民事合伙人的共同意思指向了超越彼此的第三方实体，并且他们根据合伙协议以相对组织化的方式开展合伙事务的时候，合伙协议也是组织契约、合伙财产成为组织财产。另外，民事合伙也可以成为“企业经营者”，享有法律交往所必需的权利能力，这自然包括拥有合伙财产的能力。

中德私法研究第 20 卷
页 229—258

“资本显著不足”的源流考及其启示

徐方亮 *

摘要:“资本显著不足”的问题意识以美国为滥觞。详考美国相关学术研究和普通法可知,“资本显著不足刺破论”虽获得其学界赞同并不断演化,但美国法院实务界未接受该说,而且在诸如衡平居次、重新债务评定等其他相关制度中亦持审慎态度。我国《九民纪要》虽采“资本显著不足刺破论”,但尚未有深入讨论。美国法经验研究有助于我们对问题的认识,对于我国法有启发意义。

关键词:公司　资本显著不足　有限责任　刺破责任　刺破论

一、引言

比较法上,“资本显著不足”(undercapitalization)的问题意识肇始于美国。[1] 我国公司资本制度虽偏向大陆法系,但与此相关的思考却颇受

* 徐方亮,北京大学博士研究生。

[1] See Tan Cheng-Han & Jiangyu Wang & Christian Hofmann, *“Piercing the Corporate Veil: Historical, Theoretical and Comparative Perspectives,”* Berkeley Business Law Journal 16, no. 1 (2019), p. 160.

美国影响。〔2〕特别是自2013年公司资本制度改革以来，我国法院实务界对其关注度明显上升，〔3〕并倾向于认可资本显著不足能刺破公司面纱进而要求股东承担刺破责任(piercing liability)〔4〕(以下称"资本显著不足刺破论")，或者足以劣后调整股东权等观点。〔5〕例如，2015年最高人民法院评议沙港公司诉开天公司执行分配方案异议案(以下称沙港案)时建议借鉴美国法上的深石原则，〔6〕2019年《全国法院民商事审判工作会议纪要》(以下称《九民纪要》)则将资本显著不足列为公司法人格否认之独立类型之一，明确采"资本显著不足刺破论"。

然而，考察美国资本显著不足的学说和制度发现，其学术界虽有力倡"资本显著不足刺破论"，但并未为美国普通法所接受。我国虽受之影响但尚未充分注意到这些。〔7〕鉴于此，本文以对其展开系统性研究为目

---

〔2〕我国早期研究和有影响力的公司法教科书中有关"资本显著不足"的论述基本来自美国，参见朱慈蕴：《公司法人格否认法理研究》，法律出版社1998年版，第140－147页；甘培忠：《企业与公司法学》(第5版)，北京大学出版社2007年版，第538－539页；刘俊海：《公司法学》，北京大学出版社2008年版，285－286页；邓峰：《普通公司法》，中国人民大学出版社2009年版，第209页；范建、王建文：《公司法》(第3版)，法律出版社2011年版，第261页。

〔3〕反映司法实务界整体倾向的例证是：2020年6月1日，笔者以"资本显著不足"为关键词在北大法宝案例库中检索，得民事判决书344份执行文书3份，在剔除无关案件、合并同一债务人公司的相关案件后得有效案例140件，法院赞同资本显著不足刺破论观点的案例94件(占比67.1%[94/140])，其中案号为2014年以后的案例74件(占比78.7%[74/94])。

〔4〕借鉴于Bainbridge教授[vice－]piercing liability的说法，相较于刺破公司面纱或者公司法人格否认等偏重于公司角度的概括而言，"股东刺破责任"立足于股东视角，且更能形象地传递出刺破公司面纱中股东责任的特殊性，see Stephen M. Bainbridge & M. Todd Henderson, *Limited Liability: A Legal and Economic Analysis*, Edward Elgar Pub, 2016, pp. 124, 286。

〔5〕学界有代表性的文献，参见赵旭东：《资本制度变革下的资本法律责任——公司法修改的理性解读》，载《法学研究》2014年第5期，第20页；黄辉：《公司资本制度改革的正当性：基于债权人保护功能的法经济学分析》，载《中国法学》2015年第6期，第173页；黄辉：《公司集团背景下的法人格否认：一个实证研究》，载《中外法学》2020年第2期，第510页；郑云瑞：《公司法学》，北京大学出版社2016年版，第95页。

〔6〕参见http://rmfyb.chinacourt.org/paper/html/2015－04/01/content_96128.htm?div=－1，2020年10月14日访问。

〔7〕我国既有研究整体上多关注美国刺破公司面纱制度层面，资本显著不足作为其因素或情形被介绍，相关内容可参见注释〔2〕；近期虽有数篇专题性研究但也未有所注意，参见胡改蓉：《"资本显著不足"情形下公司法人格否认制度的适用》，载《法学评论》2015年第3期，第163－172页；张素华、吴亦伟：《资本显著不足不应适用于公司法人人格否认》，载《中南大学学报(社会科学版)》2018年第1期，第38－46页。本文定稿后相关文献参见：陈群峰：《"资本显著不足"情形下公司法人格否认制度完善研究》，载《法学杂志》2020年第11期，第102－110页；楼秋然：《资本显著不足规则的法理基础与司法适用》，载《南大法学》2020年第4期，第88－97页。

标，以夯实判例学说之批判性研究的比较法基础。[8]

在结构上，考虑到《九民纪要》已采“资本显著不足刺破论”，本文首先研究美国刺破论学说中的资本显著不足，并重点关注其何以能刺破公司面纱，接着再分析美国法院的相关思考和制度创设。这其中，由于不同学说的演化及其对“资本显著不足”概念的不同界定，我们未事先给其下一个明确的定义，而是有意识地将其在制度中的作用与其概念内涵的界定作为两个问题分别阐述，即以“资本显著不足”在刺破公司面纱等制度中所起的作用为主线，并专门阐述“资本显著不足”具体认定中的问题。最后，本文将在总结美国法经验基础上略陈其可能的启示意义，期能裨益于我国学术与司法。

二、美国刺破论学说中的“资本显著不足”

美国股东刺破责任制度发轫于 19 世纪末 20 世纪初，一开始受公司实体论（corporate entity theory）影响被称为“忽视公司实体”（disregard corporate entity），[9]之后随着该理论式微，“刺破公司面纱”（piercing corporate veil）渐获认可而成为主流的话语表达。[10] 然而，有关“资本显著不足刺破论”的讨论却出现的相对较晚。[11] 历史地看，这一学说先后经历了三个阶段：从“资本显著不足刺破论”的提出到“理性化建构”，基本上受传统法学分析方法影响，二十世纪七八十年代以来因应经济分析方法的兴盛及其对有限责任的质疑，该说跃向了“股东无限责任论”。

---

〔8〕 参见〔德〕K. 茨威格特、H. 克茨：《比较法总论》，潘汉典等译，法律出版社 2003 年版，第 30、46 页。

〔9〕 See Maurice Wormser, *“Piercing the Veil of Corporate Entity,”* Columbia Law Review 12, no. 6 (1912), pp. 496-519.

〔10〕 美国公司实体论衰落于 1930 年代，see David Gindis, *“From fictions and aggregates to real entities in the theory of the firm,”* Journal of Institutional Economics Vol. 5, No. 1 (2009), p. 34。

〔11〕 尽管 1929 年 Douglas 在个案分析中提到（子公司）“financial sterile（财力贫瘠）”，但因欠缺进一步的阐述而有别于随后提出的“undercapitalization”概念，see William O. Douglas & Carrol M. Shanks, *“Insulation from liability through subsidiary corporations”*, Yale Law Journal, 39, no. 2 (1929), pp. 203-204。

(一)“资本显著不足刺破论”的提出:基于公平观念

20 世纪前后的美国股东刺破责任之理论和法院实务的主流观念是,“当法律实体的概念被用来挫败公共利益、美化错误、保护欺诈、为犯罪辩护的时候,法律将把公司看作个人的聚集”。〔12〕 换言之,只有在股东利用公司规避法律时,如规避谢尔曼法、实施欺诈等,法院才会穿透公司外衣判令股东承担责任。这意味着此时法律规制的重点是依循公司工具论倾向,〔13〕进而资本显著不足及其能否引发股东责任之问题几无讨论。〔14〕 而此时期,公司及其社会功能为进步主义所肯定,也在一定程度上阻止人们思考两者间的关联。〔15〕

直至 20 世纪 30、40 年代,资本显著不足之股东刺破责任问题才始获美国公司法学界关注,其中最有影响力的是 Latty 和 Ballantine 两位学者。〔16〕 1936 年 Latty 在其博士论文中把股东有限责任理解为“平衡商业利益和社会利益的不得已的适当妥协”,继而主张股东“不可以只进不出……作为对价……股东必须投入能符合正常商业要求的合理充足资金。”〔17〕随后,Ballantine 更清晰地写道,“股东应当诚实地投入足以应付未来责任的资本,使之承受商业风险”。“如果这些资本对于所从事的商业活动及其损失风险而言,只是象征性的或者微不足道的,那么,这就足

〔12〕 United States v. Milwaukee Refrigerator Transit Co., 143 F. 247, 255 (1905).

〔13〕 20 世纪初美国刺破公司面纱中盛行的工具论(instrumentality)起于 1909 年并于 1918 年达到顶峰,see William P. Hackney & Tracey G. Benson, *“Shareholder Liability for Inadequate Capital,”* University of Pittsburgh Law Review 43, no. 4 (1982), p. 849。

〔14〕 See Maurice Wormser, *“Development of the Law,”* Columbia Law Review 23, no. 8 (1923), pp. 701-715.

〔15〕 如当时哥伦比亚大学校长 Butler 将之评价为“当代最伟大的发明”, see N. Butler, *“Why Should We Change Our From of Government?”* 82 (1912). Chandler 教授研究指出当时的进步主义者主要是美国城市中的中产阶级,他们有着独特的商业定位,参见〔美〕加里·约翰·普雷维茨、巴巴拉·达比斯·莫里诺:《美国会计史:会计的文化意义》,杜兴强、于竹丽等译,中国人民大学出版社 2009 年版,第 248 页。而这一时期美国经济取得了巨大成就,也促使美国人没有理由质疑公司及其有限责任制度的社会效用,参见〔美〕福克纳:《美国经济史(下卷)》,王锟译,商务印书馆 2018 年版,第 260—262 页。

〔16〕 See Hackney & Benson, supra note [13], pp. 858-859.

〔17〕 See Maurice J. Dix, *“Adequate Risk Capital: The Consideration for the Benefits of Separate Incorporation,”* Northwestern University Law Review 53, no. 4 (1958), p. 488.

以构成否认公司独立实体特权的理由。”[18]

显而易见,该说的实质支撑是一种朴素的公平观念:它要求股东设立公司从事商业活动时,应当投入足够资本合理分担风险,而非将全部商业风险转由债权人承受,合理的资本投入因此被理解为有限责任的对价。[19] 然而,公司本就是一种“风险/责任转移机制”,[20]只要肯定股东有限责任,就会致使商业风险向债权人转移。或许也正因有此担忧,早期公司法均普遍地对股东最低出资额做出严格要求。[21]

从制度渊源看,该说至少有两个实证法基础。其一即上述的法定最低资本制。[22] Latty 的阐述最为清晰:“当法律设定的特殊基金(special fund)取代[无限责任时]股东的一般财产(general fund)作为债权人受偿的来源时,它就预设了这种特殊基金不仅要存在,而且还要能应付商业需求,创设该基金者[股东]并无不受限制的权力,不可武断地将这项特殊基金实际上设定为零。”[23]此所谓“特殊基金”实质上就是法定最低资本制的翻版甚至升级版。[24] 另一个制度渊源来自英美法上规制债务人逃废债务的欺诈转移法。[25] 它要求正在或者将要从事商业活动的债务人(person in business),转移财产前后不应致使自己只留有不合理小的资本(unreasonably small capital),否则就构成欺诈转移(fraudulent con-

---

〔18〕 Id. p. 488.

〔19〕 Id. p. 492.

〔20〕 同前注〔2〕,邓峰,第 191 页。

〔21〕 从规制的角度,法定最低资本制可在多个维度上同时展开,最严格者包括较高的最低注册资本额、全额实缴、现金出资、禁止抽逃/分红、配置较高的刑罚和行政责任等。早期立法,如 1855 年英国《有限责任法》第 1 条规定,享有有限责任的合股公司之每股不低于 10£,签署注册证书的股东至少有 25 位且持全公司股份占比得 3/4 以上,而每位股东首次支付不得低于 20%,see 18 & 19 Vict. c. 133 s. 1;1808 年法国规定设立公司者应当证明有出资能力和营业能力,参见〔意〕F. 卡尔卡诺:《商法史》,贾婉婷译,商务印书馆 2017 年版,第 129 页。

〔22〕 Dix, supra note [17], p. 483.

〔23〕 See Hackney & Benson, supra note [13], p. 858.

〔24〕 这一理念贯彻于当时美国统一公司法运动(UBCA)中,其不赞同同时期的特拉华等州弱化公司资本的做法,而坚持要求公司开业前必须实缴一定资本(法定最低实缴资本制),see UBCA § § 3(f) & 7, “Uniform Business Corporation Act and the Uniform Stock Transfer Act,” Washington Law Review 5, no. 4 (1930), pp. 173, 175。

〔25〕 See Robert Charles Clark, *“The Duties of the Corporate Debtor to Its Creditors,”* Harvard Law Review 90, no. 3 (1977), pp. 542-547.

veyance)。[26] 公司当然地满足"person in business"主体要件，故而其经营时亦应当确保拥有合理的资本——这恰好契合"资本显著不足刺破论"中股东投入应当满足商业需求的要求。

有疑问的是，美国法中很早就有公平观念、法定最低资本制以及欺诈转移法等这些因素，何以该说却直到20世纪三四十年代才被提出来？一种可能的解释是，此时期美国公司资本制度发生了一些变化，[27]促使学术界扩张"忽视公司实体"以兹应对：第一，1912年纽约州准许发行无面值股票等资本金融工具的创新及其广泛应用，导致了公司资本约束和分红门槛等大幅降低；[28]第二，20世纪前后美国大型商业公司发展过程中注水股份的大量发行，加剧了公司资本虚化；[29]第三，19世纪末并购浪潮催生的公司集团的兴起，使得集团内单个公司资本不足问题特别突出。[30] 而当人们已处在20世纪30年代经济大萧条时，几种现象的交错叠加很可能特别地凸显了公司资本不足引发的社会问题的严重性：大量公司破产致使债权人不能获偿，与股东资本投入不足间形成了鲜明对比。[31] 于是乎，作为一种对现实的回应，要求股东承担资本显著不足之

---

[26] 在早期判例的基础上，1918年UFCA将之总结在以"Conveyances by Persons in Business"为名的第5条中，1984年更名为UFTA并规定在第4(a)(2)(i)条，see UNIFORM FRAUDULENT TRANSFER ACT(1984) §4(a)(2)(i)；Lee B. Shepard, "*Beyond Moody: A Re-Examination of Unreasonably Small Capital,*" Hastings Law Journal 57, no. 4 (2006), pp. 902-905。

[27] See E. Merrick Dodd, "*Statutory Developments in Business Corporation Law, 1886-1936,*" Current Legal Thought 3, no. 2 (1936), pp. 158—167; Wiley B. Rutledge, "*Significant Trends in Modern Incorporation Statutes,*" Washington University Law Quarterly 22, no. 3 (1937), pp. 305-343.

[28] See A. A. Berle, "*Problems of Non-Par Stock,*" Columbia Law Review 25, no. 1 (1925), pp. 43-63; Harwell Wells, "*The Modernization of Corporation Law, 1920-1940,*" University of Pennsylvania Journal of Business Law, vol. 11, no. 3, (2009), pp. 603-616.

[29] 参见刘燕、楼建波：《公司法资本制度与证券市场：制度变迁、法律移植与中国实践》，载《证券法苑》2014年第3期(第12卷)，第9—12页。

[30] 一个例证即Latty和Ballantine都是围绕公司集团提出相关论说的。

[31] 美国20世纪30年代大萧条，参见〔美〕乔纳森·休斯、路易斯·P. 凯恩：《美国经济史(第七版)》，邸晓燕、邢露等译，北京大学出版社2011年版，第490—499页。

责任的观点就被提了出来。[32]

(二)"理性化建构":进一步寻求"资本显著不足刺破论"的法律理由

诉诸公平的"资本显著不足刺破论"的论证本身并不充分,这促使人们继续寻求其背后的法理基础。鉴于这一过程体现了在公平观念之外开展理性论证的努力,故可概称为"理性化建构"阶段。[33] 正如下述,刺破公司面纱中那些影响至今的论证结构,如区分合同/侵权或者法人/个人股东等,即产生于这一阶段,而如何界定资本显著不足之问题亦获充分讨论。

1. 区分合同/侵权:从合理分担商业风险到防止侵权法目的的落空

承上述,虽然早期"资本显著不足刺破论"要求股东应分担合理的"商业风险",但并未言明其所指为何。一种解读是"商业风险=公司债务",继而要求股东投入应与公司债务处于一种合理的比例关系。[34] 由于公司破产在某种程度上意味着股东投入不足,这种解读的弊端在于其将有可能导致股东为正常商业风险负责。直到 1966 年 Walkovszky v. Carlton 案(以下称 Walkovszky 案)[35]后,一种新的理论视角才诞生,即一些学者开始主张"商业风险=公司侵权风险",继而要求资本显著不足

---

〔32〕 需要特别注意的是,仅从有限责任之"缺陷"的逻辑分析是得不出"资本显著不足刺破论"的,因为最早肯定有限责任立法时,反对派给出的理由即是此刻支持刺破论的理由。英国至今未接受"资本显著不足刺破论",与其在 1855 年议会及其特别委员会围绕有限责任立法的特别激烈且充分的辩论不无关联,讨论记录,see e. g. HC Deb 26 July 1855 vol 139 cc1378－97, available at https://api. parliament. uk/historic－hansard/lords/1855/aug/07/limited－liability－bill#S3V0139P0_18550807_HOL_4;美国马萨诸塞州等早期围绕有限责任立法的讨论,see E. Merrick Dodd, "*The Evolution of Limited Liability in American Industry: Massachusetts,*" Harvard Law Review, vol. 61, no. 8 (1948), pp. 1361-1379。

〔33〕 这是受邓峰教授把美国刺破公司面纱的分析总结为"理性化的尝试"的启发,参见同前注〔2〕,邓峰,第 213－215 页。

〔34〕 See Solomon R. B. Castro, "*Undercapitalization as a Factor in Piercing the Corporate Veil in Contract Cases: Balancing Risks and Incentives,*" Philippine Law Journal 74, no. 4 (2000), pp. 653, 656.

〔35〕 Walkovszky v. Carlton, 18 N. Y. 2d 414(1966).

的股东对公司侵权受害者负责。[36]

这种理论上的实质性转向,与 Walkovszky 案反映的纽约州独特的出租车行业惯例密切相关。[37] 该案中,[38]被告 Carlton 设立了 10 家平行的出租车公司,每家拥有 2 辆出租车。该州《交通设备运输法》(Vehicle and Traffic Law)不禁止这种组织模式,且只要求公司为每辆车购买法定保险。[39]由于单个公司资产只有 1-2 辆出租车(还不排除抵押的可能),以及随车购买的较低的法定强制保险,在其引发交通事故赔偿时,如果坚持股东有限责任,作为股东的运营商会因无须赔偿而降低经营风险,受害者则因公司资财有限不能获得充分赔偿而承受巨大不幸。路人 Walkovszky 就是这样一位受害者:为了获得充分赔偿,他主张出租车公司资本显著不足,股东应当承担刺破责任。判决时,尽管持异议的 Keating 法官引证了 Ballantine 观点主张股东应当为公司资本显著不足承担刺破责任,但多数法官坚持认为,"不能仅因为公司资产和肇事车的强制保险不足以充分赔偿原告就忽视公司形式"。[40]

诚然,该案凸显了公司侵权中有限责任与受害者保护间的紧张关系。作为回应,《耶鲁法律期刊》专门刊发了一篇题为《股东应当对公司侵权行为承担个人责任吗?》的评论文章。[41] 作为"资本显著不足刺破论"学说

---

〔36〕 See Daniel R. Kahan, *"Shareholder Liability for Corporate Torts: A Historical Perspective,"* Georgetown Law Journal 97, no. 4 (2009), pp. 1087, 1101.

〔37〕 Walkovszky 案反映的实际上是一个行业惯例,1962 年 Mull 案亦如此,see Mull v. Colt Co., 31 F. R. D. 154 (1962)(该案中出租车运营商设立了 100 家平行的出租车公司,每家公司拥有两辆出租车)。

〔38〕 案情均来自 Walkovszky 案,see Walkovszky v. Carlton, 18 N. Y. 2d 414(1966)。

〔39〕 整体上看,纽约州《交通设备运输法》规定的最低保险额度虽经多次修订但却一直维持在较低水平:1929 年法定最低保险额度是 5 千美元(Mull 案);1940 年调整为 1 万美元(Walkovszky 案);1995 年分类调整后延续至今,即人身损害的法定保险额度最低至最高范围是 1.5-5 万美元,死亡时是 5-10 万美元,财产毁损时最低是 1 万美元,see 1995 N. Y. S. N. 5542 § 10; NY CLS Veh & Tr § 370。

〔40〕 值得注意的是,该案最终发回重审,下级法院准许原告变更诉由,即主张 Carlton 与公司之间实际上已经形成代理关系而要求 Carlton 承担刺破责任,且法院随后以此为据判令 Carlton 承担个人责任,see Walkovszky v. Carlton, 23 N. Y. 2d 714 (1968).

〔41〕 See Note, *"Should Shareholders be Personally Liable for the Torts of Their Corporations,"* Yale Law Journal 76, no. 6 (1967), pp. 1190-1205.

转向的首篇标志性文献，[42]该文极富启发地将有限责任与侵权法联系起来思考，主张类似于 Walkovszky 案中的公司会“挫败现代侵权法目标”，实际上是让“受害者资助公司所有者[股东]”。[43] 虽然该文建议封闭公司股东应对公司侵权承担连带责任之观点未被普通法采纳，但其所开启的把有限责任与侵权法目的关联起来的分析思路，却深刻影响了随后刺破公司面纱理论学说的发展。[44]

与此同时，Cummins 教授则从合同之债的角度对刺破公司面纱的相关案例和原理进行分析，主张股东刺破责任应当建立在股东行为对合同缔结或者合同履行的影响之上。[45] 就前者，股东只因欺诈或者误述(fraud or misrepresentation)等承担刺破责任，[46]而资本显著不足并不能等而视之，因此不是归责于股东的充分理由。只有在股东通过贷款等手段故意维持本已陷入膏肓的公司，使之继续在市场中活动并让人感觉其财务健康时，股东才可能因构成对公司财务之默示误述(implied misrepresentation of wealth)而被要求承担刺破责任。[47] 合同成立后的资本显著不足往往又指向公司经营失败，即可能是商业风险所致，因此，除非股东有侵占公司财产等不当管理行为，否则无须担责。

在此基础上，特别是在美国普通法中早已形成的资本显著不足以致使股东对公司合同之债承担刺破责任的司法实践态度的共识基础上[48]，早期学说中所强调的股东应当分担的合理的“商业风险”开始转变为“对公司侵权受害者的损害赔偿”，并且开启了一个全新的论证逻辑框

---

〔42〕 See Kahan, supra note [36], note 6, p. 1087.

〔43〕 See Note, supra note [41], pp. 1195-1196.

〔44〕 如 Hansmann 等进一步主张把股东对公司侵权承担无限责任扩张至所有类型公司，see Henry Hansmann & Reinier Kraakman, *“Toward Unlimited Shareholder Liability for Corporate Torts,”* Yale Law Journal 100, no. 7 (1991), pp. 1879-1934。

〔45〕 See David C. Cummins, *“Disregarding the Corporate Entity: Contract Claims,”* Ohio State Law Journal 28, no. 3 (1967), pp. 452-469.

〔46〕 Id. pp. 453-454. 相关案例，参见例如，Weisser v. Mursam Shoe Corp., 127 F. 2d 344 (1942); Shafford v. Otto Sales Co., 149 Cal. App. 2d 428 (1957)。

〔47〕 Id. p. 454. 典型案例，参见例如，Portsmouth Cotton Oil Ref. Corp. v. Fourth Nat'l Bank, 280 F. 879 (1922); Linco Services, Inc. v. Du Pont, 239 Cal. App. 2d 841 (1966)。

〔48〕 See e. g. Hanson v. Bradley, 298 Mass. 271, 280, 10 N. E. 2d 259, 263-64 (1937); Bartle v. Home Owners Cooperative 309 N. Y. 103, 127 N. E. 2d 832 (1955).

架:与合同情况下债权人能通过谈判自主决定是否同意股东只承担有限责任不同,侵权受害者不能通过合同事先分散风险,因此,为避免侵权法目标落空,"资本显著不足刺破论"主张股东应对侵权受害者承担刺破责任。换言之,与早期强调公平观念不同,此时学说的立论基础在于有无"合意"(consensus)。

从学术史角度观察,该两篇文献基本上完成了美国刺破公司面纱中影响至今的"区分合同/侵权"的理论建构,〔49〕此后相关学说虽有所突破但在理解上将之视为一种非实质性的延展或许更妥帖。例如,当前一些学者建议应"区分自愿/非自愿债权",本质上只是对"区分合同/侵权"之形式意义上的"合意"的扬弃,取而代之的是债权人是否有谈判能力,即关注债权人是否真的能"自愿地"(voluntarily)接受股东有限责任。〔50〕在理论脉络上,Gevurtz 教授可谓是上述观点在当代的集大成者:在侵权中,其主张根据事故风险是否可预见作进一步区分,即如果事故风险可以保险/可预见,那么,资本显著不足会导致事故成本外部化,会削弱侵权法目标;在合同中,其又细分出大额金融债权和短期信用债权,前者因有能力事先通过合同进行自我保护而无须法律介入强制公司披露财务信息,后者尽管可能欠缺谈判能力,但因其只关心公司的短期偿债能力,因此只需要规定债务人公司对短期财务状况的误导或者欺诈陈述负责而不要求其事先披露财务信息。〔51〕

2. 区分个人/法人股东:公司集团中资本显著不足刺破论的发展

"资本显著不足刺破论"理性建构的第二分支,是区分自然人/公司股东(individual /corporate shareholder)。这是随着 20 世纪前后美国公司集团(corporate group)现象的兴起而产生的。由于早期刺破公司面纱的

---

〔49〕 虽然 Douglas & Shanks 也区分了合同和侵权,但不同于此处提及的区分合同/侵权之论证框架及其对合意因素的强调,see Douglas & Shanks, supra note [11], pp. 193-218。

〔50〕 学者间主张的区分标准略有不同,see Robert E. Dye, *"Inadequate Capitalization as a Basis for Shareholder Liability: The California Approach and a Recomendation,"* Southern California Law Review 45, no. 3 (1972), pp. 836-840; Hansmann & Kraakman, supra note [44], p. 1921; Thomas K. Cheng, *"An Economic Analysis of Limited Shareholder Liability in Contractual Claims,"* Berkeley Business Law Journal 11, no. 1 (2014), pp. 120-123。

〔51〕 See Franklin Gevurtz, *Corporation Law (2nd)*, Thomson Reuters, 2010, pp. 94-95.

案例均与公司集团有关，由此引发的思考甚至要早于对原告债权性质的关注。[52]

具体而言，相对于单一企业（a single enterprise），集团内单个公司（constitutional corporation）的资本显著不足问题尤其体现在两个方面：其一是单个公司的"资本弱化"，例如酒店集团可将酒店资产与其运营管理分开，使得酒店管理公司不持有不动产而轻资本运营；[53]其二是单个公司的"自我牺牲"，即它们可能因受制于集团公司而不得不为了整体利益而付出。[54] 理论上的应对之策是，将之内嵌于公司集团刺破责任规制之中，并主要沿着同一性测试（assimilation test）与单一经济体测试（single economic entity test）两条路线演进。同一性测试由 Douglas 教授首先阐发，其核心论点是：如果集团内单个公司间具有同一性，则应当刺破面纱；同一性测试具体包括资金是否独立且充足、是否有独立的日常业务及其财务经营记录、管理结构是否独立以及是否互为代表等四个指标。[55] 其中，资本显著不足主要体现在是否有充足资金之指标中，且被认为会"起到很大的决定性作用"。[56]

单一经济体理论由 Berle 教授提出，其认为：尽管公司集团内每个公司都是单独设立的，但如果它们构成了经济意义上的整体，即从经济或者商业角度看，每个公司只是单一经济体中无法分离的组成部分，则法律上应把它们看作一个实体，继而使之全部资产对单个公司债权人负责。[57] 在此理论框架中，Berle 教授特别指出资本显著不足的公司不能单独构成一个法律实体。[58]

比较而言，同一性测试倾向于单个公司相互之间的比较（"由内而外

---

〔52〕 较早文献，see Douglas & Shanks, supra note [11], pp. 193-218.

〔53〕 通过设立子公司从事高风险事业亦是事例之一，see Hansmann & Kraakman, supra note [44], p. 1881.

〔54〕 See Jonathan M. Landers, "*A Unified Approach to Parent, Subsidiary, and Affiliate Questions in Bankruptcy,*" University of Chicago Law Review 42, no. 4 (1975), pp. 596-597.

〔55〕 See Douglas & Shanks, supra note [11], pp. 196-197.

〔56〕 Id. pp. 214, 218.

〔57〕 See Adolf A. Berle, "*The Theory of Enterprise Entity,*" Columbia Law Review 47, no. 3 (1947), pp. 343-358.

〔58〕 Id. p. 349.

的视角”)，单一经济体理论则更强调整体观(“由外而内的视角”)。尽管两者论理逻辑各有侧重，但对资本显著不足的态度较为一致：单个公司的资本显著不足，在单一经济体理论中意味着其与集团内其他公司有经济关联，因而应视为单一经济体的一部分，在同一性测试中则意味着其因得依赖于其他公司而与之具有同一性。随后，美国公司集团刺破面纱的理论也基本上沿着这两个理论的方向发展：以 Blumberg 教授为代表的主张公司集团内应当“无分你我”的主要论，偏向于单一经济体理论；〔59〕而 Landers 教授提出的“经济活力测试”(economic viability test)，强调集团内单个公司之自我利益的追求与维护，更接近于同一性测试。〔60〕

3. “资本显著不足”之界定

在上述理论的发展过程中，如何界定资本显著不足的问题也开始受到关注，具体包括：什么是“资本”？如何判定“显著不足”？以及，应以何时为准？

“资本”当然包括股东的股本投入，问题是是否还包括其他形式。尽管有观点认为只考虑股本，〔61〕但早期以来的主流学说都倾向于作扩张解释。仅从股东应当承担合理的商业风险的意涵来看，“资本”应及于股东对公司的全部投入，即除了股本外，它还应涵盖股东贷款、为公司融资提供担保等其他经济支持。〔62〕随着学说发展，特别是为了解决有限责任的侵权风险外部性而提倡购买商业保险的实践普遍化，公司购买的商业保险也被评价为此所谓的“资本”。〔63〕

争议较大的是如何判定“显著不足”。早期学说主张从所从事的商业风险角度界定股东的合理投入，如 Ballantine 认为应当足以能够承担未

〔59〕 See Phillip I. Blumberg, *"Limited Liability and Corporate Groups,"* Journal of Corporation Law 11, no. 4 (1986), pp. 573-632.

〔60〕 See Landers, supra note [54], p. 597.

〔61〕 See Dix, supra note [17], p. 483.

〔62〕 See Harvey Gelb, *"Piercing the Corporate Veil—The Undercapitalization Factor,"* Chicago—Kent Law Review 59, no. 1 (1982), pp. 12-13; See Gevurtz, supra note [51], p. 97.

〔63〕 Walkovszky 案实际上也间接认可了保险是“资本”；also see Radaszewski v. Telecom Corp., 981 F. 2d 305 (1992)。

来可能发生的责任，即合理商人标准（a reasonable businessman test)。[64] 在公司集团中，Douglas、Landers等学者主张应确保单个公司财务的独立充足。尽管这些标准都有所指向但仍不清晰，如若运用至司法中，终将走向“司法最低资本制”(judicial minimal capital)，即由法院在个案中具体评定。为杜绝此弊端，一些学者提出了一些更为客观化的指标，如借助于固定的股本/负债比率，[65]或者专业金融分析师，[66]或者引入专业信用评级方法等。[67]

判断时点问题的核心在于，股东是否应持续性地确保公司资本充足。[68] “公司成立说”主张应只判断公司成立时是否资本显著不足，其合理性在于试图借此与市场经营风险导致的公司失败区分开来，使得股东不对市场经营风险担责。[69] 然而，公司成立后有可能进入高风险行业，如此就会导致公司资本尽管相对于初始营业是充足的，但对于随后进入的高风险行业可能构成“显著不足”。于是，有学者主张“持续义务论”，即股东对于确保资本充足负有持续性义务。[70] 尽管“持续义务论”有合理性，但由于暗含着唯结果论，有可能致使经营不善的公司成为不断地吸取股东财产的“黑洞”。两说间的冲突很突出，其不可调和性乃根植于“资本显著不足刺破论”本身。就目前来看，两说并存，难堪伯仲。

需要特别提及的是，在Gevurtz教授的分析框架中，资本显著不足的判断将取决于“可预见标准”，即如果公司侵权事故属于可预见的范围，即能够通过购买保险分散，那么，股东未投足够保险或者资本显著不足即应承担责任；反之，超过了可预见范围就不构成侵权责任，故而无须承担责

---

〔64〕 See Robert W. Baker, “*Subordination of Stockholder Loans on the Ground of Corporate Undercapitalization—Obre v. Alban Tractor Company,*” Maryland Law Review 23, no. 3 (1963), p. 265.

〔65〕 Dye, supra note [50], p. 843.

〔66〕 See Myron Semmel, “*Tax Consequences of Inadequate Capitalization* ,” Columbia Law Review 48, no. 2 (1948), pp. 214-215.

〔67〕 See Shepard, supra note [26], pp. 913-919.

〔68〕 See Castro, supra note [34], p. 643.

〔69〕 See Dye, supra note [50], pp. 840-841.

〔70〕 See Gelb, supra note [62], p. 22.

任。[71] 且由于Gevurtz教授主张，只有在股东对短期信用交易的债权人就资本显著不足构成财务误述或欺诈时，或者发生了可预见性事故时，股东才承担刺破责任，判断时点就相应地具体化为误述或欺诈发生时，或者损害事故发生时[72]——这在一定意义上消解了上述两说间的对立状态。

(三)有限责任之诘难：从"资本显著不足刺破论"跃向"股东无限责任论"

20世纪中后期美国学界开始反思有限责任相关命题：在法学界，Dodd教授基于对早期马萨诸塞州有限责任发展的考察，认为无限责任并非不利于早期制造业发展；[73]经济学家Arrow则将有限责任看作保险匮乏时代的风险转移机制，并提出保险替代策略。[74] 此后，特别是法经济学分析方法的兴盛及其激发的制度成本和效率的探讨，有限责任及其正当性遭到质疑，"资本显著不足刺破论"因之演变为"股东无限责任论"，即不再考虑是否构成资本显著不足而径直要求股东对公司债务承担无限连带责任。[75] 具体而言，它们分别体现在公司类型、股东类型以及债权性质等三个维度及其相互关联之中，择其要者如下：

就公司类型而言，前述《耶鲁法律期刊》评论文章即开此先河，提议封闭公司股东应对公司侵权承担无限责任。随后，Halpern、Easterbrook等学者从经济分析角度对封闭公司予以剖析，基于其股东与管理者高度重合的特征，主张有限责任制度不仅不能降低监督成本，还会激励股东冒险

---

〔71〕 See Gevurtz, supra note [51], pp. 95, 99.

〔72〕 Id. pp. 100-101.

〔73〕 See Dodd, supra note [32], p. 1378.

〔74〕 See Kenneth J. Arrow, *The Limited of Organization*, New York: Norton & Company, 1974, pp. 33-36. 法学界类似思想, see Frank H. Easterbrook & Daniel R. Fischel, *"Limited Liability and the Corporation,"* University of Chicago Law Review 52, no. 1 (1985), p. 102; Herbert Hovenkamp, *Enterprise and American Law*: 1836-1937, Harvard University Press, 1991, p. 53。

〔75〕 See Lucas Bergkamp & Wan-Q Pak, *"Piercing the Corporate Veil: Shareholder Liability for Corporate Torts,"* Maastricht Journal of European and Comparative Law 8, no. 2 (2001), p. 184.

和风险转移，增加债权人交易费用，因此，无限责任会更有效率。[76]

股东类型主要是围绕公司集团展开。Landers 教授就曾指出公司集团的债权人将会遭遇更大风险。[77] Blumberg 教授则从历史和经济功能出发，质疑公司集团中有限责任的合理性，认为将个人股东的有限责任扩张至公司集团并未接受检查和讨论，继而主张应当否定法人公司的有限责任。[78]

法经济学分析也关注债权性质对于股东有限责任的影响。Hansmann 等学者认为有限责任会激励股东在公司侵权上投资不足或者购买不充足保险等低效率行动，因此建议在公司侵权范畴内推行股东按份连带责任。[79] 而合同被看作自愿的风险定价机制，能实现风险的最有效率地配置，因此，不会影响有限责任的正当性基础。如 Posner 大法官所言，合同情形下的有限责任尽管导致了风险转移但并无外部性。[80] 然而，近期香港大学 Cheng 教授却从法经济学视角对此提出质疑，认为有限责任之于合同的有效性的传统见解是立基于有效谈判和有效风险分配等理论之上的，可这些理论却因封闭公司中股东信息/监督成本低、风险承受能力强，以及债权人谈判能力弱、信息搜集成本高、抗风险能力不足等因素而很难有效。因此，他建议在封闭公司中确立股东无限责任。[81]

三、美国普通法中的“资本显著不足”

至此，我们已经建构性地回顾了近百年美国“资本显著不足刺破论”学说及其演变：尽管这其中有许多论理逻辑和方法论上的转向，但并不能

---

〔76〕 See Paul Halpern, et al. *“An Economic Analysis of Limited Liability in Corporation Law,”* University of Toronto Law Journal 30, no. 2 (1980), pp. 141, 148; Easterbrook & Fischel, supra note [74], p. 110.

〔77〕 See Landers, supra note [54], pp. 596-597.

〔78〕 See Blumberg, supra note [59], pp. 623-626, 630; David W. Leebron, *“Limited Liability, Tort Victims, and Creditors,”* Columbia Law Review 91, no. 6 (1991) pp. 1612-1623.

〔79〕 See Hansmann & Kraakman, supra note [44], pp. 1879-1934.

〔80〕 See Richard A. Posner, *“The Rights of Creditors of Affiliated Corporations,”* The University of Chicago Law Review, Vol. 43, No. 3 (1976), pp. 501, 503.

〔81〕 See Cheng, supra note [50], pp. 143-163.

完全将之看作纯思辨的产物,因为它们还反映了美国社会中公司的变迁。如果说 Latty 最早提出该学说时想到的是"奸诈企业家"(scheming entrepreneurs),[82]那么,前述《耶鲁法律期刊》评论文章则指向的是一些人为创设的封闭公司,而促使 Blumberg、Hansmann 等学者思考的则是当代大型跨国企业集团制造的产品事故、石油化工污染等大规模侵权事件。[83] 因此,它们实质上都是对特定社会问题的一种回应。

整体上,相较于以上学说的积极回应,美国普通法在处理资本显著不足时尽管在规则体系上更为宽广,但在态度上却较为审慎:就体系而言,除了刺破公司面纱外,它还涉及衡平居次(equitable subordination),债务重新评定(debt recharacterization),濒临破产时董事信义义务(director zone duty)是否扩张等;审慎性则主要体现在不认可资本显著不足足以致使股东承担刺破责任或者劣后调整股东权利等方面。为了能清晰展现美国普通法中的资本显著不足,以下依次从股东刺破责任、衡平居次、"资本显著不足"的司法认定,以及濒临破产时是否扩张董事信义义务等四个方面展开论述。

(一)股东刺破责任中的"资本显著不足"

总的来看,美国法院对于资本显著不足与股东刺破责任的关系的看法,并不等同于"资本显著不足刺破论"。对于两者间实际上存在的巨大差异,稍有忽视,就会引发诸多误解。因此,为了能清楚准确地阐述,本文将先总结"资本显著不足刺破论"的倾向性意见,继而从案例统计和个案分析两个视角分别论述,以展现美国法在此问题上的真实态度。最后,本文试图就其真实态度的原因及其价值考量进行剖析。

除去可归之于立法论范畴的"股东无限责任论"不谈,"资本显著不足刺破论"的各学说间虽有差异,但其核心论点较为一致:第一,单独的资本显著不足足以刺破公司面纱;第二,法院更愿意在侵权而非合同案件中刺

---

[82] Posner, supra note [80], p. 500.

[83] See, Blumberg, supra note [59], p. 575; Hansmann & Kraakman, supra note [44], p. 1180.

破公司面纱；第三，法院更愿意在公司集团（横向或者垂直）内刺破公司面纱。[84]

然而，这与数个案例统计研究揭示的美国法院实务界看法并不一致。Thompson 教授最早就此展开案例统计分析，其观察到的现象是：尽管在提到“资本显著不足”的案例中刺破率很高，但分解到各个类型都不具有决定性。[85] 近期 Matheson 教授的统计学回归分析进一步予以佐证，即无论是否考虑公司集团因素，资本显著不足在法院刺破公司面纱的裁决中都不具有显著相关性。[86] 有必要说明的是，之所以出现这种看上去矛盾的统计结论，是因为资本显著不足只是作为一个影响因素被统计。单个被刺破的案件中应该还有诸如欺诈、混同等其他多个影响因素，相比较而言，这些因素在统计上具有显著相关性或者起到更大的作用。这也意味着，虽然案例统计分析能够传递出资本显著不足在美国法院刺破公司面纱中的整体性地位，但无法直接得出其是否支持资本显著不足在普通法上能单独致使股东承担刺破责任之结论。故此，我们有必要进行个案分析。

从个案观察来看，美国法院只有极少数的个案中仅依据资本显著不足刺破公司面纱。[87] 其中，经常被用来说明法院支持“资本显著不足刺破论”

---

〔84〕 See Dye, supra note [50], note 53, 58, pp. 834, 835; Berle, supra note [57], note 15, p. 349; Easterbrook & Fischel, supra note [74], pp. 111-113.

〔85〕 See Robert B. Thompson, *"Piercing the Corporate Veil: An Empirical Study ,"* Cornell Law Review 76, no. 5 (1991), pp. 1055, 1063, 1066（提及 undercapitalization 案例中刺破率 73.33%[88/120]：按照债权性质划分，合同类 19%[61/327]，侵权类 13%[9/70]，剩余 18 件为法定类（statutory cases）；按照公司类型划分，封闭公司类 12%[11/92]，公司集团类 11%[26/237，文中有说总刺破案 238 件]，其他涉及一人公司等类型）。

〔86〕 See John H. Matheson, *"The Modern Law of Corporate Groups: An Empirical Study of Piercing the Corporate Veil in the Parent－Subsidiary Context,"* North Carolina Law Review 87, no. 4 (2009), pp. 1124, 1130, 1139（提及 undercapitalization 案例中刺破率有 70.5%[31/44]，但总案例占比仅 8.6%，回归分析不显著）；John H. Matheson, *"Why Courts Pierce: An Empirical Study of Piercing the Corporate Veil,"* Berkeley Business Law Journal 7, no. 1 (2010), pp. 30, 33, 58-60（提及 undercapitalization 案例中刺破率有 77.3%[75/97]，但总案例占比仅 23.36%，回归分析不显著）。

〔87〕 See e. g. Cummins, supra note [45], p. 455, 458; Stephen M. Bainbridge, *"Abolishing Veil Piercing,"* Journal of Corporation Law 26, no. 3 (2001), p. 521; Franklin A. Gevurtz, *"Groups of Companies,"* American Journal of Comparative Law 66, no. Supplement (2018), pp. 181-221.

的典型案例是 Minton v. Cavaney(以下简称 Minton 案)。[88] 该案中,[89] 被告"持有"的是一家典型的美式"无股公司",[90]即租赁他人场地开设游泳馆。原告女儿在其处游泳溺亡,公司被判令赔付 1 万美元但却无财产可供执行,于是原告起诉被告要求其承担赔偿责任。法院在认定公司资本显著不足后表示,"股东提供的资本显著不足并积极参加公司事务的……应当承担个人责任"。然而,该案因其自身存有诸多问题而难称"经典":首先,被告是否可以被认为是公司股东在事实上就有疑问;[91]其次,虽然法院赞同资本显著不足刺破论,但结果上却以其他理由驳回了原告诉求;[92]最后,该案后加利福尼亚州最高法院未再作过类似裁判,而是回归到传统判例中,即只将资本显著不足看作刺破公司面纱的一个因素(factor)而非法律理由(ground)。[93] 因此,Minton 案只是"孤案",不足以信。[94]

承上分析可知,美国法院实务界及其代表的主流公司法学界并不认可"资本显著不足刺破论"。由此引发的疑问是,作为一个影响因素的资本显著不足,究竟如何在刺破理由中发挥作用?这实与美国普通法中刺

---

[88] See Gelb, supra note [62], p. 12; Gevurtz, supra note [51], pp. 90-91; James D. Cox & Thomas Lee Hazen, *Treatise on the Law of Corporations* (3d), § 7:11.

[89] See Minton v. Cavaney 364 P. 2d 473 (Cal. 1961).

[90] 案涉公司根据加州公司法设立,无最低资本要求,且营业前无须发行股份。目前美国绝大多数州公司法都采取这一做法,只有少数州会如华盛顿特区那样要求公司开业前支付发行并实缴最低股本,seeCox & Hazen, supra note [88], § 6.8。

[91] 被告 Cavaney 是当地律师。判决书显示,公司一段时间使用 Cavaney 办公室办公,且事故后的一次失败的申请发行股份的记录中显示,Cavaney 是公司的秘书和财务官,且拟发行的三股中的一股将给 Cavaney。诉讼中,Cavaney 抗辩称其只是公司的律师,是受另两位股东聘请帮助设立公司并为公司提供法律服务的。

[92] 原告是先起诉公司再起诉 Cavaney 的(诉讼中 Cavaney 去世,由其遗产执行人参加诉讼)。法院表示 Cavaney 并非原告主张公司承担责任案中的当事人,故而不能仅据其要求 Cavaney 承担责任。

[93] See Dye, supra note [50], pp. 826-830; Arthur R. Pinto & Douglas M. Branson, *Understanding Corporate Law*, 5th ed. Carolina Academic Press, 2018, p. 83.

[94] 值得注意的是,另一个已为我国学者经常引用的案例是 KInney Shoe Corp. v Polan 939 F. 2d 209 (4th. cir. 1991)。该案中,原告明知被告资本显著不足还将房子出租给被告,法院最终以股东未遵守程式和资本显著不足要求股东承担责任。就论点而言,该案一方面表示"资本显著不足+忽视公司程式可刺破公司面纱",另一方面又表示"无进无出,不受保护"(nothing in, nothing out, no protection),后者接近于"资本显著不足刺破论"。2020 年 9 月 23 日笔者专门在 LexisNexis 案例数据库中就此案的引证情况进行检索,发现并无案例引证"无进无出,不受保护"这一论点。学者评述,see Gevurtz, supra note [51], p. 70; Bainbridge, supra note [87], p. 521。

破公司面纱的基础理论密切关联。在美国法中，刺破公司面纱是具体法律关系中的刺破，股东刺破责任是股东的个人责任。[95] 因此，刺破理由可看作因果关系问题，即什么样的股东个人行为何以导致债务发生或者损害继而被要求承担法律责任。具体到资本显著不足中，即股东资本显著不足是否导致了原告债务发生或者损害。循此，美国法院的回应是：在侵权案件中，由于资本显著不足与侵权之间无任何关联，故而侵权受害者无权要求股东承担刺破责任；在合同案件中，有且只有在资本显著不足表征了股东有欺诈或者误述等，股东才对合同债权人承担责任。[96] 从人际交往角度看，这一因果关系保护的实质是信赖（reliance）：侵权中，由于不存在信赖因素故而股东无须负责；[97]合同中，股东刺破责任之所以需要有欺诈或者误述等不当行为，是因为仅资本显著不足不足以制造信赖，故而必须有股东故意致使债权人信赖公司财务健康等因素介入。[98]

当然，上述普通法区分合同/侵权的论理逻辑，与前述"资本显著不足刺破论"的区分是不同的：前者完全排除了侵权中刺破的可能，而后者则是为了证成侵权刺破。这种差异又反过来解释了美国普通法迥异于"资本显著不足刺破论"学说的原因所在。尚需进一步追问的是，为什么普通法不接受"资本显著不足刺破论"呢？对此，Cox 教授的分析富有启发意义。他指出，法律上的恶意认定应以充足的事实为据，不能仅凭资本显著不足就断定股东恶意，其价值考量是：第一，没有哪个公司能够在开业前预测未来运营费用和赔偿责任；第二，导致公司失败的因素很多，很难归咎于投资不足；第三，要求股东必须确保公司资本充足会给投资和商业活动带来寒蝉效应（chilling effect）。因此，正确对待资本显著不足的态度是认识到其在刺破公司面纱中发挥的作用有限，即只反映公司发起人等

〔95〕 See MBCA(2019) § 6.22(b)(ii)；有关公司法股东刺破责任和普通法的欺诈误述侵权、违反担保等讨论，see Cummins, supra note [45], pp. 456-457; Gevurtz, supra note [51], p. 82。

〔96〕 有必要说明的是，之所以不再阐述债权发生后资本显著不足问题，是因为此时的股东承担责任更多的是基于侵占公司财产等不当行为，资本显著不足往往只是表象，归责的实质是侵权或者财产混同等。

〔97〕 See Hovenkamp, supra note [74], p. 54.

〔98〕 See e. g. Portsmouth Cotton Oil Refining Corporation v Fourth National Bank 280 F. 879 (M. D. Ala.), affd, 284 F. 718 (5th Cir. 1922); Larson v Western Underwriters, Incorporated 77 S. D. 157, 87 N. W. 2d 883 (1958).

有可能是恶意的。[99]

(二)衡平居次中的"资本显著不足"

美国法上与资本显著不足相关的第二项制度是衡平居次制度。在较早期,美国法院曾通过将股东界定为非善意债权人而不认可(disallowance)其对公司的债权。[100] 随后,由于联邦最高法院先后在"深石案"[101]和 Pepper v. Litton 等[102]等案中的表态,破产法院基于衡平对股东债权等权利的受偿顺序进行调整的权力得到认可。如此,早期个案式"恶意否定"规则就演变为现广为人知的衡平居次制度,并于 1978 年《美国破产法》修订时被成文法化。[103]

就衡平居次的适用标准问题,由于美国国会明确表示应留给法院决定,所以《美国破产法》未作明确规定。[104] 当前美国法院普遍采纳"三步测试法",即:(1)股东从事了不公平行为;(2)股东行为给债权人造成损害或者获取了不公平优势;(3)衡平居次不违反破产法。[105] 在此框架下,资本显著不足引发的问题是,其自身能否单独地构成要件一即不公平行为。虽然一些法院持赞同态度,[106]但主流法院似乎更倾向于认为,"资本显著不足只是表示了可能存在不公平行为,其自身并不等同于不公平行为"。[107] 以"深石案"为例,导致控股股东优先权被劣后调整的因素,不仅在于子公司资本显著不足,更在于其有严重管理不当、高额分配等不公平

---

[99] SeeCox & Hazen, supra note [88], § 7:11.

[100] See e. g. Cantor v. Baltimore Overall Mfg. Co. 8121 Md. 65, 87 A. 1115 (1913).

[101] See Taylor v. Standard Gas & Elec. Co. 906 U. S. 307 (1939).

[102] See Pepper v. Litton, 308 U. S. 295(1939).

[103] See 11 USCS § 510(c).

[104] 参见〔美〕查尔斯・J. 泰步:《美国破产法新论》(第 3 版)(中册),韩长印、何欢、王之洲译,中国政法大学出版社 2017 年版,第 783 页。

[105] In re Lifschultz Fast Freight, 132 F. 3d 339, 344 (7th Cir. 1977).

[106] See e. g. In re Missionary Baptist Found of America, 712 F. 2d 206, 212 (5th Cir. 1983); In re Clark Pipe and Supply Co., 893 F. 2d 693 (5th Cir. 1990). 另参见泰步,见前注[104],第 782—784 页。这在一定程度上是受公平测试(fairness approach)影响,see Baker, supra note [64], p. 264。

[107] See e. g. In re Autostyle Plastics, Inc., 269 F. 3d 726(6th Cir. 2001); In re Lifschultz Fast Freight, 132 F. 3d 339 (7th Cir. 1997); Gevurtz, supra note [51], pp. 150-151; Cox & Hazen, supra note [88], § 7:19.

行为。[108] 而在 In re SubMicron Sys. Corp. 案中，尽管破产公司的债务/权益比已经达到 900∶1，但就股东破产申请前提供给公司用于购买资产一笔贷款，法院认为其不会造成债权人损害而拒绝劣后调整。[109]

在法律效果上，一旦股东债权被劣后调整，公司可分配的责任财产范围将"间接地扩大"，因此一定程度上能够平衡股东与公司债权人间利益冲突。这与刺破公司面纱在功能上可谓"异曲同工"。尽管刺破公司面纱不以公司破产为前提，但主张股东应负刺破责任的默认前提往往是公司已无力清偿自己债务，这使得两者在适用情景上往往重叠而未见有实质性差异。两者间最大不同在于，股东刺破责任将使股东需额外地再投入一定财产，相当于是"增量调整"，而衡平居次只改变既有的股东债权的受偿顺序，因而可视为"现状调整"。就具体适用而言，两者还处于彼此互补的状态：若法院选择衡平居次，则意味着可能不再要求股东承担刺破责任。这是因为衡平居次具有救济性质，旨在弥补股东不公平行为造成的损害；[110]一旦损害得以补偿，则无须再动用刺破公司面纱。[111]

（三）"资本显著不足"的司法认定："资本"概念扩张与债务重新评定

1. "资本"的扩张认定

承上述，资本显著不足在美国法院实务中虽不足以导致刺破公司面纱和衡平居次，但仍是影响因素之一，毕竟"资本显著不足可能创造了一种环境，使得不公平行为更有可能发生"。[112] 申言之，公司资本显著不足时，股东被认为是处在与债权人不同的要么全输要么全赢的博弈结构中，其有动机采取过度冒险投资等牺牲债权人利益的行动。由此，法院对股东行为抱持较高的怀疑态度具有合理性。也因此，个案中判断公司是

---

[108] See Taylor v. Standard Gas & Elec. Co. 906 U.S. 307 (1939)；〔美〕大卫·G.爱泼斯坦等著：《美国破产法》，韩长印等译，中国政法大学出版社 2003 年版，第 443 页。

[109] See In re SubMicron Sys. Corp., 432 F. 3d 448 (3rd Cir. 2006); Michael R. Tucker, *"Debt Recharacterization during an Economic Trough: Trashing Historical Tests to Avoid Discouraging Insider Lending,"* Ohio State Law Journal 71, no. 1 (2010), p. 214.

[110] See e. g. In re N & D Properties, Inc., 799 F. 2d 726(11th Cir. 1986).

[111] See Hackney & Benson, supra note [13], p. 882; Gelb, supra note [62], p. 17.

[112] In re AutoStyle Plastics, Inc., 269 F. 3d at 748 (2001).

否构成资本显著不足仍具有法律意义。

然而,资本显著不足在美国普通法中从未被清晰界定过,[113]与之相关的判断标准、对象、时点等问题,可谓众案纷纭,无一定之规。[114] 即便如此,美国法院却较为一致地朝着扩张资本概念的方向努力,即将股东的非股本投入也纳入资本是否充足的评价之中。这首先表现在对公司购买的商业保险等予以资本化评价。例如,在 Radaszewski v. Telecom Corp. 案中,[115]虽然被告公司被认为资本显著不足,但由于其购买了足以覆盖原告损失的1100万保额的责任保险,法院认为母公司已尽到了财务责任而拒绝刺破公司面纱。

其次是对股东贷款、对第三方的担保等予以资本化评价。以初始股东贷款为例,其除了涉及是否应劣后调整外,还直接与资本显著不足的评定有关,最典型的是 Arnold v. Phillips 案。[116] 该案中,公司股本被认为显著不足,股东初始贷款因主要被用于启动公司业务也被评价为资本,即公司最终被法院认定的资本包括股本和股东初始贷款。反之,如果公司股本被认为充足,则股东初始贷款不会被评定为资本。[117]

从法律效果看,法院在认定资本显著不足时扩张"资本"概念,将公司保险、股东贷款、担保等也纳入"资本"评价范畴,至少会提高公司资本充足的可能性;一旦公司被评价为资本充足,则原告仅依据资本显著不足要求股东承担刺破责任或者其债权应予劣后的主张就不可能获得支持。这意味着,法院通过扩张资本概念的操作,达到了缩小资本显著不足及其可能引发的衡平居次和/或刺破公司面试等制度适用空间。[118] 一定意义上,这恰又反映了美国法院在资本显著不足问题上的审慎态度。

2. 债务重新评定

由于美国司法联邦制,破产法院除了依据州法或者衡平居次进行资

---

[113] See In re Lifschultz Fast Freight, 132 F. 3d 339.

[114] See e. g. Obre v. Alban Tractor Company, 228 Md. 291, 179 A. 2d 861 (1962)(主张合理商人标准); In re Mobile Steel Co. 563 F. 2d 692 (5th Cir. 1977)(主张专业金融分析师标准)。

[115] See Radaszewski v. Telecom Corp., 981 F. 2d 305 (8th Cir. 1992).

[116] See Arnold v. Phillips 117 F. 2d 497 (5th Cir. 1941).

[117] See Obre v. Alban Tractor Company 228 Md. 291, 179 A. 2d 861 (1962).

[118] See Hackney & Benson, supra note [13], p. 882; Gelb, supra note [62], p. 17.

本扩张认定外，无权直接根据联邦破产法就股东所申报权利的性质、效力等属于州法的事务进行审查和判定。[119] 但 1986 年 In re N & D Properties, Inc. 案后，美国联邦巡回上诉法院逐步发展出了债务重新评定制度[120]，即依据《美国破产法》破产法院有权对股东申报权利进行审查以判定是股还是债。[121] 从法律效果上看，一旦股东声称的债权被重新评定为权益(equity)，将完全劣后于其他一般债权人受偿。这似乎与衡平居次没差别，但美国法院认为它们是不同的制度，两者在适用条件、运行逻辑以及制度功能上均有差异。[122] 申言之，衡平居次以股东的不公平行为为前提，是对股东的不公平行为的"惩罚"，重在对债权人的救济；债务重新评定则与股东的不公平行为无关，法院需要查明的不是股东有无不公平行为，而是股东声称的公司债务是否真实存在。[123]

资本显著不足主要与债务重新评定的方法相关联，即法院应依何种方法对股东申报之权利进行审查和评定——这也是当前该制度争议之所在。总的来看，美国法院现已提出三种判定方法：其一是由 In re N & D Properties, Inc. 案阐发的双叉测试(two-prong test)，即如果破产债务人初始资本显著不足，或者款项发生时不会有其他非利益相关方会给予公司信用，法院可以考虑对债务重新定性。[124] 其二是事实清单测试(multi-factor test)，即法院以清单的方式列出所有可能影响债务重新评定的需要考虑的各项事实因素，继而按图索骥以明确特定案件满足的事实因素，再就其或股或债之法律性质进行判定。例如，In re Alternate

---

[119] See, e.g., Arnold v. Phillips 117 F. 2d 497 (5th Cir. 1941); Law v. Siegel 134 S. Ct. 1188, 1190 (2014).

[120] See In re N & D Properties, Inc., 799 F. 2d 726 (11th Cir. 1986). 该案被认为是债务重新评定之首案，see My Chi To & Matthew D. Siegel, *"Debt Recharacterization Looks Back on a Good Year,"* American Bankruptcy Institute, Vol. 26, Iss. 1, (2007), p. 58。

[121] See In re Airadigm Commc'ns, Inc., 616 F. 3d 642, 653 (7th Cir. 2010); Tucker, supra note [109], p. 191.

[122] See In re Autostyle Plastics, Inc., 269 F. 3d 726 (6th Cir. 2001).

[123] See In re SubMicron Sys. Corp. 432 F. 3d 448 (10th Cir. 2006); Diasonics, Inc. v. Ingalls, 121 B. R. 626 (1990).

[124] See In re N & D Properties, Inc., 799 F. 2d 726(11th Cir. 1986).

Fuels 案列出了 13 项事实因素清单[125],其中,公司资本之“微薄”抑或充足被看作影响因素之一,但法院明确表示,“过于强调资本显著不足可能会引发‘不健康的抑制效应’,即会让商人们担心:一旦‘拯救努力’失败,法院将‘给予失败公司贫弱的资本状况不成比例的权重,因此将很快拒绝把其资金投入看作贷款’。”[126]第三种方法即意图测试(intent test),其核心要义在于追问各方是否有缔结债务的意图。如果交易双方有意创设债务,那么,法院就不能将之重新评价为权益投资。[127] 在此测试下,交易意图的主观状态又需要借助于交易事实来推定,如股东是否期望公司偿还,双方是否将之冠名为贷款,有无固定到期日或者固定利息等。一定程度上,意图测试是事实清单测试的“提炼”,剔除了无关于交易意图判断的一些事实因素,例如,在意图测试中,公司资本是否显著不足或者公司能否通过借贷市场获取信用等,被认为与交易意图判定无关而无须考虑。[128] 从大陆法系的知识谱系看,意图测试之本质相当于在做意思表示解释。

从债务重新评定的判例发展来看,尽管目前美国法院尚未就测试方法达成一致意见,但却似乎已经达成如下共识,即由 In re N & D Properties, Inc. 案首先提出的直接依据公司资本显著不足而将股东主张的债权评定为权益投资的做法,并未为随后判例认可。[129] 这主要是因为担心相反的政策方案可能会抑制股东对于危困公司的救助。这与美国法所秉持的不能一律将股东贷款看作权益出资的观点是一脉相承的。因此,与

---

[125] See In re Alternate Fuels, Inc. 789 F. 3d 1139, 1147 (10th Cir. 2015). 法院提出的 13 项因素包括:(1)债务所用的名称;(2)是否有固定到期日;(3)还款来源;(4)执行本息的权利;(5)导致参与管理;(6)在与一般公司债权人的关系中的贡献地位;(7)各方意图;(8)“微薄”或者充足资本;(9)债权人和股东之间的利益身份;(10)利息还款来源;(11)公司从外部贷款机构获得贷款的能力;(12)款项中有多少被用于获得资本资产;(13)债务人到期日不能偿还或者延期。这种方法乃源于美国税法法院的惯常实践,see Roth Steel Tube Co. v. Commissioner, 800 F. 2d 625 (6th Cir. 1986); James M Wilton, et al., *“The Past and Future of Debt Recharacterization,”* The Business Lawyer, vol. 74, iss. 1, (2019), p. 91。

[126] In re Hedged-Investments Assocs., 380 F. 3d 1292 (10th Cir. 2004).

[127] See In re SubMicron Sys. Corp., 432 F. 3d 448 (3rd Cir. 2006).

[128] 该方法已获得学界支持, see Paul Wallace, *“Simplifying the Muddled Doctrine of Debt Recharacterization.”* Mississippi Law Journal, vol. 86, no. 1 (2017), pp. 207-210。

[129] See Tucker, supra note [109], pp. 212-215.

美国普通法不赞同资本显著不足能刺破公司面纱或者衡平居次中倡导的价值判断保持了一致性。

(四)濒临破产时董事信义义务的扩张与消解

资本显著不足往往意味着公司已处在危困之中[130],除了促使美国法院关注股东责任外,还曾引发其对董事信义义务的思考并提出“董事濒临义务”(director zone duty)。[131] 这肇始于特拉华州衡平法院著名的Allen大法官在Credit Lyonnais案中的如下阐述:“当公司正处在濒临破产时,董事会不仅是公司剩余风险承担者[股东]的代理人,还对公司本身承担义务。”[132]由此,濒临破产中公司的董事被解读为亦对债权人负有信义义务,且债权人可就董事对其违反信义义务提起派生诉讼。[133] 其理论假设是,濒临破产状态下的公司债权人会面临特殊风险:与债权人只能期待固定收益不同,股东所处的利益状态是要么全赢要么全输,在传统的信义义务即最大化股东利益的要求下,董事们被激励或者要求采取一些可能损害债权人利益的过于冒险的决策。为抑此弊,Allen等主张应对濒临破产状态下的公司董事决策提出特别要求,即要求他们考虑债权人利益。[134] 这实际上是将传统普通法中的董事只在破产后才对于全体债权人所负的信义义务,提前扩张至破产前的濒临破产状态。因此,该案一

---

[130] See Shepard, supra note [26], p. 912.

[131] See Eric W. Orts, *"Beyond Shareholders: Interpreting Corporate Constituency Statutes,"* George Washington Law Review 61, no. 1 (1992), pp. 117-122; Anna Manasco Dionne, *"Living on the Edge: Fiduciary Duties, Business Judgment and Expensive Uncertainty in the Zone of Insolvency,"* Stanford Journal of Law, Business & Finance 13, no. 1 (2007), p. 190.

[132] See Credit Lyonnais Bank Nederland, N. V. v. Pathe Communs. Corp., 1991 Del. Ch. LEXIS 215(该案中,股东以董事未以股东利益最大化决策因而违反了信义义务提起派生诉讼。Allen对于危困公司董事决策的阐述体现于注释[55]之中)。也有学者追溯至In re Central Ice Cream Co., 836 F. 2d 1068 (7th Cir. 1987), see Douglas G. Baird & M. Todd Henderson, *"Other People's Money,"* Stanford Law Review, Vol. 60, No. 5 (2008), pp. 1323-1325.

[133] See Eric W. Orts, *"Beyond Shareholders: Interpreting Corporate Constituency Statutes,"* George Washington Law Review 61, no. 1 (1992), pp. 117-122; Royce de R. Barondes, *"Fiduciary Duties of Officers and Directors of Distressed Corporations,"* George Mason Law Review, Vol. 7, Issue 1 (1998), pp. 69-71.

[134] See Credit Lyonnais Bank Nederland, N. V. v. Pathe Communs. Corp., 1991 Del. Ch. LEXIS 215.

出，即在美国公司法学界和法院实务界引发炽热讨论。[135] 董事濒临义务也是意在保护债权人利益，与资本显著不足之股东责任相比，虽有路径的差异，但功能是相近的。如果说美国法院在资本显著不足之股东责任上因审慎而显得“保守”，那么，董事濒临义务的提出及其实践，似乎表明其采取了“较为积极”的应对策略。

然而，特拉华州衡平法院及其最高法院随后基本上否定了董事濒临义务。首先，特拉华州衡平法院 Strine 副大法官在 2004 年审结的 Prod. Res. Group 案中对 Credit Lyonnais 案意见做了“权威解读”，认为 Allen 论述的核心不在于给债权人提供一把可以针对董事提起违反信义义务之诉的剑，而是为董事提供一个可以对抗股东的盾，因此，一些法院将其解读为债权人可以在濒临破产时起诉董事违反信义义务是错误的。[136] 接着，特拉华州最高法院借助 2007 年 Gheewalla 案进一步明确表示：“当尚有清偿能力的公司在破产边缘航行时，特拉华州公司的董事的关注点并未发生改变，董事应继续履行对公司和股东的信义义务，为了公司的最佳利益和股东利益进行商业判断。”[137] 换言之，特拉华州的公司的董事在公司濒临破产时不对债权人负有特殊的信义义务，债权人不能据此起诉董事。正以此案为界，特拉华州彻底摒弃了董事濒临义务的观点。[138] 2015 年特拉华州衡平法院在 Vertin 案中就 Gheewalla 案前后的司法意见予以

---

[135] See Eric W. Orts, *“Beyond Shareholders: Interpreting Corporate Constituency Statutes,”* George Washington Law Review 61, no. 1 (1992), pp. 117-118. 我国的相关研究，参见朱圆：《论美国公司法中的董事对债权人的信义义务》，载《法学》2011 年第 10 期，第 129－137 页（该文似未注意到特拉华州随后判例的反转）。

[136] See Prod. Res. Group, L. L. C., v. NCT Group, Inc., 863 A. 2d 772, 791 (Del. Ch. 2004)（该案中，债权人已获得生效判决但未获清偿，于是起诉公司董事主张其违反了对债权人信义义务）。

[137] See North American Catholic Educ. Programming Found., Inc. v. Gheewalla, 930 A. 2d 92 (Del. 2007)（该案中，债权人针对董事提起直接诉讼，主张公司濒临破产而董事只是为股东利益行事，违反了信义义务）。有认为该案仅否定债权人针对董事提起违反濒临状态下的信义义务的直接诉讼，但对能否提起派生诉讼语焉不详，see Neil Ruben, *“Duty to Creditors in Insolvency and the Zone of the Insolvency: Delaware and the Alternatives,”* NYU Journal of Law & Business 7, no. 1 (2010), pp. 333-357。

[138] See Lisa R. Stark, *“Delaware Insider: Chancery Court Reaffirms Delaware's Deferential Approach to Evaluating Fiduciary Claims Brought by Creditors of Distressed Corporations,”* Business Law Today, (2014), pp. 1-3.

总结：特拉华州法律不认可含有信义义务意涵的濒临破产状态；影响信义义务分析的唯一转变点就是破产(insolvency)本身；无论公司有清偿能力还是破产，债权人都无权针对董事违反信义义务提起直接诉讼，且只有在破产后能提起派生诉讼。[139]

有必要提及的是，这些案件不仅排除了董事在公司濒临破产时的对债权人信义义务的可能，还进一步地明确了董事在濒临破产甚至破产状态下决策的独立性，即只要董事决策是善意地为了最大化公司利益考虑，他们就会获得商业判断规则保护，而无论其在公司濒临破产状态下是否偏向了股东利益，或者在公司破产中是否偏向了特定的债权人利益，也无论决策结果最终是否给债权人造成更大的损失。[140]

需要追问的是，为什么特拉华州法院会在董事濒临义务之态度上发生如此“反转”？初审 Gheewalla 案的特拉华州衡平法院的意见切中肯綮，其认为：濒临破产的公司“最需要的是有效的且具有前瞻性的领导”，而准许债权人诉讼将会严重损害这一目标。[141] 这其实是完全摒弃了濒临破产状态下股东与债权人利益冲突的假设，也契合美国公司法学界的主流观察与分析：实践中，董事濒临义务观点被认为促使律师等专业顾问机构建议董事不要冒险，董事因担心受诉，所以在决策上更趋于审慎而无助于危困公司的积极救助；[142]在制度分析层面，由于债权人已获得合同法、破产法等充分保护，濒临破产状态下利益冲突的假设被认为实属

---

[139] See Quadrant Structured Prods. Co., LTD. v Vertin, 115 A. 3d 535(该案中，债权人针对董事提起派生诉讼，主张被告公司已经破产，董事采取更有利于控股股东的策略，违反了对债权人的信义义务).

[140] See North American Catholic Educ. Programming Found., Inc. v. Gheewalla, 930 A. 2d 92 (Del. 2007).

[141] Id.

[142] See Henry T. C. Hu & Jay Lawrence Westbrook, *"Abolition of the Corporate Duty to Creditors,"* Columbia Law Review, Oct., 2007, Vol. 107, No. 6 (2007), pp. 1340-1341, 1379-1380. 英国法经验还指出其另一个现实困境，即其破产法虽肯定了董事濒临义务且将诉权赋予破产管理人，但相关诉讼极少。学者分析认为，由于破产公司本已资产不足，管理人和债权人可能均无动力花钱去冒险诉讼，see Paul L. Davies and Sarah Worthington, *Gower and Davies' Principles of Modern Company Law*, 9th edition, Thomson Reuters, 2012, pp. 236-237。

庸人自扰，反而会导致债权人因可“多咬一口”而获超预期保护。[143]

四、总结与启示

承前述，20世纪三四十年代以来美国公司法学界中的“资本显著不足刺破论”及其演进，甚至八九十年代兴起的诸种股东无限责任论说，与其所经历的公司资本制度变革，特别是公司在经济社会发展中扮演的角色变迁有很大关联。它们反映了人们对公司债权人所处状况的普遍忧虑。[144] 这即其合理的一面。然而，这些问题又非只是公司法的议题，完全仰赖于股东刺破责任甚至无限责任等，可能不是一个很好的方案。亦如前述，至少以美国法院为代表的主流意见不赞同“威胁”或者“改造”公司法结构，不支持资本显著不足足以判令股东承担刺破责任或者劣后调整股东权利等。不仅如此，美国法院还通过扩张解释资本，变相降低资本显著不足的可能性；即使在新近发展的债务重新评定中，美国法院也秉持了拒绝将资本显著不足时的股东贷款直接定性为股本的一贯态度。而特拉华州法院在董事濒临义务问题上的完全“反转”，则更清晰地展示了美国公司法旨在维护公司权力结构和回归商业判断规则的决心。

Posner大法官可看作是上述美国法院主流意见的代表，他在评论Walkovszky案时表示，尽管该案有运营成本外部化问题，但仅凭资本显著不足即刺破公司面纱可能导致抑制投资和增加债权人信息成本等社会效率损耗。[145] 直白地讲，假若否定类似组织结构或者课以无限责任，则可能会导致类似行业消失。[146] 或许正因有此担忧，当前纽约州《交通设备运输法》除了稍稍提高法定保险额度外，仍维持了原有结构而未做实质

---

[143] See Stephen M. Bainbridge, *"Much Ado about Little—Directors' Fiduciary Duties in the Vicinity of Insolvency,"* Journal of Business & Technology Law 1, no. 2 (2007), pp. 364-368.

[144] See Lawrence E. Mitchell, *Corporate Irresponsibility: American Newest Export*, Yale University Press, 2001, p. 61.

[145] See Posner, supra note [80], p. 520.

[146] 刺破论学者倾向于认为小股本投入的企业应当终止运营，see Note, supra note [41], note 26, p. 1196; Hansmann & Kraakman, supra note [44], p. 1888。

变革。[147] Bainbridge 教授更疾呼"有限责任是攻不破的"。[148] 从社会效果看,美国普通法也更加接近 Lawson 教授的"共同体"(community)说,即将有限责任看作公司活动范围内所有人的风险分担机制:那种认为价格可以内化商业活动风险的观点实际上是不现实的,[149]现代公司法提供的替代方案仍然是,把股东、债权人、消费者等相关主体看成是围绕公司活动组成的特定"共同体",继而在其中借助有限责任、合同、保险等各种机制分散风险。[150] 一言以蔽之,美国法院在面对资本显著不足时坚守了股东有限责任;在价值选择上,相较于债权人利益维护,它们更忧心投资是否会遭受抑制、危困公司能否获得股东或者董事等积极救助等问题。

具体到我国,近来最高人民法院已在评议"沙港案"时表示要借鉴美国法上的"深石原则",似乎认为资本显著不足能导致股东权利劣后调整,而在《九民纪要》中则直接规定资本显著不足致使法人人格否认。如果说"沙港案"因其可能有制度比较之错置等问题而有疑问,[151]那么,《九民纪要》则鲜明地表示了当前我国在规则层面上已采"资本显著不足刺破论"。类比地看,这一方案较接近于美国"资本显著不足刺破论"学说的早期版本,而与美国普通法所采的态度相悖。就此而论,美国法经验能提供如下几点启示意义:

首先,就价值判断而言,尽管《九民纪要》已采"资本显著不足刺破论",但本文对于美国学说和判例的系统性研究至少提示我们仍需要继续追问其法政策的合理性。虽说"资本显著不足刺破论"以保护债权人为宗旨有其合理性,但它在适用上的不确定性,有可能给公司及其有限责任带来破坏性影响。美国普通法因未采该说而无须考虑其负效应。我们则不

---

[147] See NY CLS Veh & Tr § 370; Gartner v. Snyder, 607 F. 2d 582 (2d Cir. 1979)("纽约州不会只因为资本显著不足就忽视公司形式。").

[148] See Bainbridge, supra note [87], pp 515-526.

[149] 人们普遍认为,让公司承担责任继而通过公司的产品价格可以实现风险分散转移。但这并不符合现实,真实世界中很多商品的价格并不是内化了风险制定出来的,一个很简单的例子是,很难说酒店的房价内含有了可能因为管理不善导致顾客汽车受损的风险。

[150] See F. H. Lawson, "*Limited Liability,*" Missouri Law Review 33, no. 4 (1968), pp. 546-551.

[151] 参见潘林:《论出资不实股东债权的受偿顺位——对最高人民法院典型案例"沙港案"的反思》,载《法商研究》2018 年第 4 期,第 155—157 页。

同,在《九民纪要》之下,我们需要认真地自问是否已经做好了牺牲有限责任之可能的准备。这会给中小企业家带来不小的且难以预计的法律风险。[152] 而在全球化的公司法竞争时代,这还可能意味着在“后《九民纪要》时代”我国公司的国际竞争力的削弱,[153]例如将在国际私法上被要求承担更多责任。[154]

其次,就规则适用而言,无论是相对于是美国学说还是普通法,《九民纪要》所界定的资本显著不足更为宽泛:其一,它只考虑股东的股本投入;其二,它选取了“与公司经营所隐含的风险相匹配”得很模糊的判断标准;其三,它将判断时点设定为公司经营过程中。仅从文义分析,这些都增加了我国公司被认定为构成资本显著不足的可能性。股东因此被追究刺破责任的可能性将大大提高。这反过来进一步加剧了前述价值判断所衍生的问题。

最后,这些分析还可拓展至我国应如何规范破产中股东权利劣后调整或者是否应接受董事濒临义务等问题的处理上。对此,美国法所秉持的原则是,不能仅据资本显著不足就让股东或者董事负担某种义务,以保存公司制度及其功能实现。我国法亦应如此。这要求我们在制定相关规则时应采审慎立场,不能“捡了芝麻丢了西瓜”,为了规制而牺牲公司及其有限责任制度。

---

[152] 事实上,笔者检索的几个案件已经有此迹象,如(2013)天民初字第1412号案中债务人已缴注册资本500万元欠付工程款200万,(2013)南中法民终字第817号案中债务人已缴注册资本10万元欠付合同定金退款1.1万元,均被认为构成资本显著不足股东应当承担刺破责任。

[153] 参见邓峰:《公司法修订面临挑战时刻》,载《财经》2020年刊(预测与战略);Cheng, supra note [50], pp. 169-75。

[154] 《中华人民共和国涉外民事关系法律适用法》第14条规定:“法人及其分支机构的民事权利能力、民事行为能力、组织机构、股东权利义务等事项,适用登记地法律。”据此,未采取资本显著不足刺破论的外国公司在我国不会被要求股东承担刺破责任,而其他采取类似准据法的国家,却可以要求我国公司之股东承担刺破责任。

专题译文

中德私法研究第 20 卷
页 261—309

毕达哥拉斯主义、斯多亚与罗马商法：从公元前 4 世纪到公元前 1 世纪(节选)*

奥斯瓦尔多·萨基** 著
周平奇*** 译 李 飞***** 校

摘要：斯多亚***** 主义不仅在形式方法上而且在实质内容上对罗马法产生了重要影响。中期斯多亚主义通过“西庇阿圈子”影响了西庇阿—恺撒时代的商业思想，带来了罗马商法的革新。这种革新主要体现在：罗马法学家在源于毕达哥拉斯—亚里士多德的传统概念“法律中的真实”(正确的法律)之上提出一个新概念“法中的真实”(正确的理性)；罗马法学家将万民法上的土地所有权制度开始引入市民法之中，重新思考万民

---

* 本文是在 2013 年 10 月于俄罗斯苏兹达尔市举办的第四届“罗马法与现代”研讨会《古代和现代的商业之路：哲学、经济与法——罗得岛、罗马及其遗产》的演讲稿基础上修改而成。意大利语标题为：Pitagorismo, Stoa e Diritto Romano Commerciale neiSecoli IV－I A. C. (Fine)，原载《古代法》(*IusAntiquum*)2015 年第 1 期(总 31 期)，第 53－95 页。本译文节译自该文的第三部分，同时也是它的最后一部分。

** 奥斯瓦尔多·萨基(Osvaldo Sacchi)，意大利那波里第二大学法律系罗马法教授。本文是作者主持的俄罗斯人文科学基金会项目“罗马和欧洲国家的法律制度”(项目号：13-01-00093)的阶段性成果。

*** 周平奇，厦门大学法学院博士研究生。

**** 李飞，华侨大学法学院副教授，法学双博士。

***** 编者注，斯多亚又译“斯多葛”。

法上的契约和合意买卖等重要制度以适应国际贸易新关系;一种建立在适用于所有人的自然公正原则之上的新世俗化的信义观取代了传统的信义观,罗马法学家开始“根据具体情形”评估“诚信”的价值。

关键词:斯多亚　罗马商法　西庇阿圈子　斯多亚派关于法的争论　诚信

三、斯多亚、罗马法学家、万民法上的商业和法中的新道德观

(一)引言

斯多亚是一种跨度时间很长的哲学现象,很难(如果能的话)对它进行界定。马克斯·波伦茨(Max Pohlenz)认为斯多亚是一种精神运动,但如果将之视为一种“思想的维度”似乎也不为过[1]。

塞浦路斯的芝诺(Zeno)开创了斯多亚的时代。他生着腓尼基人的深色皮肤,流着闪米特人的血,活跃于公元前4世纪末叶到公元前3世纪上半叶的雅典。其画廊学派思想的追随者中有另一个闪米特人,梭里的克律希波(Chrysippus,公元前281/277—前208/204年),还包括马可·奥勒留,并一直流传到公元3世纪。此外,不应忘却的是西塞罗在《论义务》中(对斯多亚思想)的重述以及塞涅卡的一些道德箴言在中世纪的影响。公元6世纪,布拉加的马尔蒂诺(Martino di Braga)在《诚实生活的戒条》

---

[1] 想要初步了解斯多亚哲学,可参见马克斯·波伦茨:《斯多亚与斯多亚主义——创始人巴内修斯与波西多纽斯》,苏黎世,1950年版;A. M. 约波洛:《希俄斯的阿里斯托与古代斯多亚主义》,那波里,1980年版;A. M. 约波洛:《意见与科学:公元前3世纪和公元前2世纪斯多亚主义者与学园主义者之间的争论》,那波里,1986年版;K. 胡斯勒:《斯多亚主义者的辩证法片段》,斯图加特—巴特坎施塔特,1987—1988年版;玛尔盖里塔·伊思纳蒂·帕伦特主编:《古代斯多亚主义者》,都灵,1989年版;玛尔盖里塔·伊思纳蒂·帕伦特主编:《希腊思想中的哲学与科学》,那波里,1991年版;F. 阿勒瑟:《罗得岛的巴内修斯与斯多亚传统》,那波里,1994年版;H. 冯·阿尔尼姆:《古代斯多亚主义者的所有片段》,R. 拉蒂切译(导言、注释和评论),米兰,2002年版(同德文版H. 冯·阿尔尼姆:《古代斯多亚主义者的所有片段》,莱比锡,1903—1905版;斯图加特,1968年再版,两卷本);巴内修斯:《证据与片段》,E. 维梅尔卡蒂译(导言、注释和评论),米兰,2002年版;马克斯·波伦茨:《斯多亚:一种精神运动的历史》,米兰,2005年版(同德文版《斯多亚:一种精神运动的历史》,哥廷根,1959年版),第1—1036页。

中径直指出，塞涅卡是一个"地下基督徒"。在该书中，马尔蒂诺提到了塞涅卡与圣保罗之间一封传说中的书信，在信中塞涅卡试图皈依基督教，成为圣保罗的门徒[2]。

斯多亚思想在第二个希腊化时期和帝政前期统治了罗马文化舞台长达数百年，但在公元3世纪左右急遽衰落[3]。诚如奥古斯丁于公元4世纪在《书信集》118，21中所言："斯多亚主义者趋于沉寂，他们的学说在修辞学校里几乎不被提及。"[4]

实际上，关于斯多亚主义的一手文献流传下来的并不多[5]。除了克雷安特(Cleante)的《宙斯颂》(*Inno a Zeus*)以及被其他哲学流派的作者——他们有的甚至是反斯多亚主义者，比如普鲁塔克(Plutarco)和阿芙洛蒂西亚斯的亚历山大(Alessandro d'Afrodisia)——引用而流传下来的一些片段外，我们还可以通过塞涅卡和爱比克泰德(Epitteto)的作品来获得对斯多亚主义的认识，而西庇阿时代思想家的作品幸存下来的极少。尽管如此，我相信，我们在如下方面的认识仍然有进一步深化的余地：斯多亚主义对罗马法发展为一门科学所做的贡献，特别是从罗马法发展演变的角度看，对于西庇阿—恺撒时代的商业思想产生的影响[6]。

例如，在一部新近研究西塞罗《论义务》的著作中证实，从对"好人"(*bonus vir*)行为的要求中可以从反面推出共和晚期"诚信"(*bona fides*)的某些特征[7]。据此，罗马市民法要求当事人"按照商业逻辑实施正确的行为，而非利他性的合作"[8]。此外，合同所引发的义务，包括在合同缔结阶段引发的义务，均应当"根据情节(*κατὰ περίστασια*)，即根据

---

〔2〕 马克斯·波伦茨：《斯多亚：一种精神运动的历史》，前引书，第978页。

〔3〕 对此，参见马克斯·波伦茨："巴内修斯"词条，载《*PW*. 18.3》，斯图加特—魏玛，1983年版，第418—440页。

〔4〕 这是写给迪欧斯科罗(Dioscoro)主教的书信，信中咨询了研究西塞罗的相关问题。

〔5〕 想要进一步了解，还可以参见G. 雷亚利：《接受理性的意志》，载《被遗忘的西方价值》，米兰，2004年版，第101页及以次。

〔6〕 对此，参见基奥雷·索拉里：《古典时期的正义与国家问题》，都灵，2013年版，第159页及以次。

〔7〕 参见罗伯特·菲奥里：《好人：西塞罗〈论义务〉中的政治修辞哲学与法》，那波里，2011年版，第309页。

〔8〕 同上注。

缔约者的信息和专业水平来具体确定”[9]，但遵循的是“建立在我们今天所说的商业惯例基础上的‘客观’逻辑假设”[10]。因此，在这种语境下，我的朋友和同事列昂尼德·科凡诺夫（Leonid Kofanov）所提出的假设——“西庇阿圈子”将起源于罗得岛的斯多亚主义带到罗马，并且可能正是这伙人为罗马法带来了具有深远意义的商法方面的革新——非常重要[11]。显然，正是在这种浓厚的商业文化氛围中，产生了“斯多亚派关于法的争论”，对此我们将在后文详细阐述[12]。

(二)斯多亚与罗马法：舒尔茨的观点

在继续分析之前，有必要对希腊哲学与罗马法之间的关系做一些探讨，因为弗里兹·舒尔茨的否定性态度对20世纪下半叶的罗马法学产生了很大影响，他认为，虽然希腊哲学与罗马法毫无疑问具有关联，但这种关联又非决定性的：

> 最后，关于希腊哲学和修辞学对罗马法的影响，目前在这个问题上还不能下定论。但在共和时期最后几个世纪里所表现出的法的抽象性与体系性无疑是受到希腊的影响。某些法学理论的形成可以归结为哲学理论的影响，但迄今所做的研究并不具有足够的批判性。对文献的批判性研究表明，这种对(希腊)哲学理论的屈从仅发生在后古典时期[13]。

---

〔9〕 同前注〔9〕，第310页。

〔10〕 罗伯特·菲奥里：《好人：西塞罗〈论义务〉中的政治修辞哲学与法》，前引书，第310页。

〔11〕 列昂尼德·科凡诺夫：《〈罗得法〉中的商法：罗马法学家合意合同理论与当代俄罗斯贸易的“核心”》，载《西哥特罗马法文献(2)》，2013年版，第214页及以次。

〔12〕 西塞罗：《论义务》3，91。对此，还可以参见曼德罗：《道德与市场：哲学与法学之间》，载《历史与法的研究与文献》2008年第74期，第10页。

〔13〕 弗里兹·舒尔茨：《罗马法原理》，阿兰乔·鲁伊兹译，佛罗伦萨，1949年版，第112页及以次。尽管不乏完全相反的权威观点(保罗·弗雷扎)，但罗马法的专家们在很大程度上受制于这位杰出学者(即舒尔茨)对希腊哲学与罗马法之间关系的否定性解读(譬如塔拉曼卡、迪波利托、马里奥·布雷托内、斯基奥沃内。对此，参见下文)。众所周知，争论源自约翰内斯·斯特卢克斯发出的抨击，他努力证明修辞学家的解释技术与法学家在分析法律案例时所使用的方法之间存在着某种密切关系。参见约翰内斯·斯特卢克斯：《法之极即不法之极》，载《巴勒莫年鉴》1929年第12期。如果考虑到我在他处已经试图证明过的如下事实——“人”这一概念在法律上的使用很大程度上归因于希腊修辞学与罗马法的相遇——就已足够了。对此，请允许我援引奥斯瓦尔多·萨基：《古代的“人”：在修辞结构和教会思想之间探寻罗马法中主体性的根源》，那波里，2012年版，第15－277页。

根据舒尔茨的观点，罗马法思想受希腊哲学的影响有限，主要是在形式逻辑方面更加精细化[14]。对柏拉图曾使用过的“类”(*generi*)概念的研究，使共和晚期的罗马法学家一方面通过运用*διαίρεσις*或*differentia*(区分)的方法，另一方面通过运用*συναγωγή*或*σύνθεσις*(综合)的方法，建立了属种理论[15]。通过区分属种，罗马法学家发现一些主导性原则(即罗马法学家所说的“法的规则”)，依此可以找到对个案的解释。简言之，这就是亚里士多德学派和斯多亚学派所运用的辩证的方法[16]。

这种方法为共和晚期的罗马法学家所熟知，其中一些法学家的名字亦为我们所熟悉：曼纽斯·曼尼流斯(Manius Manilius)、占卜官昆图斯·穆丘斯·谢沃拉(Quintus Mucius Scevola *augur*)、普布流斯·鲁提流斯·路福斯(Publius Rutilius Rufus)、昆图斯·埃流斯·杜贝罗(QuintusElius Tubero)、大祭司昆图斯·穆丘斯·谢沃拉(Quintus Mucius Scevola *pontifex*)。所有这些法学家相差不过两三代人，他们都被视为“西庇阿圈子”的常客以及巴内修斯(Panaetius)的追随者[17]。

还要说的是，舒尔茨援引西塞罗《布鲁图斯》(*Brutus*)中的著名片段——其中路其流斯·巴尔布斯(Lucilius Balbus)被称为博学之人[18]——证实了大祭司昆图斯·穆丘斯·谢沃拉曾经给他的弟子们传授辩证的方法。此外，塞尔维尤斯(Servius)是西塞罗的学生，西塞罗赞扬他能够对辩证的方法进行炉火纯青式的运用[19]。另需补充说明的是，从《布鲁图斯》中的一个著名片段可以得知，路求斯·路其流斯·巴尔布斯(Lucius Lucilius Balbus)和盖尤斯·阿奎流斯·噶鲁斯(Gaius

---

〔14〕 该论断非常有名，转引自弗里兹·舒尔茨：《罗马法学史》，古利埃尔莫·诺切拉译，佛罗伦萨，1968年版，第119页：“从希腊引入辩证的方法之后，(罗马法)发生了根本变化”。

〔15〕 柏拉图：《智者篇》253d。亦可参见弗里兹·舒尔茨：《罗马法学史》，前引书，第119页。

〔16〕 参见冯·阿尔尼姆在文集《古代斯多亚主义者的所有片段》中撰写的相关词条“Diairesi”“Divisione”“Dialettica”，现载罗伯特·拉蒂切主编：《古代斯多亚主义者：所有的片段》，米兰，2002年版，第1564页(其中提及的原始文献)。[此外，关于古希腊辩证法对罗马法体系化的影响，可以参见李飞：《古希腊—罗马的辩证法对罗马法的体系化生成的影响——以Divisio和Partitio为中心》，载陈金钊、谢晖主编：《法律方法》(第15卷)，山东人民出版社2014年版。——译者注]

〔17〕 弗里兹·舒尔茨：《罗马法学史》，前引书，第120页。

〔18〕 西塞罗：《布鲁图斯》42，154。

〔19〕 同上注。

Aquilius Gallus)之间有着某种密切的关系,他们都是塞尔维尤斯·苏尔毕丘斯(Servius Sulpicius)的老师,都受过良好的教育,在给予解答和诉讼方面拥有高超的技艺[20]。

尽管如此,舒尔茨仍坚持他的质疑:“罗马法学家们完全从希腊老师和教科书中获得法庭的雄辩技艺而逐步希腊化,他们只是肤浅地将其学到的希腊模式套用于罗马本土的情势。但是他们与希腊修辞学都从希腊法哲学中获得某些‘地方’(*τοποι*),比如自然法与市民法、万民法与市民法、成文法与不成文法、法律与作为法之表现形式的习惯、法与正义等对立的命题。所有这些从希腊引进的命题都被罗马律师运用于实践,但却始终远离罗马法与罗马法学”[21]。他总结说:“共和时期的法学家对前述的这些希腊概念并不感兴趣。它们直到古典时期和后古典时期才渗透到罗马法学中。更加远离罗马法学的是西塞罗在其《论共和国》和《论法律》中展示的那种法哲学,这两部作品都只是希腊法哲学的支流。虽然其分析论证十分精确缜密,但是它们并没有对罗马法学产生影响。”[22]

在舒尔茨看来,希腊哲学对罗马法学的影响主要体现在,罗马法学只是采用了希腊的辩证方法,即形式和方法的采用,而非内容或结果的获得。总之,希腊文化(为罗马法学)提供了理论范式——罗马人倾情于此,但并没有影响其内容[23]。

(三)斯多亚与罗马法:一种更开放的视角

我对伟大的舒尔茨的观点持有异议,但可以说只是部分不同意。正

---

〔20〕 西塞罗:《布鲁图斯》41,153:“他引用这种技术规则(他认为是最具光芒的),无论是在法律解答还是在审判之中,为其他人所混淆。”42,154:“无论如何,(塞尔维尤斯)因为职业所需而向路其流斯·巴尔布斯与阿奎流斯·噶鲁斯两个学习实践技能。”对此,还可以参见菲奥里:《好人:西塞罗〈论义务〉中的政治修辞哲学与法》,前引书,第131页及书中多处。

〔21〕 弗里兹·舒尔茨:《罗马法学史》,前引书,第137页。[关于“地方”的研究,可参见徐国栋:《地方论研究:从西塞罗到当代》,北京大学出版社2016年版。——译者注]

〔22〕 同上书,第138页。在一些情形中,这位伟大学者的观点甚至是自相矛盾的。在其关于罗马法学的经典著作的某个部分,他认为希腊哲学在共和时期的法学中是最重要的非罗马因素,他承认主要的法学家都熟知希腊哲学(同上书,第157页)。他援引了昆图斯·穆丘斯,并举了阿尔芬·瓦罗的著名例子(D.5,1,76),在该法言中,希腊的影响是显而易见的。同上注。

〔23〕 弗里兹·舒尔茨:《罗马法学史》,前引书,第159页。

是罗马法学(包括商事实践)在这段历史时期取得的重要发展,恰恰表明了这种影响是决定性的。而不仅仅是方法论的问题。此外,舒尔茨在他的另一著名作品中承认,国际商业惯例对罗马法产生了重要影响。[24] 罗马的交易文书被认为紧密依赖于相应的希腊交易文书,客观法的某些规则也被认为直接来源于这种文书惯例。

我们可以举出如下的例子:限制出卖人的"担保买受人对出卖物的占有(*habere licere*)不被追夺"的义务;《罗得法》关于海损的规定;以简约和要式口约的方式设立役权;出租人对承租人"带入物"(*invecta et illata*)的扣押权;银行制度。[25] 很难想象罗马人是在没有形成有助于此等继受的意识的情况下完成这些制度的继受的。在这种意义上,罗马法和希腊哲学(包括在商事实践方面)的联系是决定性的。或许科凡诺夫的观点是对的,他认为,这种联系很有可能是通过罗得岛的斯多亚学派实现的,当时的罗得岛处于地中海贸易的绝对主角的位置,罗马的杰出人士经常出入此地[26]。

德罗伊森(Droysen)有关罗得城的一段著名描述,也许对我们有所帮助:

> 罗得城的地理位置十分优越,早在亚历山大(Alessandro)时期就极其繁荣昌盛……几乎欧亚之间所有的商业贸易都集中在这里。罗得人是灵巧的水手,诚实且能干。他们坚毅果敢、遵纪守法、精通经商的秉性以及拥有先进的海商法,使得罗得城成为地中海所有商业城市的中心。[27]

罗得城也得到斯特拉博(Strabo)的赞扬:

---

〔24〕 弗里兹·舒尔茨:《罗马法原理》,前引书,第 112 页。

〔25〕 同上注。

〔26〕 列昂尼德·科凡诺夫:《〈罗得法〉中的商法:罗马法学家合意合同理论与当代俄罗斯贸易的"核心"》,前引书,第 214 页及以次。

〔27〕 德罗伊森:《希腊文化史》(II),巴黎,1883—1885 年版,第 448 页及以次。罗得城建立于公元前 408 年,位于罗得岛的东北端。不久后,其重要性就超过岛上其他三个更为古老的城市(林都斯、伊阿吕苏斯和卡米卢斯)。亦可参见朱尔斯·图坦:《古代经济》,米兰,1968 年版,第 169 页及以次。

> 值得无条件赞扬的是其法律的先进，以及不同管理部门对各种事务（尤其是海运业）的照管…… 在罗得城，就像在马赛(Marsiglia)和基奇库斯(Cizicus)，所有与造船厂、兵器制造厂、武器商店有关的事情，以及所有此等企业，都得到特别的照管。我们甚至可以说，罗得岛比上述两个城市具有更为完备的组织。〔28〕

饶有趣味的是德罗伊森对于当时地中海区域的所有人民在地震后对罗得人施以援手所体现的团结进行的评论：

> 毫无疑问，罗得岛是世界贸易的主要中心之一，因此，每个地方都承担着救助它的义务。目前看来，这或许并不能充分证明罗得人的商业活动不是排外性或压迫性的而是利他性的。对于为其提供如此巨大帮助的其他各个地方来说，这种救助义务是十分必要的。罗得岛的繁荣昌盛是当时整个地中海繁荣昌盛的一个缩影。〔29〕

或许早在公元前4世纪末，罗得岛就已经与罗马开始接触〔30〕，但是在公元前2世纪至公元前1世纪之交，罗马的智识之士频繁来往于罗得岛，这一点非常重要，这对整个罗马法的后续发展都将是决定性的，因为正是从公元前2世纪开始，在这种背景下（得益于这种频繁往来），罗马法

---

〔28〕 斯特拉博：《地理学》14，2，5。［中译文亦可参见〔古希腊〕斯特拉博：《地理学》（下），李铁匠译，上海三联书店2014年版，第964—965页。——校者注］

〔29〕 德罗伊森：《希腊文化史》(II)，前引书，第611页及以次。对此，补充一下朱尔斯·图坦(《古代经济》，前引书，第170页)的评论将有所助益："对这些非常正确的看法，我要补充是，也许因为希腊世界的当权者和诸城邦已经意识到全新的经济团结。公元前494年波斯人攻陷并摧毁米利都以及公元前404年雅典的沦陷，这两事件均未带来类似的认识动力，虽然这两座城市的商业并不发达。似乎在经济领域的视野已经拓宽，像罗得岛这样的港口的繁荣昌盛激发了人们除了嫉妒以外的其他感受：如果理解集体主义的价值并意识到它的有利性，当遭遇巨灾袭击后，就会团结致力于恢复重建。"

〔30〕 在亚历山大的继承人夺位战争时期，罗得岛试图保持中立。公元前166年，雅典人在罗马人的怂恿下，攻取了免税港口提洛，这也许是罗得岛唯一的严重困难期。参见朱尔斯·图坦：《古代经济》，第170页。（公元前225年到公元前222年间，灾难性的地震袭击了整个罗得城，摧毁了房屋、周边的城墙、太阳神巨像以及造船厂，然而却留下了具有划时代意义的团结的见证。对此可参见波利比阿：《罗马史》5，88-90）。

成为有史以来的法律文化的最高表达〔31〕。

(四)希腊斯多亚主义时代与新商业道德观

本文的开头说过,在观念交叉渐化的理想状态下,伴随着扎马战役的胜利,罗马人开始了希腊斯多亚主义时代,它成了地中海西部的分水岭,承启深受毕达哥拉斯主义影响的古代观念和基督教时代的到来〔32〕。这可能是当时已知的不同时期的世界三大帝国——波斯、雅典和罗马——在进行新的肯定性的"扬弃"(Aufhebung,一种吐故纳新式的进

〔31〕 不应该回避这一重要历史时期(它改变的不仅仅是罗马史),因为正如我们的杰出学者J.拉庆格尔在2011年9月22日柏林的德国联邦议会大厦召开的"法学认识论形成"的会议致辞中所强调的那样:"在公元2世纪的前半叶,由斯多亚哲学家所阐发的社会自然法与权威的罗马法学者之间有一次偶遇。在这种背景下,诞生了西方的法学文化,这对人类的法学文化一直而且仍然具有重要的决定性意义。"载M.卡尔塔庇阿、A.斯靡奇尼主编:《所罗门王的法律:本笃十六世的演说中的理性与法》,里佐利,米兰,2013年版,第247页。

〔32〕 关于法律制度与时代流变间的关系,参见卡尔洛·蒂欧塔:《从形态发生到商法的结构:企业家精神与法——古罗马的经验》,载《善意、人道和法(鲁伊吉·拉布鲁纳的纪念文集)》,第2卷,那波里,2007年,第1593页及以次(其中援引了卡尔·伦纳的研究成果:《私法的制度及其社会功能》,1929年版,意大利语译本,博洛尼亚,1981年版);R. C. Van.噶内杰米:《私法史导论》,意大利语译本,博洛尼亚,1995年版。这段历史时期被弗雷伯特(受到卢克莱修《物性论》的很大启发)以经典的话语定义为(1861年写给他朋友热内特的埃德马·罗杰的一封著名信件中提到):"当神不再存在,基督亦不复存在,从西塞罗时代到马可·奥勒留时代,唯一存在的只有人。"这段话我引自普·欧蒂弗雷蒂:《万物如何产生:我的卢克莱修和我的维纳斯》,米兰,2013年版,第15页。罗马法的伟大革命——可以说是地中海文化的伟大启蒙运动的一部分——在此发挥了作用。地中海文化现在不仅仅是希腊的文化,而是希腊化的文化,因为它也是与其他文化(伊朗人的、闪米特人的、埃及人的、凯尔特人的、罗马人的、埃特鲁斯人的文化等)合成的结果。以上可参见阿尔纳多·摩米依奥诺:《外来的智慧:希腊文化和其他文化》,都灵,1980年,第3页及以次。正是伊壁鸠鲁学派的卢克莱修确信法的创造是人类不灭绝的原因,这个天才也认为法的创造同样是文化选择存在的原因。这种思想观点与商业道德观十分一致,因为它建立在实质平等或者法的强制性(*forza del diritto*)基础之上,然而它又与人类基于强制性的法(*diritto della forza*)的原则而为自然或"自然状态"(或者最强或者最好的或最幸运的法律)选择的进步观念形成鲜明对比。卢克莱修:《物性论》5,1011-1027。亦可参见卢克莱修:《物性论》5,1144:"制定法律,使大家共同遵守之。"根据李维转述的马其顿国王珀尔修斯在罗马元老院的著名演说,似乎想要表达的正是这样:万民法的一般规则是以武力回应武力的侵略。李维:《罗马史》42,41,11:"相比较而言,如果为条约和万民法所允许的话,那么就能以武力对抗武力的侵略。"想要进一步了解,还可参见伊·贝林·萨米纳达亚尔:《从雅典到罗得岛的愚人策略:希腊式君主对自由城市公共空间的干预(公元3世纪的最后三十年)》,载P.罗得里格斯主编:《权力与领土·I(从古代到中世纪)》,2005年11月7日到8日在法国圣埃蒂安的研讨会,第6卷,第149—162页(来源网络)。我们也可以从怀疑论者卡尔涅阿得斯公元前155年于罗马著名的演说词中发现相似的表述,其中罗马帝国主义被用作论据,用来证明在国家关系中起决定作用的是武力。

步)时的主要做法,其中波斯的扬弃程度较小,罗马的扬弃程度巨大,它以牺牲埃特鲁斯人和迦太基人(当时在国际贸易中仍是主角)为代价实现了其帝国主义统治的计划。

然而,这一我们还原的图景充满了矛盾。

在新学园派怀疑论者卡尔涅阿得斯(Carneades)公元前155年于罗马的演说词中,仍然可以发现希腊诡辩派(始于公元前5世纪)思想的影响,这或许表达了在"轴心时代"罗马的智识之士中普遍流行的观念:"……所有凭借权力而发展强盛的人民,特别是渴望统治整个世界的罗马人民,如果他们想要使自己是正义的,即如果他们把他人的东西物归原主,他们就不得不重回陋室,过贫困潦倒的生活。"[33]

如上所述,"轴心时代"是存在巨大冲突和阵痛的时代,既包括物质层面的,也包括哲学思想层面的。因此,我们可以找到各种天才思想家,他们有的支持帝国主义国家的扩张主义企图,有的则相反,试图抵制这种企图。在这些智者中,我们找到的埃利斯的希庇亚(Ippia di Elide,也被称为智者[34])认为,和谐及社会和平是"本性"的表达,而法律是僭主,"强制违反许多事物的本性"[35];而主张贵族制的学园派的卡利克勒(Callicle)则认为,强者优于弱者是"自然的"[36]。历史表明,侵略性的政策(强制性的法)最终战胜了温和的思想(法的强制性)[37]。

---

〔33〕 西塞罗:《论共和国》3,21;拉克坦求斯:《神圣法规》5,16,3。译文摘自罗伯特·菲奥里:《好人:西塞罗〈论义务〉中的政治修辞哲学与法》,前引书,第279页。关于新学园派怀疑论者卡尔涅阿得斯在与斯多亚主义者论战中所起的作用,同上,第55页、第280页及以次。[本文所引西塞罗《论共和国》中的片段,其中译文皆参考了如下译本,下文不再一一注明:〔古罗马〕西塞罗:《论共和国·论法律》,王焕生译,中国政法大学出版社1997年版。]

〔34〕 柏拉图:《普罗泰戈拉篇》337c。

〔35〕 柏拉图:《普罗泰戈拉篇》337d。

〔36〕 柏拉图:《高尔吉亚篇》482c-486d。参见纳塔利诺·伊尔蒂:《法的自然性与人为性》,载《自然法应用》,罗马—巴里,2013年版,第9页。

〔37〕 我们生活的现实表明一切没有任何改变。即使在当今,这些仍然是规范导向的法律思想发生的基础:"当今法学家……谈论原则和方法,如同公元前5世纪的远古祖先。"参见纳塔利诺·伊尔蒂:《法律的本性与人为性》,前引文,第7页。马切洛·基刚德指出:"实际上,公元前5世纪古希腊诡辩派的重要思辨是20世纪法的基本原则的理论基础"。参见马切洛·基刚德:《法律的基础理论》,那波里,1993年版,第15页;亦可参见纳塔利诺·伊尔蒂:《法律的本性与人为性》,前引书,第7页。伟大的语言学家纳塔利诺·伊尔蒂也持有同样的观点,他补充说(同上书):"20世纪乃至21世纪的法的基本原则是积极法的理论,即人类所制定的规范,与(转下页)

但我们并不只是在谈论暴力。在古人的思想中，强制性必须在遵循一定条件而颁布的法律中寻找其正当性。在柏拉图的《米诺斯篇》中，实际上讲述了关于“好的立法者”的一种普遍看法，他受到神的启示，作为美德的化身而根据神的意志制定法律。苏格拉底所言的“法律”，即*nomos*，与已确定的规范并不是一回事〔38〕。因此，在苏格拉底时代，人们可以想到某种超越“法律”但还不完全是“法”的东西。人们可以说“因为命令而正当”（*iustumquiaiussum*），如同西塞罗在《论共和国》(3,5)中所认为的：他谈到，西庇阿和他的朋友（盖尤斯·雷流斯和路求斯·菲鲁斯）把当时仍然属于外来思想的苏格拉底的学说增添到了罗马人的习俗中〔39〕。但我们不能完全确定。

问题是，这种作为规范表达的概念（比如*nomos*），尽管其具有某种政治的维度〔40〕，并且其宣称发现了某种“既存的”东西〔41〕，因此从字面上来看是“正确的法律”（*orthosnomos*），但它与中期斯多亚的“正确的理性”（*orthoslogos*）还不能完全对应，后者提倡“正义”法律的思想，指向的是某种自然秩序，这种自然秩序产生于每个好人（*sophos*，*virbonus*）固有的正义感。凭借这种可能性，以科学的方法处理法律事务，历史中的“理性”（*logos*），即“事实”中的“真理”就能转变成“公平”（*aequum*）〔42〕。

（接上页）本性分离或者对立，从宇宙秩序中抽离，这说明古希腊诡辩派所揭示的至关重要”。从色诺芬《回忆苏格拉底》的片段中，我们可以了解到希庇亚的正义观。苏格拉底以“2 乘 5 是否等于 10”这个恒定问题对诡辩派从不在同样的问题上做两次同样回答的习惯进行批判，而希庇亚回答说：“在‘2 乘 5 是否等于 10’这个问题上，我的每次回答都是一样的，但是有关正义的概念，我每次都会作出与所有人不同的回答。”参见色诺芬：《回忆苏格拉底》4,4,5-7。显然，在公元前 5 世纪的希腊，毕达哥拉斯式的“以正义统治世界”的和谐场景——其中法的秩序和自然的秩序可以融合到一个统一的整体中（这是毕达哥拉斯哲学的主题）——看来已经屈服于早期确立的“强制性的法”的原则。

〔38〕 柏拉图：《米诺斯篇》313c。

〔39〕 西塞罗：《论共和国》3,5：“事实上，有什么能比把参与和从事伟大事业同对这些科学的研究和认识相结合起来更美好的呢？或者说，难道能够想象出有人会比普布流斯·西庇阿、盖尤斯·雷流斯、路求斯·菲鲁斯更完美？他们为了不至于疏漏所有能使杰出的人士获得巨大荣誉的那些东西，从而给本国的、祖辈传下的这种习俗又增添了源自苏格拉底的学说。”同样的观点，可参见摩米依奥诺：《外来的智慧：希腊文化和其他文化》，前引书，第 27 页。

〔40〕 柏拉图：《米诺斯篇》314c。

〔41〕 柏拉图：《米诺斯篇》315a-315b。

〔42〕 参见 H. 威尔泽尔：《自然法与实质公正》，鸠弗雷，米兰，1965 年版，第 55 页及以次。论及“中期斯多亚”的可能性问题，我同意菲奥里的看法，他认为是适当的，虽然波伦茨（转下页）

我们决不能被这样一个事实所误导:罗得岛的巴内修斯反对亚里士多德的“因为更好所以可以强制”的霸权原则——根据该原则,接受上层人的管理对于一些人来说也许是必要的和有用的,因为前者能考虑到后者的福利并使他们过上更好的生活〔43〕。实际上,用现代的话来说,中期斯多亚的杰出人士似乎在政治上是非常保守的,而在法的一般理论上又是进步的。

如何阐释这一矛盾现象?也许历史方法可为之。

公元前167年和公元前155年间,斯多亚主义(强调实践的指导意义和更严格的道德观念)仍然保留着芝诺(亦即创始人塞浦路斯的芝诺)的特征。以国王安提柯·贡纳塔(Antigonus Gonatas)为中心聚集起来的“马其顿圈子”也是这种思潮的倡导者。该圈子聚集了基提翁的佩赛俄斯(Persaeus Citieus)和底比斯的斐洛尼德斯(Filonides di Thebes)(两者都

(接上页)在这方面提出一些疑惑。参见菲奥里:《好人:西塞罗〈论义务〉中的政治修辞哲学与法》,前引书,第55页。从更古老的角度看,考虑到苏格拉底(柏拉图的《米诺斯篇》对话中所言)意图寻找的“真”乃是法(*nomos*)的公正,即符合超越人类的自然秩序并且与神的意志相一致的任何事物。也如希波克拉底明确表示的那样(希波克拉底:《论饮食》1,11)(他的伪作?):“人类为自己制定法律,不知道他们制定的内容为何,但是神能很好地规定万物的本性。人类自己的规定决不是既不正义又正义的。但不管正义还是不正义,神的规定却总是正义的。这就是区别。”马里奥·劳里亚译:《法:罗马人和现代人的观点》,第3版,那波里,1967年版,第48页。政治层面上的事务可以转化成苏格拉底—柏拉图式有关国家的保护观点的具体运用。从更古老的角度看,古罗马的法律文化中直接反映了毕达哥拉斯主义可能将正义视为自然法(在这个原则世俗化之前),这是源头上最具启发式与说服力的证据。参见西塞罗:《为米罗辩护》43;柏修斯:《讽刺诗》5,98。同样的观点,亦可参见列昂尼德·科凡诺夫:《西塞罗和一些罗马法学家思想中的神法与自然法》,载《法与历史》2009年第8期,网刊,文中有所引的原始文献和参考书目。有关神法的法律概念,参见里卡尔多·欧雷斯塔诺:《从正义到神法:罗马远古时代到古典时代的神法与人法的关系》,载《罗马法研究所公报》,1939年第46期,第194—273页。总之,永远对西塞罗《论共和国》的段落中的观点留下如下疑惑,如其理解为“因为公平而正当”(*iustumquiaaequum*),不如理解为“因为命令而正当”(*iustumquiaiussum*)。

〔43〕 西塞罗:《论共和国》3,33-41,雷流斯的演说观点被认为来自巴内修斯。关于反对卡尔涅阿得斯的论战,参见西塞罗:《论共和国》3,34-37;3,41。以上参见马克斯·波伦茨:《斯多亚:一种精神运动的历史》,米兰,2005年版[同德文版《斯多亚:一种精神运动的历史》,哥廷根,1959年版],第417页。如果考虑到巴内修斯对斯多亚主义给予希腊化影响的这个事实,即能够确信斯多亚与雅典哲学之间存在密切的联系,那么巴内修斯对亚里士多德观点的引用(波利比阿:《罗马史》1.5,1254a,21-1254b,20)就不让人惊讶。亦可参见马克斯·波伦茨:《斯多亚:一种精神运动的历史》,前引书,第394页。关于巴内修斯和西塞罗在亚里士多德思想方面认识的关系,亦可参见乔瓦尼·弗兰乔西:《国际关系中的仪式、传统与习惯》,载《“西塞罗的作品和思想中民众的正义观”会议文集》,阿尔皮诺,1991年10月11—12日,罗马,1993年版,第78页。

是芝诺的学生)，还有佩赛俄斯的学生安菲波利斯的赫尔马戈拉斯(Hermagorasdi Amphipolis)，这些人都属于雅典的斯多亚缔造者。到了出生于底格里斯河的塞琉西亚城的巴比伦人第欧根尼(斯多亚哲学家，在公元前155年，88岁的他与卡尔涅阿得斯一起作为使团成员被派往罗马)，维度有了明显的变化，因为第欧根尼虽然相对于安提帕特罗斯(Antipatrus)来说更加恪守传统的观点，但相较于他的老师——克雷安特、克律希波和塔索斯的芝诺(Zeno di Tarsus)——的教导，他则开创一种更具批判性且更加注重科学性的潮流〔44〕。

因此，在这一运动中，斯多亚主义从一种严格注重道德行为价值的维度(产生于雅典的早期斯多亚主义)转向一种更加柔和且充满矛盾的维度(罗得岛的斯多亚主义)，因为尽管没有背离它的传统价值，但它也关注当时罗马新兴阶级的需求(巴内修斯的“现实政治”)。这也许就是中期斯多亚能够紧紧抓住罗马社会的杰出代表人士的原因。事实上，第欧根尼以其斯多亚思想征服了雷流斯(西塞罗:《论至善与至恶》2,24)、卡尔涅阿得斯(西塞罗:《卢库鲁斯》98)和罗得的巴内修斯，这亦是其学生(*auditores*)〔45〕。

澄清上述问题很重要，因为正如我们将看到的那样，斯多亚派关于法的争论(西塞罗的《论义务》第三卷中进行了充分的还原)，主角正是巴比伦的第欧根尼和塔索斯的安提帕特罗斯。前者(后者的老师)提出了某种更传统的观点并剔除斯多亚主义思想中更哲学化的表达，后者(巴内修斯的老师)精心构建了某种更接近西塞罗和罗马法学家的思想〔46〕。实际

---

〔44〕 这种观点亦可参见罗伯特·菲奥里:《好人:西塞罗〈论义务〉中的政治修辞哲学与法》，第75—294页。其中有一些巴比伦的第欧根尼关于早期斯多亚主义的思想观点。参见F.德拉·科尔特:《监察官加图:毕生与成就(二)》，佛罗伦萨，1969年版，第146页及以次。

〔45〕 马克斯·波伦茨:《斯多亚:一种精神运动的历史》，前引书，第360页。亦可参见曼德罗:《道德与市场:哲学与法学之间》，前引文，第9页及以次。第欧根尼的其他学生中，有个名叫马鲁斯的克拉图斯(Cratete di Mallo)，其作为“帕加马图书馆”的创建者，亦为科学建构新词的语言学方法的主张者，以之对抗亚历山大类比学派。对我们有重大意义的事实是，埃流斯·斯蒂洛·普雷考尼亚努斯(Aelius StiloPreconianus)(甚至西塞罗和瓦罗均受其思想影响)将语言学方法带到了罗马并用于法之中，撰写《十二表法》的评注。这也提出了一个问题，即如何评价塞斯图斯·埃流斯(SestusAelius)的规范性法典增订版中语言的可信度。

〔46〕 罗伯特·菲奥里:《好人:西塞罗〈论义务〉中的政治修辞哲学与法》，前引书，第309页及以次。

上，在这种学识氛围中，罗马的国际或“对外”贸易的原则和规则逐渐成熟，而罗马在第二个希腊化时期的贸易主要就是此等国际贸易或对外贸易。这可能是整个罗马法律文化史的最好时期之一[47]，正是在这种气氛中，出现了对所谓万民法上的契约和合意买卖等重要制度的法律思考。众所周知，在此基础上，古典法学家根据告示制度重构了买卖[48]、租赁[49]和合伙[50]等商业关系的规则。

这个划时代的转折在某种程度上可归因于对“友谊”(*philia*)和利他主义的偏好(这两者是毕达哥拉斯主义的主调)，这是与同为毕达哥拉斯主义的“秩序”(*eunomia*)完全不同的某种东西。“*Eunomia*”来自对作为雅典政治生活中心的“城邦”(*polis*)的体制进行改良的思想，它建立在某种实质上“封闭的”经济制度之上——这对建立在家庭(*oikos*)管理基础上的父权制是有用的。[51] 中期斯多亚不得不与罗马国家——新的政治结构超越了城邦的界限而置身于斯多亚的普遍性视角[52](此外，处在

---

[47] 关于此点有趣的评论，可参见纳塔利诺·伊尔蒂在2011年9月22日柏林的德国联邦议会大厦召开的“法学认识论形成”的会议中题为“法和‘语言本性’”的主旨报告，载《自然法应用》，前引文，第37页及以次。

[48] 关于此点，可参见塔拉曼卡关于罗马法中的“买卖”词条，载《法律百科全书》第46卷，米兰，1993年版，第303页及以次。

[49] 对这类交易行为的历史问题的系统提出，详细参见罗伯特·菲奥里：《“租赁”的定义：罗马法学与罗马传统》，那波里，1999年版，第7页及以次。

[50] 参见弗朗茨·维亚克尔：《合伙》，载《家庭共同体和公司》第1卷，魏玛，1936年版，第153页及以次；阿兰乔·鲁伊兹：《罗马法上的合伙》，那波里，1965年版，第18页及以次；瓜里诺：《罗马法上的合伙》，那波里，1988年版，第15页及以次；塔拉曼卡关于罗马法中的“合伙”词条，载《法律百科全书》第42卷，米兰，1990年版，第817页及以次。

[51] 色诺芬的经济观，可参见曼德罗：《道德与市场：哲学与法学之间》，前引文，第4页及以次和注释3，其中所列的原始文献和参考文献，强调了罗马文化(西塞罗和塞涅卡)如何吸收希腊哲学中的家庭管理科学。卡波格罗西·科洛涅西对家庭经济做如下定义：“希腊术语中，‘家族’在封闭的家庭经济体制中处于中心地位，它基本上是建立在自我消费的基础上。这是依据德国20世纪后半叶被广为接受的‘原旨主义’所进行的解释，特别是在罗得贝图斯和布赫的作品中，显示出最古老时代经济发展的特征及其作为整个古代世界的标志。‘原旨主义’的创立，特别是与爱德华·迈耶支持的经济史上的‘现代化’概念相对立的，它拒绝接受发展阶段连续性的社会发展普遍理论。”参见卡波格罗西·科洛涅西：《马克斯·韦伯与古代世界经济》，前引书，第435页。

[52] 巴内修斯：《证据与片段》，E.维梅尔卡蒂译(导言、注释和评论)，前引书，第11页。

一个内部的政治稳定性非常不牢靠的环境中[53])——打交道，同时要面对新统治阶级——他们毫无顾忌地使用暴力(具有明显的掠夺性)且经常滥用职权以攫取利益——在资本和财政方面的问题。

典型的例证是西塞罗在《图斯库鲁姆论断集》(*Tusculanae disputationes*)中的著名引文。西塞罗认为"哲学家"一词的发明源自毕达哥拉斯，并将这样一种观念归于他：一个高贵的人是致力于思考和研究的人，而不是为取得成功而锻炼身体的人或者为获得利润而从事商业的人。后两种活动将使人成为荣耀或金钱的奴隶[54]。西塞罗将毕达哥拉斯推举为道德的榜样，他深知其时代的现实已经发生改变，遵循的是一种不同的道德观。西塞罗在《论共和国》(3,21)中提到的卡尔涅阿得斯的那段著名的话，实际上表明，"功利"(*utile*)理论，如果操作适当的话，可以很好地为当时新兴商人的贪婪提供正当性。

如上所述，所有这些不得不让我们回到一个充满矛盾的画面中：罗马

---

〔53〕 韦伯在重构的基础上，径直说此为"古代资本主义的抢劫"，参见卡波格罗西・科洛涅西：《马克斯・韦伯与古代世界经济》，前引书，第193页。苏拉执政后，罗马退化，开始实行帝国主义政治措施，对此罗马人自己早就意识到。更深入的论述，可参见卡纳里：《罗马的反历史：从最伟大的拉丁语和希腊语的作家那里获取的关于罗马的帝国主义政治与市民战争的证据》，佛罗伦萨，1997年版，第7—306页。同样来自罗马人的说法，即认为此时是一种退化甚至达到残酷的顶峰。参见西塞罗：《论义务》2,27："因此，当时可以更为合适地称为庇护，而非统治。但是我们最初逐渐改变了这种习俗和制度，而在苏拉胜利后则完全弃之不顾。要知道，在如此残忍地对待自己的公民之后，任何对待同盟者的行为也便不再显得是不公正的了。"[本文所引西塞罗：《论义务》中的片段，其中译文皆参考了如下译本，下文不再一一注明：〔古罗马〕西塞罗：《论义务》，王焕生译，中国政法大学出版社1999年版。]

〔54〕 西塞罗：《图斯库鲁姆论断集》5,9："毕达哥拉斯回答说：'在他看来，人类的生活类似于在希腊的广场上以各种各样的运动庆祝的活动；在这些活动中，一些人的目的在于通过强壮的体魄而获得王冠的荣耀和高贵，其他一些人被引导去那里进行买卖活动而只是为了获取利益，还有一些人，他们的行为是最善意的，既不是为了获得掌声也不是为了获取利益，他们仅仅是基于好奇心而作为观察者，观察人们的行为内容与行为方式。'所以他说，一些人是荣耀的奴隶，一些人是金钱的奴隶，少数一些人不考虑这些所谓的荣誉、金钱等身外之物，只认真地研究思考事物的本性，这些人自称是智慧的好学者——亦即哲学家——他们是所有人中最具有名声的，无需获得任何外在之物，他们通过对事物的研究、沉思以及自我反省，享受知识带来的快乐是他们的人生追求。"此种对金钱重大回应的意识形态可以追溯到旧约文化(如果这是真的)，即在希伯来人的《圣经》里，"金钱"是késef，词根是ksf，意为"热烈的愿望""突发的愿望"，在《福音》中，我们找到一个相关例证，即撒该为了能够通往天堂而放弃金钱。有关撒该的悔改，参见《路加福音》19,1—10；《马太福音》19,21。参见D.玛谷雷奥特：《神与金钱》，比耶拉，2014年版；亦可参见G.拉瓦斯：《金钱中的道德》，载《24时太阳报》，2014年4月6日版，第37页。

统治阶级在共和时期的最后一个半世纪前后在对外政策方面的态度非常突然地改变。当然，这不会影响我们还原希腊哲学文化对当时的罗马法学家产生影响的可能性[55]。

这些矛盾非常明显地反映在罗马智识之士思想文化的取向上，其典型有如加图对"正当收入"(*piusquestus*)看法[56]以及西塞罗在《论义务》中对"大规模商业买卖"(*magna et copiosamercatura*)的赞扬(源于巴内修斯)，西塞罗认为，商业买卖的进行若"无欺骗地分配给大家"(*sine vanitateimpertiens*)，那就不该受到谴责[57]。还原的传统中同样充满矛盾：例如，梭伦(Solone)是一个有商业头脑的人，他曾致力于商业买卖，但同时也要注意的是其节俭的生活作风且不去积聚财富。此外，在对世俗智

---

〔55〕 关于罗马法学家与政治关系的详细论述，参见 R. A. 鲍曼：《罗马政治过渡中的律师：共和晚期和三头政治环境下的罗马法学家研究》，慕尼黑，1985 年版，第 9－14 页。

〔56〕 普鲁塔克《加图传》21.5-7。加图在其《农业志》(公元前 160 年)序言中，从理论上对所热爱的农业进行赞扬，因为农业没有像商业那样有容易攫取大量利益的不道德思想(农民最不为人所嫉视，绝不心怀恶念)，但是实际上，商人在海运贸易中以高利贷谋取利益，因此在同样的背景下，无需强调商人在巨额利益面前凭借其勤奋和精明进行商业活动的可能性(商人是勤奋和热衷于追逐利益的，如上所述，然而却是多冒风险和易受灾难的)。参见加图的《农业志》序言(1－4)："经商逐利若非十分危险，亦是极好的；放贷取利，若诚信而为，亦复如是。我们的先人认为，对盗贼进行双倍罚金，而对放贷取利者进行四倍罚金，并将此写进了法律。由此断定，他们认为放贷取利者是比盗贼更坏的人。他们以'好农民'、'好庄稼人'来称赞好人。若某人受到这样的称赞，将对他而言是最大的称赞。但我认为商人是勤奋和热衷于追逐利益的，如上所述，然而却是多冒风险和易受灾难的。不过，最坚强的人和最骁勇的战士，都出生于农民。农民的利益来得最清廉和最诚实，最不为人所嫉视，绝不心怀恶念。"参见切拉米、贝特鲁奇：《罗马商法》，第 29 页。[中译本可参见〔古罗马〕M. P. 加图：《农业志》，马香雪、王阁森译，商务印书馆 1986 年版，第 2 页。——译者注]

〔57〕 对于这些主题，可参见恩里克·弗洛雷斯：《古拉丁语与语言的产生》，那波里，1978 年版，第 67－97 页及以次；切拉米、贝特鲁奇：《罗马商法》，第 29－31 页。一方面，西塞罗通过援引毕达哥拉斯主义的"带官身而闲适"传统观点(其建立在基于"财产合意"的"财产协议"基础之上，这对寡头政治的社会有作用力)来表明他的政治立场；另一方面，他赞同"大规模商业买卖"，甚至认为罗马实行的这些行为体现出了其帝国主义的残暴(这受到巴内修斯"现实政治"思想的启发)。对此可参见乔瓦尼·弗兰乔西：《国际关系中的仪式、传统与习惯》，载《"西塞罗的作品和思想中民众的正义观"会议文集》，阿尔皮诺，1991 年 10 月 11－12 日，罗马，1993 年版，第 74－75 页。西塞罗列举了演说家职业的收入与手段，正是这些收税人和高利贷放贷人(他们一起被置于雇佣之中)的卑劣的活动。西塞罗：《论义务》1，150："关于职业和谋利，其中有些是适宜于自由人的，有些是卑贱的，我们接受的差不多是这样一些遗训。首先那些会引起人们憎恶的收入是不值得称赞的，如收税人的收入以及高利贷者的收入。各种雇工的收入也是与自由人不相称的，卑贱的，因为被购买的是他们的劳动，而非技艺。要知道，在这些情况下，付款本身是对奴隶性服务的报酬。那些向商人购买货物又随后出卖的人也应该被认为是可鄙的，因为他们若不进行欺骗，便不可能有任何获利。要知道，没有什么比扯谎更可耻。"在区分小规(转下页)

者的形象理想化了的斯多亚哲学家的论述中，也充满矛盾[58]。总而言之，我认为，共和时期的最后一个半世纪前后的时代特征是各种历史事件频发，这无疑会影响到罗马的智识之士[59]。从加图时代开始，学识深厚且思想敏锐的人士在尊重传统道德和强烈的现实需要之间痛苦抉择：前者可以从毕达哥拉斯的"习惯"(*ethos*)中找到支持，此后为柏拉图和亚里士多德的概念主义所提升；后者推动个人从新的商业贸易中获得财富并促使城市走向冷酷的帝国主义，对此，所谓中期斯多亚主义的首领巴内修斯曾委婉地提到过。正如我们所知，所有这些在法律文化中也留下了很多痕迹，从中或许可以发现更多。这对法史学家而言是非常有趣的。

就像切拉米(Cerami)和贝特鲁奇(Petrucci)所指出的，共和国最后一个世纪的法学通过塞尔维尤斯·苏尔毕丘斯·路福斯和他的学生们而取得成功，他们是一个漫长的演化过程的终端，将这种新的感知转化为法

(接上页)模商业买卖和大规模商业买卖的时候，他鄙视前者(那些向商人购买货物又随后出卖的人也应该被认为是可鄙的，因为他们若不进行欺骗，便不可能有任何获利。要知道，没有什么比扯谎更可耻)，然而却赞扬后者(至于说到商业买卖，如果是小规模的，那也应该认为是可鄙的；如果是大规模的，货物丰富，从各地运来许多货物，且无欺骗地分给大家，这样的买卖完全不应该受到谴责)，并以措施来践行之。西塞罗：《论义务》1，151："至于说到商业买卖，如果是小规模的，那也应该认为是可鄙的；如果是大规模的，货物丰富，从各地运来许多货物，且无欺骗地分给大家，这样的买卖完全不应该受到谴责；如果他们满足于已有的收入，或者更进一步，经常把货物从海上运进港口，再从港口运到田庄，这显然也是值得称赞的。在可以获得一定收入的所有事业中，没有什么比农业更好、更有利、更甜美、更适合于人，没有什么比农业对自由人更合适。由于《老加图》中我对农业也作了相当多的叙述，因此你可以从那里汲取与此有关的东西。"这显然是受到了巴内修斯的影响，因为巴内修斯曾说，小规模商业买卖自梭伦时代以来就在希腊受到鄙视，然而大规模商业买卖因给罗得岛的居民带来财富与好运而获得赞扬(现在也正给罗马人带来财富与好运)。通过这段著名的引文片段可知，因此西塞罗对加图思想的援引中，也许正有对伟大的梭伦的引用(正如我们所见)，梭伦在成为雅典九执政官之一以前，曾致力于大规模商业买卖；也同样能够以毕达哥拉斯为例，依据基奇库斯的尼安特斯(公元前3世纪)的记载，毕达哥拉斯是姆涅萨库斯(一个富有的商人)的儿子。参见雷维：《毕达哥拉斯传说的起源研究》，巴黎，1926年版，第60—64页。

〔58〕 参见勒内·布劳沃：《圣人与斯多亚主义》，载《牛津古代哲学研究》2002年第23期，第181页及以次。如果要获得进一步的参考书目和原始文献，可参见罗伯特·菲奥里：《好人：西塞罗〈论义务〉中的政治修辞哲学与法》，前引书，第50页及以次。我认为在这种描述中，能够很好地理解古希腊的新毕达哥拉斯主义的影响，其强调毕达哥拉斯理论的深奥和末世的特征，这也许间接引发重新解读雅典历史以及古意大利(大希腊地区)的毕达哥拉斯主义，因其更加世俗化而更具商业性。

〔59〕 参见W.卡贝雷：《希腊道德伦理与罗马帝国主义》，载《古代史论丛》1964年第25期，第86—113页。

律规则，这些法律规则可以满足对新的社会—经济关系（它们是罗马商事制度从公元前2世纪开始快速发展的产物）进行规制的需要，而没有使事态失控。因此，尽管对新事物持开放态度，但有分寸〔60〕。最终，“好人”（*bonus vir*，在此即法学家）为了找到具体案件的正确解决方案，也为了在对法律“真实”（现已成为正义或公正的代名词）的寻求中将“欺诈”（*dolus*）与“机敏”（*calliditas*）对立起来，开始“根据具体情形”评估“诚信”的价值〔61〕。罗马法学家未能找到更好的方式来回应卡尔涅阿得斯的无理指责。

（五）斯多亚与罗马法学家之间的关系

对这个主题可以进行更为深入地探讨，因为关于罗马法学家和斯多亚哲学理论之间的关系，有非常丰富的文献，对此我曾在其他地方部分地提到过〔62〕。首先，斯多亚思想的典型特征之一是“好人”的陈词

---

〔60〕 关于塞斯图斯·埃流斯，可参见西塞罗：《论共和国》1，30。亦可参见舒尔茨：《罗马法学史》，前引书，第70页。同样的说法，恩纽斯（Ennius）写道：“我有必要进行哲学研究，但只稍作涉及……”转引自雷维：《罗马哲学史》，佛罗伦萨，1949年，第32页。

〔61〕 参见菲奥里：《好人：西塞罗〈论义务〉中的政治修辞哲学与法》，前引书，第50页及以次、第319页及以次。

〔62〕 参见奥斯瓦尔多·萨基：《巴内修斯的国家、财产观与斯多亚理论对罗马法学（西庇阿—恺撒时代）的影响》，载《古代法的国际评论》第52期，2005年，第325—357页。亦可参见马克斯·波伦茨：《斯多亚：一种精神运动的历史》，前引书，第546—549页。对此一些完整的介绍，可参见P. W. 坎普赫伊森：《哲学对罗马法中自然法概念的影响》，载《法国法和外国法的历史评论》，1932年，第389—412页；马克斯·波伦茨：《斯多亚：一种精神运动的历史》（德文版），保罗·弗雷扎修订，哥廷根，1948年版，第490页；马克斯·波伦茨：《斯多亚：一种精神运动的历史》（德文版），保罗·弗雷扎修订，哥廷根，1949年版，第232页，载《历史与法的研究与文献》1951年第17期，第318—332页；彼得·斯坦因：《早期语法和法律的关系主要从类比开始》，载《文本评论》，佛罗伦萨，1971年版，第757—769页；P. A. 文德尔·瓦尔塔：《哲学对罗马法的影响：以斯多亚主义和自然法为例》，载《罗马世界的兴衰》1994年第36期，第4851—4900页；米谢勒·杜克斯：《帝政时期的罗马哲学、文学和法》，载《罗马世界的兴衰》1994年第36期，第5134—5180页；劳伦斯·温克尔：《罗马法与希腊哲学：方法论的问题》，载《法律史杂志》1997年第65期，第373—384页。最后，以上可参见A. 斯基奥沃内：《正义：西方法的发明》，都灵，2005年版，第155页及以次。“科学的革新”的主题关涉到——特别是在希腊文化的影响之下——罗马法学的运行和存在方式（格拉古兄弟时代到凯撒时代几十年间）。斯基奥沃内在该书第163页就此问题表达了他的看法：“实际上，它关涉的既不是缩减或贫乏，也不是简单而肤浅的方法论移植。而是一个微妙且关键的整合过程，能够使罗马法律知识实现自我视野的超越，但又不让罗马法失去其非常强烈的认同感；以某种方式彻底对它进行革新，使它完成新的蜕变。最终的结果是产生了新的法思维方式，而不是像伟大的古典哲学那样紧凑而又概念密集”。很（转下页）

滥调[63]。阿忒纳乌斯(Ateneus)援引罗得岛的波西多纽斯(Posidonius di Rodi)的话提到,占卜官昆图斯·穆丘斯·谢沃拉、昆图斯·埃流斯·杜贝罗、普布流斯·鲁提流斯·路福斯(西塞罗:《论友谊》27,101:他们都是斯多亚哲学家巴内修斯的学生)都坚定地支持公元前161年的《关于食物的范纽斯法》(*lex Fanniacibaria*)[64]。其次,人所共知,大祭司谢沃拉在其行省特使鲁提流斯·路福斯的协助下,在亚细亚行省担任行省总督时一贯严苛[65],而鲁提流斯·路福斯精通斯多亚主义的理论(西塞罗:《布鲁图斯》30,114)并且提出了著名的谚语"有尊严的安逸"(*otium cum dignitate*,又译为"带官身而闲适")——该谚语将成为其同阶层之人的座右铭。众所周知,西塞罗强烈抵制伊壁鸠鲁主义的泛滥,特别是在坎帕尼亚,为此他在其生命的最后两年写出了《论至善与至恶》和《图斯库鲁姆论断集》。

此外,西塞罗的《布鲁图斯》中明确提到马尔库斯·维基流斯(Marcus Vigellius,巴内修斯的同时代人)、塞斯图斯·庞培(Sestus Pom-

---

(接上页)显然,萨勒诺的学者实现了对传统的超越,参见舒尔茨:《罗马法学史》,前引书,第75页及以次。下面一段话可以进一步证明上述观点(前引书,第162页):"但是为什么昆图斯·穆丘斯决定彻底使用非道德方法,使它成为其全部论点的特征(至少在彭波尼看来)?最通常的解释路径是对当时知识氛围的一般性引用的解答,这对几代法学家来说不会无动于衷:由强加这种时尚而成为一段插曲。"参见舒尔茨:《罗马法学史》,前引书,第75页及以次。此种解释令人难以置信,很难理解下述主题:首次通过这些路径阐释非道德方法的运用和知识的质之间的联系。这个形式逻辑的问题由昆图斯·穆丘斯创立,其基于法的经验所进行的构建和思考。如果你对这种情景没有长期关注,就会失去每一条合理解释的线索。没有必要担心导致机械区分希腊"方法"和罗马"内容"的旧的误解,这里有着更为严重的风险:用评估从柏拉图到晚期斯多亚主义的哲学和认识论争辩的标准来衡量法学家的工作,仅仅是法学受到哲学影响的一些表面证据,两者之间仅是词汇与范畴的零星接触。采取这样的路径,只能得出古典思想的逻辑是建立在戏剧性贫乏的基础上,当它从哲学家传递给法学家,法学家没有理论工作的使命。即使这经常被重新提及,但是要成为史学上的普遍现象将是毫无根据的。

[63] 关于此点的详细内容,可参见菲奥里:《好人:西塞罗〈论义务〉中的政治修辞哲学与法》,前引书,第351页及以次。

[64] 阿忒纳乌斯:《宴饮丛谈》6,274 c-e(出自波西多纽斯:《论片段》59 IIA),第260页、34-261页。参见安娜·波蒂伊利主编:《共和罗马有关奢侈的立法》,那波里,2002年版,第141页及以次。

[65] 参见坎纳塔:《欧洲法学史(一):从起源到拉贝奥的作品》,都灵,1997年版,第235页及以次。

peo)[66]和两个巴尔布斯(Balbus)[67]都是斯多亚主义者。其中第一个巴尔布斯,即昆图斯·路其流斯·巴尔布斯(Quintus Lucilius Balbus),从西塞罗《论神性》中可知,是斯多亚思想的拥护者[68];第二个巴尔布斯,即路求斯·路其流斯·巴尔布斯(Lucius Lucilius Balbus),精通诉讼和解答,是大祭司昆图斯·穆丘斯·谢沃拉的弟子,也是塞尔维尤斯·苏尔毕丘斯·路福斯的老师[69]。仅此就足以表明,共和国最后一个世纪罗马法学家阶层的形成在很大程度上要归功于孕育了中期斯多亚的希腊文化。

需要单独探讨一下"西庇阿圈子"[70]。虽然有人直接否认该文化团

---

〔66〕 塞斯图斯·庞培为格涅乌斯·庞培的侄子,其对法律和数学有深入研究,参见雷维:《罗马哲学史》,前引书,第37页。

〔67〕 西塞罗:《布鲁图斯》3,78:"斯多亚主义者塞斯图斯·庞培、两个巴尔布斯以及我的朋友马尔库斯·维基流斯(巴内修斯的同时代人),他们也许能够谈论人的道德,但我是否应该与他们坐在一起争论呢?"参见雷维:《罗马哲学史》,前引书,第37页。至于俩巴尔布斯是亲兄弟还是堂兄弟尚不确定。

〔68〕 费里德里希·闵采尔:《"路其流斯"词条》,载《保利古典学百科全书(*PW*)13.2》,斯图加特—魏玛,1927年版,1640,3-1640,33。

〔69〕 西塞罗:《布鲁图斯》42,154。关于斯多亚主义和罗马法学家的关系,亦可参见F.D.迪波利托:《法学家和城邦》,那波里,1978年版,第88页及以次。

〔70〕 关于"西庇阿圈子",参见雷维:《罗马哲学史》,前引书,第34页及以次。亦可参见亨利·巴登:《共和时期不为人知的拉丁文学(一)》,巴黎,1952年版,第45页及以次、第87页及以次;赫尔曼·本特森:《罗马史的平面图(一)》,慕尼黑,1967年版,第145页;皮埃尔·格里马尔:《西庇阿时代(二)》,巴黎,1975年版(法文)[同意大利文版《西庇阿时代:布匿战争时期的罗马和希腊主义》,普拉塔洛蒂译,布雷西亚,1981年版],第334页、第339—340页;卢卡·卡纳里:《拉丁诗歌史》,米兰,1990年版,第13页、第25页以及第43页的注释7。使用词语"grex"来表示"一群朋友"或者"文化团体",并非贬低之意,参见西塞罗:《论友谊》19,69:"有一些人处于优越的地位,例如西庇阿,他是我们'圈子'中地位最高的人物。"奥拉齐奥甚至也用"grex"来形容斯多亚主义者梭里的克律希波及其追随者,参见贺拉斯:《诗艺》2.3.44:"画廊里的克律希波圈子"。其他关于"西庇阿圈子",亦可参见F.列奥:《罗马文学史(一)》,柏林,1913年版,第315—325页;鲁斯·马丁·布朗:《"西庇阿圈子"研究》,爱荷华州,1934年版,第61页、第85—87页;B.N.塔克斯:《罗得的巴内修斯(中期斯多亚主义的创始人)的生平与作品》,巴黎,1931年版,第16页;M.范登·布鲁瓦乌姆:《"西庇阿圈子"的文化影响》,斯哈尔贝克,1938年版,第6—19页;K.艾贝尔:《古代与西方:巴内修斯的文化使命》,1971年版,第119页及以次,尤其是第123—126页;马里奥·布雷托内:《彭波尼手册中的市民法基础》,载《罗马法学家的技术和思想》,前引书,第259页注释8、第358页及以次;亨利—伊雷内·玛洛乌:《古代教育史:(1)希腊世界·(2)罗马世界》,巴黎,1981年版,第33页、第185页注释12;弗朗茨·维亚克尔:《罗马法律史(一)》,慕尼黑,1988年版,第540页注释58;弗朗切斯卡·阿雷瑟:《罗得的巴内修斯和斯多亚传统》,那波里,1994年版,第13页及以次;卡尔洛·奥古斯都·坎纳塔:《欧洲法学史(一):从起源到拉贝奥的作品》,前引书,第217页。

体的存在[71]，但西塞罗在《论友谊》(16,69)中使用了“西庇阿圈子”(*grex Scipionis*)的表达，在该作品第 101 节提到，属于该圈子的有西庇阿、富流斯(Furius)、斯普流斯·穆缪斯(Spurius Mummius)[72]、杜贝罗(Tubero)[73]、鲁提流斯(Rutilius)[74]、维吉纽斯(Virginius)以及鲁庇流斯(Rupilius)。此外，在《论友谊》中参与谈话者还有：穆丘斯·谢沃拉[75]、范纽斯(Fannius)[76]和雷流斯(Laelius)[77]，他们要么是西庇阿的同辈朋

---

〔71〕 赫尔曼·施特拉斯布格尔：《论“西庇阿圈子”》，载《解释学》1966 年第 94 期，第 60—72 页。

〔72〕 斯普流斯·穆缪斯是“摧毁科林斯城”的路求斯·穆缪斯的兄弟。公元前 139 年，他与西庇阿和路求斯·梅特路斯·卡尔乌斯参加了派往东方的政治考察团。在这次考察中，他认识了巴内修斯。参见雷维：《罗马哲学史》，前引书，第 36 页。

〔73〕 昆图斯·埃流斯·杜贝罗是埃流斯·保卢斯的侄子，作为保民官，他反对小阿非利加努斯和盖尤斯·格拉古。他被公认为具有广博的法律知识，且结识巴内修斯。参见雷维：《罗马哲学史》，前引书，第 35 页。

〔74〕 普布流斯·鲁提流斯·路福斯(大约生于公元前 154 年)，公元前 134 年，他作为军事保民官，参加了西庇阿指挥下的努曼西亚战争；他担任过公元前 118 年的第一内事裁判官；公元前 109 年，他作为行省特使，追随盖尤斯·马略，参加朱古达战争；公元前 105 年，他担任过执政官；公元前 94 年，他追随朋友占卜官昆图斯·穆丘斯·谢沃拉，在谢沃拉担任亚细亚行省总督的任期内，其敌人利用谢沃拉的正直严苛，在那里控告他勒索并因此判刑；其后生活在米蒂利尼和伊兹密尔(公元前 78 年，在那里结识了西塞罗)；公元前 85 年，他在罗马拒绝追随苏拉；后于公元前 75 年左右去世。他用希腊语写了《自传》以及一部罗马史著作。此外，他还是演说家，并且从事法学研究。以上所有，参见雷维：《罗马哲学史》，前引书，第 35 页。

〔75〕 大祭司昆图斯·穆丘斯·谢沃拉，大约生于公元前 140 年；公元前 115 年，他担任大祭司；公元前 110 年，他担任财务官；公元前 106 年，他担任保民官；公元前 98 年，他担任裁判官；公元前 95 年，他担任执政官；公元前 94 年，他担任亚细亚行省总督，行省特使为鲁提流斯·路福斯；公元前 89 年，担任最大的大祭司；后死于罗马内部骚乱。他作为杰出的法学家，著有 18 卷本的《市民法》，此为第一部罗马法的体系化作品；他还著有《定义集》；他教授源于巴内修斯的有名的“三分法”理论，这可以从瓦罗和奥古斯丁的著作中得知。以上参见雷维：《罗马哲学史》，前引书，第 36 页及以次。[此外，关于昆图斯·穆丘斯·谢沃拉本人的介绍及其观点，可参见徐国栋：《罗马法学家昆图斯·穆丘斯·谢沃拉与客观诚信和主观诚信的聚合》，载《暨南学报(哲学社会科学版)》2012 年第 9 期。——译者注]

〔76〕 盖尤斯·范纽斯通过雷流斯而结识了巴内修斯，并跟随他学习。公元前 146 年，他加入对迦太基的战争，后于公元前 142 年担任保民官。其后参与反西班牙维里阿图斯的战争。公元前 132 年，他担任裁判官；公元前 122 年，他担任执政官。他反对盖尤斯·格拉古将罗马市民身份授予拉丁人并将这些权利授予意大利同盟者的提议。然而这些说法的出处可能存有争议。他写过一些演说词并著有《编年史》。参见雷维：《罗马哲学史》，前引书，第 35 页。

〔77〕 盖尤斯·雷流斯，大约生于公元前 190 年，是小阿非利加努斯最亲密的朋友。公元前 155 年，他结识了被派往罗马来的三位哲学家，特别膜拜其中的第欧根尼。他与巴内修斯关系亲密，并在罗马贵族间传播其理论。他参加了围攻迦太基的战争，公元前 145 年，当选为大法官以示奖励。公元前 140 年，他担任占卜官和执政官。他反对提贝流斯·格拉古，他的支持者有着“明智者”的外号。参见雷维：《罗马哲学史》，前引书，第 34 页及以次。

友，要么是其年轻的忠实追随者。可以想象，其成员也感受到了这样一个智识圈子的存在。菲利波·坎切利(Filippo Cancelli)对此做了清晰的论述：

> 当然，我们绝不相信这是一个有着诸多章程的组织，而是由遵循相同政治理念的一群人组成的团体，他们以各种方式受西庇阿或其朋友雷流斯主导。西塞罗认为，该团体的主要成员具有的共同特征是，他们或是朋友，或是与西庇阿和雷流斯有着某种关系，并且或多或少是巴内修斯思想的坚定追随者。[78]

此外，正如菲利波·坎切利所指出的那样，在这份名单中唯独没有著名的法学家曼纽斯·曼尼流斯(Manius Manilius，同时也是西庇阿·阿非利加努斯在迦太基的将军)，但他参与了《论共和国》中于公元前129年在西庇阿·埃米利安努斯(Scipio Emilianus)的郊区花园里所举行的著名对话，在这次对话中西塞罗提出了他对于"共和国"的著名定义[79]。众所周知，经常出现在这个文化团体的有文学家和哲学家，如泰伦求斯(Terentius)和坎帕尼亚人路其流斯(Lucilius)[80]；也有历史学家，如普布流斯·科尔内流斯·西庇阿(Publius Cornelius Scipio)、盖尤斯·范纽斯(Gaius Fannius)、盖尤斯·森普罗纽斯·杜蒂达努斯(C. Sempronius Tutidanus)，或许还有埃米流斯·苏拉(Emilius Sulla)。

这个圈子其他的常客可能还有卡修斯·埃米纳(Cassius Hemina)以及卢求斯·卡尔普纽斯·皮索·弗鲁基(Lucius Calpurnius Piso Frugi)，后者通常被认为是格拉古兄弟的反对者，但是公元前111年的土地法提到他作为执政官与普布流斯·穆丘斯(Publius Mucius)一起适用《森普罗纽斯法》(《土地法》1,13)："这些位于意大利的公地属于罗马人民。普布流斯·穆丘斯和卢求斯·卡尔普纽斯任执政官"。值得注意的

---

〔78〕 菲利波·坎切利主编：《马库斯·图留斯·西塞罗：〈论共和国〉》，米兰，1979年版，第36页及以次，尤其是第37页。

〔79〕 西塞罗：《论共和国》1,39。

〔80〕 关于诗人路其流斯与"西庇阿圈子"之间的关系，参见拉克唐修斯：《神圣原理》6.5.4。G.玛拉赫：《罗马哲学史简介(二)》，达姆施塔特，1997年版，第22页及以次。

是，埃流斯·斯蒂洛(AeliusStilo)也出现在这个团体中，他是西塞罗和瓦罗的老师，也可能是一部《〈十二表法〉评注》的作者〔81〕。正是由于西塞罗和瓦罗，斯蒂洛开始在罗马研究拉丁语的结构〔82〕。

除此之外，还包括法沃纽斯(Favonius)、某部词源学作品的作者科尔尼非求斯·隆格斯(Cornificius Longus)以及被克拉苏(Crassus)称为"所有罗马市民中最博学者"的瓦勒流斯·索拉努斯(Valerius Soranus)〔83〕。

公元前167年，保卢斯·埃米流斯(Paulus Emilius)把两个儿子带到了罗马的佩拉图书馆〔84〕，他可能也是在罗马接触到希腊哲学家尤其是斯

---

〔81〕 埃流斯·斯蒂洛，公元前154年出生于拉努维奥，卒于公元前90年之后。他属于骑士阶层，并著有《〈战神马尔斯诗歌〉评注》《喜剧作家普劳图斯生平》《〈论序言〉评注》(可能对其中的语言结构进行分析)，此外，他还为他人写过祭文。

〔82〕 斯蒂洛以希腊人为榜样在罗马创办了语法学校，并首次运用词源学方法分析拉丁语文献，他强调词源学方法对培养新语词学的作用。从一个有关恺撒时代罗马杰出人物的争论可知，古希腊的语言学家和语法学家区分"反规则的"和"类推的"方法。关于埃流斯·斯蒂洛，参见H.弗纳伊欧里主编:《罗马语法学片段》，斯图加特，1907年修订版，第51—76页。他不仅仅是语法学家，参见奥斯瓦尔多·萨基:《农业的神话》，前引书，第277页注释75。有关这个杰出人物理论的优势地位，参见弗朗切斯科·西尼:《市民法的相关规定:公元前3世纪的法学家研究》，都灵，1992年版，第149页注释41。有关斯多亚主义者们赋予词语确切含义的价值，可参见玛尔盖里塔·伊思纳蒂·帕伦特主编:《希腊思想中的哲学与科学》，第31页及以次。有关斯多亚语言学理论，可参见C.阿瑟顿:《斯多亚主义的"类推"》，剑桥，1992年版，第92页及以次;W. AX:《逍遥学派对斯多亚语言学理论的影响》，载K.多林、TH.艾伯特主编:《辩证法与斯多亚主义:斯多亚和前斯多亚的逻辑学》，斯图加特，1993年版，第11页及以次;M.弗施奈尔:《斯多亚主义伦理学:旧约中的自然语言与道德哲学之间的关系》，达姆施塔特，1995年版，第67页及以次。法沃纽斯的语言学理论与斯多亚主义的关系，参见塞莱娜·奎尔佐利:《〈法学阶梯〉中的伦理、自然与逻辑》，那波里，1996年版，第231页及以次;若要概括性的了解，可参见吉诺·.弗纳伊欧里:《古典文献研究:其精神、形式、特征与问题》(2卷本)，博洛尼亚，1958年版，第一卷，第208页及以次。

〔83〕 参见雷维:《罗马哲学史》，前引书，第38页。

〔84〕 普鲁塔克:《保卢斯·埃米流斯》28，11:"他只拿出国王图书馆的书籍，并把它们交给他的喜欢读书的孩子们。"[普鲁塔克:《希腊罗马名人传》，第3卷，M. L.阿梅里奥编译，都灵，1998年版，第591页及以次。]圣依西多禄:《词源》(*Isid. etym.*)6.5.1:"马其顿的帕尔修斯领着保卢斯·埃米流斯参观罗马第一图书馆，卢库鲁斯和蓬托斯陪同左右。后来，恺撒命令马库斯·瓦罗重建该图书馆。"6.5.2:"佩拉图书馆作为罗马最大的图书馆，大厅里藏着许多希腊语和拉丁语的著作，这些是由最值得赞颂的'战利品'所组成的。"普布流斯·科尔内流斯·西庇阿·埃米利安努斯(小阿非利加努斯)招待巴内修斯(其与马尔库斯·维基流斯同住)好多年。西庇阿生于公元前184/183年，卒于公元前129年;他担任过公元前147年和公元前134年的执政官;公元前146年，他击败了迦太基;公元前141年到公元前139年间，他作为考察团成员对东方进行考察;公元前133年，他击败了努曼西亚。以上均可参见雷维:《罗马哲学史》，前引书，第32页及以次。

多亚哲学家的作品[85]。因此，接近于格拉古时代的“西庇阿圈子”成了罗马知识分子接触希腊斯多亚主义的主要阵地。众所周知，小阿非利加努斯和波利比阿(Polybius)之间的友谊正是得源于二人对书籍的渴求以及经常性的讨论[86]。

我们能够想到的“西庇阿圈子”常客中至少跨两代人的法学翘楚有曼纽斯·曼尼流斯(西塞罗《致阿提库斯》4,16,2;西塞罗《致胞弟昆图斯》3,5,1;西塞罗《论友谊》4,14;西塞罗《论共和国》1,18;普鲁塔克《提贝流斯·格拉古》11,2)和盖尤斯·雷流斯，雷流斯被曼尼流斯视为有才华的法学家，(西塞罗《论共和国》1,13,20:这时曼尼流斯说道:“雷流斯，你还要继续嘲笑这门科学吗？其实首先你自己对它的了解也很精深;其次如果没有这门学科知识，谁也不可能知道，什么属于他自己，什么属于别人。”)他先是巴比伦的第欧根尼的学生，然后又师从巴内修斯(西塞罗《论至善和至恶》2,8,24:雷流斯年轻时曾是斯多亚派的第欧根尼的学生，后来跟随巴内修斯)。还有大祭司普布流斯·穆丘斯·谢沃拉(公元前133年的执政官)(西塞罗《论共和国》1,20:不过关于这个问题，我们等一会儿再讨论，现在让我们听富流斯·费卢斯(FuriusPhilus)发表看法，我看得出来，向他征询的是比向我或向普布流斯·穆丘斯·谢沃拉征询的更为重要的问题)，他在支持格拉古土地改革之前(西塞罗《论共和国》1,31;西塞罗《学园派哲学》首卷2,13;普鲁塔克《提比略·格拉古》9,1)非常亲近于这个圈子[87]。最后，我们发现格拉古时代在土地法方面最负盛名的

[85] 有关文化关系以及希腊文化在“西庇阿圈子”的影响，参见奥斯瓦尔多·萨基:《公元前111年〈土地法〉中罗马人的公地概念:作为它所处时代的意识形态的表达》，载《法律史杂志》2005年第73期，第36页及以次。“昆图斯·穆丘斯可以直接阅读希腊文本。斯多亚主义者的作品主要藏在宏大的马其顿帕尔修斯图书馆，公元前167年，它们从皮德纳被运到罗马，保卢斯·埃米流斯在罗马从未见过如此多的著作，后来这些图书为‘西庇阿圈子’所使用。”参见斯基奥沃内:《正义:西方法的发明》，前引书，第161页。亦可参见巴内修斯:《证据与片段》，E. 维梅尔卡蒂译(导言、注释和评论)，前引书，第12页。

[86] 波利比阿:《罗马史》31,23,4:“……他们之间的关系得源于相互借阅书籍以及与此有关的对话。”参见波利比阿:《罗马史》，尼古拉编译，前引书，第245页。

[87] 想了解有关历史，可参见安东尼奥·瓜里诺:《普布流斯·穆丘斯的言行一致》，那波里，1981年版，第9—197页。有关普布流斯·穆丘斯更详细的介绍，可参见坎纳塔:《欧洲法学史(一):从起源到拉贝奥的作品》，前引书，第225页。

三位法学家[88]富流斯·费卢斯、奥卢斯·卡什流斯(AulusCascellius)以及占卜官昆图斯·穆丘斯[89]也属于这个圈子。是盖尤斯告诉了我们何为土地拍卖法(盖尤斯:《法学阶梯》2,61:实际上,从罗马共同体那里购买物品的人被称为拍卖物取得人)。土地拍卖活动是与共和国进行土地交易之人从事的活动。

对我们来说有一个特别重要的细节:这些人中有不少都(主要是通过罗得岛的学校)接触过斯多亚主义。他们或间接与斯多亚主义的代表人物保持交流,或直接前往罗得岛与他们来往。根据西塞罗《论演说家》(1,17,75),我们知道,实际上,大祭司昆图斯·穆丘斯受到了罗得岛的巴内修斯的影响(当我在裁判官任职期间前往罗得岛,向我们的科学的最伟大的导师阿波罗纽斯(Apollonius)说明我从巴内修斯那里学到的东西时,他像通常那样嘲笑我蔑视哲学),其中"从巴内修斯那里学到的东西"在我看来即是明证[90]。大祭司昆图斯·穆丘斯·谢沃拉最有名的作品(《定义集》单卷本)与梭里的克律希波的同名作品在各题之间完全对应,以及 D. 1,2,2,41(在这些人之后是昆图斯·穆丘斯·谢沃拉,他是普布流斯的儿子,曾担任过祭司长官,他第一次将市民法分类整理编辑为18卷),这都表明该法学家热衷于斯多亚文化[91]的教诲,后又聆听波西

---

〔88〕 西塞罗:《为巴勒布斯辩护》20:占卜官昆图斯·谢沃拉是个有法律技能的人,他被地产买家咨询有关法律问题,但是不屑于给地产买家富流斯以及卡什流斯提供法律咨询。有关更详细的知识,参见坎纳塔:《欧洲法学史(一):从起源到拉贝奥的作品》,前引书,第 235 页及以次,其中所列原始文献和参考文献。

〔89〕 占卜官昆图斯·穆丘斯·谢沃拉,生于公元前 174 年左右,卒于公元前 87 年左右。公元前 155 年,他聆听了卡尔涅阿得斯在罗马的演说,此后接受斯多亚主义者的思想(尤其是巴内修斯的)。后来和昆图斯·埃流斯·杜贝罗、鲁提流斯·路福斯共同受到了罗得的波西多纽斯的赞扬。他在公元前 129 年担任占卜官,公元前 120 年担任亚细亚行省的大法官和总督,公元前 117 年担任执政官。他是一位杰出的法学家,但没有留下任何作品。以上参见雷维:《罗马哲学史》,前引书,第 35 页。

〔90〕 坎纳塔:《欧洲法学史(一):从起源到拉贝奥的作品》,前引书,第 250 页及以后。[正文所引西塞罗《论演说家》的译文,中译本可参见〔古罗马〕西塞罗:《论演说家》,王焕生译,中国政法大学出版社 2003 年版,第 57 页。——译者注]

〔91〕 亦可参见盖尤斯:《法学阶梯》1,188。F. 列奥:《罗马文学史》,前引书,第 350 页,也已经指出此点。对该作品的真实性的质疑,参见舒尔茨的《罗马法学史》(前引书)第 171 页中引用彭梵得《罗马法教科书(第 2 版)》第 336 页的 H. 奎维德的观点——但是目前人们倾向于认同其真实性。可参见彼得·斯坦:《法学规则:从法律规则到法律格言》,爱丁堡,1996 年版,第 36 页及以次;马里奥·布雷托内:《罗马法学家的技术和思想》,那波里,1982 年第 2 版,第 78(转下页)

多纽斯的教诲。可归入"西庇阿圈子"的整个一代罗马法学家都习惯去罗得岛,先是聆听老巴内修斯[92]这种情况大约持续到公元前1世纪末[93]。

实际上,我们还能够想到西塞罗、庞培、恺撒(历史只记住了优士丁尼实施的法典编纂计划[94])——他正是在前往罗得岛的时候被海盗绑架——以及那个时代最著名的罗马法学家塞尔维尤斯·苏尔毕丘斯·路福斯。为提升自身的能力(西塞罗:《布鲁图斯》42,151:去获得更完善的科学训练),塞尔维尤斯曾和西塞罗一同前往罗得岛(西塞罗:《布鲁图斯》42,151:作为年轻人,我们在这里共同进行修辞学研究,后来他和我一起前往罗得岛),聆听了巴内修斯的学生波西多纽斯(罗得岛的政治家和哲学家)的课程[95]。罗马的"西庇阿圈子"和罗得岛的斯多亚学派如同一枚硬币的两面。

(六)从"正确的法律"到"正确的理性"

我们回到了讨论的核心问题。西塞罗认为,塞尔维尤斯·苏尔毕丘斯·路福斯如果没有罗得岛的求学经历,不可能将罗马法改造成真正的

(接上页)页;马里奥·布雷托内:《罗马法史》,罗马—巴里,1989年3版,第185页;坎纳塔:《欧洲法学史(一):从起源到拉贝奥的作品》,前引书,第253页以及注释184。

〔92〕 西塞罗:《论演说家》3,23;《图斯库鲁姆论断集》4,2;《论义务》3,2。参见F.D.迪波利托:《法学家和城邦》,那波里,1978年版,第88页;奥斯瓦尔多·萨基:《公元前111年〈土地法〉中罗马人的公地概念:作为它所处时代的意识形态的表达》,载《法律史杂志》第73卷,2005年,第28页、第32页及以次。

〔93〕 事实上,罗得岛成为继亚历山大和帕加马之后的最著名学习之地,这种地位一直持续到公元前2世纪末期左右,后被罗马取而代之。(这些罗马人)在狄俄尼索斯和哲学家波西多纽斯处学习之后,后又前往阿波罗纽斯·莫隆的修辞学校。阿波罗纽斯·莫隆是马可·安东尼和罗得岛的阿波罗纽斯的老师,也是西塞罗和恺撒的老师。参见G.弗纳伊欧里:《古典文学的精神、实质、特征与问题》,前引书,第205页。

〔94〕 关于庞培和恺撒的法典编纂计划,参见苏维托尼乌斯:《十二帝王传·神圣的优流斯传》44:他(恺撒)要从浩繁的法规中选取最好的和最重要的条款编成有限的几卷书,形成一部民法典。[中译本可参见,〔古罗马〕苏维托尼乌斯:《罗马十二帝王传》,张竹明、王乃新、蒋平等译,商务印书馆2000年版,第23页。——译者注]圣依西多禄:《词源》5.1.5:执政官庞培首次提出将法律汇编成册,但是因为惧怕反对者而未能继续编纂。恺撒也计划编纂法典,但是不幸被谋杀而终未实现。优士丁尼的法典编纂,参见《优士丁尼法典》CI.1,17,1以及CI.1,17,4。有关古典晚期的法典编纂现象,参见布雷托内:《罗马法学史》,前引书,第369页及以次。

〔95〕 奎贝尔:《塞尔维尤斯·苏尔毕丘斯·路福斯》,载《拉丁研究评论》,斯图加特,1931年版,第852页。

科学[96]。这位阿尔皮努姆人对该论断给出解释颇有趣味，因为这是对“解释的技艺”(即法学)的真正确切的理解，也是形塑后世罗马法学家的认识论基础。

塞尔维尤斯不仅具备丰富的市民法实践知识，而且还能将这些实践知识转化为理论知识，这使他成为“市民法第一”(谢沃拉在市民法方面的确知识丰富，但是仅仅拥有理论知识)。对此，他与罗得岛的斯多亚派的交往起了决定作用，在那里他学会了将一个整体的事物分为若干部分，通过下定义来阐释隐藏的事物，通过解释使不明确的事物变得明确。面对模棱两可的情形，在提供法律解答以及在诉讼案件中，他运用的方法是：先审查，后区分，再确定某种标准或规则，根据该标准或规则，并结合具体情形，可以判定只能从这些前提中推导出来的结果的真假。这种“依据情节”而展开的论述方法，被罗伯特·菲奥里(Roberto Fiori)恰当地表述为西塞罗时代的法学的典型方法[97]。

这就是哲学家所采用的“辩证法”(*arsdialectica*)——对于法学家而言，我们可以说是“解释的技艺”——那个时代的演说家和法学家从罗得岛版本的斯多亚主义中所习得的技艺。在这种情境下，人们可以感知到第欧根尼的贡献——他对于斯多亚理论的科学演进发挥了决定性的作用——以及帕加马的语言学家克拉特斯(Crates di Mallus)对巴内修斯产生的影响[98]。这些人的重要贡献在于构建了一种可以使罗马法学家知

---

〔96〕 西塞罗：《布鲁图斯》42，151：我答：“对于我自己而言，不说什么是必要的；但对于塞尔维尤斯，你说得好，我认为要说点什么。真的很难说有谁比他更关注演说并运用科学研究所有好的事物。但是，同样在那时，他开始实践，随后我们一同前往罗得岛以提高自我，接受更好的专门训练；从那里回来之后，他让人看到的是，要成为第二门技艺中的第一而非第一门技艺中的第二。实际上，我也不知道他能否成为第一，但是也许他更喜欢，他获得的市民法上的知识，相比其他人而言，当数第一。”152：这时，布鲁图斯说：“你的意思是我们的塞尔维尤斯的知识在昆图斯·穆丘斯·谢沃拉之上？”我答：“是的，布鲁图斯。我将会这样说，谢沃拉在市民法方面的确知识丰富，但是仅仅拥有理论知识。而一些其他东西仅仅通过法学理论知识是无法获得的，必须学习演说术的规则，即学会将一个整体的事物分为若干部分，通过下定义来阐释隐藏的事物，通过解释使不明确的事物变得明确，面对模棱两可的情形，先审查，后区分，再确定某种标准或规则，根据该标准或规则，并结合具体情形，可以判定只能从这些前提中推导出来的结果的真假。”

〔97〕 罗伯特·菲奥里：《好人：西塞罗〈论义务〉中的政治修辞哲学与法》，前引书，第131页。

〔98〕 马克斯·波伦茨：《斯多亚：一种精神运动的历史》，前引书，第360页及以次。

道如何区分真假的方法，这种方法对一名法学家来说，就是适用于具体案件的区分正义与非正义的方法。正如我在其他场合所指出的，在此，“真实”与“法中的真实”相对应，但后者不能或仅仅被理解为与实际情况完全一致，而应被理解为对具体情形还原出的某个事件〔99〕。

在此，我认为可以发现中期斯多亚思想带给罗马法的新东西中的另一个重要的方面。毋庸置疑，决疑术和如塞尔维尤斯之类的人物做出的革新可以追溯到第欧根尼的科学方法和克拉特斯的“反规则”态度。通过对比观察埃流斯·斯蒂洛研究拉丁语（包括法律拉丁语）时所选择的“类推”方法、庞培和恺撒的法典编纂计划以及昆图斯·穆丘斯对“法的规则”（*regulaeiuris*）的阐述，可以发现其差异，但是要明确区分这两种立场并不容易。斯达贝流斯·埃洛德（Staberius Erote，布鲁图斯和卡修斯的老师）写了一部作品“*De proportione*”（《论比例》）——对译于希腊语中的“*αναλογια*”，我认为可以说，“法是正确的理性”的观点和“因为公平而正当（*verumquiaaequum*）”的格言，反映了一种“反规则”的立场〔100〕。

在我看来更为重要的是，从这些术语中可以发现“正确的法律”（*koinos / orthosnomos*）和“正确的理性”（*koinos/orthos logos*）之间的区分，前者是更古老的希腊—意大利传统，后者来源于中期斯多亚，二者都指向“自然”（*φύσις*）、“法律”（*νόμος*）和“宇宙和谐”（*λόγος*）〔101〕。在我看来，革新之处是，在源于毕达哥拉斯—亚里士多德的传统概念“法律中的真实”

〔99〕 参见我的报告，萨基：《因为公平而正当》，载《公正的道德和道德的公正·4.2：安提戈涅时代》，那波里第二大学法学系手册，米兰，2011年版，第9—54页；萨基：《作为法的创造性渊源的罗马法学家解释：当代问题与过去的确信》，载费尔南多·雷诺索·巴勒贝罗主编：《法的基本原则：历史背景和当前现状》，马德里，2014年版，第209页及以次，尤其是第219页及以次。

〔100〕 弗纳伊欧里：《古典文学的精神、实质、特征与问题》，前引书，第211页。

〔101〕 西塞罗在《论义务》中，将这些术语翻译成拉丁语，其中自然或自然法的概念被非罗马传统的万民法所吸收。参见菲奥里：《好人：西塞罗〈论义务〉中的政治修辞哲学与法》，前引书，第354页。这种文化交流活动是成功的，因为这使得罗马法学家们发展出一种全新的理论概念，以及使用类似于斯多亚方法来描述万民法。然而，这些新观点将“塑造罗马传统中就已存在的价值观”（同上书），因此，反对希腊文化只会为澄清和确定这些观点有所贡献。然而，我同意所说的“众神的和平”（*pax deorum*）这个概念的条件设置——在那里我们发现典型罗马世界（kosmos）的本质要素，诸如威严、庄重、尊严、荣誉、信义、节制等等——也应该考虑到古希腊地区（包括古意大利地区）毕达哥拉斯主义对之做出的有关贡献（直到所谓的第一个希腊化时期结束）。“正确的理性”（koinos logos）这个术语在法学领域首先被近似表达为“正确的法（转下页）

(正确的法律)之上提出一个新概念"法中的真实"(正确的理性)[102]。"法

(接上页)律"(koinosnomos),这相对渊源于第二个希腊化时期更加世俗化的万民法而言显得更加古老。我越来越相信西塞罗在希腊哲学文化的罗马传播方面,扮演着孤独的倡导者角色,而且在他所处时代对希腊文化广泛传播起着催化剂的作用。当然,我们能够在西塞罗《论寻找》(*de inventione*)中找到自然法的概念,我认为这不仅是非常有前途的年轻人早期智慧成果,而且是那个时代的共同感觉的可靠预示。在《论寻找》的两个非常著名的段落里,年轻的演说家依据自然法而提出了规则(《论寻找》2,64:这些同类的规则被提出)。《论寻找》2,65:"我们对自然法没有过多的观点,它是一种任何人都具有的天生本能,如宗教、怜悯、感激、报复、敬畏和真理。"["'自然法'方面我们真的不能给出过多的看法,而是我们所固有的天生本能,如宗教、怜悯、感激、报复、敬畏、真理"。A. 帕奇蒂译,米兰,1967年版,第214页],以及《论寻找》2,53,161:"我们对自然法不能武断地进行分析,它是自然赋予我们强大的本能,如宗教、怜悯、感激、报复、敬畏和真理。"["'自然法'方面我们不能够武断地进行分析,它是自然赋予我们强大的本能,如宗教、怜悯、感激、报复、敬畏、真理"。A. 帕奇蒂译,米兰,1967年版,第300页]。这位阿尔皮努姆人在20岁左右的时候,在他那充满朝气蓬勃的诗歌中做了如下表达,他很可能是公元前1世纪的前几十年在罗马的修辞学校学习(和其他人一样)。我在其他地方所列举的诸如宗教、怜悯、感激、报复、敬畏和真理这些概念的定义,作为远古时期和共和前期罗马的法律和程序的历史投影。这位年轻的修辞学家通过展现当事人反对审判时而相互进行紧张防御的论点,来说明案件情况。因此,他对法官们所作出的审判进行争论,《论寻找》2,22,64:"有关争论的问题,是大多数人认为的司法程序无效的理由。"这个主题在后面的地方反复出现,即这位修辞学家在有关自然法方面几乎说相同的话语,《论寻找》2,53,161。对此,我们可以参见萨基:《公正作为古罗马法中真实法律的范式:修辞学作为法律准则对"法"概念的贡献》,2010年5月27日到29日在圣彼得堡召开的题为"罗马私法和欧洲法律文化"国际会议上的发言稿。在自然法的定义中,能够找到宗教和怜悯概念的空间——除了可能的父系主义的典型代表,即以埃斯库罗斯的《七勇士远征底比斯》(Sette contro tebe)为例的古希腊世界的悲剧——我们提到这个血统主义更古老的维度,以及我们已经说过埋葬它们的一些誓言。报复、怜悯、敬畏和感激,作为可追溯的文化遗产,在西塞罗的诗歌开场白中成对出现,作为罗马法律文化的真实反映,开始摆脱仅仅当一部文学作品来看的境地。有关报复和感激,亦可参见G. 法科内:《法律是分给各人属于他的》,载《纪念雷莫·马蒂尼的文集(1)》,米兰,2008年版,第155页。这一切在古代世界的模式中充分发挥着作用,如希腊和罗马社会,考虑到个体的特殊性,个人的关系不是在平等的基础上展开的,而是建立在依靠政治集团和家族影响的机制上。贵族团结和私人报复的原则,随着历史条件、时间和地点的改变而逐步得以缓和,但是仍然根植于罗马法律文化中而直到整个图拉真时代,参见G. 弗朗乔西:《血统主义已成过去时》,载《罗马家族组织研究》,1988年版,第87—97页。其他有关该定义的表达,可见于《修辞术:献给海伦纽斯》(Rhet. ad Herenn)2,13,19:"我们已经知道,可以从中获悉有关法律的知识。很明显,包括这些部分:自然、法律、习惯、审判、公平合理、协议",众多的证据都能表明罗马的智识之士广泛接触古希腊哲学。参见马克斯·波伦茨:《斯多亚:一种精神运动的历史》,前引书,第549页注释15,有理由相信自然法的概念在西塞罗的《修辞术:献给海伦纽斯》和《论寻找》中有一些呈现,但他并没有全面而详细地说明这源于斯多亚主义者,如果真是这样的话,我们可以推断出,罗马自然法的概念可能更加古老,不同于中期斯多亚主义带给罗马的那个自然法概念。

[102] 关于这个主题,可参见萨基:《希腊和罗马(程序)法中"真实"的类型:对当下的投影》,载《2011年10月3日到5日举办的第七届"罗马法和现代"国际研讨会文集》,该研讨会的主题是纪念汉斯·汉古姆(Hans Hankum)的《罗马程序法和现代程序法中的法律术(转下页)

律中的真实"是神谕，是祭司的真实，是"直言者"（*parrhesiastes*）的真实，它从与神的直接接触中获得正当性，似乎还受制于"与实际情况完全一致"的真实观念——这还可以在柏拉图的伪作《米诺斯篇》中找到。"法中的真实"，作为（对具体情形还原出的）事件〔103〕，是智者的真实。在此，智者（好人）还可以是这样的人：能够通过运用科学的方法为具体案件找到正确的解决方法的人，即法学家。

总之，人们确定了一种"正义"的观念——即保罗所言的"善良与公正的艺术"(D.1,1,11：人们认为法一直是那些善良和公正的事物)，西塞罗在《论义务》第三卷中试图为其广大罗马读者建立有关正义的基础理论〔104〕。我认为这是建构罗马法学家之角色的认知前提——他们成为罗马法古典时期的绝对主角。

(七)作为商业哲学的斯多亚：关于土地法的新视角

因此，有鉴于此，我们必须承认保罗·弗雷扎（Paolo Frezza）早在1951年就宣称其相信存在的"……斯多亚对罗马法学思想的形成和发展产生的深远影响"〔105〕。

在原始文献中有大量可以说明这种关系的事例。现在的问题是，弄清这种关系是如何影响罗马对外贸易规则或万民法的。这种新文化对罗

（接上页）语；司法判决及其执行》，布拉格，2013年版，第57—105页，尤其是第76页及以次。亦可参见C.卡肖尼、马西·多莉娅主编：《何为真实：一个关于真实和法律程式的综述》，那波里，2013年版，第1—499页；马西·多莉娅：《罗马法律实践中的"真实"的历史脉络(一)：古典法的文化基础：何为真实?》，前引书，第1—64页；C.卡肖尼：《罗马法律实践中的"真实"的历史脉络(二)：后古典法：何为真实?》，前引书，第65—167页。

〔103〕 西塞罗：《论义务》(3,69)中暗指柏拉图"洞穴隐喻"的假设，参见罗伯特·菲奥里：《好人：西塞罗〈论义务〉中的政治修辞哲学与法》，前引书，第333页，注释190。我也提到过这个假设，参见萨基：《因为公平而正当》，前引文，第53页及以次。如今已经得到证实。

〔104〕 对此，可参见菲奥里：《好人：西塞罗〈论义务〉中的政治修辞哲学与法》，前引书，第269页及以次。

〔105〕 马克斯·波伦茨：《斯多亚：一种精神运动的历史》(德文版)，前引书，第326页。罗马法和斯多亚哲学的关系，居雅士(Cuiacio)已经做过许多阐述，参见雅克·居雅士：《在巴黎出版的全集·最细致的节略本·十三卷本·增订版·第一部分·第一卷》，其中所列的原始文献和参考文献，普拉蒂，1836年版，第1182—1184页。有用但未深入的论述，亦可参见约翰·迈克尔·海涅克斯：《罗马市民法和日耳曼法的历史：德国法的两种渊源以及两者在德国法中的适用》，威尼斯，1764年版，第159页及以次。

马人传统思维方式的颠覆，其中一个例子是它使罗马人接触到一种不同的土地所有权观念。在罗马法史的某一时期，土地不再被视为不可转让的——因为它是“嵌入式”经济体系中“身份”的象征——财产，而成为任何人都可以进入的市场体系中的可交易资产。

这让人突然联想到法学家盖尤斯《法学阶梯》中一个被广泛研究的片段，其间接提到所谓的“双重所有权”(*duplex dominium*)。这是一个非常复杂的话题，在此不可能展开深入探讨[106]。然而，我们可以说，由于巴内修斯，对土地所有权概念的本体论实质的认识以及将保护所有权作为共和国的主要职责的必要性，首次成为使罗马的智识之士都卷入其中的科学辩论的主题[107]。

为了对此有一个更精确的认识，我们可以参考西塞罗《论义务》中的一些著名段落，这位阿尔皮努姆人直接援引了巴内修斯的作品[108]。重读《论义务》(2,73)，我们可以看到，文中直接明确地表达了国家必须对私人所有权提供保护的观点[109]。这是因为“国家”和“城邦”(在此显然影射的是《论共和国》2,2：然而相反，我们的国家不是由个人，而是由许多人建立

---

[106] 盖尤斯：《法学阶梯》2,40-41 以及 1,54。参见彼得罗·乔贝索尼：《双重所有权：盖尤斯〈法学阶梯〉1,54 以及 2,40-41》，载《盖尤斯研究》，帕维亚，1949 年版，第 93—187 页；莱蒂齐亚·瓦卡：《所谓的“双重所有权”与“善意占有之诉”》，载《鲁伊吉·德·萨尔罗研究文集》，米兰，1989 年版，第 609—643 页。

[107] “虽然国家的形成最初并非基于人的物质需要，但它却为人类物质丰裕提供条件；国家发展的方向应该是去实现人类联合在一起的动机(《论共和国》1,41)，这是社会团体的所有成员幸福的最佳条件(《论共和国》5,1)，如同《论义务》2,73 所言，个人财产自然要同样得到保护。”参见菲利波·坎切利主编：《马库斯·图留斯·西塞罗：〈论共和国〉》，前引书，第 61 页。

[108] 最重要的是西塞罗：《论义务》1,21：“私人所有不是天然存在的，它或是由于古远的占有，例如最先去到荒无人烟的地域；或是由于胜利，例如有人通过战争占领某地；或是由于法律、契约、协议、阄签等行为。这样就形成了：阿尔皮努姆地区被称为属于阿尔皮努姆人，图斯库卢姆地区被称为属于图斯库卢姆人。类似的情形也发生在分配个人所有时。因此，本属于公共所有的东西现在已成为个人所有，那就让每个人拥有已经分配给他的东西；如果有人企图从他人那里攫取什么，那他就会破坏人类社会的法权。”我已经在其他地方明确指出的，问题是“私人所有不是天然存在的”(*suntautem privata nulla natura*)，这是巴内修斯的出发点。如果确实从一开始就认为——撇开祖产(*heredium*)问题不谈——个人所有权/归属的形式只涉及动产，那么“私人所有不是天然存在的”同样适用于更古老的罗马法。但是，在罗得岛的巴内修斯的建构中，“国家”与“所有权”有着相同的起源，因为它们都源于同一行为，前者的产生是为了保护后者。从这种意义上来看，两者之间也取得了某种法律上的关联。

[109] 阅读西塞罗《论义务》，我们能够了解到国家行政部门的代理者(一个将要管理国家事务的人)应该首先关心的是不能使私人财产减少(且使私人财产不会从国家方面而受到损失)。

的，不是由一代人，而是经过数个世纪，由数代人建立的）的首要任务被认为是保护“每个人的财产”〔110〕。巴内修斯（因为西塞罗在此肯定引用了巴内修斯的观点）相较于在其之前的斯多亚思想而言，在这一方面的观点是原创性的，因为众所周知，“私人所有权不是天然存在的”这样一个问题是由克律希波以著名的“剧院隐喻”解决的，在这个隐喻中，观众声称其先占的位子属于自己，这被认为是合法的事情。因此，这就解决了主张某个被认为属于所有人共有的物（尽管实际上只是由少数人排他性地管领）属于自己的证成问题〔111〕。

在公元前111年的《农地法》中，我们发现了私人可以支配（使用、收益、控制、占有）的“私有土地”（*ager privatus*）的身影，这即使对罗马人而言也属于一种新鲜事物〔112〕。然而，不应忘却的是，公元前111年《农地法》的105条中只有48条规定意大利的土地制度，其余57条规定的是非洲和希腊的土地制度。显然，在这种情况下，罗马立法者设计了一种在外

〔110〕 西塞罗：《论义务》2，73："要知道，正是由于这个原因，为了维护私有财产，才建立了国家和市民社会。事实上，人们尽管由天性引导而聚合起来，但是他们正是希望保护自己的财产而寻求城市作为保障。"

〔111〕 西塞罗：《论至善与至恶》3，67："不过，正如虽然剧院是公共场所，但是完全可以说每个人所坐的那个位置是属于他的，同样，在国家中，或在世界上，尽管国家、世界是众人所有的，但没有哪条公正的原理会损害个人的财产。"[中译文可参见〔古罗马〕西塞罗：《论至善和至恶》，石敏敏译，中国社会科学出版社2017年版，第106页。——译者注]

〔112〕 比较合理的观点是，从公元前3世纪开始，土地成为一种要式物。参见菲利普·噶罗：《要式物和略式物的区别研究》（1958年），现载于《罗马法杂志》2004年第4期，第76页及以次。直到那一时期，撇开祖产（heredium）不谈——共和时期最后一个世纪的法学家称之为"少量的土地"（parvulumpredium）[费斯都斯："heredium"词条（L. 89，1）]并且能够通过继承的方式移转[公元前111年的法律承认对土地份额享有的权利（祖传地产规定在《农地法》第27—28条？）可以被继承]——众所周知，古代土地的分配制度是由部落组织的，而非依据后来才开始采纳的土地程式（forma agri）制度（这意味着民众应该到监察官之处进行公共登记），这种制度的采纳，根据我们所掌握的文献，可追溯到第一批意大利殖民区，并且只能在《农地法》中找到该制度最完整的表现形式。在这种背景下，"土地可通过继承的方式移转"规则——对此，在公元前111年《农地法》遗留的文本中出现的"先前的占有人"（veterespossessores）就是一个明确的线索——可能起源于最古老的时代，这一点已被涉及祖产（heredium）及其可转让性的文献所证实（提贝流斯·格拉古禁止其流转，而公元前111年的《农地法》却允许其流转）。这项规则可以被视为一种妥协，即使经济利益（因为它处于一种独立于社会的自治的市场机制之中）流动起来的资本主义意志与保障个人身份延续（个人是财产本身的权利人，这种延续从属于这样一种经济体制，即权力和经济活动被嵌入到社会关系之中）的需要之间的妥协。

邦"万民法"和罗马"市民法"之间妥协的制度[113]。

因此,如前所述,盖尤斯在谈到"所有权"(*dominium*)的历史演变时的窘迫,与对所谓"双重所有权"这种古怪现象的承认紧密相关[114]。纯粹从教条主义的角度来看,显然,罗马法学家总是不得不试图将通过"让渡"(一种典型的万民法制度)来实现的债权性买卖所带来的新情况吸收进"市民法所有权"(这是一种通过法律行为来实现"要式物"移转的物权效力的制度),从中发展出一种新的"所有权"形式。

但是如果从法律史的角度来看,问题就不同了,因为不可否认的是,盖尤斯在《法学阶梯》(2,40)中强调万民法的规则和市民法的规则有着制度上的差异,甚至存在明显的冲突,因此裁判官有必要创设出"善意占有之诉"(*actio Publiciana*)这种救济手段[115]。在公元前111年《农地法》的规范框架中,"私有土地"仍然是一种"身份"(因此不仅仅是经济价值)的象征,但是,这种资产的可转让性和可继承性(撇开由于当时特别激烈的社会动乱而使得这些原则的适用存在变通或矛盾不谈)不仅仅是为了这种"身份"的维护和移转[116]。现在通过法律确认了土地可以进行交

---

〔113〕 为获取更广泛的认识,可参见奥斯瓦尔多·萨基:《格拉古时代的土地制度和土地税赋》,那波里,2006年版,第15—20页及以次。

〔114〕 盖尤斯:《法学阶梯》2,40:"现在我们应该指出,在异邦人那里只有一种所有权:一个人或是所有主;或是不被认为是所有主。罗马共同体一度也曾遵循过这一法则:某人或者根据罗马法是所有主,或不被视为所有主。但后来,人们接受了一种对所有权的划分,因而,一个人可以根据罗马法是物的所有主,而另一个人则可以享用物。"——[中译本可参见盖尤斯:《盖尤斯法学阶梯》,黄风译,中国政法大学出版社2007年版,第64页。——译者注]

〔115〕 瓜里诺:《罗马私法》(第9版),那波里,1992年版,第690页以及注释61.2.4和61.2.6-7。亦可参见玛利亚·西西斯·福恩:《罗马法史:一项社会制度的起源与演变》,博洛尼亚,2005年版,第184页。

〔116〕 我在此援引一下卡尔·波兰尼的关于古代经济的著名理论,他认为古代经济是嵌入到身份状况和家庭组织中的制度进程。参见卡尔·波兰尼主编:《古代帝国的贸易和市场:历史和理论中的经济》,都灵,1978年版,第53—465页。据这位匈牙利学者研究所言,所有权的概念(被理解为对特定客体的处分能力),不能适用于原始社会之中[卡尔·波兰尼:《亚里士多德发现经济》,载《古代帝国的贸易和市场:历史和理论中的经济》,前引书,第87页],原因在于(同上书):"不同的人对同一客体拥有不同的权利。例如,占有的行为通常不指向某物的整体(一块土地),而仅指向其各种用途,从而使所有权概念与其客体中的任何关联。"这是因为依据波兰尼所言,依靠亲属关系组织的社区团体中,经济上真正合适可行的交易是罕见的。在古代社会,土地和劳动是最重要的两种财产,它们最初变成可控交易的客体。这是因为土地和劳动是社会组织结构(嵌入式)的一部分,某种程度上而言,在不破坏这种社会组织结构情况下可进行自由地处置。参见卡尔·波兰尼:《亚里士多德发现经济》,前引书,第88页。

易，表明土地也变成一种纯财产性的资产，能够运作大量资金的人现在可以利用土地来获得巨额利润。

不应忘记的是塔兰托的阿尔基塔(Archìta di Taranto)——唯一将毕达哥拉斯的政治理念真正成功地付诸实践的毕达哥拉斯主义者——从富人的手中夺取土地并将之分给穷人，但只授予后者对土地的用益权或永佃权而非所有权。亚里士多德本人证实了在某些立法中存在“禁止人们购买一切他所想要的土地”，并援引了洛克里(Locri，塔兰托附近的城市)的法律，该法规定祖产必须予以保留[117]。

这种态度的改变并不突兀，因为差不多一个世纪前的公元前218年的平民会决议(《关于元老的克劳丢斯法》)——禁止元老及其儿子从事海外贸易(禁止元老拥有容量超过300双耳瓶即8吨左右的船舶)因而将元老排除在公共承包之外——虽然时间有点久远，但其规定似乎蕴含了类似的逻辑[118]。公元前3世纪末，罗马贵族的思想意识公开表现出对从事商业活动的轻蔑，这或许是因为他们感觉到商业活动会破坏传统勋阀政治的平衡而使罗马社会走向一种资本主义的制度——其经济力量来源于自主活动而不再依赖于通常的社会机制。这也许被认为是一个不稳定因素。基于类似的原因，罗马贵族一直非常注意维护体现身份的传统事物，如地上的纪念碑、展示先人肖像权(*ius imaginum*，罗马贵族家庭享有的在家庭成员的葬礼上展示先人肖像的特权)或者其族谱。

公元前2世纪末，罗得岛版本的(亦即革新后的)斯多亚主义的商业意识形态成功投射到了罗马法学家的意识中，他们是格拉古危机解决后

---

〔117〕 亚里士多德:《政治学》第2卷，1266b，17—21。

〔118〕 李维:《罗马史》21，63，3-4；朗切斯科·德·马尔蒂诺:《古代罗马经济史(1)》，佛罗伦萨，1980年版，第125页及以次；菲利普·卡索拉:《公元前3世纪的罗马政治团体》，罗马，1968年版，第215页及以次；《关于元老的克劳丢斯法》禁止元老及其儿子从事海外贸易，亦可参见卡尔洛·蒂欧塔:《从形态发生到商法的结构:企业家精神与法:古罗马的经验》，前引文，第1603页。

的罗马社会重建者[119]。即使是最保守和最敌对的边缘分子也不得不同意并接受这种法律规则的安排,使得市民法上传统的原则能够与万民法上确立的全新原则共存。我相信,这是西塞罗《论义务》(3,69)中——对自然法和万民法进行了比较[120]——那著名且争论性的论断所赋予的含义:罗马先人认为市民法和万民法之间存在区别,虽说市民法不能够归属于万民法,但万民法应该被认为同样是市民法(西塞罗《论义务》3,69:因此,我们的祖先认为,万民法和市民法是有区别的:市民法不可能同时是万民法,但是万民法应该同时也是市民法)。为了我们的目的,毫无疑问这样考虑到是有用的:即西塞罗通过谈论个人在商业性质关系中的不正确的行为而达成这一肯认的[121]。因此,斯多亚主义思想在万民法上的土地所有权制度引入罗马市民法的过程中产生过积极影响。

(八)斯多亚派关于法的争论

中期斯多亚思想对罗马法商事规则的贡献,可以从塔索斯的安提帕特罗斯(巴内修斯的一个老师)对人类团结观念的坚定呼吁中窥知,这种观念的一个侧面反映在罗马法学家依据自然法而禁止利用买受人的无知[122]。同样反映了这种观念的还有昆图斯·穆丘斯·谢沃拉对诚信的强调以及阿奎流斯·噶鲁斯(西塞罗《布鲁图斯》194片段中称其为"公正的守护人")对恶意诈欺制度进行精深研究的尝试[123]。

---

[119] 关于"西庇阿圈子"对格拉古兄弟土地改革方面立法发挥作用的成员,包括普布流斯·穆丘斯·谢沃拉、普布流斯·卢基纽斯·克拉苏和提贝流斯·格拉古的岳父阿庇尤斯·克劳丢斯,参见西塞罗:《学园派哲学》2,5,13;普鲁塔克:《提贝流斯·格拉古》9,1;以及乔瓦尼·弗朗乔西:《罗马法史教科书》,那波里,2001年版,第150页及以次。塔索斯的安提帕特罗斯(也是巴内修斯的老师)的学生库马的博罗修斯(Blossius di Cuma)推动提贝流斯·格拉古的土地改革,参见马克斯·波伦茨:《斯多亚:一种精神运动的历史》,前引书,第361页。

[120] 罗伯特·菲奥里:《好人:西塞罗〈论义务〉中的政治修辞哲学与法》,前引书,第249页、第134页及以次。

[121] 同上书,第134页。

[122] 参见马克斯·波伦茨:《斯多亚:一种精神运动的历史》,前引书,第549页。关于这位哲学家(塔索斯的安提帕特罗斯),可参见马克斯·波伦茨:《斯多亚:一种精神运动的历史》,前引书,第360—361页、第608—609页以及第381—383页。有关西塞罗《论义务》中第欧根尼和安提帕特罗斯的争论,参见罗伯特·菲奥里:《好人:西塞罗〈论义务〉中的政治修辞哲学与法》,前引书,第270—310页。

[123] 参见马克斯·波伦茨:《斯多亚:一种精神运动的历史》,前引书,第549页。

"保护第三方信赖"原则即使在现代也仍是支撑整个商事交易制度的柱石之一[124]。实际上,"公正的守护人"阿奎流斯·噶鲁斯在寻求恶意诈欺的坚实基础中所付出的艰辛努力,以及昆图斯·穆丘斯·谢沃拉对诚信的强调,都可以看作是罗马智识之士希望将斯多亚哲学带来的新的道德观念更多引入到法律领域所作的尝试[125]。这种尝试,至少在对"公正"的认识上,一直持续到塞尔维尤斯——他在切尔奇纳(Cercina)先后受到斯多亚哲学家巴尔布斯和阿奎流斯·噶鲁斯的教导:

> D.1,2,2,43:塞尔维尤斯·苏尔毕丘斯……受到巴尔布斯·路其流斯的启蒙,后来,特别得到阿奎流斯·噶鲁斯的指导,由于阿奎流斯·噶鲁斯是切尔奇纳人,所以塞尔维尤斯保存下来的很多书都是在切尔奇纳完成的[126]。

当然,对自然法、市民法和万民法之间关系的痛苦反思[127](《论义务》第三卷中的一些事例对之进行了剖析)表明,在罗马法学中从教义上框定

---

[124] 蒂奇亚纳·J. 丘西:《罗马商法:一些批评言论》,载《善意、人道和法(鲁伊吉·拉布鲁纳的纪念文集)》(第2卷),那波里,2007年,第1025—1041页;劳拉·梭里多罗:《罗马商法的历史研究述评》,载《私法的历史与理论》2009年第2期,第6—23页(网刊)。

[125] 有关阿奎流斯·噶鲁斯,参见罗伯特·菲奥里:《好人:西塞罗〈论义务〉中的政治修辞哲学与法》,前引书,第316页及以次;有关昆图斯·穆丘斯·谢沃拉,同上书,第317页及以次。

[126] 参见坎纳塔:《欧洲法学史(一):从起源到拉贝奥的作品》,前引书,第219页及以次;参见斯基奥沃内:《正义:西方法的发明》,前引书,第216页。[中译文参见《学说汇纂·第一卷》,罗智敏译,中国政法大学出版社2008年版,第53页。——译者注]

[127] 关于自然法、市民法和万民法之间关系的补充知识,可参见卡尔洛·阿尔贝托·马斯基:《法学和罗马法律制度的自然主义观念》,米兰,1937年版,第284页及以次;阿尔贝托·布尔兑兹:《古典法思想中的自然法概念》,载《意大利法律科学杂志》1954年第90期,第407页及以次;古列尔莫·诺切拉:《罗马法学实践中的自然法》,米兰,1962年版;PH.迪蒂埃:《罗马法学中自然法多样概念的作用:公元二世纪和公元三世纪》,载《SDHI(历史与法的研究与文献)》1981年第47期,第224页;吉安·瓜尔贝托·阿尔基:《盖尤斯〈法学阶梯〉中的法律和自然》,载《罗马法文集(1)法学方法论:私法研究(1)》,米兰,1981年版,第139页及以次;马里奥·布雷托内:《罗马法学史》,前引书,第323页及以次;劳伦斯·C. 温克尔:《关于自然法和万民法的几点看法》,载马丁·约瑟夫·舍尔迈尔、Z. 韦格主编:《W. 华德斯坦因65周岁生日的纪念文集》,斯图加特,1993年版,第443页及以次;马克斯·卡泽尔:《万民法》,科隆—魏玛—维也纳,1993年版,第54页及以次;文德尔·瓦尔塔:《哲学如何影响罗马法?以斯多亚主义和自然法为例》,第4789页及以次;杜克斯:《帝政时期的罗马哲学、文学和法》,第5160页及以次;塞莱娜·奎尔佐利:《〈法学阶梯〉中的伦理、自然与逻辑》,那波里,1996年版,第75页及以次。除前列情形外,亦可参考名言"诚实生活,毋害他人"[D.1,1,10,1(乌尔比安:《规则集》第1卷):"法的准(转下页)

自然法与另外两种类型的法（即市民法和万民法）——它们是古典法学建构“合意之债”法律规则的柱石——的界限是多么困难。但是如果我们阅读《论义务》第三卷有关“斯多亚派关于法的争论”的一些段落，我们就能够明白希腊思想是如何在罗马法律文化中（包括在商事方面）成功找到突破口的[128]。

得益于罗伯特·菲奥里近年来的出色研究，我们今天能够毫无疑问地探讨这个主题[129]。在《论义务》中“斯多亚派关于法的争论”部分（也许是受到巴内修斯的学生，罗得岛的赫卡托的作品启发[130]），西塞罗以具体事例谈论了正义与依诚信的保护限度之间的关系（《论义务》3，50—57），还谈论了正义与明智（*prudentia*）之间的关系，既坦率，又有比较，还有具体事例（《论义务》3，89—92）[131]。西塞罗所谈论的部分事例模拟了巴比伦的第欧根尼和塔索斯的安提帕特罗斯之间的两次争论。

重要的是要注意到，（西塞罗谈论的）许多事例都启发于商事活动。事实上，“斯多亚派关于法的争论”部分首先谈论的是一个“好人”在两桩买卖案中应恪守的行为标准。其中一桩是著名的粮商案。一位粮商从亚历山大港将粮食运往罗得岛，将其出售给因为饥荒而处于极度贫困状态的罗得岛人（《论义务》3，56）。该商人知道其他粮船即将到来，但他是第一个有粮食出售能力并且因此可以利用他人的买粮需求的人。该商人是应当告知罗得岛人其他粮船即将到来，抑或保持沉默？第欧根尼认为，该

（接上页）则是：诚实生活，毋害他人，各得其所”］以及优士丁尼法典的编纂者们从希腊的斯多亚主义哲学家梭里的克律希波（从公元前232/231年到204/203年期间领导了雅典的斯多亚哲学）的作品中所选出的对于法律概念的经典界定（将法律视为约束所有人的理性实体）。D.1，3，2（马尔西安：《法学阶梯》第1卷）：“法律是所有人与神的事物之君主；它应该是善良行为和邪恶行为的监管者，是由于自然属性的政治性动物的统治者和首领，因此它是正义和非正义行为的准则，命令应该做什么，禁止不应该做什么”［此段法言的中译本，可参见《学说汇纂·第1卷》，罗智敏译，中国政法大学出版社2008年版，第65页。——译者注］。关于梭里的克律希波，参见马克斯·波伦茨：《斯多亚：一种精神运动的历史》，前引书，第39—43页。关于梭里的克律希波，亦可参见汉斯·冯·阿尼姆：《“克律希波”词条》，载《保利古典学百科全书（*PW*）3.2》1899年初版，慕尼黑，1991年修订版，2502，14-2509，50。其中有大量文献。

[128] 西塞罗：《论义务》3，91。

[129] 罗伯特·菲奥里：《好人：西塞罗〈论义务〉中的政治修辞哲学与法》，前引书，第270页及以次。

[130] 同上书，第270页。

[131] 同上书，第275页及以次。

商人应只限于按照市民法的规定说明货物的瑕疵,而不需要告知其他方面。相反,安提帕特罗斯则认为,他应该告知一切情况(《论义务》3,51—53)。第二桩是同样著名的房屋出卖人案。房屋出卖人是否有义务披露他所知道的一切隐蔽“瑕疵”(房屋有害,建筑材料不好,不益于健康),抑或他可否对此保持沉默?第欧根尼回答道,他可以对此保持沉默;安提帕特罗斯的回答则是不可以(《论义务》3,54—55)。

显然,西塞罗在劝勉他的读者反思下列观点的正确性:保持在法律的限度内就够了,因为法律规定的行为在道德上是正确的。西塞罗解释说,争论的主题是“高尚”(*honestas*)与“利益”(*utilitas*)的对立。人们疑惑的是,面对高尚,个人利益应否屈服(“认为做那种显得有利的事情不仅是高尚的,而且不做甚至是可耻的”)〔132〕。在谈论“正义”的部分,由于“各民族法”(在此指罗马法)之外的“自然法”的戒条得到重视,利益和高尚之间的冲突(这个问题可以上溯到苏格拉底)得以解决〔133〕。

另一个案例涉及一个“智慧之人”(*sapiens*)在下列情形应当如何行为:他收到一些误以为是真币的假币,而他正处于必须清偿金钱债务的境地。第欧根尼认为,他可以使用这些假币(清偿债务);安提帕特罗斯和西塞罗都认为,他不可以使用它们(清偿债务)。

然后是著名的葡萄酒出卖人案。出卖人已经知道其商品质量有问题,他是否有义务将该情况告知买受人?第欧根尼认为不必告知,而安提帕特罗斯认为应当告知。再就是买卖奴隶案。斯多亚哲学家们争论的是,除了要说明那些如果不说明则会导致合同无效的之外,是否还要说明对奴隶的整体价值有影响的其他瑕疵,比如爱撒谎、好赌博、偷窃或酗酒。

---

〔132〕 西塞罗:《论义务》3,56:“就这样,在一些令人疑惑难决的事件中,一方维护事情的高尚性,另一方强调事情的功利性,认为做那种显得有利的事情不仅是高尚的,而不做甚至是可耻的。”

〔133〕 罗伯特·菲奥里:《好人:西塞罗〈论义务〉中的政治修辞哲学与法》,前引书,第275页。亦可参见劳拉·梭里多罗·玛洛迪:《卖方提供信息的责任承担:历史起源与当前观点》,那波里,2007年版,第42页。相关争论还可参见罗伯特·菲奥里:《好人:西塞罗〈论义务〉中的政治修辞哲学与法》,前引书,第283页及以次、注释33及后。亦可参见N.多纳迪欧:《在营造官之诉和买物之诉中买受人的保护》,米兰,2004年版,第56页和第69页。西塞罗在他的一些有名的著作中也提到过这个问题,参见西塞罗:《致阿提库斯的信》16,11,4;《论义务》3,7-12;1,9-10;3,34;3,18。

第欧根尼认为不需要说明，而安提帕特罗斯则认为应该说明[134]。此外，还讨论了如下案例：出卖人对出卖物的品质陷入错误认识，他将黄金当作黄铜进行出售[135]。

总之，人们所争论的是法律的遵守问题，即对法律的遵守是否就完全履行了各种道德义务，从法律的层面来说，亦即合法的行为是否永远正确，换言之，是否存在超越法律的正义。所有这些问题的答案也许都在西塞罗《论义务》(3,95)中。在该部分，作为重要的结论，西塞罗对“法律”和“法”的区分作出了可能是最好的界定，至今仍有现实意义：“就这样，关于这些貌似富有智慧而显得有好处，实则违背公正的行为，我觉得已经谈得够多的了”。

正如人们所看到的，西塞罗将“斯多亚派关于法的争论”的论争维度显然是归入到法的理论层面。西塞罗进行了对比分析，一方面，他展现了第欧根尼的旧斯多亚派观点——认为严格遵守法律就充分履行了义务(例如在粮商案中，对粮船的即将到来保持沉默)；另一方面，展现了安提

〔134〕 西塞罗：《论义务》3,91：“赫卡托甚至还提问：如果一个智慧之人无意中收到一些假币当作真币，在他辨认出之后，他是否可以把它们当作真币付给债主？第欧根尼说可以，安提帕特罗斯说不可以，我更同意后者的观点。”

〔135〕 西塞罗：《论义务》3,92：“‘如果有一个卖黄金的人把黄金当作黄铜出售，正派之人是指出那人出售的是黄金，还是花一得纳流斯买下值一千得纳流斯的东西呢?’已经很清楚，我持有什么意见，我提到的那些哲学家持有什么相对立的意见。”在与暴力或恶意的裁判官告示相关的案例之外，还考虑协议必须遵守规则的相关性(是否应该永远遵守协议和承诺，尽管它们如裁判官通常表述的那样，是不受强制地和无恶意欺诈签订的)。问题在于我们是否应该如同裁判官告示所规定的那样始终遵守在没有暴力或恶意的情况下缔结的协议和承诺，如同那些吃药的人承诺将来不再使用该药物一样，但是后来面临旧病复发而不能遵守协议。在这种情况下，基本的定位是不考虑具有约束力的承诺，因为受到更高的价值(人道的)规则的保护，如生命和健康(因为那人不同意此人服用是不人道的，并且那人也不会因为此人重新服用那药而蒙受任何损失，因此病人应从自己的生命和健康角度考虑)。参见西塞罗：《论义务》3,92。此外，还要强调的是故意附耻辱条件指定继承人(不过他在得到遗产之前必须在光天化日之下去广场跳舞)，在这种情形，如果被指定人承诺遵守这一条件，即使在立遗嘱人去世后，也并不强制性受制于此条件，如果他要获得那笔金钱，只能是出于国家的原因。参见西塞罗：《论义务》3,93。另一个问题是承诺的义务对承诺者本人没有利益(《论义务》3,94：“这样的诺言也不应该遵守，要是它们对许诺对象本人不利”)。就像在阿乌里德的伊菲革涅娅的著名例子中，阿伽门农承诺将牺牲掉王国里出生最美丽的生命物献给狄安娜，而他意识到这将是他的女儿伊菲革涅娅。同样争论的是，在任何情况下寄托之物都应该归还与否(《论义务》3,95：“寄托之物也并非永远应该归还”。这种观点也见于柏拉图：《理想国》1,331)。一个在实践层面上非常有趣的问题是，如果人们认为钱庄主的义务是将寄存的金钱归还给寄存者，后来由于条件的变化，寄存者成(转下页)

帕特罗斯的新斯多亚派观点——认为所要履行的义务还应在法律之外"根据案件的具体情况"来确定[136]。

在此,没有必要从"义务"的角度对"好人"问题——这与西塞罗在《论义务》中提出的目标以及当时在具体个案中实际有效的罗马法规则有关——进行深入探讨[137]。然而,需要指出的是,西塞罗时代有效的罗马法规则并不要求当事人的行为超出"交易习惯的通常信赖",也不存在一种可以体现出当事人竞逐各自利益的"标准的商事关系"行为[138]。然而,所有这些都有一个背景,即普遍承认如下原则:对方当事人和第三方基于诚信产生的信赖应予保护,该原则至今仍是正当交易行为的基本原则。严格地来说,前文都是从商事实践的角度来看的。从法律思想史的角度来看,西塞罗的提供的论据至关重要,因为它表明了毕达哥拉斯—亚里士多德式的"法律统治下的正义"的观念已经被超越,并证明了罗马法哲学已经开始明确区分"法"与"法律"。这种观念可以说是"反规则"的,因为它在"法律"的正确性之外,还追求"法"的正确性[139]。

(九)昆图斯·穆丘斯·谢沃拉对诚信的强调和安提帕特罗斯的最终目的理论

问题并未就此结束,因为希腊各哲学流派的争论确实也对共和晚期

(接上页)为了国家的敌人,钱庄主是否应归还(《论义务》3,95:"如果有人把钱寄托于你,后来他对祖国进行战争,这时你应该把寄托的钱归还吗?")。依据合理的标准解决的方案是:根据不同情势,并不需要永远遵守已给的话语,亦即并不永远遵守协议;在此种情形下,归还存款(因此这在原则上或法律上是诚实的)始终是必要的。西塞罗:《论义务》3,95:"我认为不应该,因为你这样做有害于国家,而国家是最可贵的。因此,有许多事情按本质显然是高尚的,但是由于情势却变为不高尚;如果履行诺言,信守契约,归还寄托之物,当这样做已变得不再有利时,因而它们也变得不再是高尚的。"

[136] 罗伯特·菲奥里:《好人:西塞罗〈论义务〉中的政治修辞哲学与法》,前引书,第309页。

[137] 参见罗伯特·菲奥里:《好人:西塞罗〈论义务〉中的政治修辞哲学与法》,前引书,第270页及以次。

[138] 罗伯特·菲奥里:《好人:西塞罗〈论义务〉中的政治修辞哲学与法》,前引书,第310页。

[139] 杰流斯:《阿提卡之夜》2.25.1—3:"希腊人所称的'类推'为何意,与之相反,'反规则'又为何意。(1)在拉丁语言中,如同在希腊语言中,有些人认为应当遵循'类推'法则,另一些人则认为应当遵循'反规则'法则。(2)前者指的是相类似词汇的相似曲折变化,拉丁语中,有人称之为'类推'。(3)而后者指的是约定俗成的反规则的曲折变化。"[中译文参见周维明等译:《阿提卡之夜(1—5卷)》,中国法制出版社2014年版,第152页。译文有改动。——译者注]

穆丘斯派法学家所阐述的诚信理论的形成产生了重要影响。

对此，我们同样可以在西塞罗著作中找到丰富的线索〔140〕。买卖和租赁中义务关系的规则和结构发生了重要转变，这种转变的重要线索实际上就隐藏在昆图斯·穆丘斯·谢沃拉对诚信的强调上〔141〕。可以肯定的是，西塞罗在《论义务》中将昆图斯·穆丘斯·谢沃拉视为“好人”的典范，因为“他之所以能够根据**正义**行事是因为他能够根据**智慧**认识事物”〔142〕。在这方面，没有人不强调尼采的直觉的重要性，他认为，共和时期法律语言中的“诚信”是从“贵族和地主”的角度对罗马古老的“信义”一词的修订形式〔143〕。依据马里奥·布雷托内(Mario Bretone)的观点，应将诚信(即 *pistis*)纳入“信义”的语义范畴，因为这是进化论法律思想的产物：

> 如同 *pistis*，诚信也应纳入“信义”的语义范畴。商法中的所有契约(不仅仅是买卖)，都是根据“诚信”来建构其设定约束力和衡量责任的规范。这并非是全新的法律价值，但现在获得了重要地位。

---

〔140〕 有关穆丘斯派的观点，参见坎纳塔：《欧洲法学史(一)：从起源到拉贝奥的作品》，前引书，第 250 页及以次。亦可参见卡尔蒂里：《历史和制度中的“诚信”》，都灵，2004 年版，第 3—63 页，其中引用了拉贝奥的思想观点。斯基奥沃内：《正义：西方法的发明》，前引书，第 240 页及以次。参见曼德罗：《道德与市场：哲学与法学之间》，前引文，第 69 页及以次。在法学家的活动中能够发现这种经常性思考。昆图斯·穆丘斯在路福斯的帮助下颁布了行省告示(后来西塞罗在他设立的基础上重新恢复之)，留下了著名的(为公众可知的情形)有关斯多亚主义不妥协的例子。关于此点，亦可参见罗伯特·菲奥里：《一般诈欺抗辩和昆图斯·穆丘斯的亚细亚行省告示：起源问题》，载路易吉·卡罗法洛主编：《一般诈欺抗辩：罗马法和罗马传统》，帕多瓦，2006 年版，第 87 页及以次。

〔141〕 参见西塞罗：《论义务》2，33—34。关于这个主题，亦可参见路易吉·隆巴尔迪：《从信义到诚信》，米兰，1961 年版；劳伦佐·法肖内：《关于诚信的文献综述》，载《诚信研究》，米兰，1975 年版，第 51 页及以次；马里奥·塔拉曼卡：《罗马法学中的诚信：“虚词”以及命令的价值》，载《法律史和当代经验中客观诚信的角色(纪念布勒德瑟会议文集·卷四)》，帕多瓦，2003 年版，第 13 页及以次；卡尔蒂里：《历史和制度中的“诚信”》，都灵，2004 年版；埃曼努埃莱·斯托尔菲：《“诚信的解释”：在罗马经验和罗马法传统之间对诚信解释的研究》，那波里，2004 年版，第 18 页及以次；亦可参见奥斯瓦尔多·萨基：《西塞罗的祖先们与罗马共和时期法学流派中的信义理论》，载《乔瓦尼·弗朗乔西纪念文集》，那波里，2006 年版，第 2403 页及以次。罗伯特·菲奥里：《信义和诚信：社会层级和法律分类》，载多人合编：《私法史中的理论模式和方法论模式)》，那波里，2008 年版，第 237 页及以次；罗伯特·菲奥里：《诚信：市民法传统中合同的形成、执行及其解释》(第二部分)，载多人合编：《私法史中的理论模式和方法论模式)》，那波里，2011 年版。

〔142〕 罗伯特·菲奥里：《好人：西塞罗〈论义务〉中的政治修辞哲学与法》，前引书，第318 页。

〔143〕 参见斯基奥沃内：《正义：西方法的发明》，前引书，第 126 页。关于尼采的观点，参见《道德的系谱》，载《作品》6/2，米兰，科利·蒙蒂纳里译，1968 年版，第 223 页及以次。

在诚信中，进化论法律思想能够识别出（即使是同一市民传统中的）不同制度中的共同要素[144]。

因此，可以推测出，西塞罗的"信义"理论——对于共和中晚期的法律认识绝对具有独特价值——不只是少数天才独立创造的成果，而且也是（罗得岛版本的）斯多亚哲学与罗马法学家碰撞的结果。

这个问题还应当历史地来看待。普劳图斯时代盛行讽刺"希腊式的信义"，但是小西庇阿·阿非利加努斯时代（被认为是一个新生的共和国）的法学家则创造了新型法律制度，这种新型法律制度由源于希腊环境的新文化所滋养，其中罗得岛无疑是最重要的地方之一。这也是时代成熟的一种标志。

我们必须再次提到《论义务》中的著名段落，其中西塞罗将"信义"的概念作为建立在"*fides*/*pistis*"概念基础上的"实质性的诚实义务"进行讨论[145]。在这种情况下，西塞罗有意地着重强调："在所有的仲裁审判中，加上'依据诚信'具有非常重要的意义"[146]：

> 西塞罗《论义务》3，70：但是，谁是正派的人？什么是做事正派？这是主要问题。大祭司昆图斯·谢沃拉曾说过，在所有的仲裁审判中，加上"依据诚信"具有非常重要的意义，并且认为"诚信"这一词语使用得非常广，它用于监护、合伙、信托、委托、买卖、承包、租赁以及社会生活的其他各个方面。在这些事务中，杰出的审判员的义务在于确定——特别是由于在大部分情况下看法常常相反——哪一方应该对另一方负什么责任。

众所周知，此处谈论的是信托之诉[147]，它属于著名的诚信审判之

---

[144] 马里奥·布雷托内：《罗马法学史》，前引书，第135页。

[145] 关于这个问题，参见奥斯瓦尔多·萨基：《西塞罗的祖先们与罗马共和时期法学流派中的信义理论》，前引文，第2413页及以次。

[146] 转引自马里奥·布雷托内：《罗马法学史》，前引书，第135页及以次。在西塞罗看来，诚信概念正在拓宽，直到它变得有效："监护、合伙、信托、委托、买卖、租赁以及涉及人类共同生活的其他各个方面"（西塞罗：《论义务》3，70："'诚信'这一词语使用得非常广，它用于监护、合伙、信托、委托、买卖、承包、租赁以及社会生活的其他各个方面"）。

[147] 卡尔蒂里：《历史和体制中的"诚信"》，前引书，第29页及以次，注释55中的参考文献。

列[148]。西塞罗借此机会反问“谁是正派的人？什么是做事正派？”[149]。哲学问题(即“主要问题”，菲奥里说得好)因此被同化为法律问题。此外，就像在接下来的论述中所揭示的，西塞罗对“智慧”提出了一个定义：“智慧”似乎被认为是对法学家所要求的一种理想行为。前提是，要有一种源于自然的市民法，以及在诚信审判中根据案件的具体情形依法作出决定的需要。因此，要求法学家富有最大的智慧，也正是由于这个原因，这种美德的典范被恰当地叫做大法官(*magnusiudex*)[150]。

因此，诚信只是古老的“信义”的回声。根据古老的信义，必须遵守在众神面前订立的誓约，这在当时显然具有意识形态的色彩。在学者们众所周知的另一个论据中，奥卢思·杰流斯很好地捕捉到了这种情况[151]。《论义务》(3,65－67)中提及了买卖和不动产瑕疵(*vitiapraedia*)的规定，也为我们提供了一个真实的剖面：在罗马的交易中“信义”的概念通过与希腊思想的接触是如何成熟起来的[152]。

在《十二表法》中，通过要式买卖(*mancipatio*)方式实施的买卖受附约制度(*nuncupationes*)的规制：出卖人应当对其虚假宣告的言辞承担相应的双倍罚金(《十二表法》6,2)。然而，后十二表时期的“解释”引进了“沉默处罚”(*poenareticentiae*)，即出卖人应当对其已经知道但未指明告知的所有瑕疵承担损害赔偿责任。“沉默处罚”的引进具有划时代的意义，它极大地改变了买卖法律制度，而决定引进该制度的是老加图，他(或许是首次)将诚信原则用于处理对出卖物的瑕疵保持沉默的案件。所适用的法理是：买物之诉应该属于诚信审判。如果法学的革新果真源于市民法内部(因为它没有使用裁判官的工具而使用的是对《十二表法》进行

---

〔148〕 卡尔蒂里：《历史和体制中的“诚信”》，前引书，第60页及以次。

〔149〕 罗伯特·菲奥里：《好人：西塞罗〈论义务〉中的政治修辞哲学与法》，前引书，第335页。

〔150〕 同上书，第336页，其中提供了一个书目。

〔151〕 杰流斯：《阿提卡之夜》20,1,39：“事实上，罗马人所有的美德从最初的低层次发展成高水平，但特别最重要的是，他们注重培养信义，并把它视为神圣的，无论是在公共的还是私人的领域。”参见维亚克尔：《诚信原则的起源》，前引文，第40—41页。

〔152〕 罗伯特·菲奥里：《好人：西塞罗〈论义务〉中的政治修辞哲学与法》，前引书，第319页及以次。

扩张解释的方法[153]),那么可以相信的是:《论义务》(3,69)中提到的情形是真实发生的,而且我们可以推测,类似的情形在法律实践中大量存在。“我们的祖先”已经清楚意识到市民法和万民法之间的区别:市民法不可能同时是万民法,但是万民法应该同时也是市民法。

西塞罗提到,昆图斯·穆丘斯·谢沃拉认为仲裁审判中诚信具有重要意义(“大祭司昆图斯·谢沃拉曾说过,在所有的仲裁审判中,加上‘依据诚信’具有非常重要的意义”)。在我看来,如果在市民和外邦人之间的司法权中对交易的保护先前真的是通过惯例和仲裁制度来进行的话,那么昆图斯·穆丘斯·谢沃拉对仲裁审判中诚信的强调就是一个明显的信号,即商事实践在诚信概念的发展中发挥着重要作用[154]。

考虑到“道德”(*ethos*)对西塞罗提出问题的方式的重大影响,这让人自然想到斯多亚思想的影响,此外,我们在奥卢思·杰流斯非常著名的《阿提卡之夜》的一则片段中也可以找到这种影响的明显论据。在公元2世纪的文献中,诚信义务被描述为古时候支配整个商事合同体系以及与金钱的使用和交易有关的合同体系的基本要素[155]。西塞罗在《论义务》的另一个著名段落中也如是说,在该段落中,“信义”成为管理把整个政治组织凝聚在一起的商业活动的首选标准:

> 西塞罗《论义务》2,84:要知道,没有什么比信义更有力地维护国家,而如果不必清偿债务,那么便连信义也就不可能存在。有关废除债务的问题从来没有像在我任执政官时斗争得那样激烈,各种类型、

---

[153] 同前注[155],第321页。

[154] 玛罗塔:《远古时期和共和时期的地中海商业和交易的保护》,载《陶片:古代杂志》,1996年第1卷,第88页及以次。雷蒙德·莫尼尔:《罗马法基本手册(II)》,巴黎,1948年版,第134页及以次;安东尼奥·瓜里诺:《罗马法律体制》(第4版),那波里,1980年版,第305页以及第319—321页。公元前242年之前,执政官能行使市民和外邦人之间的司法管辖权,参见F.塞劳:《外事裁判官的管辖权》,米兰,1954年版,第48页及以次;亦可参见大卫·达乌贝:《外事裁判官》,载《JRS》,1951年第41期,第66页及以次;马里奥·塔拉曼卡:《罗马民事诉讼法》,载《法的百科全书》(第36卷),米兰,1987年版,第26页,注释179。公元前367年之前,已经存在可以行使对外邦人的管辖权方面的仲裁惯例,参见玛罗塔:《远古时期和共和时期的地中海商业和交易的保护》,前引文,第89页。

[155] 杰流斯:《阿提卡之夜》20,1,41:“然而,我们的祖先们认为,信义不仅存在于职责的履行中,而且存在于商事合同中,尤其是在金钱消费借贷和使用方面:……”

各个阶层的人都曾试图通过武器和军队来解决它，我们当时坚决地反对他们，从而把这一灾祸从国家彻底清除掉了。"

注意此处的微妙所在。西塞罗以抵御了卡提林纳废除债务的计划而自豪，并认为其决定是最具有智慧的政治行为。事实上，他甚至将该决定视为好政府的最重要原则之一：

西塞罗《论义务》2,85：因此，凡是希望维护国家利益的人都会避免夺取一些人的财产赠给另一些人这种慷慨，并且首先努力争取做到让每个人能够根据公平的法权和公平的审判拥有自己的财产，让较为贫穷的人不会由于自己地位低下而受欺诈，让嫉妒之心不会阻碍富人拥有或重新获得自己的财产，此外无论在战时或平时，任何人都应该尽自己所能增加国家的威力、领土和收入。这些就是伟大的人物应尽的责任，这些就是在我们的祖辈时代日常履行的职责，凡是能够尽到这些义务从而给国家带来巨大利益的人也会为自己赢得巨大的感激和荣誉。

总之，国家的守护人不应颁布废除债务的措施（"因此，凡是希望维护国家利益的人都会避免夺取一些人的财产赠给另一些人这种慷慨"）；而应致力于使所有人遵守法律以及法庭的决定"从而使每个人各得其所"（"并且首先努力争取做到让每个人能够根据公平的法权和公平的审判拥有自己的财产"）。

因此，这就回到巴内修斯所说的（源于遥远的毕达哥拉斯主义）"给每个人他自己的"这一主题。但是，现在这些都被当成是一种义务，即管理者应致力于国家的利益以及在从事此等活动的过程中赢得巨大的感激和荣誉（"凡是能够尽到这些义务从而给国家带来巨大利益的人也会为自己赢得巨大的感激和荣誉"）。

众所周知，这项原则在西塞罗《论义务》第二卷中的出现可以看作是受到巴内修斯影响的一个标记[156]。此外，值得注意的是，该原则的提出

---

[156] 有关巴内修斯与西塞罗《论义务》之间的关系，参见罗伯特·菲奥里：《好人：西塞罗〈论义务〉中的政治修辞哲学与法》，前引书，第199页及以次。

还可以归因于梭伦(《雅典的宪法》片段 7)。这表明,这项被盛赞的原则在希腊世界也有着坚实且古老的传统。该原则也出现在《修辞学》(*Rhetoricaad Herennium* 3,2,3:"正义是按照每个人的尊严分给其物的公平的法")和昆体良的《演说术阶梯》(7,4,5:"正义是包含在自然或习俗中的一切,根据每个人的尊严造就的事物谓之自然")中,特别是还出现在乌尔比安最著名的片段中(该片段的重要性无需多言),即 D.1,1,10,1(《规则集》第 2 卷):"法的准则是诚实生活,毋害他人,各得其所。"

言至于此,在我看来,已经毫无疑问了。在罗得岛斯多亚主义的修订版中,"西庇阿圈子"的成员们将新的政治伦理转换成法律规则,并以此作为公职人员的良好行为的范式和端正的交易行为的范例。显然,从这些证据中可以看到一种新的世俗化的信义观的历史轨迹,它建立在适用于所有人(因此属于万民法)的自然公正的原则之上,取代了传统的信义观,即忠于在神面前达成并得到法律认可的协议。西塞罗认识到这种政治理论已为我们的祖先所运用("在我们的祖辈时代日常履行的职责"),但该原则曾被巴内修斯(小加图的老师)的另一个门徒,即腓尼基人提尔城的安提帕特罗斯讨论过(所以西塞罗可能因此而知道该原则)。西塞罗在《论义务》(2,86)中明确指出,"关于这些利益原则,不久前在雅典去世的斯多亚哲学家提尔城的安提帕特罗斯认为……"。有趣的是,一切都指向利益理论(D.1,3,13;D.1,4,2;D.1,3,25),而罗马法学家对利益与正义概念的关系进行了充分讨论(西塞罗《论寻找》2,160)[157],甚至将之作为证成所谓的增加之诉[158]的复杂机制的概念基础。

在此,可以明显地感觉到钱庄主、贸易商和承包商阶层必然对罗马法学家的思考所施加的压力。

然而,在此等情形,为何不见对斯多亚哲学中的"最终目的理论"(相较于第欧根尼所倡导的该理论的早期版本,塔索斯的安提帕特罗斯对该理论进行了修订)的明确援引?[159] 根据传统的斯多亚主义的理论,生活

---

〔157〕 有关主题,参见玛丽亚路易莎·纳瓦拉:《罗马法学家思想中的利益研究》,都灵,2002年版,第 3 页及以次。

〔158〕 瓜里诺:《罗马私法》(第 9 版),前引书,第 423 页及以次。

〔159〕 马克斯·波伦茨:《斯多亚:一种精神运动的历史》,前引书,第 376 页。

的目的源于所有人共同的自然本能，而安提帕特罗斯认为，人为了达到其目的而实施的行为是某种选择的结果，这种选择受制于人的"喜欢符合自然而非违背自然的事物"的偏好[160]。由此，罗马法学家们也远离了新学园派怀疑论者卡尔涅阿得斯的利益理论——该理论曾在公元前 155 年引起巨大轰动。在我看来，盖尤斯关于合伙（"在所有人之间根据自然原因而形成"）[161]教义基础的证成也属于这一框架。但这还不是全部。

我们看到，在斯多亚哲学家的道德论辩中讨论的问题与法学家所讨论的问题相类似，正因为如此，我们可以在"安提帕特罗斯对人类团结的持续呼吁（这使得禁止利用买受人的无知的自然法原则得以确立，即使成文法中并未禁止）"与如下罗马法规则之间建立某种直接联系：如果出卖人隐藏出卖物的瑕疵，这种买卖行为可以作为对之提起诉讼的正当理由[162]。更甚者，在塞尔维尤斯的概念世界中，充分强调了法、正义与和公正，表达了合法性、正当性、道德与形式主义的统一[163]。

那么，在"钱财之事"（*valetuditispecuniae*）上，西塞罗调侃道：事实证明，雅努斯庙柱廊旁钱庄里的钱庄主比学院派哲学家更有经验。然后他又毫不犹豫地说道（作为对巴内修斯的补充，"巴内修斯忽略了两

---

〔160〕 同前注〔162〕，第 377 页。

〔161〕 盖尤斯：《法学阶梯》3，154："同样，如果某个合伙人的财产被公开地或者私下地出卖，合伙解散。但我们现在谈的合伙，即单纯通过合意缔约的合伙，是万民法的合伙，因此，它在所有人之间根据自然原因而形成。"［中译文参见〔古罗马〕盖尤斯：《盖尤斯〈法学阶梯〉》，黄风译，中国政法大学出版社 2007 年版，第 183 页。——译者注］

〔162〕 马克斯·波伦茨：《斯多亚：一种精神运动的历史》，前引书，第 549 页。参见 D. 21，1，38pr.，乌尔比安在其中论及有关解除买卖契约之诉和减价之诉的营造官告示。参见瓜里诺：《罗马私法》（第 9 版），前引书，第 897 页及以次。

〔163〕 这个推论源于西塞罗《反腓力辞》中的一个最著名的片段，参见斯基奥沃内：《正义：西方法的发明》，前引书，第 262 页。该片段为《反腓力辞》9，5，10："人们不会忘记塞尔维尤斯在解释法律、阐述公平原则时所表现出来的令人敬佩的、杰出的、几乎像神一样的知识。这个共同体里面所有年纪的、懂得法理的人都无法与他相比。他作为一名掌握法理的人，并不比正义之主更伟大。"《反腓力辞》9，5，11："塞尔维尤斯总是从成文法或市民法中提出一些宽松的解释和公平的标准，他所想的并非寻求当下解决的办法，而是如何避开冲突。"这里补充盖尤斯·穆索纽斯·路福斯（GaiusMusonius Rufus）有关婚姻的概念，他是尼禄时代的斯多亚主义哲学家（作者根据普里西安另外 700 卷而说），他可能是直接受到了莫德斯丁那著名的"生活各方面的结合"定义的启发。D. 23，2，1（莫德斯丁：《规则集》第 1 卷）："婚姻是男女间的结合，是生活各方面的结合，是神法和人法的结合。"

点”[164]),在他看来,钱财的获得、使用和管理属于利益的范畴,这也正是他想要在其著作中谈论的问题[165]。

现在到了总结的时候。如果确信斯多亚与共和晚期的罗马法学思想之间存在着密切联系,那么也可以说,它同样反映在商事关系交易规则的建构中[166]。作为所有人的自然偏好(万民法)的“信义”和“团结”、其道德重要性及其在调整商事关系中的重要性,是从管理商事关系的最前沿的环境中被提出来的。同样的正当获利理论拥有数百年的传统,可以追溯到梭伦时代,但如今经过中期斯多亚的修订,也关涉当时的“新富人”。罗马法学家作为当时的精英阶层而不可能没有从中获得某些教益。

这就是为何盖尤斯只谈论了誓约/要式口约这种市民法上的交易行为(盖尤斯《法学阶梯》3,93:“只适用于罗马市民之间”),而其他类型的交易行为(“文字、实物与合意”)属于万民法上的。前两种类型的交易行为在古老时代的国际商事关系中就已经广泛使用,这让人想到波利比阿所提到的罗马人与迦太基人之间在磋商买卖时使用的文书(波利比阿《历史》3,22,8)以及仅需钱款兑付就足以完成的现金之债(盖尤斯《法学阶梯》3,132)。对于合意之债而言,人人都被要求以诚信和公正对他人作出给付(盖尤斯《法学阶梯》3,137:“在这种契约中,人们通过诚信和公正相互给付物而达成债”)。人们应当行为适当,即使公职人员也不例外[167]。

因此,在告示的范围内(但对市民法也有重大影响),就当事人的行为以及对可能遭受损害的缔约者进行保护方面,诚信有广泛的适用空间。

---

[164] 有关巴内修斯作品中所忽略的主题,可参见罗伯特·菲奥里:《好人:西塞罗〈论义务〉中的政治修辞哲学与法》,第201页及以次。

[165] 西塞罗:《论义务》2,86-88。

[166] 曼德罗:《道德与市场:哲学与法学之间》,前引文,第3页及以次,其中所列的原始文献和参考文献提供了丰富的信息,作者认为,将源于斯多亚主义的商事规则运用于司法实践——让人隐约认识到诚信和买卖之间的关系(第70页)——是告示制度影响的结果(第51页);法学家对解除买卖契约之诉和减价之诉问题的引用(第70—71页);自然法的原则是没有人以牺牲他人为代价而致富(第71页);买卖中应考虑公平的价金(第73页及以次)。

[167] 我认为,瓦罗有关“裁判官在凶日决断的结果”的著名论断在某种程度上可以为证。参见瓦罗:《论拉丁语》6,4,30:“裁判官是在那个时候(凶日)做的(决断),如果不审慎地做出,则惩罚他的行为而为受害人赎罪;如果审慎地说出,昆图斯·穆丘斯让他离开,因为不能以不虔诚的方式赎罪。”

这些主题都与商事实践紧密相关，其规则在罗马共和晚期经历了修订，它从中期斯多亚主义的道德理念中获得了新的活力。中期斯多亚主义（罗德岛斯多亚主义的修订版）对致力于将万民法上的新关系所产生的需要引入法律规则中的罗马法学家的作品产生了决定性的影响，这些新关系是随着共和时期最后两个世纪所爆发的海外贸易而出现的。开始于毕达哥拉斯主义者阿皮亚·克劳丢斯·切库斯（Appius Claudius Caecus）时代的漫长过渡阶段至此终于落下帷幕。

中德私法研究第 20 卷
页 310—338

论由代理人缔约时的缔约过失责任*

库尔特·巴勒施泰特** 著 谢德良*** 译

摘要:本文首先分析了缔约过失责任的基本原理,提出基于信赖索取而负担义务这一法律行为的第二种类型。其次论证了代理的规定不能适用于缔约过失责任,并提出应根据代理人与被代理人的平等抑或隶属、服从关系判断缔约过失责任的基本立场。在这一立场下,本文将代理关系分为三组:在第一组中,代理人隶属于作为超个人组织的被代理人,缔约过失责任仅由被代理人承担;在第二组中,双方地位平等,根据代理人是否索取了对自己的个人信赖以及索取的目的如何等等,决定责任的主体与形式;在第三组中,代理人是被代理人的法定代理人,缔约过失责任仅由代理人承担,除非代理人使用了被代理人的商号。

关键词:缔约过失;代理;代理人缔约过失责任

被代理人、代理人或者双方一起是否须为代理人在合同缔结之准备

* 本文来源:Zur Haftung für culpa in contrahendo bei Geschäftsabschluß durch Stellvertreter, Archiv für die civilistische Praxis151 (1950/1951),501-531. 摘要与关键词系译者添加,原文并无。本文中所提及的法律,如无特殊说明,均为德国法律。

** Kurt Ballerstedt(1905－1977),原文发表时为基尔大学教授。

*** 谢德良,清华大学法学院 2019 级博士生。华东政法大学张长绵老师为拉丁文部分的翻译提供了宝贵的建议,在此谨致谢忱!

或实施时的过错承担责任，是法学学说及实务长久以来[1]反复探讨的问题。当代理人为不存在之人缔约时，其责任可从《民法典》第179条中得出[2]。此外，责任的法律规定还可以在《民法典》第54条第2句（针对无权利能力社团之代理人）以及《股份法》第34条、《有限责任公司法》第11条（针对以尚未登记之资合公司名义行事之人）中找到[3]。姑且不论这些情形，现今普遍认为，原则上仅被代理人为其代理人在合同准备阶段的义务违反承担责任[4]。根据帝国法院并非毫无争议[5]的观点，代理人的责任仅在例外时才可以成立，亦即当代理人对其所追求或实施之缔约享有个人经济利益时[6]，当然，侵权责任不在讨论之列。

然而，对意定或法定代理权之不同情形的比较表明，此种对代理人之责任的限制肯定是过窄的。尤其是，应当在被代理人之外认可代理人责任的情形，在数量上可能更多。此外，在帝国法院强加责任于代理人的情形中，其责任的论证仅凭代理人经济上的参与性，并不具有足够的说服力。除了实践价值外，进一步研究这些问题同时具有教义学的吸引力；因为它促使我们重新审视，将所谓的缔约过失以及为他人之行为归入民法体系中的某些问题。诚然，在此过程中，如果触及了法律行为与代理之学说在理论与方法论上的基本问题，基于本文之特性应当有所克制。但这些问题也并非可以完全被忽视，因为如此一来，此项研究的教义学诉求就

---

〔1〕 尤其在关于代理之直接原则的讨论中；对此参见在注释〔30〕、〔31〕、〔36〕、〔37〕中引用的文献。

〔2〕 今天应该是没有争议的；参见 RGZ 106, 68 = SeuffArch. 78 Nr. 64; von Tuhr, Allgemeiner Teil Bd. II, 2 S. 451; Planck－Flad, Bem. 6, c α zu § 179; RGR－Komm., Bem. 1 zu § 179; Staudinger－Riezler, Bem. 6 zu § 179；不同观点主要是 Hupka, Die Haftung des Vertreters ohne Vertretungsmacht, S. 173。

〔3〕 “公司法上某些特别原则（保护第三人、保护成立中的资合公司）也是这些规定的基础”并不意味着，这些情形不可以归入当前的主题之中。

〔4〕 Staudinger－Riezler, Bem. 17 zu § 164; Enneccerus－Lehmann, Schuldrecht[13] § 43 III, insbes. zu und in Note 8; RGR－Komm., Bem. 3 b ß zu § 166; Düringer－Hachenburg－Hoeniger[3] Bd. 1, 463; Plum, JW 1931, 2234; Stoll, JW 1928, 1285；在判决中主要是 RGZ 78, 239; 83, 241; 107, 243; 108, 408 (410); 114, 159; 147, 103.

〔5〕 参见 Stoll，在对 RG JW 1928, 1285 Nr. 3（＝RGZ 120, 249）的评论中，从他的观点出发，他合乎逻辑地始终仅令被代理人承担责任；Enneccerus－Lehmann a. a. O. 赞同他。

〔6〕 RGZ 120, 249 (252); 132, 76 (80); 159, 54；也参见附带性的 RGZ 103, 160; Palandt－Danckelmann[9], Bem. 3 zu § 164（被代理人之外的代理人责任）赞同帝国法院。

得不到应有的重视。缔约过失学说是从诚实信用的思想中发展出来的，在该思想中，债法学说愈发认清其作为一项支柱之所在。正当人们认为，通过将法律行为纳入不成文却有生命的诚实交往规范而使债法获得的提升迄今仍未完全成熟时，人们也必须承认，此项规范原则也包含使概念的基础变得模糊与娇弱的危险，这一危险同样威胁着缔约过失制度。越是如此，在这一子问题(Teilproblem)上重新进行理论基础之检验的尝试就越显得必要。

一

(一)

根据今日之稳妥观点，缔约过失是对基于进入合同磋商而发生之特别债务关系的义务的违反[7]。因此在代理人实施磋商时，对于责任判断而言起决定作用的就是，在何人之间发生了此种债务关系，这一问题与下列后续问题是分不开的，即哪项债务关系才是先合同义务的法律效力基础。

埃尔曼(Erman)[8]正确地强调，与最终的合同关系相对，合同准备关系的特性在于一种未决的状态：合同当事人并不想随着磋商的开始而受到法律行为的拘束。他们想要保留缔约与否以及以何种条件缔约的决定自由。只要在商业礼节允许的范围内，在磋商过程中交换的表示可能只是策略性的，亦即，仅仅是暂时的或目的性的，其目的在于，探知对方的状况、利益的紧迫性，隐藏自己的弱点或促使对方妥协。这本该是一种悖论：进入磋商阶段不应使任何一方受到法律行为的拘束，尽管如此又确实导致了某种义务的产生。埃尔曼同样强调了合同准备关系的第二项特性，它存在于以下方面：合同准备关系在不停地变化与发展中而被理解。磋商越是向其积极目标，也即最终的缔约靠拢，磋商债务关系也就越具有

[7] 缔约过失责任建立在义务违反的基础之上，这一点尤其被 Stoll 的开创性论文 LZ 1923, 523 (543)与 Hildebrandt, Erklärungshaftung (1931), insbesondere S. 92 f. 所强调。

[8] Erman, Beiträge zur Haftung für das Verhalten bei Vertragsverhandlungen, AcP 139, 273 (274f.).

分量，且越具有使人负担义务的效果。基于当事人的行为完全可以导致对其初始之缔约自由的广泛限制，而不论对于合同而言是否规定了一定的要式。即便是磋商关系随着磋商之发展而具有的此种变化性与延展性，也表明了其相较于合同债务关系的不同：相较于合同义务之履行而带来的义务消灭，磋商义务的履行完全可能相反地导致合同准备债务关系的加强。第三项区别性的特性在于，磋商关系，无论其所追求的合同形式如何，均不能按照双务(gegenseitig)或哪怕是双方(zweiseitig)债务关系来理解，且磋商关系的原因(causa)存在于所追求的缔约之中，因此此种原因既非有偿的也非无偿的。

(二)

如果人们如施托尔(Stoll)[9]那样将先合同债务关系作为“有机体”(Organismus)而与合同债务关系等量齐观，且仅将合同看作连续的、随着磋商之开始就已发生的债法关系的另一种“表现形式”，那么上文所揭示的根本性的另类结构在理论阐释上就得不到应有的重视。根据施托尔的观点，缔约过失责任表现为(所追求之)合同的“预先效力”，尽管他自己并没有以这种方式论证其学说。针对这种学说(此处无法更为详尽地展开)应当提出原则性的教义学抗议；将债务关系与具体的、使债务关系得以个性化的给付标的相分离，如施托尔利用其有机体概念所做的那样，将导致债务关系的概念边界发生令人担忧的模糊。在我们的主题下，施托尔的观点无论如何都是无益的，因为它使我们认识合同准备关系的特性变得更加困难。此外，在必要地排除那些无法正确归入缔约过失制度而只应根据合同内容本身加以判断的情形时，这一观点也是不起作用的，对此还要再讲到。因此，出于实践的理由，例如为了清晰的教义学立场，坚持下列观点是明智的：合同磋商之进入建立的是一项特别的、限于特定时间段及合同准备之目的的债务关系[10]。

---

[9] LZ 1923，544.

[10] 先合同债务关系与此后成立的合同并不相同，这一观点与通说——只要在这方面发表了看法(Hildebrandt，Erman，Enneccerus－Lehmann)，是相符的。

(三)

法律上的磋商义务必须具有不扎根于事后之合同的法律基础。马尼格克(Manigk)恰当地指出了此项体系上的基本问题〔11〕。它应使我们在以下视角展开研究:被代理人或代理人是否个人的(作为债权人且尤其是)作为债务人而参与了合同准备关系。西贝尔(Siber)在默示的合意中寻找其基础的尝试〔12〕[维亚克尔(Wieacker)〔13〕使之被注意到],并不是因为其具有的拟制性而不可取,而是因为这样一种对当事人行为的解释与下列事实不符:仍处于磋商之人正好不欲使自己受到法律行为上的拘束。文献中似有优势地位的"先合同义务乃建立在法律(Gesetz)或习惯法之上"的观点〔14〕是从以下观念出发的:先合同义务并非"所欲"之义务而是法律所强加之义务。根据先前关于磋商关系之特性的阐述,这样的观点,仅在强调与真正的合同义务进行概念上的区分并强调其义务基础的独立性时,才可以被赞同。先合同责任确实不建立在"磋商当事人想要令自己负担义务"的基础之上,而是在法律上不可避免地与特定行为相关联。但"法定"债务关系的表述则并不能令人满意,因为它是纯实证的。它没有回答,是什么东西内在地正当化了此种磋商当事人在客观法上(objektiv－rechtlich)被规定之义务。但这一点是决定性的问题:"此种义务负担效力是建立在法律之上"的论断,正确地理解,完全可以以同样的方式适用于法律行为之义务〔15〕。当施托尔将一方当事人"想要磋商"的单方表示视作合同准备关系的法律基础时,就意味着被强调的仅仅只有一项因素,且根据我的观点这项因素甚至并不重要。"我想要就土地之出卖进行磋商"的单方表示本身明显不能发生任何效力,只要另一方并未

〔11〕 在他于 DJZ 1931, 562 对 Hildebrandt 的书进行的简短评论中。

〔12〕 JheringsJahrb. 70, 259;同样于 Planck[4], Vorbem. I 4 c.

〔13〕 ZAkDR 1932, 34 zu Note 9.

〔14〕 作出过"建立在法律或习惯法之上的债务关系"之表述者,例如 Hildebrandt, S. 93; Schmidt－Rimpler in Ehrenbergs Handbuch V, 1 S. 731 Note 4; Enneccerus－Lehmann a. a. O.;帝国法院表述为"准合同关系"(在 RGZ 78, 240 中即已如此且一直如此),但没有进一步就理论问题发表意见。

〔15〕 此处并不打算进一步阐释意思表示的理论。

接受或者只是表面上接受了这一提议，亦即出于某种原因，该方欠缺对该磋商意愿之严肃性的信赖。只有此种对被表示之意愿的信赖才能使磋商的进入演变成法律关系。使要约人在法律上负担义务的事实并不是其开启磋商之表示的内容本身，而是在其表示与其他行为中被有效索取〔16〕的另一方的信赖。即便表示在语言上相同，磋商也可以在相当不同的强度上开始并发展，因此所要求之当事人的磋商信赖的强度也是相当各异的。决定是否发生以及发生何种保护、维护、说明或不作为义务的，应是磋商各阶段被要求并被给予之信赖的强度。如果没有磋商相对人的信赖，就没有希尔德布兰特(Hildebrandt)意义上之“说明责任”的法律基础〔17〕。

(四)

因此，在没有习惯法帮助的情况下，如帝国法院所表达的那样将缔约过失描述成对“准合同”信赖关系的违反，在体系上是有帮助的。摆在我们面前的是一种不以拘束性意思表示而负担义务为基础的债法法律行为。在我看来，将法律行为的概念拓展至这一第二种基本类型——通过给予被索取之信赖而使对方负担义务〔18〕，在体系上是正确的。我们不仅在先合同法律关系的建立中遇到这种义务负担的事实构成，在其他一系列情形中，也能遇到。例如在此意义上对自相矛盾行为(venire contra factum proprium)的

---

〔16〕“索取信赖”或“信赖索取”对应原文中的 Vertrauen in Anspruch nehmen、Inanspruchnahme des Vertrauens 等短语。有学者将 Vertrauen in Anspruch nehmen 译为“要求信赖”(陈卫佐译注：《德国民法典》，法律出版社 2015 年版，第 110 页)，这固然正确，但在本文中若一概如此翻译，恐有不通顺之处，故思量再三而以“索取信赖”代之。此外，在原文中被当作近义词使用的 Vertrauenswerbung，直译是“信赖追求”，与“信赖索取”非常接近，故也译为“信赖索取”。

〔17〕当 Erman a. a. O. S. 311 ff. 反对将信赖性作为先合同义务的基础时，根据他先前的阐述，这令我感到惊讶。他对此提出的反驳理由并不能使我信服。在他的“不可靠的自行车商”案中，要么不存在缔约过失(如果意向买受人识破了车商)，要么已经存在合同义务的违反(如果买受人已受到拘束)。“草率的律师”的例子则根本不属于合同准备的范畴，而是同样表现为合同违反。——关于先合同债务关系之信赖基础的问题，现在也参见 H. Eichler, Die Rechtslehre vom Vertrauen (1950) S. 13。我在以下方面完全赞同他：人们不能将磋商信赖与合伙人之间或雇佣合同当事人之间应有的忠诚等同视之，此正如我认为他将自《民法典》第 242 条中发展出来的制度进行批判性分类的努力是值得赞扬的。

〔18〕下文将一直按照双方性的事实构成(zweiseitiger Tatbestand)来理解这种法律行为的基本类型：对于一方当事人而言，须存在一项根据诚实(Redlichkeit)原则与其社会表现形式而足以引发信赖的行为，对于另一方当事人而言，须将信赖给予这一行为。

禁止，此外还有在公开自荐的场合下不迟延地拒绝合同要约的义务(《民法典》第 663 条)、从事《商法典》第 362 条所描述之商事营业时不迟延地对商业伙伴拒绝合同要约的义务。在信贷委托的情况下，索取对第三人的信赖则表现为一种合同类型(《民法典》第 778 条)。此外，根据《民法典》第 170 条至第 172 条、第 405 条、第 409 条、第 704 条第 1 款的善意者保护也是以信赖的索取为基础的，此外还有有价证券法上之表示的不可撤销性〔19〕。

"意思表示同时发挥索取受领人对表意人之信赖的作用""信赖的索取同样经常以意思表示(Willenskundgebung)的形式发生"，并不构成将负担行为作两种基本类型的体系划分的反驳理由。在所有通过且为了有法律瑕疵的(《德国民法典》第 122 条、第 307 条)或未决不生效的〔20〕意思表示而索取信赖的场合中，这种区分的意义就已经得到证明。考虑到下列事实，这种区分尤其得以正当化：对于信赖责任而言，起决定作用的是事实上被给予的信赖以及信赖的被允许性(Vertrauendürfen)。要么必须存在一项"权利表象"作为客观的信赖基础；要么，在对某人之信赖值得法律保护时，该人必须以某种社会角色出现，并伴有一定程度的、实际上的自主决定，这一自主决定正当化了另一方的信赖，即相对人必须是"可被信赖的(vertrauensfähig)"〔21〕。此外，区分基于意思表示而负担义务

---

〔19〕 在我看来，这种撤销限制的教义学正当性在于：在所提及的情形中，所涉及的并非仅仅是意思表示，而是同时涉及对一定范围之人(不限于表示受领人)的信赖的"公开"获取行为。人们不能撤销被索取并被给予的信赖，此正如《民法典》第 122 条所揭示的那样；以《民法典》意义上的可撤销替代有瑕疵之意思表示无效的普通法学说，已经在萌芽阶段包含了对意思表示与信赖索取之区分的承认。

〔20〕 即便在批准程序(Genehmigungsverfahren)未决时，对合同当事人的拘束也以其为基础；参见例如 RGZ 114，159 之情形(根据 1918 年 3 月 23 日土地交易公告(Grundstückverkehrsbekanntmachung)批准一项土地买卖合同。

〔21〕 开头处提出的保留尤其适用于这一评述。即便是一定程度上详尽的研究也特别需要对民法行为学说(zivilrechtliche Handlungslehre)进行探讨。Manigk 关于法律有效行为(rechtswirksames Verhalten)的学说中富有价值的开端应当在通过吸收典型社会表现形式而得以拓宽的教义学基础上，继续被推进。Manigk(Willenserklärung und Willensgeschäft；ihr Begriff und ihre Behandlung nach dem BGB；ein System der juristischen Handlungen，1907)与 Peter Klein(ArchBürgR 33，248 ff.；34，323 ff. sowie ÖstZentralBl. für die juristische Praxis 28，465 ff.，553 ff.，642 ff. und 705 ff.)就狭义法律上之行为(Rechtshandlung i. e. S.)的概念所做的努力，抛却其纯粹概念性，在人类行为之社会哲学的类型学说(sozial－philosophische Typenlehre der menschlichen Handlungen)框架内将会是富有成果的。鉴于民法教义学的任务，当前的探讨自然只能表现为初步的尝试。

与基于信赖索取而负担义务，其必要性与富有成果性还可以在以下方面得到证明：对于信赖义务而言，关于意思瑕疵、要式、生效和追认的原则以及关于代理的规定，并不适用或者说不直接适用。既然考虑到了代理，那么这一视角应使我们即刻进行更加深入的研究。

二

(一)

如果先合同债务关系之义务的基础在于信赖关系，那么显然，对于“被代理人或代理人是否要对此义务之违反而向第三人承担责任”这一问题而言，起决定作用的就是，第三人可以向谁给予其“磋商信赖”并期待在此信赖中享受到法律的保护。当第三人信赖之人并非被代理人而是代理人时，上述义务就必定首要为代理人的义务。根据法律的基本思想，《民法典》第164条以下之意义上的代理指的是作出法律行为之意思表示的代理。这种代理在多大程度上可以适用于其他类型的法律上之行为(rechtliches Verhalten)是有争议的，此处无须对此详尽地加以探讨。就以下内容而言，是已经达成了共识的：代理并不适用于侵权行为之实施或者所有权、占有之妨害的实施〔22〕。此外根据正确的观点，代理也不适用于以下行为：依据占有法或拾得法而取得或放弃事实上对物之支配力的事实行为，混合、附合或加工等事实行为，著作权人或发明人的创造性工作等〔23〕。导致此类法律上之行为的效果直接归属于他人的法律关系并非代理关系，而是辅助关系(Verhältnis der Gehilfenschaft)。也即此处必须存在一项家务(Haushalt)或营业上的隶属关系(参见《民法典》第855条)。起决定作用的并非代理权赋予代理人的意思权力(Willensmacht)，而是被纳入

〔22〕 通说，参见 Staudinger－Riezler[9], Bem. 15 zu § 164 BGB。

〔23〕 关于占有法，参见 Staudinger－Kober[10], Bem. 23 zu § 854；关于通过加工取得所有权，参见 M. Wolff, Sachenrecht[9] (1932) § 74 III S. 236, H. Westermann, Sachenrecht (1951), § 53 III 2 c S. 243 f.，此外，原则性的阐释见于 Herz, Der Rechtsgrund für den Eigentumserwerb am Arbeitsprodukt im Arbeitsvertrag, JheringsJahrb. 74 (1924) 1 ff。

他人之支配范围的社会事实。并且，相较于对被代理人之法律效力的发生系取决于代理人根据其代理权有意地引起此种涉他效力，在辅助关系的情形中，根据正确的观点，辅助人在实施相应行为时其实际意思究竟指向何者，并不重要。对企业主之原材料进行加工的企业雇员是否为了自己而加工且是否想以此取得所有权，均不重要。在社会依附地位中完成的劳动即具有依据《民法典》第 950 条而仅为企业主创设所有权的效力，哪怕劳动者对此具有不同的意思。这是因为，劳动者不能仅凭意思行为(Willensakt)就突破其辅助关系的限制。同样，判断某一发明的性质是否为职务发明时，起决定作用的也不是实施发明行为之雇员表现出为他人之意思还是为自己之意思〔24〕。

只要人们认为，对人的信赖是附着在被给予信赖之人的身上，那么就可以得出以下结论：合同准备信赖关系显然亦无代理的适用余地。代理人可能为了本人而索取第三人的信赖。例如，意向买受人的授权律师说："您可以坚定地相信，我的委托人在您同意其条件时必定会购买土地"〔25〕。只要人们看到，对消极利益(并非积极利益，该利益在代理权超越时依《民法典》第 179 条第 1 款可以考虑!)的赔偿义务并非建立在此种压根未有效作出的义务负担之表示的基础之上，而是建立在正当信赖的落空之上，那么以下结论就很明显了：此处不能说是代理，而只能说是对第三人信赖的中介(Vermittlung)——被授权人自己通过其话语的说服力与人格的可靠性促使第三人向其表示给予坚定的信赖，从而导致第三人据此调整了他的计划。并非代理权而是第三人的此种信赖，赋予了代理人之表示以义务负担之事实构成的意义。本人在这种情况下也就并非被带入与第三人"直接的"信赖关系之中，而是被带入到通过代理人之中介而形成的与第三人的信赖关系之中。此种中介在其不再被需要时即告终止。随后，信赖基础便不再是代理人，而是被代理人在合同中所作之

---

〔24〕 就加工之情形明显也是如此的，Wolff a. a. O. S. 237；在结果上相同，在基本思想上相似，Westermann, a. a. O. § 10 III 2 und § 53 III 2 c。即便在占有之取得的情形中我也认为，起决定作用的并非占有辅助人实际的为他人之意思抑或为自己之意思，因为当他在交付的那一刻就决定将为了交给本人而交给自己的物据为已有时，他也只是从本人手中侵夺占有物。

〔25〕 参见例如帝国法院载于 LZ 1910, 80 Nr. 2 的判决中的情形。

承诺。仅在关系到代理权之存在(《民法典》第179条)与表示之法律存续性(《民法典》第122条)时,第三人的信赖还有保护的必要。《民法典》第122条中的责任仅发生在被代理人身上,是因为他的表示才是被给予信赖的表示。

当然,这种信赖的中介也不是始终都存在,毋宁说,还存在很多反过来磋商相对人的信赖最初是给予本人,而本人则是为了其代理人才去索取信赖的情形。例如,外部代理权授予即表现为本人为被授权人而索取第三人信赖。即便在这类情形中,就信赖关系而言也不存在代理,而是存在履行辅助关系(《民法典》第278条)[26],这一点在当前的主题下是决定性的。

(二)

在缔约过失情形下,是否要以代理的规定为出发点,对此疑问,人们有时尝试通过参引《民法典》第166条第1款来平息。人们如是说道:从这一规定中可以得出,被代理人必须像代理行为系出自代理人之手那样去接受它,并承受因代理人意思瑕疵或恶意而导致的代理行为的任何瑕疵;代理人绝非置身事外的第三人,而是自己实现了代理行为的事实构成[27]。然而这种类比可否被允许,至少看起来必定是有疑问的。《民法典》第166条第1款的直接适用领域是已经成立的合同。因此它仅覆盖比例相对较小的缔约过失案件,亦即恰好是,在具有未决性与变化性的先合同信赖关系的特征面前,压根不具有典型性的案件。可以肯定的是,第166条是建立在代表理论(Repräsentationstheorie)的基础之上的,亦即建立在以下观念之上:代理人在合同缔结中系"代表"(repräsentieren)被代理人[28]。暂且不论代表的概念对我们的民法而言还很陌生且作为一般

---

〔26〕 在被授权人出示了例如授权人的书面表示时,情况自然就完全不同了。此时直接在授权人与第三人之间发生信赖关系。但此情形同样与代理无关;被授权人在这方面只是传达磋商意愿之表示的使者而已。

〔27〕 RGZ 83, 241,在参引先前判决的情况下;RG JW 1927, 1086 Nr. 4; RGR-Komm., Bem. 3 b ßzu § 166,此处需要补充的是,使被代理人免于承担假使其亲自磋商与缔约时同样应承担的责任,是不公正的。

〔28〕 Motive I, 227. Müller-Erzbach, AcP 106, 439 在法政策上所作之"选派一名可靠的代理人是被代理人自己的事"的论证,尽管对意定代理权而言包含了正确的线索,却如Staudinger-Riezler, Bem. 1 zu § 166 BGB 所强调的那样,不能适用于法定代理。

法律概念其也不具有清晰的轮廓[29]，对于磋商阶段的信赖关系而言，如应再次强调的那样，起决定作用的是代理人在第三人面前表现为何种身份，以及理性地观察，可以表现为何种身份：作为另一个自我（alter ego），还是仅作为被代理人效果意思的实现工具，仅作为“中间人”（Durchgangsstelle）——抑或作为“可被信赖”之人！我们不可能期待在第166条第1款中找到此问题的答案，因为对于法律生活中意定或法定代理权存在的不同形式而言，这一问题无法进行统一回答。生动地讲，代理人时而躲在孔武有力、熠熠生辉的被代理人形象后面，时而又反过来自己作为交易标的之处分权的事实享有者而再次出现，此时的被代理人则仅表现为代理人之行为所引起之法律效果的归结点。对于这些代理关系的不同类型（此处仅暂且描述其极端表现形式）而言，当然需要对其进行各自不同的先合同信赖关系的法律判断。

以下这个无需特别理论考量就可以对其作出评价的实践案例能够轻松地说明，这种根据社会表现形态的不同而进行的区别判断的必要性。在著名的地毯案（Linoleum－Fall）[30]中，一名顾客在商店中浏览商品时因为雇员的过失而遭受损害。只要人们不将保护义务的履行从先合同债务关系中排除[31]，那么认定此案中的店主须基于缔约过失而承担责任就是没有任何疑问的。受害人给予信赖的并非雇员而是店主。让我们改动一下案件事实：某一土地的意向买受人在有权为土地所有人签约的居间人的办公室中遭遇了事故，对此，居间人的一位雇员负有过错，此时如果基于缔约过失而令土地所有人作为居间人的委托人与授权人去承担责任，那么这种做法显然是矫揉造作的且在结果上也是站不住脚的。让受

〔29〕 代之以众多文献，参见 H. J. Wolff，Organschaft und juristische Person，Bd. 2 (1934) S. 16 f。

〔30〕 RGZ 78，239.

〔31〕 Hildebrandt a. a. O. S. 132 对此表示赞同。在诸多案件中将缔约过失学说当作替代品使用，以超越《民法典》第831条所规定之不够充分的店主为其雇员承担的侵权责任，从而作出令人满意的判决，此举对于缔约过失学说在教义学上的完善构建而言，肯定是没有益处的。如果仅涉及那些排除掉侵权法上免责之可能就可以作出妥当判决的案件，那么我与 Hildebrandt 持相同疑问。然而，对磋商相对人之保护的需要远远超出此种经过强化后的侵权法保护的范围。可供设想的有，保守在磋商过程中必须披露且仅因为先合同信赖关系才向相对人披露的秘密。此外，在第831条的情形中人们是否应当切断一切免责的可能，在我看来也是值得高度怀疑的。

害人仅仅求助于《民法典》第 831 条所规定的对居间人的侵权请求权，则更加欠缺正当性。毋宁只有以下才显得正当：令居间人如同地毯案中的店主那样依据《民法典》第 278 条为其雇员的过错而承担责任；因为就保护义务而言，先合同关系的债务人是居间人而非委托人。至于居间人对其被委托之缔约而享有的利益，则显然并不重要。

（三）

认为在特定情形中代理人自己也可能被卷入合同准备债务关系的观点，乍看之下也许和代理法的教义学基础是相悖的。代理的直接性学说是从以下观念出发的：以他人名义行事之人仿佛凭借一项意思行为（Willensakt）放弃了所有针对其个人的行为之法律效果，只要其处于代理权的范围之内。然而这种观念绝非由事物的本质所决定的，而是如众所周知的那样，需要相当长时间的发展且直到 19 世纪中期才被人们普遍接受。哪怕是施洛斯曼（Schloßmann）关于代理的学说，仍然是对直接性理论的原则性批判。因此，在历史层面深化对直接性原则的教义学理解，是值得的，由此我们可以认清其正当效力领域的边界所在。

让我们回想一下欧洲法律思想是如何难以容忍对以下事实的承认：在自由人之间，一项以他人名义作出的行为可以具有直接的权利创设与（尤其是）义务负担的效力。如果此问题，如人们鉴于直接性学说之反对者特尔（Töhl）〔32〕的表态，或者鉴于追随者萨维尼（Savigny）〔33〕的表态而可能认为的那样，仅涉及应当如何思考 A 之债务直接从 B 之表示中产生的逻辑问题，那么代理学说的历史〔34〕从 13 世纪开始就是关于纯粹的建构问题（Konstruktionsfragen）的无意义争论。经院哲学与教会法的同

---

〔32〕 Handelsrecht, 1. Aufl. (1841) Bd. I S. 74 f.

〔33〕 Savigny, System III § 113 und Obligationenrecht § 54 f.

〔34〕 后来的，参见 H. Buchka, Lehre von der Stellvertretung bei Eingehung von Verträgen (1852)，即便该著作主要被看作法学史作品，在今天仍是很有价值的，关于"任何人不得为他人缔约（alteristipularinemopotest）"的意义，参见 G. Wesenberg, Verträge zugunsten Dritter (1949). H. J. Wolff a. a. O. II, 132 之"《普鲁士一般邦法》与《法国民法典》并未承认直接代理"的观点是不正确的。参见《普鲁士一般邦法》第 1 编第 13 章第 1 条、第 85 条；《法国民法典》第 1998 条；《奥地利一般民法典》第 1017 条、第 1018 条；此外，《萨克森民法典》第 788 条。

一性学说（能为己而为之事，亦能为他人而为）（potestquis per aliumquodpotestfacere per se ipsum）[35]随后作为民法原则必定毫不费力地得到了普遍接受。罗马法对利益第三人合同的敌视绝非阻碍对直接代理之承认的思想力量；只要提及采邑法、劳役法与邦法（Lehns－，Dienst－ und Landrecht）中大量的反面例子，那么，越来越难以被内在理解的"任何人不得为他人缔约（alteristipularinemopotest）"的规则也就应当能够毫不困难地被动摇。事实上，不论是教会教义与教会法上"教皇是彼得（Petri）的代理人（vicarius）"[36]的学说，还是教皇自13世纪起就已广泛任命享有重大代理权之专员（commissarius）与代理人（vicarius）的事实[37]，抑或例如公使（Gesandter）与国王使者（Königsbote）等国家法制度，均未能作为榜样而助益民法上之自由代理的发展。对于主权性团体（hoheitlicher Verband）内部的代理权授予而言，代理人是作为服务性（dienend）的一环而加入的，这种代理权授予在民法上没有对应物，因此对代理学说而言也没有比较的价值。基于归属或隶属于使徒统绪之下或者某一支配性结构的团体之中（auf Grund einer Ein－ oder Unterordnung unter die apostolische Sukzession oder in einen herrschaftlich strukturierten Verband），一项行为必须可以在法律上直接对他人发生利益或不利益的效力，对此并不存在法律思想上的障碍，此正如基于家主对家庭成员的保护关系而产生的代理权（aus der munt des Hausherrn über die Hausgenossen fließende Vertretungsmacht），亦无障碍。尤其对于自然法思想而言，意定代理的伤风败俗之处恰恰在于：在权力关系（Gewaltverhältnis）或者某种既定的超个人的秩序之外，亦即在无权力的私人之间，恣意地创设某种形式的服从关系，凭此，代理人并非仅仅是传达人也即"表示"代理人，而是他人的"意思"代理人。由此就像是，代理人

---

〔35〕 Regel 68 Liber Sextus V，12 Corp. Jur. Can. 在犹太教法中代理的直接性很早就根据"某人之代理人如同该人自己"的规则而得到了承认；Cohn，Die Stellvertretung im jüdischen Recht，ZvglRW 36 (1920) 124 ff.，insbes. 133。

〔36〕 对此参见在 Buchka S. 147 中被评论的誓词（Eidesformel），在该誓词中，格里高利九世（Gregor IX.）与其继任者被称为圣彼得的代理人（VicariiSancti Petri）。

〔37〕 对此参见 C. Schmitt，Die Diktatur^2 (1928) S. 43 f.，关于教皇至高权威的形成。

赋予了自己以他人之奴隶的法律性质，或者反过来，被代理人在对代理人之意思的服从中放弃了自己的意思自由。如此岂非将对人格所享有的不可让与之权利与对自己之承诺负责的不可更改之义务，置于法律行为之恣意的摆布之中？仅凭这一视角就能使我们理解，例如普赫塔(Puchta)反对代表理论时的激昂慷慨〔38〕。

实际上，代理的直接性学说在19世纪仍没有在真正的"自由"代理关系中取得胜利，而是在经理权与代办权中取得了胜利。在这两种已经被立法所承认的制度中，其实践必要性与法政策上允许通过法律行为创设代理权的无疑问性，最容易被证明，但它涉及的实际上并非真正平等之人之间的关系，而是存在一项商事辅助人(Handlungsgehilfe)对本人的隶属关系或者被授权人对某一商事组织体的归属关系。对于这些商事辅助人员而言，将职业声誉置于尽最大努力去"代表"本人的商号(Firma)，并由此至少将可敬的商人阶层的形象反照到自己身上(einen Abglanz des ehrbaren Kaufmannsstandes auf sich zu leiten)，绝对不是有辱人格的自我放弃。当被授权人隐匿在本人的商号之后时，这与法律生活的真实状况就完全相符。基于体系性要求而推动的、对从商法代理关系中获得的理论认识〔39〕的一般化，导致了直接性学说的完全胜利。今天我们并不认为，借助最初从上述商法制度的社会表现形态中获得的理论认识来解释以他人名义作出的行为，是伤风败俗的，例如律师、居间人、法定代理人(父亲、监护人)，甚至是遗嘱执行人、破产管理人、遗产管理人、强制管理人等人的行为〔40〕。

---

〔38〕 Puchta, Pandekten[4] (1848) § 273. 在这一背景下参见 H. Reichel, Höchstpersönliche Rechtsgeschäfte (1931) S. 3：代理作为法律技术的艺术品；"父亲的罪过殃及孩子"，这不仅是残酷无情的，也是非理性的。

〔39〕 对此尤其参见 W. Endemann, Das deutsche Handelsrecht[1] (1865) S. 128ff., insbes. Note 2.——《一般德国商法典》之前的判决，Ober AppG Lübeck, 28. 12. 1847, in Römer, Sammlung der Entscheidungen des OAG Lübeck in Frankfurter Rechtssachen IV, 281。

〔40〕 在我看来，关于继承法、破产法、执行法上凭职务(Amt)而被法律授予代理权者的代理人说(Vertretertheorie)与职务说(Amtstheorie)之争，其思想史上的根源可以在这一一般化的过程中找到。这种争论实际上并不是如 Binder, Rechtsstellung des Erben, 3. Teil (1905) S. 379 Note 18 所想的那样，是对代理之概念区别的争论，而明显是职务说对以下观念的抵制：以法律的视角观察，破产管理人或遗嘱执行人在某种程度上隐匿在破产债务人或继承人的(转下页)

从这些历史性的考量来看，意定代理权的抽象性学说仅仅是广泛的抽象的一部分，凭此抽象，我们实现了对意定及法定代理之法律性质的统一认识[41]。由此，对于一项必要且有意义地具有为他人直接设权与负担义务之效力的行为而言，去追问其所处的社会基本形式如何，对于法律的评价而言即不重要。从社会视角观察，代理人是否领导、平等抑或隶属于被代理人，或者代理人是否集中掌握了为被代理人负担义务与进行处分的权力（在法定代理之情形中很大程度上即为如此），抑或代理人或被代理人是否被视作交易之本人，均不再重要。这种对作为代理权之基础的社会学权力状况（soziologische Machtverhältnisse）的不过问，作为法律构建的辅助工具而言是有用的（nützlich），只要涉及的是对直接效力的解释。在这方面，这种解释也是无害的（unschädlich）。如果人们想要再次放弃由此获得的法律评价自由与代理学说的体系完整性，那么这将是教义学的倒退。但是，我们也应该认识到这种思维运作可被允许的边界所在。上文提到的事实行为并不在此边界之内，这一点之前就已经指出了。如果我们严肃对待先合同信赖关系的概念，那么在缔约过失学说的领域内，这一思维运作就显得太过粗暴了，因为缔约过失涉及的不是代理人之意思活动归属于被代理人的问题，而是要判断，第三人的磋商信赖针对的是谁。对这一判断而言，如应再次强调的那样，“代理人或被代理人根据其社会或法律地位是否处于隶属或平等关系”的问题，即不是无所谓的。毋宁此项因素对于代理人是否“可被信赖（vertrauensfähig）”而言，如我所认为的那样，是具有重大意义的。因此我们必须把代理人看作以某种社会角色出现的真实存在（leibhaftes Wesen），尽管其社会角色通常融于其意思与意思的表示之中，但这并非毫无限制。

（接上页）身后，此与意定代理之情形并无二致，尽管二者在法政策上的基本思想与社会表现形态完全不同。因此职务说的出发点是：此类代理人乃基于自我负责地被授予之权限而行动，且其行动不是或者不必是为了实现被代理人的利益。顺带一提的是，在职务说的实践结果愈发被人们放弃后，职务说即退败了。柏林高等法院载于 JW 1937, 1073 Nr. 13 的判决（强制管理人对承租人而言并非土地所有人的履行辅助人）在一定程度上是迟到者，相较之下，RGZ, 144, 399 在结果上则似以代理人说为基础。

〔41〕 在我看来，推动这一一般化的是 Laband 的代理权抽象性学说的真正功劳，ZHR 10 (1866) 183 f。

三

根据之前考量的结果，将意定或法定代理的各种情形，根据代理人与被代理人相互依属的社会与法律关系进行分组，将是必要的。在排除掉一些边缘情形后，对于我们的目的，亦即在民法的界限内，将形成三组。之后我们将对每一组进行审视，看看多大程度上能于其中找到关于责任判断的统一线索。

（一）

第一组属于这样一种代理关系：代理人在组织上以仿佛被吸收的方式成为某一经济企业或者私法、公法上之团体的成员。这是法律上有效地为他人实施行为的一种基本形式：基于代理人对法律所规范之超个人组织（企业、法人、机构）的归属关系而发生的代理权。对于经理人、代办人、1938年11月29日《自有企业条例》（Eigenbetriebsverordnung）意义上之镇自有企业中享有代理权的职员，以及被授权缔结私法交易的公、私法人中的其他公务员或职员而言，毫无疑问，第三人实际上完全没有把对实现所追求之缔约的利益寄托在他们身上，而是寄托给了企业主或者相应之法人的法定代理人。与职员进行磋商的相对人知道或应当知道，他是与这样的人打交道：此人在很大程度上受制于他人指示、业务原则以及特定目的，而这些与其个人必定是毫无关联的。举例而言，出于把银行经理人看作“交易的灵魂”，顾客将其信赖给予了该经理人，此举或许在刑法的意义上可导致与该经理人之忠实关系（Treueverhältnis）的建立〔42〕；但对于民法的判断而言，则即便在此类案件中也应认为，寄托在职员身上的信赖仅构成对给予企业主自己之信赖的强化——当然暂且不论职员根据《民法典》第826条的损害赔偿义务，对于该义务，受损害之顾客的信赖利益可能作为一项论证悖俗的因素而具有意义。因此代理人在所有此类情形中自始就不是作为“信赖载体”，而仅仅是作为被其所代理之本人的履

〔42〕 对此参见 Schwinge—Siebert, Das neue Untreuestrafrecht (1933) S. 37。

行辅助人而参与到合同准备之中的。缔约过失责任因此也就仅发生在被代理人身上。

(二)

在经济上独立之人持续地(如享有缔约权限的代理商,《商法典》第84条)或个别地(如居间人、律师、审计师)被委托实施合同之准备与缔结的情形中,本人与被授权人之间的关系相较于第一组就松散多了。此类情形构成了第二种社会基本形式:基于自由归属(freie Zuordnung)而发生的代理权。在此类情形中,磋商关系的建立方式可以是相当差异化的:当本人向第三人提名了为其实施磋商之人时,本人就将该人带入了第三人的信赖之中。反过来,也可能是被授权人自己着手磋商,于此,委托人对于第三人而言则可能仅仅是知道其名字而已。在后续的磋商进展中,本人同样可以以完全不同的方式出现。本人完全待在幕后(例如当被代理人是外国人时〔43〕),或者反过来,本人参与磋商的全程或参与其中重要的部分,这些都是可以设想的。

上述对可能之事实形态的描绘已经表明,在这一组中,不可能对缔约过失责任的问题进行统一判断。毋宁应当得出相当差异化的责任后果,此正如置身于生活现象的多样性之中,因当事人社会平等性而发生之真正自由代理关系可能再为分化。因此正是在这一代理关系的分组中,下列原则的正确性是可以得到证实的:处理任何发生于合同准备关系的具体义务时,都要查明磋商信赖的人身载体到底是谁。因此基于这样的视角,我们将首先审视磋商开始的阶段(1),然后将磋商后续发展中出现之问题的决疑分别置于以下设问:代理人是否对第三人不承担责任(2),代理人是否要在被代理人之外就缔约过失对第三人补充性地承担责任(3),或者,代理人的单独或至少是主要责任是否具有正当性(4)。

(1)

让我们设想一下如下通常情形:磋商的开始与代理权的授予同时发生或者前者紧随后者。在此类情形中起决定作用的是,被代理人在多大

---

〔43〕 参见RGZ 83, 241中的情形。

程度上为了其代理人而索取了相对人的磋商信赖。对外授予代理权，也即通过对第三人之表示而授予代理权，或者，代理人将委托人签发的代理权证书呈交给第三人，这些都可以导致上述信赖索取的发生。在这些情形中，授权人原则上并非仅仅表达了“代理人被授权缔结法律行为”，而是同时表达了“代理人是其磋商之实施的信赖之人”。假设被授权人在未呈交代理权证书的情况下开启了磋商，如在委托律师或审计师时通常发生的那样（因为通常不会询问这些人的代理权），那么与第三人之信赖关系的载体最初就是代理人自己。不向此类他人利益之职业管理人索要其磋商权限证明的惯例，为我们提供了人身“职业信赖”的例子，对此我们在分组(3)的情形中还会进一步研究。在未提交代理权证明的情况下，律师通过将自己介绍为受X授权之人的方式将相对人的信赖中介给其委托人。由此他就承担了一项对其代理权之存在的担保义务(Gewährschaftspflicht)，如《民法典》第179条所规定的那样。因此法律本身就已向我们表明，代理人可以置身于先合同信赖关系的义务之中。当然，只要代理权事实上存在，就意味着代理人履行了其担保义务。

(2)

若代理人在磋商的后续进展中没有索取对自己的个人信赖，则其对第三人的责任就欠缺基础。当被授权人仅作为委托人之信息或表示的传递者而出现时（以第三人可识别为限），情况总是如此，例如被授权人明确表示了被使用之信息的来源为委托人，或者根据具体情势不能推定其利用了个人知识。即便没有提及信息来源，原则上被授权人与第三人之间也不存在足以正当化后者对前者之特别磋商信赖的个人关系〔44〕。第三人知道或应当知道，其对话之对象并没有决定自由，而是受到授权人之指示的拘束。因此，哪怕代理人有过错地将本人委托其作出的表示以其他内容作出，或者以其他方式使磋商的进展走向授权人所欲避免的方向，原则上代理人也不对第三人承担个人责任。同样，在代理人出于磋商利益考量而使用了委托人提供的信息时，即便代理人知道该信息是不正确

〔44〕 仅对于应由被授权人单独履行的“创造无风险的磋商场合”的义务而言，如前所述，情况有所不同。

的。例如，代理人表示拟出卖之房屋的费用为总收入(Roheinnahmen)的15%，但他实际上知道应为这个数字的两倍，代理人也不会发生与第三人的个人信赖关系。虽然被授权人不得使自己成为不诚实的工具，且在此类情形中存在侵权责任介入的可能(此处不欲对侵权责任作进一步探讨)。但在缔约过失的视角下，所涉及的不论如何都仅仅是基于本人与第三人的先合同债务关系而发生之义务的违反。

在第三人例如出于磋商利益考量而将其业务状况披露给代理人的情形中，也能得出相似的视角。第三人将其秘密告知代理人是出于希望传达给本人。因此第三人实际上并非将秘密吐露给代理人，而是通过代理人的“耳朵”吐露给了将来的合同当事人。因此，因秘密泄露而造成之损害的责任也就通常只发生在被代理人身上，哪怕被授权人或者被授权人之辅助人行事有过错。所有这些问题都不存在特别的疑问；对其进行研究本质上只是在为后文作准备。

(3)

在代理人索取了对自己的个人信赖而这对第三人的磋商行为又具有决定性影响时，在被代理人责任之外的代理人对第三人直接责任即告成立。当被授权人援引其职业专家的身份以使其表态具有特别的、对第三人而言是决定性的说服力时，就属于这种情形。举例而言，被授权人并非仅仅将那些作为价款约定之基础的付款信息予以告知并说明，而是还保证，基于其专业知识，他已确信这些信息是正确的。如此一来，他就脱离了单纯的履行辅助者的角色。属于这类情况的其他例子：出卖人的代理律师在出示税务咨询师证书的情况下坚定不移地告知买受人其应承担的、因该笔买卖而发生的税款，但这一信息实际上并不正确，或者，出卖人的代理律师坚定地保证，土地买卖将得到批准或者农业供应协会(Landlieferungsverband)的优先购买权将被放弃[45]。如果第三人信赖了此种客观上不正确的信息，因为其信赖律师的法律知识并且相信律师能够出于行业纪律而谨慎行事，那么这种信赖应得到法律的保护。诚然，第三人应如此告诉自己：律师是被允许将其职业能力仅服务于其委托人之利益

[45] 参见 RGZ 114，155 中的情形。

的。但即便如此也不能否认，在此类情形中，第三人所给予之信赖的载体并非委托人而是律师：决定第三人行为的，并非"委托人找了一个诚实之人来代理自己"的想法，而是律师行业的公开声誉、对律师真实义务(Wahrheitspflicht)的信赖以及对行业法上"不得实施义务违反行为"之要求的信赖。

委托人在此类情形中的责任总是建立在下列基础之上：律师乃作为其履行辅助人而向第三人履行磋商义务，哪怕委托人可能并未指示律师提供有问题的信息。但代理人是否因此而应如在(2)中所讨论之情形那样免于对第三人承担责任呢？对下列事实的法律原则上的质疑是无法成立的：作为他人之履行辅助人的人可以同时对债权人负担相同内容的债务[46]。但对于代理人对第三人之个人责任而言，总归可以提出两种反驳：第一，人们可以主张，在第三人之磋商相对人使用代理人的情况下，第三人的地位尽管不得比直接与本人磋商时更差，但也不得更好；因此代理人与被代理人的双重责任就构成了不正当的优待。第二，可以预料到这样一种反驳：代理人的责任就好似飘浮在空中一样，因为他在经济上并非交易的承载者；因此，令代理人为其缔约过失而向第三人承担责任，是不公正的严苛。

在我看来，第一种反驳并不具有说服力，因为它建立在将事实上完全不类同的情形进行等量齐观的基础之上。一般而言，缔约过失责任是对磋商风险的一种平衡。当磋商相对方由两个人组成时，磋商风险相较于仅有本人参与时更为重大，对此应该是无法反驳的。例如，对于保守秘密而言，风险无疑是随着知晓秘密的人数而上升的。在其他情形中人们也应承认，当第三人面对的是代理人时，其所处之磋商状况相较于与未来的合同当事人直接商谈时更差。代理人通常不掌握磋商标的的私密信息且

---

〔46〕 在 RGZ 108, 223 中，帝国法院正确地强调，判断某人是否为履行辅助人时，起决定作用的并非其对于债务人而言所处的地位，而是客观情势。向其他债务人允诺履行债务的连带债务人无疑应被视为这些债务人的履行辅助人。在这一情形中，《民法典》第 425 条并不构成适用第 278 条的阻碍。父亲加入儿子的债务，或者丈夫基于法定管理权履行妻子的债务(对该债务他依《民法典》第 1388 条而自己负有责任)，这些都是履行辅助关系与自己债务互不排斥的进一步例证。

原则上并无决定自由。此外，直接与本人建立个人联系在许多情形中可以促成对制约磋商利益之情势的、更为清晰的认识，并且还可以产生对磋商之积极成果的取得而言十分重要的心理拘束。

第二种反驳则更有分量。它使我们再次回到缔约过失的基本问题，回到此种责任之“为什么”。“只有拟缔结之交易的经济上之本人才承担责任”绝非一般性的法律原则；因为它等同于说，人们可以为了他人的利益而不受惩罚地辜负被索取并被给予的第三人信赖，只要不发生基于内部关系而对委托人承担的损害赔偿义务。这种观点与《民法典》第 179 条、第 54 条第 2 句、《德国股份法》第 34 条以及《有限责任公司法》第 11 条的基本思想并不相符，根据这些规定典型的事实构成，其适用均以存在一项为他人利益之行为为前提。

另一个问题则是，在此处讨论的情形中，代理人与被代理人是否要作为连带债务人而承担损害赔偿。在我看来，肯定的回答是不正当的。其情节与《民法典》第 830 条意义上的共同侵权、债务加入、《民法典》第 427 条的合同义务共同承担，都不具有可比性。第三人的两位磋商相对人的责任，并不建立在他们共同索取了第三人信赖的基础上。毋宁说，除（直接或通过被授权人之中介而建立的）第三人与本人的信赖关系外，基于代理人将磋商义务的履行与对自己之信赖的成功索取的相互捆绑，对代理人而言，就发生了一项特别的义务负担之事实构成。代理人尽管并非“以他人名义”，却是“为了他人事务”而向第三人发挥其信赖能力。故其行事非似代理人，而似保证人。因此，“代理人不应承担与授权人相同的责任，因为其并未作为交易之本人而分享磋商成果”，此种反对理由就具有正当的实质。不能将代理人的行为从其与合同准备关系的目的关联中分离再加以观察。尽管代理人在此种情形中已经不仅仅是履行辅助人，但其投入的信赖能力尚不足以令其成为独立的磋商当事人，毋宁说，代理人仍保持着本人之代言人（Gewährsmann）的角色。这不禁让人联想到与信贷委托（《民法典》第 778 条）的类比：此处如同信贷委托一样，都是通过个人的投入而促进他人的事务，也都是将另外两方当事人（已存在或仅仅是尚待建立）之关系所立基的信赖基础置于个人责任之下从而将其强化。

从这一点中可以得出，代理人的责任如同第778条中的委托人那样，应当限于保证义务。

对于代理人的此种分层责任，也可以提出法政策性质的理由。律师或审计师的行业意识在这一责任中而受到其重视，下列要求所反映的公共利益亦为如此：正是这些被委以权利维护之任务的职业群体，应当在维护他人利益时承受特别的注意。他们不得为了己方当事人的利益而将第三人眼中由其职业阶层所赋予的声誉，轻率地加以利用。如果他们不想成为委托人之磋商忠实性的保证人，那么在所作之表示于事实或法律上有歧义时，指明以下内容就足够了：他们不对所发表之观点作担保；如此一来第三人就知道，其下一步的决定不能建立在这些观点的基础之上。

(4)

如果代理人索取的第三人给予之信赖并不限于为其授权人作担保，那么其完全责任、而非仅仅是保证责任，即告成立。在《帝国法院民事裁判集》第120卷第252页与第159卷第54页的判决中，帝国法院以“在经济上观察代理人自己已成为磋商当事人”为由论证其缔约过失损害赔偿义务。这些判决在结果上值得赞同。但论证理由，如前文已评论的那样，并不令人满意，毋宁需要在逻辑连贯的信赖学说的视角下再作审视。可请求以结果发生为条件之报酬的代理人，也属于“经济上有利益的”代理人；此外，经济利益还可以从法定代理人的父母受益权(elterliches Nutznießungsrecht)中推导而出。因此正确的做法是取决于：代理人是否不仅构成了自己事务的代理人(procurator in remsuam)，而且还同时对第三人进行了个人信赖的索取，并且因此卸下了形式意义上之本人的单纯代言人(Gewährsmann)的角色。在认定代理人的完全责任系正当时，这一要件必须始终被满足。相反，如果被授权人(即便是事实上的交易之本人)仅仅作为他人利益的管理人而出现在第三人面前，并且没有索取第三人对自己的个人信赖，那么就欠缺在经济上处理自己事务的代理人对第三人承担损害赔偿义务的法律基础。可能存在的损害平衡因此也就只是代理人与其授权人的内部事务。

通过其他方式，代理人也可以让磋商中的交易成为自己的交易，以至于其对第三人的直接责任得以正当化。前文提到的情形也许可以作为例子,即:被授权人坚定地承诺,一旦土地所有权人促成了抵押权的展期,则必定买入待出售的土地。我们设想,被授权人被委托进行合同磋商并被授予了缔约的权力,且此时存在多块土地可供选择,但如被授权人所知道的那样,本人尚未对此作出选择。在此种情况下,即便被授权人表示,其委托人在抵押权获得展期时一定会购买该块土地,根据意定代理权的抽象性学说,肯定也说不上是超越代理权,只要委托人此前并未拒绝购买该块土地。但对于合同准备债务关系而言,根据代理权的范围进行判断的做法则是完全不正确的,因为缔约过失责任尽管建立在意思的表示(Willenskundgebung)之上,却不建立在法律行为之意思表示的拘束之上;因为作为意思表示而言,代理人之"委托人将购买"的坚定承诺因欠缺《民法典》第 313 条之要式而无效。因此,责任的问题不根据《民法典》第 179 条而决定,而是仅仅根据以下问题决定:被授权人是否赋予了其表示以"授权人之决定"的形式,但事实上却剥夺了授权人的决定权。如果存在我们前文所讨论的进一步事实,也即允许第三人将其信赖给予代理人个人的事实,那么令代理人不仅仅作为保证人,而是作为与被代理人并立的连带债务人对第三人遭受的信赖损害承担责任,就是正当的。

(三)

第三组是亲权人、监护人、辅佐人(Beistand)、保佐人(Pfleger)等实施法定代理的情形;此外还有破产、遗产与强制管理人以及在其管理权限范围内(《民法典》第 2205 条、第 2211 条)的遗嘱执行人,对此,不管人们持职务说(Amtstheorie)还是代理人(Vertretertheorie)说,均无不同。因为即便是职务说的追随者也不会否认,此处存在一项使其行为可直接对他人发生效力的法定权限,在我们的主题下这一点才是决定性的。第三组的情形构成了第三种基本形式,于此,代理以基于被代理人服从于家庭法、继承法或执行法之关系而发生之代理权而存在。

(1)

就先合同债务关系而言,这一组表现出相较于前文所讨论之情形明显的重大不同。被代理人无法影响代理人的挑选。对后续的磋商进展他无法施加影响[47]。尤其是他没有指示权。破产管理人或强制管理人可能从破产债务人(土地所有人)处获取了待管理之财产的事实与法律状况的信息——但这很难说是被代理人有重大影响地参与了合同准备。在法定代理权的其他情形中哪怕是此种影响,原则上都是不存在的,且即便上述信息被利用,也只由代理人单独负责。从这些考量中已经可以得出,服从于法定代理之人不可能是实际意义上的"交易之本人"。此外,执行法上的强制代理人以及遗嘱执行人,亦并非必须服务于被代理人的利益,或者起码并非必须单独地服务于被代理人的利益。破产管理人通过向债权人为清偿,同时并且从根本上追求债权人的利益(《破产法》第 82 条),强制管理人亦为如此,相较之下,遗嘱执行人则必须执行被继承人的命令,哪怕其命令可能严重损害继承人的利益(《民法典》第 2203 条)。

这些法定代理人均独立地出现在第三人面前,甚至原则上其独立性实际并不劣于权利人的独立性。的确,在管理权、处分权的一定限制下或在法院一定的管控下[48],第三人是能够知道其并非与代理人所管理之财产的主人打交道的。即便如此,对他而言代理人也是唯一的法律所认可之当事人,正如尤其是《民法典》第 1828 条、第 1829 条第 1 款第 2 句所表明的那样。

当代理人缔结负担行为时,他实际上许诺的并非被代理人的行为。毋宁原则上是他自己来兑现诺言。代理人在合同准备阶段作出例如关于缔约意愿之允诺时,亦为如此。在本组之情形中,代理人以何人名义或应当以何人名义出现,这一问题对先合同债务关系而言并不起决定作用。如果认为,合同磋商之进入意味着在第三人与被代理人之间建立了一项债务关系,那么这种观点在此处看来纯属拟制。信赖载体只能是代理人,因为在其管理与处分权的范围内,他才是磋商之本人,故第三人仅能理性地将信赖给予他。因此,哪怕是"为了被代理人而索取信赖"的表

[47] 此处可以不考虑《民法典》第 1827 条所规定之对未成年人的听审或者破产债务人根据《破产法》第 135 条第 1 款与第 2 款而享有的权利。

[48] 《民法典》第 1643 条、第 1821 条、第 1822 条、第 1837 条、第 2207 条第 2 句,《破产法》第 83 条、第 132 条至 134 条,《强制拍卖与强制管理法》第 153 条。

述，在此处也是不成立的；令父亲或监护人如同保证人那样就第三人对未成年人的信赖承担责任，此举有何意义可言？因此，将儿童、被监护人、破产债务人的损害赔偿义务建立在《民法典》第278条“为法定代理人之过错负责”的基础之上的做法并不能成立，因为被代理人此时并不负有债务。

因为不能令此种情形中的第三人一无所获，故应由代理人单独为其磋商信赖之落空而承担责任。“根据这一观点而在代理人与被代理人之间进行的磋商阶段的负担分配并不公正”，人们是否要提出这样的反驳？令被代理人免受合同准备的法律风险，真的是不正当的吗？“倘若被代理人自己磋商与缔约，则其须承担为其先合同过错而负责的风险”，此种反对理由肯定无法令人信服；因为当被代理人自己磋商与缔约时，他同时也可以享受到如下不可估量的好处：成为自己真正的主人（sein eigener Herr zu sein）而无须受制于一个他不能自由选择之人的代理权的拘束。此外，在遗嘱执行人与执行法上之强制代理人的情形中，代理人甚至不必维护或者不必仅仅维护被代理人的利益。这一视角尽管不适用于家庭法上的代理关系，但法政策上保护与关怀被监护人的目标才是决定性的。只要法律规定国家应进行上层的监护协助（obervormundschaftliche Mitwirkung），那么根据迄今的观点，至少对于一系列典型案件而言，仅凭此就足以保障下列目标的实现：保护被监护人以使其免于承担因代理人在合同缔结时的过错而产生的责任。在《帝国法院民事裁判集》第132卷第76页之判决的案件中，母亲作为其孩子的法定代理人在出卖其孩子之土地的磋商中提供了关于预计之土地收益的不正确信息。帝国法院正确地驳回了针对孩子的诉讼，因为监护法院的许可仅能涵盖向其呈交的合同条款。但是，即便母亲达成的是无须许可的行为，例如用益租赁，作出相异的判断也肯定是不正当的。此外，关于这一问题还应考虑到，只要先合同过错并不建立在重大过失的基础之上，孩子对因亲权人之缔约过失而产生的损害赔偿就无追偿可言，因为《民法典》第1664条减轻了父母对孩子的责任。

综上所述，我认为即便在法政策上，也应当原则上仅令法定代理人单独对其缔约过错承担责任；但对此应有两项限制。

（2）

存在这样的情形：磋商义务的违反为被代理人创造了利益，但该利益在代理人合规地实施磋商时本不会由被代理人所获得，因此被代理人也不得保留该利益。依《帝国法院民事裁判集》第95卷第48页之判决而改编的案情可以当作示例加以说明：在关于被监护人之土地的挖掘作业的磋商过程中，监护人提供了地面高度的不正确信息，促使承揽人以过少的需动土范围为基础进行计算与报价。因为仅存在动机错误，基于错误而撤销所约定的报酬是不成立的。如果人们遵循帝国法院在上述判决中的思路，那么缔约过失的损害赔偿就成了令承揽人就其给付而获得合适报酬的唯一途径。倘若只有监护人须承担此种损害赔偿，则被监护人就不正当地享受到了过低建设价款的好处。

在这一背景下应首先注意的是，应当比人们经常所为的那样更锐利地区分违反准备义务与违反合同本身。倘若将例如《民法典》第463条当作缔约过失的一种情形来处理〔49〕，则上述区分就以一种不被允许的方式而被模糊了。磋商过程中作出的错误保证如果订入了合同，则表现为合同义务的违反或者一项担保允诺，而非先合同过错〔50〕。在合同缔结的那一刻，最初的、磋商信赖落空的责任基础就像是被更为强大的、对所作之承诺的责任所超越。在法定代理的情形中，被代理人理所当然地也要承担此种基于合同而产生的责任。

但即便基于此种视角而更加严格地限制真正的缔约过失案件的范围，对于那些不能认为先合同保证已成为合同内容的情形而言，亦如上文所展现的那样而未发生变化。在法定代理人因其缔约过错而单独承担责任时，基于正义的要求，应当以被代理人获取的利益进行平衡。“此种平

〔49〕 Flume, Eigenschaftsirrtum und Kauf (1948) S. 53, insbes. zu und in Note 77 正确地反对这一观点。在该处有进一步的判决与文献的列举，但须补充的是RGZ 107, 362，在该案中帝国法院附带性地也表示，《民法典》第463条建立在缔约过失的基础之上。

〔50〕 RGZ 97, 325：出卖人就“保留交付可能”之合同条款的效力范围作出如下表示：排除向军队交付相较于买受人之请求权的优先地位。于此之中并不如帝国法院所认为的那样存在一项缔约过失，而是应根据出卖人的表示严格解释该合同条款。

衡如何成立"的问题在间接代理中也会发生，例如：实施出卖的行纪人因其与第三人缔约时的过错而收取了不成比例的高额价金，该价金须算在委托人账上（参见《商法典》第 384 条第 1 款、第 387 条），但行纪人却要自己承担对第三人的损害赔偿。

人们要么在本人与受害第三人之关系上寻找平衡，要么在代理人（中间人）与被代理人之关系上寻找平衡。既然根据此前论述的结果，第三人对被代理人的损害赔偿请求权无法成立，那么就要考虑不当得利请求权。然而不当得利请求权也无法成立，因为不论是在间接代理中还是在直接代理中，财产变动都以有效缔结的合同作为其法律原因。普通法上扩用的转化物之诉（actio de in remversoutilis）同样不成立〔51〕；因为导致平衡问题产生的财产变动是受害第三人基于其合同，也即并非作为对本人财产之"有益费用（nützliche Verwendung）"而做出的〔52〕。在代理人与被代理人之关系上，仅当人们将费用（Aufwendung）的概念予以粗暴地扩张时，代理人基于《民法典》第 670 条请求被代理人偿还其已给付的损害赔偿的请求权才能成立。这一方案应当被否定，因此在我看来只有从"为他人计算而行为"的概念出发才是合适的。将这一概念运用在所有的为他人行为的情形中，也即同样运用在直接代理中，并不存在疑问〔53〕。行纪人必须将其活动所得之利益归于委托人，这一点仅对"终局的"利益而言是适用的。倘若其事后被提出缔约过失的损害赔偿请求权，而这一请求权实际上导致了对不适当之过低对价的补偿，则如行纪人根据合同而应履行的给付一样，该损害赔偿也应算在委托人账上。据此，如果行纪人在此处讨论的情形中有权令委托人承担此种损害赔偿之给付，那么在直接代理中，"为他人计算而行为"的思想同样可以导致令人满意的结果：在平衡代理人为被代理人创造之不当利益的范围内，代理人享有因缔约过失

〔51〕 关于因废除扩用的转化物之诉而在《民法典》中产生的漏洞，参见 F. Pringsheim, Ersatz der früheren Klage aus nützlicher Verwendung durch die heutige Rechtsprechung, in RG—Festschrift II, 114。

〔52〕 对此参见 RGZ 4, 238 (241)，在该案中上诉法官以"转化物之诉的原告基于对他人的合同义务而行动"为由批准了对转化物之诉的驳回。

〔53〕 关于"为他人计算而行为"的法律概念，参见 Schmidt — Rimpler, Das Kommissionsgeschäft, in Ehrenbergs Handbuch V, 1 S. 490 f., insbesondere 492。

而负担之损害赔偿给付的偿还请求权。

(3)

此外,在法定代理人使用被代理人的商号参与法律交往时,还会发生一些特殊问题。以下并不属于这种情形:在破产程序中,出于清算或整体出让的目的,管理人根据《破产法》第129条继续破产债务人的营业活动。因为商号不属于破产财产〔54〕。尽管管理人允许在继续营业时指明破产债务人的商号,这在实践中是无法避免的,且他也未被强制要求必须使用破产债务人的民事名称,但是,“使用”(Führung)商号对他来说则是禁止的。管理人并不“签署商号”,而是作为债务人之破产程序中的破产管理人而负责〔55〕。与此相反,根据《民法典》第1655条父亲则可以以孩子的名义,也即使用其商号而为其实施营业,而根据《商法典》第22条,遗嘱执行人也可以使用原商号继续被继承人的营业〔56〕。在法定代理人使用被代理人商号行事时,就存在相较于其他法定代理关系更为特别的信赖事实。正是因为商号与其所体现的企业,更确切地说:在商号中被个别化与区分的商号所有者的活动范围,才是第三人信赖的投入对象,因此商号所有者也就被吸收进了信赖关系之中。他通过法定代理人而索取第三人对其企业主之公开身份的信赖;法定代理人于此只是“代表人”与履行辅助人。就被代理之营业所有者的责任而言,其情况与第一组中的情形相同。

* * *

作为结论可以确定的是,合同准备之风险分配中的典型差异,与根据领导、平等或隶属的社会结构特征而将代理关系予以分组的做法,是相符的。在本人明确处于领导或隶属地位的情形中(第一组与第三组),可以从中得出确定的缔约过失责任的归责标准,只要不存在第三组最后所讨论的企业法视角下的特殊性;在双方地位平等的情形中(第二组),进行

---

〔54〕 代之以众多文献,参见 Jaeger KO[6]/[7], Bem. 7 zu § 1。

〔55〕 Jaeger, Bem. 37 zu § 6 KO.

〔56〕 Düringer－Hachenburg－Hoeniger[3], Bem. 3 zu § 22 HGB; Staudinger－Engelmann－Keidel[9], Bem. 5 zu § 1665 BGB.

一定的区分对待并非偶然。人们可能对细节问题有所争议——但本文的基本诉求并不会因此受到影响，证据是，当我们提防错误的概念平均主义并从中提炼出精准界定的社会行为类型后，民法教义学可以在哪怕如代理学说这样被反复研究的领域中，获得怎样的丰富。

中德私法研究第20卷
页339—359

瑞士与罗马法*

帕斯卡尔·皮绍纳** 著 毕经纬*** 译

摘要:罗马法首先是罗马人自己的法,同时也是留给现代人的“遗产”。罗马法学家将法描述为一种“善良与公平之术”。作为一种法律文化,作为欧洲文化和欧洲认同的标志之一,无论在形式意义上还是在实质意义上,罗马法在法律继受的层面上是延续的,没有发生间断。这一点尤其体现在欧陆各国对罗马法的继受之上。虽然罗马法,尤其是罗马私法是欧陆各国民法共同的历史基础,但欧陆代表性的国家,包括德国、法国、奥地利、瑞士以及拉丁法族国家在内,在具体继受罗马法的时期、进程、样态以及方式上又各有不同的特点和表现,体现出差异性以及因此而呈现出的多样性特征。由此,瑞士继受罗马法的过程有其自身的特点和“特色”。罗马法的继受不是一个终点,而是一种极富生命力的延续,“经由罗

---

* 本文来源:Pascal Pichonnaz, *Die Schweiz und das Römische Recht, Ein Bild in groben Zügen*, in: IoleFargnoli/Stefan Rebenich (Hrsg.), Das Vermächtnis der Römer, Römisches Recht und Europa, Bern/Stuttgart/Wien 2012, S. 21-46. 原文于2015年另有土耳其文译本。摘要与关键词为译者所加,感谢作者对译文的授权。本文系澳门科技大学研究基金资助项目“粤港澳大湾区知识产权合作:突破性创新的制度保障”(项目代码为FRG-19-006-FL)的阶段性成果。

** 帕斯卡尔·皮绍纳(Pascal Pichonnaz),瑞士弗里堡(Fribourg)大学法学院私法暨罗马法教授。

*** 毕经纬,澳门科技大法学院助理教授,法学博士,华东政法大学博士后流动站研究人员。

马法，超越罗马法”在欧洲私法的新命题下又被赋予了新的任务和色彩。

关键词：罗马法继受法典化 《学说汇纂》 民法典

随着末代皇帝罗慕路斯·奥古斯都(*Romulus Augustulus*)被日耳曼蛮族国王奥多亚克(Odoaker)推翻，西罗马帝国于公元476年灭亡[1]。以君士坦丁堡(今伊斯坦布尔)为首都，罗马帝国在东部地区延续了下去，直至1453年灭亡。瑞士位于西部地区，但自1291年始存在。或许有人认为，这篇文章的标题根本不是一个课题，因为在瑞士成立的数百年前，西罗马帝国就已经灭亡了。这段时间可以忽略掉。

但是，如果考虑到收录本文的这本书的总标题《罗马人的遗产》，所有这些疑问就清晰很多了。因为罗马法是罗马人留给我们这个时代最重要的遗产，所以在此，我思考的是罗马法的影响，甚或是一种持续性作用。人们经常提到，欧洲认同、欧洲文化以及由此(而产生的)瑞士认同是从“基督教信仰”“启蒙运动”以及“罗马法”三个标志中形成的[2]。但本文只关注这个“三叠纪”(Trias)中的罗马法。

下文首先介绍“罗马人的法观念”。其次，主要涉及“中世纪及近代罗马法在瑞士的续存”。最后，呈现当代瑞士法中有关罗马法的内容(“瑞士的法典化与罗马法”)。

一、罗马人的法观念

“有社会就有法。”(*Ubi societas, ibi ius.*)而且，事实上在今天人们还相信，早在从罗马建城到公元前509年的罗马王政时期，就有了一些“君王法”(*leges regiae*)[3]。当时，法主要体现出两个特征：一方面，因为法被掌握在祭司手中，所以被打上了宗教“法”(*fas*)的烙印。祭司在作出一项裁决的时候，和诸神的关系至少和私人之间问题的解决一样重要。

〔1〕 Meder, 2008, S. 90 f.; Stein, 2003, S. 34 ff.; Pichonnaz, 2008a, Rz. 150 ff.

〔2〕 Cannata, S. 3 ff.

〔3〕 《学说汇纂》1, 2, 2, 2。

另一方面,当时还是口头形式处于支配地位,因此,主要还是祭司发表的见解和习惯法占主导地位〔4〕。

随着公元前509年罗马共和国政体的建立,社会逐渐发生变化。平民变得不安分起来,并且向贵族要求更多的权利。这其中首要的就是要求承认平民自身所享有的权利。由此,产生了第一部重要的法律,即公元前451—前450年间的《十二表法》。为保障其自由,平民要求法的明确性和安定性(今天,法的受众同样希望法具有这些特性),即须向公众公布并提供所有的法律;与此同时,法律应对所有的市民都具有约束力。虽然其只是通过间接的方式流传了下来,但因罗马法学家通常要遵循这部法律,所以,《十二表法》还是给罗马法的发展打上了深深的烙印。《十二表法》同时也是法脱离宗教约束的肇端,因而也是法世俗化的开始。直到今天,西方对法的理解仍以这种法的世俗化为基础〔5〕。

所谓的"古典罗马法"始于近罗马共和国末期(约公元前100年),于罗马帝国时期达到发展的顶峰,并且一直延续到公元3世纪中叶的大内战爆发。在此期间(大约持续了350年的时间),(古罗马的)法学家实现了一种到当时为止未被超越且令人难以置信的法的发展和法的精细化。对此,可主要概括为:尽管确定法官的诉讼程式(*formula*)用书面形式撰写,但争讼主要以口头形式在法庭上罗马裁判官及法官面前依序进行。此外,著名的古罗马法学家也将(虚构的和真实的)案例搜集起来("规则集"[*Regulae*],"学说汇纂"[*Digesta*],"解答集"[*Responsa*])并且用书面的形式记录下来。更确切地说,这些古罗马法学家撰写出了真正的决疑式规则〔6〕。今天,我们以法典的形式呈现法律规定;而当时,古罗马人则用汇编书的方式记载案例规则(Fallregeln)。

古典时期也是伟大法学家的时代。直至今天我们还熟知其中一些法学家的名字。举几位重要的法学家来说,例如彭波尼(*Pomponius*),盖尤斯(*Gaius*),帕比尼安(*Papinianus*),乌尔比安(*Ulpianus*)以及保罗

〔4〕 Gaudemet, 1967, S. 224; Fögen, 2002, S. 33; Capogrossi Colognesi, 2004, S. 26.
〔5〕 Pichonnaz, 2008a, Rz. 79 f.
〔6〕 Cannata, 1989, S. 109 ff.; Pichonnaz, 2008a, Rz. 224ff.

(*Paulus*)等。但是根据意大利学者卡纳塔(Cannata)* 的说法,在公元前200 年到公元 250 年这段时间里,总共只有大约 90 位罗马法学家[7]。

经过一个 50 年的动荡期之后,随之而来的是罗马法的另一个时期,即所谓的"后古典时期",其时间跨度为公元 284 年至公元 565 年。在这个罗马史上的第二个君主制期间,法逐渐采用书面化形式。古典时期所形成的法学的高度精确性和专业性以一种务实的形式继续发展。这一点也与这一时期皇帝在行使其权力时更具威权相关。由于当时的法学家已无法再理解古典时期的前辈在思考上的精细度,所以当其在法官面前宣读古典时期法学家的观点时,是以一种非常结构化、甚或是一种非常僵化的方式来进行的[8]。重要的不是论证本身的说服力,而在于一个论证中能够被引用的古典时期重要法学家的数量。因此,(这使得当时)对于古典时期著作的需求越来越大,而获取这些著作却非易事。除此之外,还特别需要一些持特殊意见的著作,以至于总是有伪造的书籍充斥市场[9]。

君士坦丁皇帝分别在公元 321 年和 327 年各颁布了一部所谓的"援引法"来规范对古典时期著作的引用[10]。狄奥多西二世在公元 426 年也另外颁布了一部援引法,其文本内容如下(《狄奥多西法典》1, 4, 3):

> 我们对帕比尼安(*Papinianus*)、保罗(*Paulus*)、盖尤斯(*Gaius*)、乌尔比安(*Ulpianus*)和莫德斯丁(*Modestinus*)五大法学家的所有著作确认如下:盖尤斯的意见和保罗、乌尔比安及其他(三位)法学家的意见具有同等效力,且可以引述其所有著作中的观点内容。五大法学家会引用其他法学家著述中的意见。但因年代久远不能确定著述内容的真实性,所以我们认为,只有这些被引用法学家的著述内容能够借助手稿的校勘而得以确认时,这些法学家的意见才是有效的。这些被五大法学家引用的法学家包括谢沃拉(*Scaevola*)、萨宾(*Sabinus*)、尤里安(*Iulianus*)、马尔切勒(*Marcellus*)等。

* 意大利热那亚大学法学院罗马法教授。——译者注

[7] Cannata, 1989, S. 126.

[8] Cannata, 1989, S. 159; Pichonnaz, 2008a, Rz. 121 ff.

[9] Pichonnaz, 2008a, Rz. 123.

[10] Capogrossi Colognesi, 2009, S. 461 f.; Pichonnaz, 2008a, Rz. 126.

但是，如果五大法学家的意见不一致，则采多数法学家所持的意见；若持不同意见的各派学者数量相同，则采聪明睿智的帕比尼安所在一派的意见。而且，我们规定，正如之前业已确定的那样，保罗和乌尔比安对帕比尼安全集的评注是无效的。另外，如果法学家之间意见相左且各派人数相同，其权威性应被同等对待，法官应依其自身判断进行裁决。我们还规定，《保罗判决评注》(*Pauli Sententiae*)始终有效。(CTh. 1，4，3：Imp. Theod. et Valentin. AA. ad senatum urbis Romae. Post alia：*Papiniani*，*Pauli*，*Gaii*，*Ulpiani atque Modestini scripta universa firmamus ita*，*ut Gaium quae Paulum*，*Ulpianum et cunctos comitetur auctoritas*，*lectionesque ex omni eius opere recitentur. eorum quoque scientiam*，*quorum tractatus atque sententias praedicti omnes suis operibus miscuerunt*，*ratam esse censemus*，*ut Scaevolae*，*Sabini*，*Iuliani atque Marcelli*，*omniumque*，*quos illi celebrarunt*，*si tamen eorum libri*，*propter antiquitatis incertum*，*codicum collatione firmentur. Ubi autem diversae sententiae proferuntur*，*potior numerus vincat auctorum*，*vel*，*si numerus aequalis sit*，*eius partis praecedat auctoritas*，*in qua excellentis ingenii vir Papinianus emineat*，*qui*，*ut singulos vincit*，*ita cedit duobus. notas etiam Pauli atque Ulpiani in Papiniani corpus factas*，*sicut dudum statutum est*，*praecipimus infirmari. Ubi autem pares eorum sententiae recitantur*，*quorum par censetur auctoritas*，*quod sequi debeat*，*eligat moderatio iudicantis. Pauli quoque sententias semper valere praecipimus et cetera.*〈Dat. VIII. id. Nov. Ravenna，dd. nn. Theodos. XII./Valentin. II. AA. conss.〉)

这样一部援引法重现于《库里恩斯罗马法典》(*Lex Romana Curiensis*)。对此，下文的论述还会回到这一点[11]。

---

〔11〕 Soliva，1986，S. 189 ff.；Meyer－Marthaler [1968].

为了将当时的现行法固定下来，在狄奥多西二世皇帝（公元 408—450 年）时期，开始分阶段地将皇帝所颁布的敕令进行法典化，形成了所谓的“敕令集”（*Constitutiones*）。从中所产生的《狄奥多西法典》（*Codex Theodosianus*）自公元 439 年起在罗马帝国的东西两域生效〔12〕。但数年之后，西罗马帝国灭亡。

自公元 527 年登上皇帝的宝座后，伟大的优士丁尼皇帝首先想的是夺回由野蛮人控制的西部地区，使罗马帝国的西部重新兴盛起来。数年之后他实现了这个目标（对此，人们今天还能够在意大利拉文纳（Ravenna）教堂里极美的马赛克墙面上看到相关内容）。但就此而言，他也需要清晰明确的法。像狄奥多西皇帝那样，公元 529 年，优士丁尼使其第一部法典化立法生效。这部法典化立法包含了当时尚有效的由皇帝所颁布的法令，然其并没有将当时所有现行有效的法都汇集到一起。因此，公元 530 年，优士丁尼皇帝决定将所有古典时期重要的案例集都汇编在一起。紧接着，他任命了一个由 11 人所组成的委员会。该委员会于公元 533 年 12 月公布了 50 卷本的案例集，即所称的《学说汇纂》（*Digesta*；出自古希腊语的名称：*Pandectae*）。与此同时，为了便于熟悉了解《学说汇纂》，其还下令编订了一本名为《法学阶梯》（*Institutiones*）的简明教科书。除此之外，优士丁尼还在一年之后（即公元 534 年）公布了收录更广泛的新版敕令汇编——《优士丁尼法典》（*Codex Iustiniani*）〔13〕。此后，教科书《法学阶梯》、案例集《学说汇纂》以及敕令集《法典》这三部分在随后的中世纪（1583 年法国人文主义法学家迪奥尼修斯·戈托弗雷杜斯[Dionysius Gothofredus]的全集版本中）被称为《民法大全》（*Corpus iuris civilis*）〔14〕。

除了古罗马人的这次编纂之外，古罗马的案件裁判以及皇帝所颁布的法令还呈现在了野蛮人的法律当中。这其中的原因在于，一方面是为了用适当的规定调整罗马人和野蛮人之间产生的问题；而另一方面，也在

---

〔12〕 Meder，2008，S. 86；Pichonnaz，2008a，Rz. 139；新近的一个分析参见 Sirks，[2007].

〔13〕 Capogrossi Colognesi，2009，S. 464 f.；Pichonnaz，2008a，Rz. 157.

〔14〕 见 Hausmaninger/Selb，2001，S. 56.

于将好的解决办法吸收进野蛮人的法当中。公元506年的《西哥特罗马法典》(*Lex Romana Visigothorum*)、公元5世纪末的《勃艮第罗马法典》(*Lex Romana Burgundionum*)以及其余几部不同部族的法律均以这种方式起作用。比如,《库里恩斯罗马法典》(*Lex Romana Curiensis*)是《西哥特罗马法典》的改编版和简化版[15]。8世纪上半叶在(瑞士)库尔(Chur)附近的格劳宾登州(Graubünden)曾适用这部《库里恩斯罗马法典》[16]。根据新近的研究成果,这部法律有可能不是当时现行有效的法律,而更多地是一种人为建构,是一种西罗马"庸俗法"(Vulgarrecht)文献上的继受[17]。这部法律并没有触动到当时现行有效的、同样受到罗马法影响的习惯法的优先地位,更多的则是被习惯法"间离"了[18]。

在可以说是罗马法于西部的第二次衰落之后,人们会想到,罗马法只是以一种变化了的形式,也就是以呈现在所谓野蛮人法律中的方式续存,在一定程度上也确实如此。但不久之后,罗马法就出现了一次重生(Wiedergeburt)。这次重生带来了罗马法真正的永生(Fortleben)并推动罗马法继续发展(Fortentwicklung)。

二、中世纪及近代罗马法在瑞士的续存

11世纪末,优士丁尼《学说汇纂》(这部案例汇编出自公元6世纪)一部手稿在意大利的重新发现将西方世界法的命运完全改变了。这部手稿一卷接着一卷,连续且系统地被编辑修订。此外,手稿的发现也成为意大利以及后来遍布整个欧洲的大学和法学院设立的诱因。从博洛尼亚(公元1088年)开始,这种法学院设立的浪潮甚至席卷到了英国的北部,所以理所当然也涵盖了瑞士(瑞士最古老的大学巴塞尔大学成立于1460年)。不论在何处,人们在法学院里学的内容是同样的:《学说汇纂》

---

〔15〕 Soliva, 1986, S. 194.

〔16〕 对这部法律还可参见 Meyer-Marthaler, 1968, S. 7 ff.; Soliva, 1986, S. 189-206 [带参考文献]。

〔17〕 Soliva, 1986, S. 201 f.; 相反的观点还有 Gaudemet, 1965, S. 50。

〔18〕 Arquint, 1998-2010; Soliva, 1986, S. 203 ff., 特别是其中的第205页。

和《优士丁尼法典》。为我们所熟知的最古老的优士丁尼《学说汇纂》手稿——《佛罗伦萨手抄本》(*Codex Florentinus*)——出自公元6世纪,其存放在位于意大利佛罗伦萨的美第奇·老楞佐(Biblioteca Medicea Laurenziana)图书馆[19]。

一大批瑞士法律人前往博洛尼亚学习。在1960年出版的一本名为《在博洛尼亚的瑞士法律人》(Les jutistes suisses *à* Bologne)一书中,苏珊(Susan)与斯文·施特林—密萨乌(Sven Stelling－Michaud)记录了1265年到1300年间共有225名瑞士学生在博洛尼亚学习,1300年到1330年间有另外的共计85名瑞士学生登记在册。由此,今天我们可知在这65年中共有约310名瑞士籍学生曾在博洛尼亚学习过。但是,特别是从14世纪初开始,更常见的是瑞士籍学生前往法国,在奥尔良(Orléans)大学(建于1230年)、蒙彼利埃(Montpellier)大学(建于1260年)、佩皮尼昂(Perpignan)大学(建于1349年)或者布尔日(Bourges)大学(建于1464年)学习。原因在于博洛尼亚昔日的光华已经变得黯淡了[20]。尽管意大利和新兴的法国大学之间在思维方式上有所差别[21],但使用的一直是相同的文本,即优士丁尼《学说汇纂》和《法典》。这些文本被作了注释,也就是说加上了边注;后来,法学家们对这些文本进行评论,也就是对片段进行解释。人们针对那些特殊案件中涉及的含义、关联以及矛盾进行讨论。所有这些作为一个整体就发展出了法律论证理论。但有一点始终保持同一:《学说汇纂》和《法典》最初的文本直至16世纪还保存完好、没有受到损坏。这就像是《圣经》之后的第二部“圣经”。如同《圣经》一样,人们将这个文本视作完整、无异议且不容改动。这使人想起了古罗马法学家乌尔比安(公元3世纪)的一句格言。他认为:“我们被称为正义的祭司是有道理的:因为我们区分公正与不公正,辨别合法与非法,且力求不仅用刑罚威慑的方式也通过允诺报酬的方式引导人们行善,以此来守护正义,传播善良与公正的知识……”(《**学说汇纂**》

---

[19] *Justiniani augusti pandectarum codex florentinus*, vol. I, S. 11 ff.

[20] Stelling－Michaud, 1960, S. 227 ff.

[21] 人们将这种差别分别称为“意大利讲授风格”(mos [docendi] italicus)和“法国讲授风格”(mos [docendi] gallicus)。

1, 1, 1, 1 [1 inst.])(*Cuius merito quis nos sacerdotes appellet: iustitiam namque colimus et boni et aequi notitiam profitemur, aequum ab iniquo separantes, licitum ab illicito discernentes, bonos non solum metu poenarum, verum etiam praemiorum quoque exhortatione efficere cupientes, veram nisi fallor philosophiam, non simulatam affectantes.*)。对瑞士而言,这些内容意味着15世纪及16世纪大学里的大多数法律人学习的是同样的内容——同样的技能、同样的方法论[22]和同样的学术法。事实上,因为习惯法和习惯法汇编"法的明镜"(Spiegel des Rechts,"coutumiers")的存在,瑞士各个州的法差别非常大[23]。但是在法律适用,也就是说在解释,尤其是填补这些以口头或者书面形式呈现出来的习惯法的漏洞时,受过训练的这些法律人使用的是相同的"方法论体系"(Instrumentarium)。自注释法学派以来,以一种科学的方式来处理原始文献,给了法律人借助科学的方法确保法的可重复性(Reproduzierbarkeit)的可能[24]。因此,这首先是一个方法的问题,一个科学的问题,但也是一个内容的问题[25]。实际上,在州法(Landrecht)上也有漏洞。由此,"学术"罗马法才能逐渐对这些不同的法产生影响。在这一时期,这样的罗马法形成了在整个欧洲范围内所谓的"共同法"(*ius commune*),其在一定程度上超出了瑞士的范围。然而这并不意味着,在所有的地方适用的是完全相同的法律;而是说,人们运用的是同一种思维方式,同一种参考文献目录,以及同一种漏洞填补方法。在当时的欧洲大陆,已经将法视作一门科学。

正像费迪南德·埃尔泽纳(Ferdinand Elsener)[26]和其他一些学者[27]指出的那样,我们认为,欧根·胡贝尔(Eugen Huber)对罗马法的

---

〔22〕 Schröder, 2001, S. 23 ff.; Vogenauer, 2001, S. 430—662.

〔23〕 Huber, 1893, § 108, S. 18 ff., sowie § 112, S. 99 für die Landbücher und Thalrecht; auch Poudret [1996—2006].

〔24〕 Samuel, 1995, S. 109, S. 149 ff.; Caroni, 2011, S. 62.

〔25〕 Samuel, 2007, S. 216 ff.; Caroni, 2011, S. 62.

〔26〕 Ferdinand Elsener, 1975, S. 20 ff.

〔27〕 Caroni, 2011, S. 56 f.; Bühler, 2003, S. 1 ff., 尤见 S. 60.:"由此,瑞士的法律发展有别于德国南部、意大利及法国的法律发展。"有所保留的,见 Pahud de Mortanges, 2007, S. 134 ff.; 一般介绍见 Zimmermann, 2002, S. 98 ff.; Pichonnaz, 2011a, S. 58 ff。

评价过低了。其在1893年所著的《瑞士法的体系与历史》(System und Geschichte des Schweizerischen Rechts)一书中写道:“然而,罗马法只意味着一味小配料,并不如对犹太人,有时候也包括对来自意大利的商人所适用的特别法那般重要。”[28]但这并不意味着当时罗马法起过一种强大的形式上的作用;倒不如说,不排除17—18世纪间在瑞士并没有真正意义上的法律科学(Rechtswissenschaft)[29]。或许人们仍然认为这样的一种法律科学在个别城市中还是有的,比方说从1763年于弗里堡所设立的一所法律专科学院就能看出:讲授的是罗马法和自然法这两类课程,而非习惯法[30]。

16世纪人文主义兴起并带来了一种新的科学规划(Wissenschaftsprogramm)[31]。之后,主要是17、18世纪的自然法时期[32]。由此,《民法大全》(*Corpus iuris civilis*)开始产生另外一种作用,即:其不再被看作是独一无二的不可侵犯的权利/法的纲要,而被视为一种“成文理性”(*ratio scripta*)、一种可以实现的对自然法的具体化。此外,胡果·格劳修斯(Hugo Grotius)1625年出版的论著《论战争与和平法》(*De iure belli ac pacis*)引发了这次转向。

自此,罗马法始终处于核心的地位,以阐明那些人们在自然中能够察知和发现的法律原则,但其不再是唯一的法源了。举例来说,法国法学家让·多玛(Jean Domat,1625—1696)1689年著有一本题为《论自然自序中的民法》(Les loix civiles dans leur ordre naturel)的文本及案例简编。这本书包含了大量的罗马法内容,从该书的前言中就可以证实。[33]

大约一百年之后,为了将优士丁尼《学说汇纂》和《法典》这两个汇编材料中所讨论的相同主题编排在一起,法国学者罗伯特-约瑟夫·波蒂埃

---

〔28〕 Huber, 1975, S. 115.

〔29〕 Caroni, 2011, S. 76.

〔30〕 De Raemy/Corpataux, 1922, S. 13 ff.; Elsener, 1975, S. 346.

〔31〕 Hattenhauer, 2004, Rz. 1173; Stein, 2003, S. 90 ff.; Coing, 1985, S. 67 ff.; Senn, 2003, S. 172 ff.; Basedow/Haupt/Zimmermann, 2009, S. 833 ff.

〔32〕 Hattenhauer, 2004, Rz. 1225 ff.; Stein, 2003, S. 117 ff.; Pichonnaz, 2008a, Rz. 292 ff.; Meder, 2008, S. 240 ff.; Basedow/Haupt/Zimmermann, 2009, S. 1099 ff.; Coing, 1985, S. 72 ff.; Wieacker, 1967, S. 249 ff., S. 259 ff.

〔33〕 Domat, 1723, “préface”.

(Robert-Josef Pothier,1699-1772)决定重组《学说汇纂》和《法典》中的文本。随后,其所著三卷本的《学说汇纂》(*Pandectae*)于 1748 至 1752 年间陆续出版。[34]

这部著作证明罗马法几乎已经有了无可比拟的统治地位。在此基础之上,波蒂埃随后又写了一本名为《债法总论》(Traité des Obligations)的著作[35]。近 18 世纪末,这部著作债法的部分几乎被当时法国的立法者逐字逐句采纳。所以,1804 年的《法国民法典》在很多部分都谨遵波蒂埃的论述。[36] 波蒂埃和多玛两者的论述均以中世纪罗马法和《学说汇纂》为依据。下述为阿尔佩兰(Halpérin)的论述:

> 严格来说,波蒂埃所论述的法并没有在法国所有地方都得以适用,但却意在以其简洁明了来启发并说服整个法国的法律人。[37]

而早在康巴塞雷斯(Cambacérès)负责起草的《法国民法典》(一草)(1793 年 8 月 9 日)中就已经可以感受到了波蒂埃的影响。这是因为这部草案中的债法一般原理及各有名合同的规定几乎都出自其所著的那本《债法总论》。[38]

在普鲁士也有类似的现象。弗里德里希二世希望有一部带有启蒙运动时代风格的立法。因此,法典的编纂也就再一次非常大量地以罗马法上的案例以及中世纪法学家对其经年的处理经验为依据;而且法典的编纂是立基于"罗马法是作为一种自然法的'成文理性'(*ratio scripta*)而发生效力"这样的思想之上。由此,1794 年生效的《普鲁士普通邦法》(ALR)充满了罗马法的解决办法和思维方式。

在奥地利也有类似的情形发生。马尔蒂尼(Carl Anton von Martini)也深受自然法,尤其是沃尔夫(Wolff)法律思想的影响[39]。奥地利民法的第二编纂者策勒(Franz von Zeiller)依然受到自然法的影响。

---

〔34〕 Siehe Pothier, [1818].

〔35〕 1. Aufl. 1761; siehe Pothier, [1824].

〔36〕 und zum Teil Domats; siehe Halpérin, 1992, S. 21, S. 121.

〔37〕 Halpérin, 1992, S. 21, S. 121.

〔38〕 Halpérin, 1992, S. 21, S. 121.

〔39〕 Senn, 2003, S. 268.

两位学者同样都强烈主张将罗马法作为《奥地利普通民法典》法律文本的蓝本和依据。这其中有很多例证。在此，试举一例，即《奥地利普通民法典》中对于"物"的定义：

第 285 条　所有区别于人并为人所用之一切，于法律意义上均称为物。

第 291 条　根据性质的不同，物可以分为有体物和无体物，动产和不动产，消费物和非消费物，以及可估价物和不可估价物。

这个定义和公元 2 世纪的罗马法学家盖尤斯(其于公元 160 年曾编过一本著名的法学教科书《法学阶梯》)对"物"的定义是一致的。

《盖尤斯法学阶梯》第 1 卷片段 8："我们所运用的所有的法，要么涉及人，要么涉及物，要么涉及诉。"以及《盖尤斯法学阶梯》第 2 卷片段 12："此外，有些物是有体的，有些物是无体的。"

在专门描述当时罗马法对瑞士的影响之前，我还得将当时德国的情况着墨一二。自然法复兴浪潮之后，紧接着出现的是一种新的对法律的理解方式，即由胡果·格劳秀斯(Hugo Grotius，1764－1844)和弗里德里希·卡尔·冯·萨维尼(1779—1861)创立的所谓历史法学派。其思想可归纳如下，即：德国要制定民法典，首先必须对其民族精神进行历史研究。与奥托·冯·基尔克(Otto von Gierke)的观点完全相反，萨维尼认为这种民族精神并不在日耳曼法中，而在罗马法当中。当时的口号可以被称为"回到起源"(Back to origins)。萨维尼将古典罗马法，即案例集《学说汇纂》视作这里所说的起源。但其对材料的处理方式有些特殊。凯尔森"将法视作一个体系"的思想促使萨维尼在评价罗马法时，将"体系"置于核心地位。萨维尼尝试原则上把这种高度抽象且体系化的法的思想建立在罗马法原始文献的基础之上，并于 1840 年写就了闻名于世的八卷本《当代罗马法体系》(Das System des heutigen Römischen Rechts)。这套书，再加上诸如伯恩哈德·温特沙伊德(Bernhard Windscheid)的《学说汇纂法》(Pandektenrecht)和其他历史法学派的著作，影响了德国的法典化立法。此处不可能也无必要用简短的文字描述这种影响的详细情况。

瑞士一再被纳入到这种发展进程中。本文主要涉及能非常直观呈现这一发展进程的私法领域。正如新近卡罗尼(Caroni)用令人信服的理由所指出的那样,瑞士几个州的司法实践深受德国习惯法的影响〔40〕。而历史的演进并非是线性的。因此,并非只在大学讲授罗马法,如弗里堡的情况那样,也在乡下的法律专门学院讲授罗马法〔41〕。除此之外,还有来自其他国家或地区的法典对瑞士法典化的影响。而这些法典本身也受到了罗马法的影响。

拿破仑曾经在瑞士推动制定一部仿照《法国民法典》(Code civil)样式的"单一民法典"(Code civil unique),但后来计划落空了。随之,瑞士各州就必须找到一条属于自己的道路〔42〕。大多数州下定决心要制定法典,走法典化之路。事实上,所有瑞士西部及南部各州的民法典或多或少都是对 1804 年《法国民法典》的改编或者翻译(像是在日内瓦[Genf]、沃州[Waadt, 1803/1819]、瓦莱[Wallis, 1853/1855]、纳沙泰尔[Neuenburg],以及在弗里堡的部分地区[Freiburg, 1849],甚至在提契诺[Tessin, 1837])〔43〕。我们注意到,罗马法给《法国民法典》打上了深深的烙印,而且现在依然如此。这里所说的罗马法不再是古典罗马法,而是经过中世纪法学家深入研究后的、已经发展了的罗马法。比方说,17 世纪荷兰法学家胡果·格劳秀斯的很多思考对多玛(Domat)〔44〕,也对波蒂埃(Pothier)〔45〕和普芬道夫(Pufendorf)〔46〕产生过影响。举例来说,仿照(罗马法上)"单纯根据心素"(*animo solo*)就可以移转占有并由此进行所有权移转的这种做法,格劳秀斯从罗马法的原始文献中推导出通过单纯

---

〔40〕 Caroni, 2011, S. 74 ff., und die Zitate aus Briefen von Keller und Bluntschli, S. 76, S. 78.

〔41〕 De Raemy/Corpataux, 1922, S. 1 ff.

〔42〕 Siehe Pahud de Mortanges, 2007, S. 197 ff., S. 208 ff.

〔43〕 Pichonnaz, 2011b, S. 126.

〔44〕 比方说,人们知道,多玛曾读过格劳修斯的东西;siehe Gazzaniga, 1992, S. 144 und Arnaud, [1964], der Ähnlichkeit in der Disposition findet。

〔45〕 Mindestens durch Barbezrac [1674 — 1744]; zu Jean Barbeyrac siehe u. a. Meylan, [137].

〔46〕 普芬道夫对波蒂埃的影响 siehe Gazzaniga, 1992, S. 172 und Arnaud, 1964, S. 208。

的合意进行所有权移转的可能。[47]

有几部(瑞士的)民法典深受1811年《奥地利普通民法典》的影响。这种情况出现在伯尔尼(Bern),接着出现在卢塞恩(Luzern)、索罗图恩(Solothurn)和阿尔高(Aargau)[48]。由此,扎根于自然法的法典当中,并因此一定程度上植根于罗马法中的这种做法,在当时已经是常态。

除此之外,还有一位来自苏黎世的法学家约翰·卡斯帕·布伦奇利(Johann Caspar Bluntschli)[49]。布伦奇利(Bluntschli)曾于1927年在柏林师从萨维尼学习[50]。当受命为苏黎世州编纂一部法典时,其尝试将学说汇纂式的思维方式体现在其中。《苏黎世私法典》(PGB)结合了流传下来的苏黎世法、学术性的学说汇纂法,以及当代商法的内容。还是以刚刚提到的所有权移转问题为例:《苏黎世私法典》第646条规定:"借助旨在让渡所有权之法律行为(比如说,买卖、互易和赠与)所引起的占有之移转,所有权人将动产所有权移转给受让人。"[51]在罗马法上,这种占有之移转("交付"[*traditio*])以及在其之上的一个正当原因("交付的正当原因"[*iusta causa traditionis*])是所有权移转真正所需的前提条件。对此,可见于《学说汇纂》中罗马法学家保罗的一个片段(《学说汇纂》41,1,31 pr.)。其内容是:"单纯的交付不引起所有权的转移,但事先有买卖或其他正当原因存在,且基于这些正当原因而进行交付者除外。"(*Numquam nuda traditio transfert dominium, sed ita, si venditio aut aliqua iusta causa praecesserit, propter quam traditio sequeretur.*)

此后,《苏黎世私法典》对当时瑞士东部及中部地区(沙夫豪森[Schaffhausen]、楚格[Zug]、图尔高[Thurgau]、下瓦尔登[Nidwalden]、格拉鲁斯[Glarus],以及格劳宾登[Graubünden]的部分地区)的法典化运动产生了巨大的影响。

由此可见,尽管在中世纪的司法实践中,瑞士东部地区适用的主要是

---

[47] Schmidlin, 2011, S. 68 f.

[48] Pichonnaz, 2011b, S. 126.

[49] siehe Meili, 1908, S. 1 ff.

[50] Bluntschli, 1884, S. 62. f., 两人之间的通信,siehe auch S. 248。

[51] siehe Bluntschli, 1855, S. 167.

日耳曼法，但19世纪的法典却被深深地打上了罗马法的烙印；而且，这些法典在整体上对瑞士也产生了影响。

三、瑞士的法典化与罗马法

为制定一部瑞士债法典而进行的初步准备工作，当然不是以将罗马法法典化这一思想作为其基础。而在蒙青格尔（Munzinger）的草案中〔52〕，欧洲其他国家的法典至关重要。瑞士法的难点同时也是特点在于：要用某种方式兼顾不同的法学传统；尽管如此，还要制定出一部易懂且令人满意的法律。迈利（Meili）在其1901年的一篇文章中也着重指出了这一点，“就私法而言，在瑞士尤其应当致力于调和罗马法、德国法（日耳曼法）以及瑞士固有法之间的各种不同见解”。〔53〕

因为所有这些立法的传统都受到了罗马法的影响，所以人们可能会想，这个（立法）计划最终将会是简单的。但事实情况却非如此。这其中的原因在于这些不同传统背后的基本哲学有巨大的差异。1873年“瑞士法学家协会”大会在库尔（Chur）召开，卡拉德（Carrard）在大会发言中着重指出，“不能将《苏黎世私法典》作为整个瑞士的民法典。原因在于，在这部法典中包含了大量的苏黎世习惯法的特质，而这些特质并不一定适合瑞士全境”。〔54〕

以上这些内容可以通过两个例子加以说明。当然，还可以找到更多这样的例子。

什么是合同？罗马法上已经有了对“合同”（*contractus*）概念所下的定义。（《学说汇纂》2，14，1，3［乌尔比安］）举例来说，当乌尔比安谈到“协议”（*conventio*）的时候，曾说：“依照佩蒂乌斯（Pedius）精妙的表述，没有包含协议（*conventio*）的债，就不存在合同。”（《学说汇纂》2，14，1，3：并且，“协议”词义具有如此一般性的意义，以至于佩蒂乌斯精妙地描述

〔52〕 1869—1873；zu Munziger siehe Fasel，［2003a］；Fasel，2003b，S. 345-352；Pichonnaz，2011b，S. 126 f.；Honsell，2011，S. 9 f.

〔53〕 Meili，1901，S. 12.

〔54〕 Carrard，1873，S. 15.

道："不包含协议的合同，不论是要物合同，还是口头合同，都是无效的，且不存在债权债务关系。因为，即使是以通过说特定的话的口头方式缔结的要式口约如果欠缺合意，也是无效的。"[Ulp. D. 2，14，1，3：*Adeo autem conventionis nomen generale est，ut eleganter dicat Pedius nullum esse contractum，nullam obligationem，quae non habeat in se conventionem，sive re sive verbis fiat：nam et stipulatio，quae verbis fit，nisi habeat consensum，nulla est.*])

依照这种理解，合同是以下述内容为先决条件的，即当事人达成一项意思"合致"(*cumvenire*)的协议。由此可见，合同强调当事人合意的重要性。这种观念与学说汇纂法学（又译：潘德克吞法学）对于合同的理解非常接近。按照学说汇纂法学的理解，意思是法律行为的核心要素。通常所采的对"法律行为"的定义说得很明确："法律行为是一种私人的（非政府的）意思表示，旨在单独或与其他成立要件一起，引起一种同表示出来的意思相一致的法律后果。"[55]

另，可以在拉贝奥（Labeo，卒于公元10/11年）处找到另外一种给"合同"(*contractus*)[56]下的定义。对其而言，合同是一种"双务之债"(*obligatio ultro citroque*)，也就是说是一种"双方负担行为"(eine gegenseitige Verpflichtung)；就像古希腊人所称的那样，是一种"牵连关系"(*synallagma*)(《学说汇纂》50，16，19［乌尔比安］："合同是一种双务之债，希腊人将其称为一种'牵连关系'[*synallagma*]。")(*[…]contractum autem ultro citroque obligationem，quod Graeci συνάλλαγμα vocant [...]*)。这种定义的方式主要为格劳秀斯(Grotius)所使用，目的在于实现其"合同即允诺的一种交换"的思想。格劳秀斯在其所著《论战争与和平法》(*De iure belli ac pacis*)(lib II，cap. XII，§ VII［1933，S. 344］)一书中写道："事实上，除了只是出于'恩惠'(bienfaisance)而为的行为之外，所有使他人获益的行为，都应称为合同。"(*Omnes autem actus*

---

〔55〕 Gauch/Schluep/Schmid/Emmenegger，2008，Rz. 119.

〔56〕 Nelson/Manthe，1999，S. 446 ff.

aliis utiles extra mere beneficos contractum nomine appellantur）[57]

因此，不言而喻，合同首先是一种双方负担行为（gegenseitige Verpflichtung）。[58] 非将合同作为协议（*conventio*）、意思的合致（Zusammenkunft von Willen），而是将其作为允诺（Versprechen）的交换（Austausch），这样一种思想体现在了《法国民法典》当中。它的意思是，当存在一个原因（*causa*）时，也就是说当一项允诺在其对待允诺中有其原因时，合同才能发生有效的强制力。就此而言，法国法继受了罗马法的观念：

《学说汇纂》17，1，8 pr. ［乌尔比安］："如果我指定了一位诉讼代理人，但他没有将案件的文书交还给我，他将对我承担何种诉下的责任？拉贝奥（Labeo）认为，他将承担委任之诉的责任，认为可以基于此而提起寄托之诉的那些人的观点是不合理的：实际上，必须考虑各种合同的起始及原因。"（*Si procuratorem dedero nec instrumenta mihi causae reddat, qua actione mihi teneatur? et Labeo putat mandati eum teneri nec esse probabilem sententiam existimantium ex hac causa agi posse depositi: uniuscuiusque enim contractus initium spectandum et causam.*）

由此，人们应当像在《苏黎世私法典》[59]中体现出的那样，"仅仅"将合同建立在合同当事人意思的基础之上；还是应当像在罗曼语系国家（指意大利、西班牙或法国）法典中规定的那样，把合同视为带着一个有效原因（*causa*）的双方允诺的结果？布伦奇利（Bluntschli）以及随后 1881 年《瑞士债法》第 1 条的规定选择了更为现代的理解，即将合同看作意思的合致："合同的缔结需要（合同）当事人作出双方合致的意思表示。"这一点与乌尔比安著名的片段内容（《学说汇纂》2，14，7）一致。依该片段，当涉及一项"名义"合同（Nominalvertrag）时，恰恰不需要一个专门的"原因"（*causa*）。

---

〔57〕 siehe u. a. Schmidlin, 1999, S. 187 ff., vor allem S. 190 f.

〔58〕 Grotius, De iure belli ac pacis, lib. II, cap. XII, § V siehe [1993, S. 343 f.].

〔59〕 Bluntsschli, 1855, III, § 903, S. 1.

解决方案总是同一的，这也体现在当代债法当中。两种传统在罗马法中都有其根基；但选择其中一种解决方案而非另外一种，总会产生深远的影响。

接下来将探讨买卖中的所有权移转(Eigentumsübertragung)和风险负担(Gefahrübergang)问题。法国法采取的是一种出自理性主义法学思想的基本理念，即随着合同的成立，所有权移转(《法国民法典》第771条，对比第1583条)[60]。这种理念的源起也能追溯至罗马法的原始文献中，但主要应追溯至格劳秀斯(Grotius)。其言道："任何一个完成的允诺都发生相类似的后果，即所有权的移转。"(*quae perfecta promissio est, similem habens effectum qualem alienatio dominii.*)[61]

这种方案同样也被(瑞士)法语区的西部各州所采用。与此相反，受《苏黎世私法典》影响的一些州却将所有权的移转建立在占有移转(Besitzübergabe)的基础之上。多个预备草案(Vorentwurf)提出了不同的建议方案。尽管占有改定(Besitzkonstitut)和"短手交付/简易交付"(*brevi manu traditio*)等方式已极大弱化了占有移转这种方式，1881年瑞士联邦的立法者最终还是选择了借由占有移转而移转所有权的方案，[62]并通过了以"于因合同移转动产所有权之场合，占有之移转是必要的"为内容的(旧)《瑞士债法》第199条。由此，(瑞士)法语区各州在这一点上"败走麦城"。尽管如此，议会中对这一问题的讨论一直都很激烈。

因为反对的观点在议会的各委员会中一直持续存在，在议会对于法律草案最终的咨询会(Schlussberatung)上，一种妥协的意见被提交审议，即旧《瑞士债法》第204条的引入。[63] 该条在内容上是对1881年瑞士议会中来自法语区少数派的一种让步。[64] 这些少数派成了"自买卖合同缔结(订立)时就发生风险负担转移"这种立场的维护者。这样做的原

---

〔60〕 参见《法国民法典》第711条，并比较其第1583条(CCfr. 711 i. V. m. CCfr. 1583)。

〔61〕 Grotius, De iure belli ac pacis, lib. II, cap. XI, § IV, 1933, S. 329; siehe auch Schmidlin, 2011, S. 62.

〔62〕 Egli, 1926, S. 67.

〔63〕 siehe vor allem Egli, 1926, S. 65—70; darauf aufbauend Cortesi, 1996, S. 11 ff.; Bucher, 1970, S. 288 f.; Cavin, 1977, S. 29; Pichonnaz, 2008b, S. 190.

〔64〕 Bucher, 1970, S. 288 f.; Egli, 1926, S. 65 ff.; Pichonnaz, 2008b, S. 190.

因在于:借此,这些少数派还想"拯救"他们所熟悉的那些实务中最重要的买卖合同规则。换句话说,自合同缔结成立时起,买受人就应当承担因意外事件导致的标的物毁损灭失所引发的经济上的后果,即尽管标的物毁损灭失了,但买受人仍须支付价款。即便买卖的标的物尚在出卖人处,因而所有权尚未移转至买受人处,这种风险负担的规则亦适用。这种"完满的"妥协是两种法学传统发生冲突时的一个最为显著的示例[65]。值得注意的是,这种由"买方负担风险"(*periculum emptoris*)的妥协的解决方案,以及通过占有的移转而移转所有权的做法,折射出的却是古典罗马法上的解决方案。这种做法也能在智利民法上寻觅到![66] 然而在1907年瑞士债法修订时,这种智慧的抉择再一次受到了质疑;但因担心重启纷争,致使所有的法律修改建议均被拒绝,所以最终没再修改。[67] 由此,(现行的)《瑞士债法》第185条关于买卖合同场合风险负担的规定与旧债法中的相应内容非常近似。

尽管瑞士联邦法院一份2002年判决的解决方案并非直接出自罗马法,但却与罗马法相近似。这推动瑞士联邦法院在解释适用《瑞士债法》第185条时做了一个历史的分析。借此,瑞士联邦法院想研究一下"买方负担风险"(*periculum emptoris*)这一原则的界限何在。[68] 这是一个信号,表明罗马法还以某种方式与我们在一起;尽管其有时是以一种化名的方式。瑞士联邦法院在判决本身不仅援引优士丁尼(公元6世纪皇帝)法,而且还援引像居亚斯(Cuiacius,16世纪)这样的中世纪法学家或者波蒂埃(Pothier)的学说。而对于欧洲大陆一个国家的最高法院而言,这种做法非常特殊。由此,作为历史论证而运用罗马法,不是为了把罗马法的解决方案直接套用到当今的问题之上,而是为了更好地阐明这种解决方案的结构以及背景。

---

〔65〕 Egli, 1926, S. 68; Pichonnaz, 2008b, S. 190.

〔66〕《智利民法典》第1820条;南非的情况参见Bauer, 1998, S. 182 ff. und Zimmermann, 1996, S. 292.

〔67〕 Pichonnaz, 2011b, S. 133.

〔68〕 BGE 128/2002 III 370 [12. 3. 2002, 4C. 336/2000]; siehe auch Pichonnaz, 2008b, S. 183 ff.; Pfeiffer, 2003, S. 884 ff.

四、结语：罗马法的第三次诞生

法典化引发了这样一种印象，即解决方案被“石化了”(versteinert)。但众所周知，实际情况并非如此。其原因在于，法官每天在“法律适用”中都会揭示出新的问题。解决方案并非只是简单的“存在于”法律之中，更多的是要去重新发现。罗马法仍旧在《瑞士债法》及部分在《瑞士民法典》中“作祟”。这就是德里达(Derrida)所说的“闹鬼”(hantés)。所以，当我们对于自己法的渊源能够有更好的理解，并且与此同时，能够顺应未来的潮流推动其(继续)发展的话，罗马法这种知识也就愈发重要。

因而，对瑞士法律人而言，罗马法有时是直接地，但更多时候是间接地起作用。当然，其所发挥的作用并不一定体现在法官或者律师的日常工作当中；但确定无疑的是，一定在疑难案件中起作用。比方说，在前文提到的案件中，瑞士联邦法院已指向了罗马法。不仅如此，在其他一些判决中，如著名的鹦鹉案(BGE 133/2006 III 257)中，也提到了罗马法。〔69〕

现如今在瑞士，是由拥有教席的教授担任罗马法的教职。其既承担罗马法的教学研究工作，也承担现行法的教学研究工作。这是一种运气。因为，这种方式能够借助当前的问题进行历史研究。过去十年里所涌现出来的几篇质量上乘的博士论文就反映出了这种动态的发展。

所谓罗马法“第三次诞生”(dritte Geburt)的产生，应当考虑到整个欧洲层面合同法的发展。〔70〕 将罗马法的解决方案应用于现行法中，并不是进行一种史学意义上的研究；(因为)社会及经济关系已经发生了巨大的变化。而罗马法的研究应该有助于我们提出正确的问题；有助于我们解构欧洲各国不同的解决方案，以辨别这些方案背后的价值观。由此，新

〔69〕 对该案的评论，另见 Pichonnaz, 2011a, S. 63 ff.; Pichonnaz, 2011c, S. 407 ff.; Werro, 2009, S. 5 ff.; Honsell, 2007, S. 514 ff.; Keller, 2007, S. 780 ff.; Zellweger-Gutknecht, 2007, S. 769; Coendet, 2008, S. 15 ff.; Tercier, 2008, S. 295 f.; Brunner/Vischer, 2008, Rz. 13 ff.; Koller, 2008, S. 9 ff.; Vischer, 2009, S. 129; Schmid, 2010, S. 600。

〔70〕 siehe Caroni, 2011, S. 74，其提到了“复兴”(Wiederbelebung)。

的规则不仅是一种在不同民族国家法律制度之间进行协商后的结果，更应提供出一套经过深思熟虑后的解决方案。

"瑞士与罗马法"，乍一眼看上去是一个有些让人感到意外的组合。但我所希望呈现出来的是，罗马法依旧是现行法的根源。树是由树根长起来的，就像现行法是从罗马法发展起来的那样；法的根源解释说明法的功能，但却不能代替这种功能。以一种教义学和历史的视角来看待现行法的话，罗马法起到了一个重要的角色。其不仅对法律人的养成意义重大，而且其本身也是一种思考工具。但是，必须根据社会和经济的现实情况重新寻找问题的解决办法；所以，还是要超越罗马法，但（首先）多亏有罗马法。

私法教室

中德私法研究第 20 卷
页 363—394

结构化的法律题解答：以比较视野观德国方法*

邬　枫** 著　苏　诺*** 译　季红明**** 校

摘要：大陆法、普通法和新兴法系法域，对私法题的解答路径各不相同。大陆法系私法以德国为代表。德国私法题解答采（鉴定式）逐步分析法，核心是对当事人之间请求权关系的认定。逐步分析法依次分为掌握事实、认定作为请求权基础的假定规范、分析请求权的构成要件、确证原告仍保有请求权、考察请求权的可实施性五步，是综合性的结构化解题方法。效率性是逐步分析法最重要的意义，其适用不会阻碍法学创造力的发展，也无悖于私法进行利益平衡的本质。最重要的是，逐步分析法不应被视为一项德国的方法。相反，它具有私法内生性，因此值得被所有追求效率的法域所考量。普通法法域尚未知晓类似的结构化法律题解答方

---

* 本文完成于 2003 年 3 月。作者感谢 Marlene LeBrun，孟文理（Ulrich Manthe）教授，Peter Gröschler 教授。与他们的讨论，以及他们提供的有价值的意见，对本文大有裨益。

** Lutz－Christian Wolff，香港中文大学伟伦法学讲座教授。本文来源：Structured Problem Solving：German Methodology from a Comparative Perspective，（2003） 14 Legal Education Review，p. 19. 原文无摘要，译文摘要系原作者为本刊新增。北京大学 2018 级硕士生刘凝、中南财经政法大学 2019 级硕士生国凯对本文译稿提出诸多有价值的修改意见，在此一并致谢。

*** 苏诺，北京大学国际法学院 2019 级硕士生。

**** 季红明，中南财经政法大学法学院教师。

法,IRAC方法的适用范围尤其受限。类似地,在中国,尚未有被普遍承认并适用的法律题解答方法。中国法上,引起中外广泛讨论的私法法典化缺陷导致了诸多问题。但这些问题只是一般性的,也将会在中国法律体系的日益成熟中得到解决。它们完全不会对出于高效的法律题解答之目的而适用逐步分析法造成阻碍。

关键词:结构化法律题解答　请求权基础　逐步分析法　鉴定式

一、引言

(一)概述

在德国私法[1]教育和私法实务中,一项专门的法律题解答*方法论占据支配地位。有德国法学家甚至怀疑,这种方法论可能已经主导了实体法[2]。尽管这种方法论具有显著的重要性,但至今尚未引起广泛的学术讨论。

本文将介绍德国的法律题解答范式,并讨论其重要性。进一步地,本文尝试考察,在其他法域中,是否已发展出了类似的方法论工具。尤其

〔1〕"私法"(privatelaw)一词是指除刑法、行政法和宪法之外,调整自然人个体、法人和非法人组织之间(民事)关系之法。

* 所谓"problemsolving",可直译为"问题解决",但在内涵上失之过宽,也将对本文理解造成障碍。本文作者主要在"案例分析"的意义上介绍以及论证problemsolving之适当方法。据Larry O. Natt II Gantt,于其论文 *The Pedagogy of ProblemSolving: Applying Cognitive Science to Teaching LegalProblem Solving*, 45 Creighton L. Rev. 699 (2011), at 700,哈佛大学法学院(Harvard Law School)的课业改革对法学教育中problemsolving之发展,意义重大。察其problemsolvingworkshop之介绍,内容主要关乎案例教学,但并不仅限于中文意义上对案例的"分析",而更类似于"解答"。见https://hls.harvard.edu/dept/academics/winter-term/problem-solving-workshop/。译者向香港中文大学法学院林茜女士求证的答案与之类似。采"案例分析"的译法,恐对文义过于限缩,故以"法律题解答"指代之。——译者注

〔2〕B Groβfeld, "Examensvorbereitung und Jurisprudenz" ("Preparations forExaminations and Jurisprudence") (1992) JZ 22 at 25. "实体法"被用来指称,除关乎权利和义务强制执行的程序法,尤其是程序和证据规则之外的,设定人之权利、义务、自由和权力的法律规范:GWilliams, *Learning the Law* (12th ed, London: Sweet & Maxwell, 2002),pp 28-31。

是，大陆法[3]和普通法[4]之间的差异似乎意味着，至少在处理私法问题上，须在各法域采取不同的方法论进路。

当要求学生分析法律纠纷，也即如何基于可适用的法律规则(applicable law)来解决特定的法律纠纷时，普通法上的法学教育通常诉诸“法律题解答”(problem solving)技巧[5]。但如下文所述，本文并不仅限于为法学考试中的“法律题解答”型试题提供应试建议，以保证应试者取得最佳成绩。进一步而言，本文无意讨论纠纷解决的各种方式，如仲裁、调解或法庭审理程序。同时，法律写作技巧也并未在本文的讨论范围之内。相反，本文关注的是，如何认定给定事实中所隐含的(私法)问题，以及这些问题应以何种次序得到解决。换言之，本文所讨论的是，前置于私法问题解答的实际过程(actual process)的私法问题之解答流程(structuring process)。此种意义下的方法论工具，在进行任何类型的私法作业(legal work)时都具有直接的现实重要性。因此，本文最终的目标是辨识、解释这些工具，从而促进其在实践中的应用[6]。

---

[3] “大陆法”(civil law)应被理解成受罗马法影响的欧陆法体系：C. Graf von Bernstorff, *Einführungin das englischeRecht* (Introduction to English Law) (2nd ed, München：Verlag C H Beck, 2000), p. 6; W Tetley, “Mixed Jurisdictions：Common Lawv Civil Law (Codified and Uncodified)” (1999) 60 La. L. Rev. 677 at 683.

[4] “普通法”是指在英联邦国家(Common wealth countries)和美国所适用的英格兰法(English Law)：Graf von Bernstorff, note 3, pp 1, 6; Tetley, note3, at 3。尽管如此，“普通法”一词有多重内涵。例如，它可以被用来指称在联合王国全境之内所有由法官创设的法律：R Pound, *The History and System of the Common Law* (New York：P F Collier, 1939) (referred to as Pound History), pp. 22-23. Seealso S. Hanson, *Legal Method* (London/Sydney：Cavendish, 1999) p. 34；抑或，在与“地方法”(locallaw)相对的意义上，所有可适用于英格兰全境的法：：Williams, note 2, pp. 23-24.

[5] M. Costanzo, *Problem Solving* (London：Cavendish, 1995); R. Krever, *Mastering Law Studies and Law Exam Techniques* (Sydney：Butterworths, 1989), pp. 78-85; H. McVea, P. Cumper, *Learning Exam Skills* (London：Blackstone Press, 1996), p. 4; R. Clark, *Legal Skills and System Textbook* (London：HLT Publications, 1996), p. 21; P. H. Kenny, *Studying Law* (London：Butterworths 1985), p. 89; A Bradney et al, *How to Study Law* (London：Sweet & Maxwell, 1995), p. 101; B Brody, *Write the “A” Law Exam Answer* (Calif：Barpassers, 1988), p. 9.

[6] B. Wörlein, *AnleitungzurLösung von Zivilrechtsfällen* (Guideline for theSolving of Civil Law Cases) (5th ed, Köln et al：Carl Heymanns VerlagKG, 1998), pp. 6-7.

(二)研究范围

本文的论域应有所限定。因此,我只会对私法方法论进行讨论[7]。此外,本文以实体法为关注对象[8]。有鉴于此,对程序法和国际私法上的问题,都不会加以考虑。更进一步,为对德国式方法进行比较研究,有必要关注的法律体系有二:以英格兰法为中心的普通法系;以及中华人民共和国,这个全球人口数量最多、法律体系正在形成中的国家[9]。同时,适用于众多美国和澳大利亚法学院中的 IRAC 方法(IRAC method)[10]也将被纳入比较分析。

二、德国的法律题解答

(一)概述

欧陆法的发展与普通法迥异,其中尤以德国为甚。德国法(在继受罗马法后)曾具有,现亦保有,理论性和学术性特征。普通法则自始具有突出的实用主义特征和庭辩色彩。[11] 因此,有观点主张"不足为奇的是,诸种发现和适用法律的技术,亦即作为整体而言的典型法律思维方法,已经

---

〔7〕 在此,与公法/刑法的方法论相对。

〔8〕 对"实体法"一词的理解,参见前引注〔2〕。

〔9〕 Tetley 提供了对"法律体系"(legal system)的概念,见前引 3,文章的第 3 页:"……'法律体系'一词概括指向法的性质和内容,以及,在特定法域之内,作为立法、司法裁决和行政管理基础的结构和方法"。

〔10〕 所谓 IRAC,是"议题、规范、分析和结论"(Issue, Rule, Analysis, Conclusion)的简称。在下文"普通法法域中结构化的问题解决一概述"一节中,将会专门对"IRAC"方法进行讨论。

〔11〕 Pound History, note 4, p. 24; R. Pound, "What is the Common Law?" in *The Future of Common Law* (1937, reprint Gloucester, Mass: P Smith, 1965)(referred to as Pound Future), p 18; K. Zweigert, H. Kötz, *Introduction to Comparative Law* (3rd ed, Oxford: Clarendon Press, 1998), p. 258; U Mattei, *Comparative Law and Economics* (Ann Arbor: University of Michigan Press, 1997), p. 71.

发展得大相径庭"〔12〕。

德国的私法体系〔13〕或可作为大陆法系(Civil Law system)中杰出的代表。前文所述,在私法题解答流程上,德国的法律人教育(lega leducation)受特定的方法论路径所支配。因此,德国的法律职业(legalprofession)也有同样特征。历史上看,此种方法论自 20 世纪 50 年代开始发展,在 20 世纪 80 年代受到学术界更为实质上的接纳和利用(pick-up)〔14〕。介绍这种方法的主要教科书由迪特尔·梅迪库斯(Dieter Medicus)所著,并于 1968 年首次出版〔15〕。但时至今日,对此方法及其科学正当性,却罕有更为深入的学术讨论。有意思的是,这种方法论进路的主要源流之一并非学术文献,而是由德国(公立)大学之外的私人教师(所谓的"Repetitoren")所授之训练。这些私人教师提供长达两年的课程。课程专为学生备考国家考试/德国法律职业资格考试(state examinations)而

〔12〕 Pound Future, note 11, pp 18-19. D. Sugarman, "Legal Theory, the CommonLaw Mind and the Making of the Textbook Tradition", in W. Twining (ed), *Legal Theory and Common Law* (Oxford: Bast Blackwell, 1984), p. 26. 对于大陆法与英美法之不同,可见 Tetley, note 3, at 12-15; B. Markesinis, "Reading Through a Foreign Judgement", in P. Cane andJ Stapleton (eds), *The Law of Obligations* (Oxford: Clarendon Press; NewYork: Oxford University Press, 1998), pp 266-68; B. Markesinis, "JudicialStyle and Judicial Reasoning in England and Germany" (2000) *CambridgeLaw Journal* 59(2) 294; Post, "Stare Decisis: The Use of Precedence" in J. Arthur/WH Shaw, *Readings in the Philosophy of Law* (2nd ed, Englewood Cliffs, NJ: Prentice Hall, 1993), p. 19; Pound History, note 4, pp 57-62; R Pound, *The Spirit of the Common Law* (Francetown, NH: Marshall Jones,1921) (referred to as Pound Spirit), pp. 181-82; Pound Future, note 11, p. 14; Stone, "The Common Law in the United States" in *The Future of theCommon Law* , note 11, p. 120; R. Zimmermann, N. Jansen, "Quieta Movere: Interpretative Change in a Codified System" in Cane and Stapleton (above), p. 286; Zweigert, Kötz, note 11, pp. 258-59, 261-71; Mattei, note 11, p. 78.

〔13〕 自 1900 年 1 月 1 日起生效的《德国民法典》,是德国最为重要的私法法源。在前引〔3〕,Tetley 在其文章第 6 页,从《法国民法典》的角度对《德国民法典》进行了描述,并称其"更具有学术性和技术性。其规则较之《法国民法典》更为精确"。

〔14〕 Groβfeld, note 2, at 23.

〔15〕 D Medicus, *Bürgerliches Recht* (Civil Law), (17th ed, Köln et al: Carl Heymanns Verlag KG, 1996) (referred to as Medicus 1996); also see DMedicus' article, "Anspruch und Einredeals Rückgrateinerzivilistischen Lehrmethode" (Claim and Defense as Backbone of a Civilistic Teaching Method) (1974) AcP (174) 313 (referred to as Medicus AcP).

设计，相当一部分的德国法科学生都有参加〔16〕。

(二)逐步分析法

通常而言，据前述的方法论进路，私法题在德国通常基于下述的逐步分析法〔17〕解答：

第一步分析问题事实，以判断并认定不同当事人之间的请求权关系(claim relationships)；*

第二步认定一项法律规范，并以之作为特定请求权的假定基础；

第三步认定这项法律规范适用的构成要件(preconditions)，考察这些要件是否全部被满足，也即请求权是否成立；

第四步确认原告的请求权未消灭；

第五步考察请求权是否可实施。

下文是对这些步骤更为详细的讨论，尤其是它们对法律题解答过程的意义。

1. 第一步：掌握事实

为了识别前述第一步中欲回答的法律问题，必须对给定的问题/法律纠纷的事实进行分析。为此，必须对请求权关系，也即真实或可能的原告和被告进行认定〔18〕。换言之，“谁希望从谁那得到什么？”(“Who Wants What fromWhom?”)〔19〕

为能清晰和避免困惑，在此情境下有必要将不同当事方之间的法律

---

〔16〕 N. G. Foster, *German Legal System & Law* (2nd ed, London: Blackstone Press, 1996), p. 87; J. Schapp, “Das Zivilrechtals Anspruchssystem?” (TheCivil Law as a Claim System?) (1992) JuS 537 at 538.

〔17〕 J. Braun, Der Zivilrechtsfall (The Civil Law Case) (München: C H Beck, 2000), p 17; Medicus AcP, note 15, pp 316-17，将这种方法称为“逻辑方法”，区别于之前所使用的“历史方法”(historical method).

* 在讨论英美法时，国内多将“claim”一词译为诉权。但本文作者已将论域限定于实体法，不宜用诉讼法上的“诉权”之义，且基于德国法对法律题解答的结构化方法进行讨论，以“请求权”一词表述更为合适。在《元照英美法词典》中，也可见其有“请求权”之义。参见薛波主编：《元照英美法词典》，法律出版社 2003 年版，第 231 页，“claim”词条。——译者注

〔18〕 Groβfeld, note 2, at 23; A Früh, “Die Anspruchsprüfungim Zivilrecht”(The Claim Analysis in the Civil Law) (1991) JuS 656 at 657 and 742.

〔19〕 若是非庭辩式的案例(non-forensic)，问题应被表述为：谁可能希望从谁那得到什么？

关系（“谁向谁”）“拆解”成双方之间的法律关系[20]。只有对双方当事人之间的请求权关系进行分析，才得保证不同请求权关系之间（有可能存在不同）的法律情势可能被明确区分。例如，其在一个给定情形中，可以表述为“(a) A希望向B主张损害赔偿”和“(b)A希望向C主张损害赔偿”[21]。但基于“A希望向B和C主张损害赔偿”这种（令人困惑的）假设开始检索，则必须视为是方法上的错误。因为，此种处理明显会对A（可能）对B享有的请求权，和他或她可能对C享有的请求权之间的明确区分构成阻碍。就构成要件前提和法律效果而言，A对B（可能享有）的请求权，与A可能享有的对C的请求权可能别无二致。但事实并不一定如此。鉴于此，在法律分析开始时就需要进行区分。若得认定一项以上的请求权关系[22]，则对它们的分析全应分别进行[23]。具体论述可见下文。

这种思路同样可以运用在请求权客体（“什么”）的部分。如需对可能请求权的不同客体进行讨论，则为清晰性（transparency）的目的，需要对各客体分别进行分析[24]。例如，正确的表述是“(a)A希望向B主张损害赔偿”和“(b)A希望B给付约定的买卖价款”。但是，基于前述的原因，称“A希望向B主张损害赔偿和买卖价款”，则是方法论上错误的表述。这同样是由于损害赔偿和履行付款义务的构成要件可能并不相同。因而一并考察可能招致混乱。

2. 第二步：认定作为请求权基础的一项假定规范

对法律题分析的下一步，是为一方向对方主张的特定请求权，认定一项假定的法律基础[25]。唯有被法律所承认，即可找到一项法律规范作为基础时，请求权才可能成立。因此，有必要将认定这样的请求权基础规

---

〔20〕 Medicus 1996, note 15, p. 4; Medicus AcP, note 15, at 324-25.

〔21〕 Medicus 1996, note 15, p. 4.

〔22〕 例如：(1)A向B的主张；和(2)A向C的主张。

〔23〕 Medicus 1996, note 15, p. 4.

〔24〕 Medicus 1996, note 15, p. 3.

〔25〕 Medicus 1996, note 15, p. 2; Wörlein, note 6, p. 7.

范，作为分析起点〔26〕。这一步上的认定，仅能建立在一个假定的基础之上。这是因为，为作出最终决策，需要先确证请求权所关涉的要件是否全部被满足，也即，规范是否确可作为相关请求权的法律基础〔27〕。虽然如此，为能决定任何后续分析的方向，亦即，为决定哪些构成要件的满足是请求权成立所必需的，有必要将认定一项假定的请求权基础规范，作为分析的起点。若以特定但抽象的法律问题开始，对某一请求权关系进行分析(the analysis of a claim relationship)，则将会造成方法论上的错误。即便此项问题是主要的问题〔28〕。

何种规范得作为请求权之基础？唯有法律规范得作为请求权基础。(当其规定的构成要件满足时)，请求权基础规范能赋予一方对另一方当事人的确定请求权〔29〕。与之相对的，是那些不包含这些内容的规范，例如，定义法律术语的〔30〕，或解释性的规范〔31〕。这些(请求权基础)规范，或可在法律本身，或可在设定了当事一方(原告)得请求对方(被告)作为或不作为的合同条款中找到。对于可作为请求权基础的法律规范，可由两方面确定。首先，有关规范必须在事实上规定了一方(可能的原告)对另一方(可能的被告)享有请求权，作为法律适用后果〔32〕。有关的

〔26〕 对可能的请求权基础规范之辨认似乎是整个纠纷解决程序中最困难的部分：Medicus 1996, note 15, p. 2。

〔27〕 Braun, note 17, p. 23.

〔28〕 一项错误的示范是：在未对请求权关系，以及A对于B的代理关系(representation)是某项潜在请求权的构成要件作出认定之前，径行分析A对B的代理行为是否有效(valid)。唯有当请求权关系(确实或可能)存在，代理问题才会相关。也唯有辨识出一项可作为请求权基础的法律规范，讨论代理相关的问题方为合理。

〔29〕 Braun, note 17, p. 33.

〔30〕 例如，可参见《德国民法典》第189条："称半年者，为六个月之期间；称季者，为三个月之期间；称半个月者，为十五日之期间。"(对《德国民法典》条文的翻译，参照台湾大学法学院、台大法学基金会编译，北京大学出版社2016年修订第二版。——译者注)

〔31〕 例如，可参见《德国民法典》第194条第1款"请求他人作为或不作为之权利(请求权)，适用消灭时效之规定。"

〔32〕 Früh, note 18, at 658. 下列为一些于德国成文民法上，被视为请求权基础的条文：《德国民法典》第433条："依买卖契约，物之出卖人负交付其物于买受人，并使其取得该物所有权之义务……买受人负支付约定价金与出卖人并受领标的物之义务。"《德国民法典》第823条第1款："因故意或过失，不法侵害他人之生命、身体、健康、自由、所有权或其他权利者，对于该他人，负赔偿因此所生损害之义务。"《德国民法典》第985条："所有人得请求占有人返还其所有物。"

规范总是采用下列的条件式："如果……[＝认定构成要件]那么……[＝法效果：原告对被告的请求权]"〔33〕。

认定请求权基础规范的第二个方面，则只有在原告请求一项特定的法效果时，才会发挥作用。于此，作为可能的请求权基础之规范，须必然导向这样的结果〔34〕。

在特定的情形中，一项请求权可基于不同的法律规范。于此，全面的法律分析应将所有可支撑请求权的规范纳入考量，以衡量所有现存的可选项〔35〕。但再一次地，出于精确性、清晰性和避免混乱的需要，在考察中，必须对不同的法律规范、请求权关系及请求权对象进行区分。若需要对多项假定的请求权基础进行分析，则通常认为须遵循特殊的检索次序。作为一般规则，应最先检索的，是那些可以预先确定其他请求权成立与否的请求权。在德国通行的是以下检索次序：(1)合同上的请求权；(2)类合同请求权(例如，先合同义务)；(3)物权请求权；(4)不当得利请求权；(5)侵权请求权〔36〕。如此排序，背后的理由在于，其首先尝试处理那些可能具有前置判断性的法律问题。例如，最先应考察合同上的请求权。因为合同是对有关请求权关系最特殊的规则。进而，合同可以决定对其他可作为请求权基础的法律规范应如何考察〔37〕。

3. 第三步：分析请求权的构成要件

第二步(仅仅)旨在假设的基础上，对请求权基础进行认定。于给定情形之中，基础规范能否在事实上支撑一项请求权，则受制于相关法律规范的构成要件符合性〔38〕。在成文法中，理论上而言，构成要件通常规定

---

〔33〕 从美国的角度进行比较，可见 R. K. Neumann, *LegalReasoning and Legal Writing* (4th ed, Gaithersburg: Aspen Law & Business2001), p. 16。

〔34〕 Medicus 1996, note 15, p. 2; Früh, note 18, at 742. 例如，如果所有权人(作为原告)希望基于所有权向窃贼主张返还其失窃物，则他的请求权基础可选《德国民法典》第 985 条，条文内容如下："所有人得请求占有人返还其所有物"。

〔35〕 Medicus 1996, note 15, p. 8; Braun, note 17, p. 26.

〔36〕 Braun, note 17, p. 28; Medicus 1996, note 15, p. 5; critical Groβfeld, note 2, at 26; Schapp, note 16, at 538.

〔37〕 Medicus, note 15, p. 5; Groβfeld, note 2, at 26. 参照《法国民法典》第 1134 条，条文内容如下："依法成立的契约，在缔结契约的当事人之间具有相当于法律的效力。"

〔38〕 Braun, note 17, p. 24; Früh, note 18, at 742.

在相关规则本身之中。已被认定的假定请求权基础规范，进而决定了后续法律分析的顺序。

为了（在第三步）考察作为请求权基础的某一特定规则的构成要件是否已被满足，有必要再次进行两步考察。首先，需要在抽象的基础上，对有关的构成要件进行认定〔39〕。（在抽象层面上）确证构成要件后〔40〕，还必须检索这些构成要件在当前情势中是否已被满足〔41〕。若构成要件已被满足，则可以作出请求权已成立的结论。否则，出于效率上的考量，对这一特定请求权的检索必须就此止步。最终的结论将是，个别法律规范无法成为请求权之基础。

4. 第四步：确证原告仍保有原请求权〔42〕

若通过第三步的考察，结果是请求权成立，则有必要进行更深入的法律分析。这是因为，请求权已（曾经）被确立的事实，并不必然意味着原告仍然保有该项权利〔43〕。为何原告可能丧失请求权，理由基本上有三：(1)请求权可能已经移转给其他法律主体（例如，通过让与协议）；(2)请求权可能已经消灭（例如，通过履行（给付）或终止）；(3)请求权可能已变更（例如，通过签订变更协议）。唯有在第二步和第三步的检索完成后，分析这些问题才合乎逻辑。因为请求权在其成立后，才得被移转、消灭或变更。

---

〔39〕 例如，《德国民法典》第985条（前引注36）的适用须满足以下构成要件：(1)原告享有所有权；和(2)被告进行占有。此外，尚有必要考察被告/占有人是否“有占有之权”：《德国民法典》第986条；基于美国法的法律论证作为对照，可参见 Neumann, note 33, p. 18。

〔40〕 任何不构成请求权之要件的因素则无须提及：Braun, note 17, p. 24。

〔41〕 Früh, note 18, at 745; N. L. Schultz and L. J. Sirico, *Legal Writing and Other Lawyering Skills* (3rd ed, New York: M Bender, 1998), p. 41：“径直将相关规范适用于案件事实的法律论证毫无意义。”

〔42〕 于第二步和第三步完成对请求权成立的讨论后，还须讨论的是被告可能享有的抗辩(defences)。在德国理论上，分有两种类型的抗辩：“Einreden” and “Einwendungen”。对两种类别的区分仍存在一定尚未明晰之处。最近，P. Gröschler 在“Zur Wirkungsweise und zur Frage der Geltendmachung von Einrede und Einwendung im materiellen Zivilrecht” (On the Effects and the Question of the Raising of “Einrede” and “Einwendung” in substantive Civil Law) (2001) AcP 48 中指出，对二者可作出如下的合理区分：“Einwendung”是指阻碍请求权成立和其存续的抗辩；“Einrede(n)”则指代那些并不会影响请求权存在，但或根据法律自身的效力(ipso jure)，或依法基于被告的主张，阻碍请求权可执行性的抗辩。

〔43〕 作为比较，参见 Früh, note 18, at 743。

仅当在这一步，能得出原告仍保有请求权的结论时，检索才应继续。若原告基于任何原因而丧失了其请求权，则为避免多余的工作，分析必须到此为止。

5. 第五步：考察请求权的可实施性

通过第二步到第四步的检索，即便结论是原告仍享有其原有的请求权，仍须最终进行请求权是否可实施的分析〔44〕。唯有不受永久或一时的抗辩所阻，请求权才是可实施的〔45〕。请求权不可实施，不会对其存在本身造成影响〔46〕，但会基于实体法上规定的原因，阻却其实现。

造成（永久或一时）缺乏可实施性，原因可能有，例如，（法定或约定的）诉讼时效经过（永久阻却可实施性），或原告未能履行相应的义务/对待给付义务〔47〕(corresponding obligations)（一时阻却可实施性）〔48〕。被告得援引上述原因而拒绝履行。请求权的可实施性必须最后考察。原因是，仅对于已有效成立并仍（未改变地）被原告保有的请求权，才会涉及其可实施的问题。

（三）用语

法律用语应始终与所讨论的内容相对应〔49〕。遵循前述逐步分析法，绝不能从最终结论开始，对问题展开法律分析。与之相反，最终结论须逐步得出。通过对条件式的使用，德国法学教育强调，法科学生所采的用语，应当反映此种对初始假设进行的逐步确证〔50〕。对相关法律问题，为给读者一个易懂、全面因而具有说服力的答案，此处用语应正

---

〔44〕 作为比较，参见 Früh，note 18，at 743。

〔45〕 逐步分析法只处理实体法适用的问题。因此，程序法方面所生的问题并不在其讨论范围之内。

〔46〕 否则应已经在第二步或第三步对此进行考察。

〔47〕 例如，卖方主张买卖价款的给付，但其并未依据买卖合同交付出卖物。

〔48〕 例如，见《德国民法典》第 320 条："基于双务契约互负义务者，于对待给付提出前，得拒绝自己之给付。但负有先为给付之义务者，不在此限。给付应向数人为之者，于对待给付全部提出前，对各人应分得之部分，得拒绝给付。第 273 条第 3 款规定，不适用之。已为一部分给付者，拒绝对待给付按期情形违反诚实及信用，即如不为给付之比例不高时，仍不得拒绝。"

〔49〕 Braun，note 17，p. 14："体例上的问题通常也是实质上的问题"。

〔50〕 Wörlein，note 6，p. 8；在普通法上，see Kenny，note 5，p. 90。

确反应真实的检索次序。这一体例被称为“Gutachtenstil”(“鉴定体”)〔51〕。

须注意的是,在德国的法律实务中,法律文书的撰写,通常不会采取这种繁琐而耗时的方式。德国法院起草判决时所使用的语言尤其不同。相反,表述在先的是结论,然后是对于结论为何正确的论证。因此,这种体例被称为“Urteilsstil”(“裁判体”)。但仍需注意的是,德国的法官并非自始就对法律纠纷的检索结果了然于胸。因此,他们也必须在对结果进行假设的基础上进行法律检索。德国判决书上的文字并未准确反映此种处理次序〔52〕。

(四)示例

基于前述方法,以下案例研习意欲展示,私法问题将如何在德国法上获得解答:

1. 事实

A和B于10月2日订立了一项合同。据合同,A以3000美元向B出售其画作(《绿蛙》)。

12月2日,A致电B,请求其支付3000美元买卖价款。B拒绝给付。B辩称只有在《绿蛙》交付之后才会付款。A对B不友善的行为感到

---

〔51〕 与上述检索次序相对应的语言可见如下:“A可能基于双方签订的合同对B享有300美元买卖价款的请求权”。构成要件应是,A和B事实上签订了一项买卖合同,据合同B负有向A支付300美元买卖价款的义务。A已发出订立合同的要约。B对要约作出了承诺。因此,A和B已订立合同。A对B的请求权进而已有效成立。因B尚未支付买卖价款,请求权并未(因履行)而消灭。合同仅在四个月前订立,故A的请求权并未罹于时效。总结而言,A对B享有一项支付300美元买卖价款的请求权。另一方面,以下文字则没有正确反映逐步分析法上的处理顺序:“A对B享有请求权。因为A和B已缔结了一项合同,据合同内容B必须支付300美元的买卖价款。价款未付,也未经过时效。”德语中,“Urteilsstil”一词多被翻译为“鉴定体”或“鉴定式”。[在本文中,作者以英文“legalopinionstyle”(法律意见体)表示之。——译者注]

〔52〕 Früh, note 18, at 747. Braun, note 17, p 17,在下文中,对其主要历史原因作出了解释。直到1918年,德国的判决都以君王的名义作出。若在结论上给人有存在任何疑问之感,则该判决将与君主权(sovereign authority of monarch)相悖。时至今日,判决书中的“权威式”(authoritarianstyle)仍得保留。对于法国影响的法律体系,见 Tetley, note 3, at 13;对于美国式法律写作的视角,见 Schultz and Sirico, note 41, p. 40:“以逻辑分析方法进行论证时,结论永远写在最前面。因为法律作品的读者,都不希望在悬念中等待结论作出”。

不满。

因此，在 12 月 15 日，A（口头上）"将他在《绿蛙》买卖合同的所有权利和请求，以 2500 美元的价格出售并让与于 C"。当天，A 通知了 B 此项交易和债权移转。

假若存在，A 和 C 对 B 享有何种请求权？

2. 解题范例

[A 希望 B 给付 3000 美元。C 希望 B 给付 3000 美元。][53]

1. A 对 B 享有的 3000 美元价款请求权（第一步）。

(a) A 的请求权基础[54]（第二步）

A 的请求权可能基于 10 月 2 日订立的合同，《德国民法典》第 433 条第 2 款[55]。

(b) 构成要件（第三步）

A 在合同上请求权的构成要件应是：合同已经有效成立，据合同 A 有权向 B 主张 3000 美元的价款。在 10 月 2 日，A 和 B 缔结了合同。据该合同 B 负有向 A 给付 3000 美元买卖价款的义务。因此，请求权已有效成立。

(c) A 是否仍保有请求权（第四步）

根据对 C 的债权让与，A 或已丧失其请求权。据《德国民法典》第 398 条[56]，此项让与有效的前提是，A 和 C 之间已经订立让与协议。12 月 15 日，A 和 C 已达成合意，A 基于《绿蛙》买卖合同的所有权利和请求都应让与 C。

因此，他们之间已经达成了有效地让与协议。A 丧失了其对 B 的所有请求权，这些权利已归于 C。

---

〔53〕 请求权关系的认定，在这里只起到帮助案情势实和待回答问题理解的作用。通常，其并不会出现在任何对于纠纷的书面分析中。

〔54〕 对此纠纷，不需要讨论任何程序问题。

〔55〕 《德国民法典》第 433 条第 2 款："买受人负支付约定价金与出卖人并受领标的物之义务。"德国私法理论认可合同当事方基于合同主张实际履行的请求权。

〔56〕 《德国民法典》第 398 条："债权得由债权人与第三人制定之契约，移转该第三人（让与）。契约制定，新债权人即取代原债权人。"

(d) 结论[57]

A 不享有向 B 主张 3000 的给付请求权。

2. C 对 B 享有的 3000 美元买卖价款的请求权(第一步)。

(a) C 的请求权基础(第二步)

A 的请求权可能基于 10 月 2 日订立的合同,《德国民法典》第 433 条第 2 款,结合第 398 条第 1 句。

(b) 构成要件(第三步)

C 在合同上请求权的构成要件应是:(1)合同有效成立,据合同,B 负有给付 3000 美元买卖价款的义务;和(2)C 享有向 B 主张该合同项下价款的权利。

一如前述,[58]A 和 B 已于 12 月 2 日有效订立了合同,据此 B 负有支付 3000 美元买卖价款的义务。

因此,构成要件(1)满足。

A 与 B 之间的合同既已于 10 月 2 日成立,A 原本为对 B 3000 美元买卖价款的请求权人。

然则,根据《德国民法典》第 398 条,[59]A 已于 12 月 15 日将所有合同上的权利移转于 C。因此,C 现在对 B 享有给付 3000 美元的独立合同请求权。

(c) C 是否仍保有请求权?(第四步)*

C 并未因权利让与、消灭而丧失其请求权。请求权亦未发生变更。

(d) 可实施性(第五步)

存有疑问的是,C 的请求权是否可实施? B 已提出仅当《绿蛙》交付时才会给付价款的抗辩。据《德国民法典》第 320 条第 1 款第 1 句[60],若

---

〔57〕 由于第四步的分析已经得出 A 对 B 无请求权的结论,第五步省略。

〔58〕 见上文,解题示例之步骤 1(b).

〔59〕 见上文,解题示例之步骤 1 (c).

* 原文为"Is the claim still with A?"(A 是否仍得保有请求权)。这里应是作者的笔误,故作出对应修正。——译者注

〔60〕《德国民法典》第 320 条第 1 句:"基于双务契约互负义务者,于对待给付提出前,得拒绝自己之给付。但负有先为给付之义务者,不在此限。给付应向数人为之者,于对待给付全部提出前,对各人应分得之部分,得拒绝给付。第 273 条第 3 款规定,不适用之。已为一部分给付者,拒绝对待给付按期情形违反诚实及信用,即如不为给付之比例不高时,仍不得拒绝。"(此处应是作者笔误——译者注)

一方尚未履行其义务，另一方得拒绝对其履行的主张。A 尚未向 B 履行其交付并移转《绿蛙》所有权的合同上义务[61]。据《德国民法典》第 404 条，债务人可以向受让人主张其对原债权人的抗辩，只要在请求权让与之时，该抗辩可以有效对原债权人提出。因此，在 12 月 15 日的债权让与之后，B 已基于《德国民法典》第 320 条第 1 款第 1 句向 A 主张的抗辩同样可有效对抗 C。进而，B 享有(一时性)拒绝履行的权利。

(e) 结论

C 享有向 B 主张 3000 美元价款的请求权。然而，此项请求权在当前不可实施。

(五)逐步分析法的正当基础

1. 概述

尽管之于德国意义重大，罕有法律人撰文对逐步分析法的学理背景进行讨论[62]。鉴于此，对逐步分析法在学理上的正当性基础，与其融入私法体系的方法，值得探讨。

2. 方法论选择基准

对于某一特定方法的普遍适用，似乎意味着，它优于其他方法。为验证结论是否，以及缘何正确，需要对不同的方法论进路进行评价。为此目的，首先需要认定的是，对不同的方法论进行比较的标准。进而，在本文语境下，这些标准须特别参照逐步分析法以确定。

有观点认为，逐步分析法所预期的法律程序是，原告提出其请求权，同时被告努力证明该项请求权不成立，或至少不可实施[63]。但这种观点不能解释，逐步分析法为何优于其他法律题解答路径——它没有为

---

〔61〕《德国民法典》第 433 条第 1 款："依买卖契约，物之出卖人负交付其物于买受人，并使其取得该物所有权之义务。"为移转动产的所有权，原则上所有权人必须将其交付于买受人，且所有权人和买受人双方都对所有权移转的效果表示同意/达成合意：《德国民法典》第 929 条第 1 句。对物的占有原则上通过对物实际上的支配所取得：《德国民法典》第 854 条第 1 款。

〔62〕 Schapp，note16，at 538，主张，德国法学家普遍忽视将纠纷解决方法(dispute solving methods)作为研究主题，或可归因为，其将解纷解决方法(技术)视为法律实务领域，而非法律科学领域的事。

〔63〕 Braun，note 17，p. 38 ["答辩和反答辩"(plea and counterplea)]；Medicus AcP，note 15，pp. 326，331。

逐步分析法和其他方法之间的区分提供标准。

可进一步设想，逐步分析法所获得的任何优越性，都是基于其适用能带来合理的结论。但既然引人入歧途的方法论根本无用武之地，则法律题解答的结果，不会作为不同方法论之间的衡量标准〔64〕。法律题解答方法仅提供框架，以实现最优的结果，但其不应影响结果本身，也因此必须被认为是结果中立的(outcome－neutral)。

因此，唯有基于对于特定问题的法律分析应如何分析，对不同方法论进路的衡量方能妥当。若此，则唯有效率性，堪当不同方法论之间的衡量标准〔65〕。高效的法律题解答即是方法论上最优的进路。高效性通过具有逻辑性、清晰性和精确性的工作次序以实现〔66〕。若效率更高，则须认为此种方法较其他而言更优。换言之，最高效的法律题解答方案，应强于其他所有方案。

此处须强调的是，对私法题最高效的解答方法，当然并非能导向适当结论的唯一方法。适当的结论同样可以通过其他不那么有效率的方法获得。于最高效的解题方法而言，优势仅仅在于，其仅需要最低限度的资源投入。

如前文所介绍的，逐步分析法符合效率要求。事实上，它本身就代表着效率。逐步分析法最主要的适用目标和适用结果，皆指向尽可能早地认定并解决法律问题，并首先对前置性问题进行处理。对于高效的结构化法律题解答，没有更多可选项了。由于逐步分析法内生地蕴含有效率的问题解决，其可被认为是逐步分析法的主要优势所在〔67〕。

3. 请求权方法

一如前文所解释〔68〕，逐步分析法需要对不同的请求权关系进行认

---

〔64〕 出此考虑，本文语境下不会基于公平和正义(fairness and justice)角度进行讨论。

〔65〕 当前语境中，效率(efficiency)应被理解成特定工作程序(在此处是解决私法问题的方法)可使得资源(时间、劳动力、金钱)投入尽可能低的特性。

〔66〕 Medicus 1996, note 15, p. 4; Früh, note 18, at 742; L. Bolman, in C. L. Cooper and C. D. Alderfer (eds), *Advances in Experimental Social Processes* (Chichester: Wiley 1978) Vol 1, pp. 114-15. 此处特定工作程序的最优化并不直接关涉财产性权利的移转。因此，在 Zweigertand Kötz, note 11, p. 249 中有关所谓"法律的经济分析"的讨论，于本文的论域中并不相关。

〔67〕 Medicus AcP, note 15, p. 326.

〔68〕 见上文，"第一步：掌控事实"(前引注〔18〕和对应文段)。

定。这里的分析应分别进行。作为逐步分析法的基础，这种请求权相关的方法具有重大意义。

请求权方法似乎暗示，私法关系的本质总是对抗性的。（反对）观点或称，这忽视了法律作为凝聚因子的作用，而夸大了其作为止争工具的作用〔69〕。这一观点正确与否，仅能在对（私）法的本质和功能的根本性讨论上得到验证。囿于篇幅，本文无法进行相应的讨论。但通过下文，也可以获得相应的理解。

法不能像传统社会主义法学理论所主张的，仅被认为是“组织”（organise）社会不同成员，使其合作的工具〔70〕。理解（私）法的主要作用，须视其对私法领域内不同主体〔71〕的利益平衡功能〔72〕。因此，不同利益间的冲突，是私法存在的前提〔73〕。基于私法的本质和功能本身，可使请求权方法的对抗性本质正当化〔74〕。

---

〔69〕 Großfeld, note 2, at 25；对纳粹德国时期提出的类似观点之批评，see Medicus AcP, note 15, p. 322。

〔70〕 U Manthe, “Bürgerliches Recht und Bürgerliches Gesetzbuch in der Volksrepublik China” (Civil Law and Civil Code in the People's Republic of China) (1987) 28 *Jahrbuch für Ostrecht* 11 at 21; I Markovits, “Socialismand the Rule of Law: Some Speculations and Predictions” in D. S. Clark(ed), *Comparative and Private International Law : Essays in Honor of John Henry Merryman on his Seventieth Birthday* (Berlin: Duncker & Humblodt, 1990), p. 205.

〔71〕 See Pound History, note 4, p. 163; S Riesenfeld, “The Impact of GermanLegal Ideas and Institutions on Legal Thought and Institutions in the United States” in M. Reimann (ed), *The Reception of Continental Ideas in the Common Law World* 1820-1920 (Berlin: Duncker & Humblodt, 1993), p 94.

〔72〕 此观点建立在所谓“利益法学”（Interessenjurisprudenz）基础上。利益法学主要在20世纪20年代后的德国发展。菲利普·黑克（Philip Heck）对其发展的作用重大。对于美国的相应发展，see, eg, Pound History, note 4, pp. 162-76; Pound Spirit, note 12, pp 91-93, 204; see also Riesenfeld, note 71, pp. 94-96; A. Altman, *Arguing About Law* (2nd ed, Belmont, CA: Wadsworth/Thomson Learning, 2001), pp. 111-13; S. P. Sinha, Jurisprudence (St Paul, Minn: West Pub, 1993), pp. 232-34. 在德国，利益法学后来发展为所谓利益评价法学（“Wertungsjurisprudenz”，即“评价法学”。译者注）。该理论的发展体现在，其指出认定相冲突的利益本身并不足够（see Sinha, above, p. 244），仍需辨识的是基于何标准，一种利益可以高于其他利益。W. Fikentscher, *Methoden des Rechts in vergleichender Darstellung III* (Methodsofthe Law Explained Comparatively) (Tübingen: Mohr Siebeck, 1975-77), pp 383-89; F. Bydlinski, Juristische Methodenlehre und Rechtsbegriff (Legal Methodsand Legal Metaphores) (Wien, New York: Verlag Springer, 1982), pp. 123-25.

〔73〕 Schapp, note 16, at 538.

〔74〕 Schapp, note 16, at 538; Medicus 1996, note 15, p. 1.

(私法)法律作业的本质却可能大不相同。形如撰写法律意见书、起诉状、判决书、合同或进行合同相关谈判,似乎都要求各式实务技能和技巧。但进一步观之,总存在一项极为基础性的问题,作为所有不同法律作业的起点。这一基础性问题关乎请求权关系的存在,即哪一主体是否享有,或是否可能最终取得,对其他主体的请求权。法院作出的私法判决,是对此问题的直接回应。此外,律师撰写的法律意见书(只要其不仅限于回答抽象性的问题)须评估现实或可能的请求权关系,并最终提出建议。合同起草必须基于所预见的问题,亦即,一方当事人得否基于特定的文字,而对另一方享有请求权[75]。甚或进行(法律)谈判的方式也一样,即以全体当事方试图确立或避免,相互之间真实或可能的请求权作为基础。

职业法律人在不同领域、不同场合所完成的最终作品,或有形式上的不同(如判决、法律意见书、诉状或答辩状、合同、谈判中理由的陈述等),也可能不会直接反映请求权方法。但是,开展所有这些工作的第一步,总是对真实或可能的请求权关系之分析。这也即谁对谁有,或可能享有请求权的问题。易言之,请求权方法始终决定着(私法上)法律作业的方向和次序[76]。

鉴于此,须将决定请求权关系作为私法的首要任务[77]。任何私法相关的作业,都以对请求权关系的分析为基础。进一步地,其需要请求权方法作为法律题高效解答的天然基础。高效的法律题解答不能通过对抽象问题的分析实现。相反,它必须由谁得向谁请求什么的终极目标确定。逐步分析法以请求权方法为基础,并包括后者。

或可进一步主张,请求权方法并未将社会、经济和政治因素纳入考量,导致仅能从法律层面进行片面分析[78]。但作为私法主要任务的"平衡相冲突的利益",当然同样需要对包括政治、经济和社会因素的所有方

---

〔75〕 Medicus AcP, note 15, p. 317.

〔76〕 Groβfeld, note 2, at 25; Medicus AcP, note 15, p. 322.

〔77〕 Schapp, note 16, at 538.

〔78〕 Groβfeld, note 2, at 25; G E Frug, "A Critical Theory of Law" (1989) *Legal Education Review* (No 1) 43.

面进行考量[79]。因此，采取逐步分析法并不意味着排除这些因素。它仅引导这些因素——亦即，它提出对这些因素进行考量的最有效率之方式。

4. *法律题解答方法和法学创造力*

一直以来，有观点主张逐步分析法的适用，可能导致技术取代实质，成为法律作业的决定性因素。方法论上的相应限制可能阻碍法学创造力的发展，或至少为其设限[80]。唯有在逐步分析法被视为或用作替代实体法本身的法律工具，或仅被用作一项无须反映背后法理的勾选清单时，上述论断方可成立。但方法论永远不可能取代实体法。方法论也不应为了自身而适用。与之相反，方法论是也仅是用以高效适用并实施实体法的工具。若以此理解方法论的功用，则请求权方法和逐步分析法[81]完全不会阻滞法学创造力。相反，它可为打造有序且成体系结构的法学理论作出重要贡献[82]。

此外，逐步分析法并非被"强加在"职业法律人和/或法科学生身上的法律工具之一。正相反，逐步分析法的适用应是法律题解答效率性[83]所自动产生的结果。也因此，逐步分析法反映的，仅是法律题解答过程本身的限制[84]。

三、比较分析

（一）引言

前文已对德国式的法律题解答法进行了讨论。这自然会引发在其他

〔79〕 对于中国法层面的法学教育，Wang Liming, *Hetongfa yinan anli yanjiu* (Research on tricky contract law cases)(Beijing: Zhongguo renmin daxue chubanshe, 1997) (referred to as Wang Liming 1997), p 4.

〔80〕 Groβfeld, note 2, at 25.

〔81〕 Braun, note 17, p 17："没有更好的办法来战胜他人自己的偏见了……"

〔82〕 Medicus AcP, note 15, pp. 321, 331.

〔83〕 与前文"方法论选择基准"一节比较。

〔84〕 Braun, note 17, p. 38.

法域，类似的模式在何种程度上已被，或应被适用的疑问。下文中，将通过对两个非德国法律体系(non-German legal systems)的考察〔85〕回应此问题——普通法体系和(简要涉及)中国法律体系〔86〕。以这些法系为例自然具有任意性，也与作者对相关法域的熟悉程度有关〔87〕。但基于下文所述的原因，对这些例子的分析同样存在特殊价值。

本文论域下，对普通法情势所进行的讨论，是普通法和大陆法有别的自然结果〔88〕。将中国法律体系作为(额外的)例子纳入比较，则表明本文的比较范围，并不局限于普通法和大陆法之间。此外，中国法律体系是一个新兴法域的代表。该法域受众多不同法系的影响，因而不能简单将其归于某一“传统”法族，而应视其为一“混合法域”〔89〕。

下文的讨论将探寻，在前述法域中，能否找到近似于逐步分析法的方法，以及/或者逐步分析法是否能适用于相关法域中。

(二)普通法上结构化的法律题解答

1. 概述

在《法律题解答》(Problem Solving)一书中，普通法学者 Margot Costanzo 曾宣称，对于法律题解答，律师们所采的方法罕有相同之处〔90〕。

---

〔85〕 对于比较法研究中法系选取的重要性，see M. Oderkerk, “The Importance of Context: Selecting Legal Systems in Comparative Legal Research” (2001) NILR XLVIII 293.

〔86〕 本文仅研究除香港特别行政区、澳门特别行政区和台湾地区之外的中华人民共和国主体部分。

〔87〕 为进行比较的目的，基于研究者自身相关的因素而选取法系，see Oderkerk, note 85, at 305。

〔88〕 见前文，“引言——概述”(前引注〔3〕及相应文段)。

〔89〕 中国大陆法系并非案例法系，Wang Liming, 1997, note 79, p 2; Wang Zhaoneng (ed), *Shiyong falü anli pingdian — minshiquan* (Commentary on practical law cases-civil law) (Nanning: Guangxi renminchubanshe, 2001), p 1; Qiao Xianzhi (ed), 2000 *Shanghai fayuan anli jingxuan* (2000 — Selected cases of Shanghainese courts) (Shanghai: Renmin chubanshe, 2000), p 2(案例起补充立法的作用，并为将来的立法工作积累经验材料)。因此，可主张中国的法律体系属大陆法系。see L. C. Wolff andB Ling, “The Risk of Mixed Laws: The Example of Indirect Agency underChinese Contract Law” (2002) 15(2) *Columbia Journal of Asian Law* 173 at176. 但出于比较法的目的，法源上的问题无足轻重：Zweigert andKötz, note 11, p 71。

〔90〕 Costanzo, note 5, p. 51.

事实上，笔者也未能找到一个，可为普通法律师适用的，能提供全面的法律题解答方法之通行范式〔91〕。相反，已有大量提及学生技术技能的文章和书籍问世，尤其是在法律题解答型考题应如何应试方面〔92〕。类似地，实务上的相关文献极少〔93〕对全面的法律题解答方式进行讨论。这些文献提供技术性的建议，例如，谈判技巧如何提高，如何应诉答辩，或如何提高法律写作技巧〔94〕。

当然，普通法上有关法学论证的著述甚多〔95〕。若认为法律论证是找寻法律问题之正解的过程，则一如前述，须视步骤分析法涉及了法律论证的一个层面。但一般而言，对法律论证上的讨论所关注的，是旨在解决特定（单一）法律问题的方法。对于为一组事实进行高效法律分析，以及对相关问题的渐次分析提供范式，则并非其讨论的重点。

对于所谓的 IRAC 方法也同样如此。此种方法被很多法学院用作认知、修辞、分析组织和教学工具，其中尤以美国、澳大利亚的法学院为甚。

---

〔91〕 但作为对照，见 Neumann, note 33, p. 16。他对于"规范内在结构"(inner structure of a rule)的解释与逐步分析法的内涵相近："对每一规范，都有三项不同的组成部分：(1)一套要件，统而言之为测试(test)；(2)所有构成要件皆符合时所生的结果……；和(3)决定结果为强行性、禁止性或裁量性的因果条件(causal terms)……另，许多规范还有(4)一项或多项例外，若满足，则即便所有要件都符合也得阻却结果发生。"

〔92〕 Constanzo, note 5; Krever, note 5; McVea and Cumper, note 5; Clark, note5, pp. 21-22; Bradney et al, note 5, pp. 99-105; Kenny, note 5, pp. 88-99.

〔93〕 P. A. Jones, *Lawyers' Skills* (7th ed, London: Blackstone 2000), pp. 5-26，采取了一项更具有体系性的进路。但其关注的是实务层面的问题解决，如对信息的辨识和归类，以及证据搜集的方法。

〔94〕 M. M. Asprey, *Plain Language for Lawyers* (2nd ed, Leichhardt: Federation Press, 1996); M. Chartrand, C. Millar and E. Wiltshire, *English for Contractand Company Law* (London: Sweet & Maxwell, 1997); M. Fox and C. Bell, *Learning Legal Skills* (3rd ed, London: Blackstone, 1999); M. Hyam, *Advocacy Skills* (4th ed, London: Blackstone Press 1999); R. H. Mookin, S. R. Peppert and A. S. Tulumello, *Beyond Winning* (Cambridge, Mass: Belknap Press of Harvard University Press, 2000); A Sherr, *Client Care for Lawyers* (2nd ed, London: Sweet & Maxwell, 1999); C. Maughan and J. Webb, *Lawyering Skills and Legal Process* (London: Butterworths, 1995).

〔95〕 A. Aarnio, D. N. MacCormick (eds), *Legal Reasoning* (Aldershot: Dartmouth, 1992), Vols I and II; E. H. Levi, *An Introduction to Legal Reasoning* (Chicago: Chicago University Press, 1961); A. Peczenik, *On Law and Reason* (Dordrecht: Kluwer Academic, 1989); Neumann, note 33, pp. 15-26.

IRAC是(I)议题(Issue)[96]—(R)规范(Rule)[97]—(A)适用(Application)[98]和(C)结论(Conclusion)[99]的简称。它是指:

> ……法律讨论的建筑蓝图。它使法律写作连贯清晰,并将讨论的内容组织起来。IRAC对问题所示的议题提供支撑和分析。它应指引写作人得出有充分支撑的结论。[100]

但不能将IRAC视为一套全面的法律题解答范式[101]。就其处理法律规则适用问题的范围内,IRAC似乎仅在解决孤立的问题。尽管它可以被往复适用[102]。IRAC在此范围内的适用与逐步分析法上所采途径相对应。逐步分析法的途径同样要求辨识法律问题,分析对于该问题的

---

〔96〕 http://law. slu. edu/academic _ support/irac. html (last visited 30 March2004); Rohr, "How to Take a Law School Exam", http://nsulaw. nova. edu/stuprograms/arp/documents/examtake. pdf (last visited 30 March2004) (referred to as nsulaw), IVA; http://lexopolis. com/library/handouts/irac _ lexis. pdf (last visited 30 March 2004) (referred to as lexopolis), p. 1; Neumann, note 33, p. 265

〔97〕 "What is the governing law for the issue?": see Neumann, note 33, p. 265; nsulaw, note 96, at IVB; lexopolis, note 96, p. 1.

〔98〕 "Does the rule apply to these unique facts?": see Neumann, note 33, p. 265; nsulaw, note 96, at IVC; lexopolis, note 96, p. 2.

〔99〕 Neumann, note 33, p. 265; nsulaw, note 96, at IVF; lexopolis, note 96, p. 2.对于法律写作层面的类似方法, see Schultzand Sirico, note 41, pp. 43-65。

〔100〕 A. B. Yelin, *The Legal Research and Writing Handbook: A Basic Approach forParalegals* (Boston: Little Brown, 1996), p. 381.一些与IRAC近似的范式也被其他法学院采用。例如,邦德法学院(Bond Law School)采"MIRAT",其指:(M)材料/所缺事实(Materials/missing facts);(I)议题(Issue);(R)规范(Rule)(法律/学理原则);(A)适用/论证(Application/Argument);(T)检验结论(Tentative solution)。昆士兰科技大学(QueenslandUniversity of Technology)采"ISAACS"模式。其指:(I)辨识由事实所生的法律议题;(S)陈述相关法律及(A)法源(法律权威,Authority);(A)适用法律于事实;(C)得出对议题的结论,此后重复上述步骤以讨论另一议题;(S)将实际结论(practicalconclusion)整合为一项总体结论。H Ward, "The Adequacyof their Attention" (2000) LER 1 at 26.

〔101〕 此外,许多法学家倾向于认为,IRAC只是一个用以应付试题的答案组织工具。比较Neumann, note 33, p. 265; http://law. slu. edu/academic_support/irac. html (last visited 30 March2004); lexopolis, note 96, p. 3; different Brown, "Problem Solving andAdvocacy: Two Separate Skills", http://law. gonzaga. edu/ilst/Newsletters/Fall00/brown. htm (last visited 30 March 2004), para 6. 逐步分析法并不受此限制。见前文解释,"引言—概述"(前引注1和相应文段)以及"请求权方法"(前引注68及相应文段)。

〔102〕 作为对比,Compare Neumann, note 33, p. 265 ("several IRAC—structured discussions"); Brown, note 101, para 5:"通过IRAC进行方法论上的推进,甚至最困难的法学问题都可被学生解决。"

解决，特定法律规范是否能适用。但IRAC未能对构建解决“整个纠纷”的分析结构，提供必要的方法论工具[103]。易言之，当需要决定一组事实中，不同法律问题的处理顺序时，IRAC并无用武之地——它仅对一项“议题”的处理提供了方法论支持。因此，与逐步分析法相反，IRAC的适用范围是受限的。

2. 逐步分析法得否在普通法中适用

欲回答逐步分析法是否可适用于普通法体系的问题，首先须对普通法内的判例法和制定法进行区分[104]。就制定法而言，适用逐步分析法原则上不存在障碍。当涉及国际条约得直接适用的问题，例如《联合国国际货物销售合同公约》(CISG)[105]时，亦是同理。只要这些条约提供了能统摄各请求权关系的一整套法律规范。

若作为请求权基础的规范源于判例法，则显然，认定这些规则及其相应要件的法律技巧，将有别于大陆法下，或普通法法域中制定法下的技巧适用[106]。为(通过归纳法[107])提取规范，必须对先例进行分析。分析先例可支持原告的请求权，适用该规则的构成要件，以及可能的抗辩。但进一步观之，就法律题解答的框架构建而言，判例法和成文法之间并不存在显著区别。

首先，适用判例法要求，对先例背后的法律规则进行认定。这是判断此项或其他判决是否确实控制了后续案例的唯一方法[108]。换言之，尽管与大陆法系中适用的演绎法相对[109]，对普遍适用于普通法法域中的归纳法，同样存在认定应在另一个(新)问题中适用的，一项或多项抽象法律规则的必要。申言之，为能够确定任何后续检索的顺序和检索内容，也即，为了能确证此规范对于其他(新)问题可否适用，于普通法上，同样应

---

[103] IRAC旨在适用于所有领域的法律适用问题，例如合同法，民事程序法，刑法和侵权法。

[104] 对比 Hanson, note 4, p. 21. 对于比较法目的上，法源问题之微不足道，见前引注87。

[105] 《联合国国际货物销售合同公约》：通过互联网访问，如，www. cisg. law. pace. edu (last visited 30 March 2004).

[106] Zweigert and Kötz, note 11, pp. 258-59; Pound Future, note 11, pp. 18-19.

[107] Foster, note 16, p. 85; Markesinis, in Cane and Stapleton, note 12, pp. 271-74.

[108] Zweigert and Kötz, note 11, p. 269.

[109] Levi, note 95.

以假设的基础(hypothetical basis)来认定此规范。此处,大陆法和普通法上的唯一差异,仅在于其(截然不同[110])的出发点:于大陆法,必须在抽象的制定法框架内找寻规范;于普通法,则必须将规范从先例中提取出来[111]。大陆法上,适法要件基本由(抽象)规范本身所规定。判例法则一般地要求,待决问题中的事实,与产生可适用规范之先例的事实具有相似性。

进一步的问题是,普通法的历史发展,尤其是其中衡平原则(principles of equity)的重要性[112],是否要求在普通法语境下,通过不同的方式适用逐步分析法。尽管在大陆法法域内,成文法上存有用以修正明显不当结果的一般性条款,但这些条款难以与适用衡平原则时,法官的裁量权所匹敌[113]。进一步而言,衡平法上已发展出形如信托的各项工具。这些衡平工具被适用于广泛的情势中,为大陆法所未见[114]。诚然,衡平原则的特性可能对实际的法律作业产生影响。例如,法官享有更宽的裁量权,或要求诉状上提及更多的可行救济(available remedies)[115]。但这并不能排除逐步分析法的适用。逐步分析法的适用,当然建立在法律规范可辨识,以及这些规范的适用和相应适法效果,在一定程度上可被预期的思想上。只要衡平法裁量权(equitable discretion)在限度内行使,则衡平原则下更宽的可选救济范围既不会消除此种可预期性,也不会对以高效处理案件为目的之法律问题解决次序,产生任何影响。唯有当此种认定

---

[110] Markensinis, in Cane and Stapleton, note 12, p. 271.

[111] Zweigert and Kötz, note 11, p. 271.

[112] J. Martin, Hanburg and Martin—*Modern Equity* (16th ed, London: Sweet& Maxwell, 2001), pp. 3-46; L BSolum, "Equity and the Rule of Law" in I Shapiro (ed), *The Rule of Law* (New York: New York University Press, 1994), p. 123.

[113] Kötz, in Cane and Stapleton, note 12, p 243; Zimmermann, note 12, pp. 169-77; R. Zimmermann and S. Whittaker, *Good Faith in European Contract Law* (Cambridge, UK; New York: Cambridge University Press, 2000).

[114] J. P. Thorens, "The Common Law Trust and the Civil Law Lawyer" in Clark, note 70, p. 309; Zimmermann, note 12, pp. 163-66; D. J. Heyton, S. Kortmann and H. Verhagen (eds), *Principles of European Trust Law* (TheHague: Kluver Law International; Deventer: The Netherlands: W. E. J. Tjeenk Willink, 1999), pp. 3-8。

[115] 对于陈述形式和逐步分析法之间的关系,见前文"用语"一节(前引注49及相应文段);从实务角度的观点,see Zimmermann, note 12, pp . 177-82。

和预期为"衡平"所不允许时,逐步分析法的适用才不可能。但论断如此,将意味着"衡平"与法治(rule of law)理想相悖[116]。

须进一步考虑的是,德国和普通法国家在法学教育上的不同,是否确会阻碍逐步分析法的引入。在德国,国家考试和形如家庭法、继承法、公司法和劳动法等民法进阶课程[117],会考查学生对于私法知识的整体把握[118]。另一方面,普通法国家的法学院独立考核学生对各学科的知识。通常而言,试题也直接与特定课程所授知识明显相关[119]。进一步地,普通法国家的试题并不总是基于请求权关系设计。例如,试题可能要求,对确证信托或处分之有效性这样的问题进行解答[120]。

上述观点或能解释,逐步分析法为何(尚)未在普通法法域中得到积极传授。但基于下述原因,它们不构成反对逐步分析法适用的论据。首先,形如逐步分析法的建构工具,在越复杂的案例中诚然会越重要。例如,出现在德国的法学考试之中的案例。但这并不意味着,在稍不复杂的案例中,步骤分析法应被忽视,甚或步骤分析法本身的重要性有所下降。

---

[116] Solum, note 112, passim and p. 139:"为揭示一个判例是受规范所制的,需要以道德和法律的视角考察。鉴于此,法律规范的适用和衡平法的实施皆需要凭借司法智慧的美德。这一洞见将使我们理解,衡平法的实施何以在事实上增强,而非削弱,支撑法治理想可预见性和合规律性(regularity)。Compare also D. Higham, "Does Justice Play Dice? Can Lawyers Predict the Chances of Success in Litigation?" (2003) 12(1) Nottingham Law Journal at 20-26. See also B. Thompson, Constitutional and Administrative Law (3rd ed, London: Blackstone Press, 1993), p. 67:"法治的基本理念是,法不仅应得到遵循,且得到遵循的应是能指引人民的法。" See further, D. W. Kahn, The Cultural Study of Law (Chicago: Chicago University Press, 1999), p. 117:"法的统治绝不会因一个特定判决的结果而岌岌可危……法治已限定了可能结果的范围"。And see M. A. Eisenberg, The Nature of the Common Law (Cambridge, Mass: Harvard University Press, 1988), pp. 10-12.

[117] 基于德国不同各邦州施行的相关法律: Foster, note16, pp. 81, 84。

[118] Foster, note 16, pp. 84-85; 更为概括性地, see J. H. Merryman, *The Lonelinessof the Comparative Lawyer* (The Hague; Boston: Kluwer International Law, 1999), pp 61-63; Leith, "Legal Education in Germany: Becoming a Lawyer, Judge, and Professor", www.ncl.ac.uk/~nlawwww/articles4/leith4.html(last visited 30 March 2004) text following footnote reference 43:"总括来说,德国法学院之间存在惊人的差异"。Seealso Crossley, "Legal Education in England", www.jura.uni-sb.de/english/London/crossle.html (last visited 30 March 2004).

[119] Neumann, note 33, p. 263: "教师通过阅读你的考试答案……来判断你在课上所学几何。"

[120] Neumann, note 33, pp. 265-66; D H Barber, *Answering Law Exams* (2nd ed, Silverthorne, Colo: Winning in Law School Inc, 1992).

此外，步骤分析法当然不会对解决并非基于请求权关系的试题有所帮助。尽管如此，仍需注意，在私法领域内对抽象主题所进行的讨论，都被认为最终将助力于分析请求权关系的[121]。譬如，对信托或任何处分行为有效性进行分析，(仅仅)是为了确定谁最终得对谁享有请求权。最后，一如前文已作出的解释，逐步分析法并不仅是一个学生所用的解题工具。在私法领域，它是一个可用于所有法律作业的建构工具[122]。

总括而言，普通法的特性并不构成对逐步分析法适用上的阻碍[123]。在普通法上，对私法问题的解答可进行如下：

· 将事实限定在请求权关系范围内；

---

[121] 见上文，“请求权方法”(前引注 69 和相应文段)。

[122] 见前文，前引注 3 及相应文段，尤其是“方法论选择基准”(前引注 62 和相应文段)和“请求权方法”(前引注 70 和相应文段)。

[123] 为阐明此项结论，对上文的解题范例(见 2(d))中关于 C 和 B 之间请求权关系的部分，应在下文中，基于英格兰法以逐步分析法解答之：C 对 B 的请求权(第一步)1. 对于 3000 美元的价款(第一步)：1.1 请求权的基础(第二步)C 可基于 A 与 B 之间于 10 月 2 日缔结合同的违反和联合王国《1979 年货物买卖法案》(Sale of Goods Act 1979(UK))第 49 条(下文以 SGA 代指)享有请求权。1.2 构成要件 C 享有请求权的构成要件是：(1)已订立有效的买卖合同。根据合同，B 负有支付 3000 美元买卖价款的义务；(2)货物所有权已移转于 B(SGA 第 49(1)条)，或无论交付与否，价款应在特定日期交付(SGA 第 49(2)条)；(3)B 不正当地疏忽或拒绝支付该加金(SGA 第 49(1)条)；C 对 B 享有合同项下的加金请求权。所有这些要件都已满足。1.3C 是否仍保有请求权？(第四步)C 对 B 的请求权并未因让与、变更或消灭而丧失。4.4(应是 1.4。——译者注)可实施性(第五步)未见任何原因能使请求权不可实施。1.5 结论：C 得对 B 提起 3000 美元价款的诉讼请求。(但此项请求权的行使，受 SGA 第 50(1)条项下请求权未行使(non－exercise of the claim)的限制)。2. 对于未支付价款并受领《绿蛙》的损害赔偿：2.1 C 之请求权的基础(第二步)此外，C 的请求权也可基于 SGA 第 50(1)条：see P. S. Atiyah, J. NAdams and H. MacQueen, The Sale of Goods (10th ed, Harlow: Longman, 2001), pp. 481-82. 2.2 构成要件(第三步)C 享有请求权的构成要件是：(1)已订立有效的买卖合同。根据合同，B 同时负有支付 3000 美元买卖价款和受领《绿蛙》的义务；(2)B 不正当地疏忽或拒绝受领《绿蛙》和支付价金(SGA，第 49(1)、(2)条)；(3)C 对 B 享有合同项下的价金请求权。据前文所述(解题范例 1(b)和(c))，要件(1)和(3)都已满足。进一步地，B 不当地拒绝支付买卖价款：见前述解题范例 1(b)。B 没有明示拒绝受领《绿蛙》。但他既已要求 A 交付，而 A 已经完成了在他一方所要求的所有使此项交付有效的工作。因此，C 不当地疏忽了他受领 A 之给付的义务。基于 SGA 第 50(1)条对 B 拒绝受领的损害赔偿请求权因得有效成立，并已由 A 有效移转于 C。2.3C 是否仍保有请求权？(第四步)C 对 B 的请求权并未因让与、变更或消灭而丧失。2.4(应是 1.4)可实施性(第五步)未见任何原因能使请求权不可实施。2.5 结论：C 可对 B 享有未受领的损害赔偿(damages for non-acceptance)请求权。但此项请求权的实现，受 SGA 第 50(1)条项下请求权未行使(non-exercise of the claim)的限制。

· 辨识请求权之假定基础[124]；
· 对请求权假定基础的构成要件进行检验；
· 确证原告仍保有(曾经成立)的请求权，且请求权未发生变更；且
· 检查请求权是否可实施[125]。

(三)中国的结构化法律题解答

1. 概述

1978年中国改革开放以来[126]，法律已经并在持续进行更新和修正，以适应改革进程的不同阶段。因此，一如前述[127]，仍须将中国法视为转型中的法。尤其在私法领域，尽管已有几项草案被纳入议程，至今仍未见综合性民法典颁布[128]。[2020年5月28日《民法典》已颁布。——译者注]相反，或多或少关注具体私法问题的许多法律已经生效，如物权法、家庭法、合同法和继承法[129]。

20世纪90年代初之前的很长一段时间里，中国的法学教育中极少使用法律题解答教学[130]，而对理论概念更为关注[131]。近几年来，这一图

---

〔124〕 对比 Jones, note 93, p. 13，在构建一项或多项可能诉讼的论证上："首先，假设你已从事实中辨识出一项法律权利。举一简单例子，你已确定存在一项合同，一项合同条款被违反。你同样应寻求认定此项权利的法源——于特定的普通法或制定法规则……其二，假设你可从该项权利中认定诉因(cause of action)"

〔125〕 Jones, note 93, p. 138："在你的网络上画出所有可能的被告，而后回过头来，考虑他们基于给定事实所享有的所有可能抗辩。"

〔126〕 Wang Liming, "Specific Performance in Chinese Contract Law: An EastWest Comparison" [1992/2] *Asia Pacific Law Review* 18 at 20.

〔127〕 对照前文，引注〔9〕和相应文段。

〔128〕 Manthe, note 70, at 17.

〔129〕 在私法部门，尤以两项法律最为重要。它们是：(1)《中华人民共和国民法通则》(1987年1月1日起生效)，中/英文版，可见如 in *China Laws for ForeignBusiness* (4) (Australia: CCH Australia Limited), pp 19-150；以及(2)《中华人民共和国合同法》(自1999年10月1日起生效)，中/英文版，见，如 CLP 5/1999, p 19; W Shenming, R Cai and M Lee, *An Insider's Guide to the PRC*, *Contract Law* (Hong Kong: Asia Law & Practice, 1999), p. 111.

〔130〕 有关中国法学教育的基本方面，see R O'Brien, "Legal Training in the People's Republic of China at the Turn of the Century" (2000) 34(2) *The Law Teacher* 204. 于前引注〔79〕，王利明，中国最著名法学教授之一，于1997年发表了《合同法疑难案例研究》一书。在前言第1页中，他抱怨当前的法学教学模式存在诸多缺陷，并宣称，尽管中国是成文法国家，法律教学仍应基于现实纠纷。

〔131〕 但法学期刊和报纸一直对法院的判决进行报道。

景已发生了改变。案例书已得出版[132]，人民法院的案例集业已问世[133]。但似乎至今，于中华人民共和国内，仍未可见有独特的法律题解答方法。方法论问题本身并未收获更广泛的学术关注[134]。方法论层面上的法律题解答，似乎尚未被发掘为一项研究课题[135]。由此，基于本文的讨论目的，中国的情况仅能供一个问题的讨论之用。也即，逐步分析法是否能在（以及应在）中国，这一传统上既非属普通法系，又非属大陆法系的法域中，得到适用[136]。

2. 逐步分析法得否适用于中国

一如前文所解释，中国制定法的清晰性，并不总能达到人们的预期。在特定领域，法律甚至完全没有被法典化[137]。因此，这或将对逐步分析法的适用[138]造成困难。例如，于认定可作为请求权基础之规范而言[139]。但除去这些，由于中华人民共和国法律体系（仍）处于其初创期所造成的问题外，不存在可能阻碍逐步分析法适用的结构性问题了。[140]

---

[132] Wang Liming, note 79; Li Yanfang (ed), *Yianshuofa — hetongfa pian* (explaining law through cases—contract law) (Beijing: Zhongguo renmin daxue chubanshe, 2001); Lin Jia (ed), *Yianshuofa—qinquan minshi zeren pian* (Explaining law through cases—tortuous liability) (Beijing: Zhongguo renmin daxue chubanshe, 2001); Xie Liangquan (ed), *Hetongfa xinshiyulijie—shang/xia* (New explanation of the contract law and case solutions, 1and 2) (Beijing: Tonxinchubanshe, 2000); Zhang Dongmei, *Minfatongze xinshiyulijie — shang/xia* (New explanation of the contract law and casesolutions, 1 and 2) (Beijing: Tongxinchubanshe, 2000).

[133] Qiao Xianzhi, note 89.

[134] Wang Liming, note 79, pp 5-6，称，对法律纠纷的分析，“应穷尽所有研究方法（如比较法方法、经济学方法等）。须在区分事实和法律问题的基础上，以严谨的论证作为结论之基础”。但在王利明的书中，解答大多是问题面向的，并未达到方法论层面的标准化。

[135] Qiao Xianzhi, note 89, p. 2：“尽管我国法治已经进入了新的历史时期，但立法工作仍然落后，一些法律和法规并不完善。”

[136] 与先前文段的对比，见“中国的结构化问题解决——概述”。

[137] 与先前文段的对比，见“中国的结构化问题解决——概述”。

[138] 我曾于2000—2003年，在香港城市大学法学院，基于逐步分析法教授过几门中国民法和中国经济法课程。学生或为2年级和3年级的香港法学本科生（LLB），或为曾参与过不同法律硕士项目（LLM programs），具有普通法背景的香港职业法律人。

[139] 例如，在德国法上，所有权人对（无权）占有人的所有物返还请求权可基于《德国民法典》第985条：见前引注32。于中国《物权法》上，未见有同样清晰的对应条文。

[140] 为强调这一论断，前述例子（见“例证—事实”）应在下文中，在中华人民共和国法的基础上，适用逐步分析法就C对B的请求权关系进行解答。可见，就结构搭建而言，其与德国法的解答范例基本无异：

C对B的3000美元价金请求权（第一步）（转下页）

(四)逐步分析法应在非德国法法域适用吗?

逐步分析法在非德国法域(non-German Jurisdiction)存有适用可能性,并不必然意味着就应对此种可能性加以利用。例如,人们可能辩称,逐步分析法(尚未)在德国之外得到认可的事实,本身即暗示着它在相应法域适用存有不妥。但该主张的基础是,逐步分析法确实仅在德国有意义的假设。因此,其已是颇值得怀疑的了。

如波兰尼(Polanyi)[141]所阐述,对特定知识的承认和系统阐释(acknowledgment and formulation)并非其适用的前提[142]。鉴于此,在完全没有进行抽象阐释的情况下,逐步分析法也大可以适用于德国之外。事实上,普通法律师通常确信[143],逐步分析法完全就是他们进行私法问题

(接上页)1. C的请求权基础(第二步)

C的请求权可基于A与B之间于10月2日缔结的合同,《中华人民共和国合同法》第135条,结合第79条。

2. 构成要件(第三步)

C享有请求权的构成要件应是:(1)合同已经有效成立。据合同,B负有给付3000美元价款的义务;(2)C对B享有该合同项下的付款请求权:

(i) A和B于10月2日缔结了合同。据此合同,B负有支付3000美元买卖价款的义务。

(ii)据A和B于10月2日缔结之合同,A本是对B3000美元价款的权利人。但12月15日,A将请求权让与了C。

3. C是否仍保有请求权?(第四步)

C并未因权利让与、消灭而丧失对B的请求权。请求权未发生变更。

4. 可实施性(第五步)

有疑问的是,C对B的请求权是否可实施。B已提出只有在《绿蛙》交付时才会给付价款的抗辩。据《中华人民共和国合同法》第66条第2款,若另一方未履行期义务,一方得拒绝另一方的履行请求。

A并未遵循《中华人民共和国民法通则》第72条和《中华人民共和国合同法》第133条,履行其向B交付《绿蛙》并移转所有权的合同上义务。因此,B有权拒绝履行。在A向C让与合同权利,并对B为通知后,现B有权提出的此项抗辩同样可对抗C(《中华人民共和国合同法》第82条)。因此,A的请求权于当前不具有可实施性。

5. 结论

C对B享有一项3000美元的给付请求权。但该项权利当前不可实施。

[141] M. Polanyi in M. Grene (ed), *Knowing and Being* (Chicago: University ofChicago Press, 1969), pp. 123-37, 138-158, 211-24; M Polanyi, *The TacitDimension* (Gloucester, Mass: Peter Smith, 1983), pp. 3-54; M Polanyi, *Personal Knowledge* (Chicago: University of Chicago Press, 1962), pp. 69-131; Bolman, note 66, p. 113.

[142] Compare Polanyi, *The Tacit Dimension*, note 141, p 4:"我们所知多于我们能言"; see also Bolman, note 66, p. 111; Solum, note 114, p. 143.

[143] 通过与笔者的讨论。

分析的方法。

此外，必须强调的是，同样在非德国法域内，一项统一的问题解决模型可作为：

· 列举律师所需要避免之所有相关风险因素的勾选清单(check list)[144]

· 搭建问题解决结构的指引工具，以使律师在问题解决过程中，不会(或许因为个人偏好而)顾此失彼。

· 思考、沟通和行动选项的清单。借此，可以对所有可能的选项加以考虑[145]。

考虑到逐步分析法的前述优势[146]，可进一步作出的结论是，只要是将私法视为解决自然人和/或法人之间纠纷工具之处，逐步分析法的适用就可被证成。逐步分析法仅是"将此种功用进行结构化"。因此，其适用不会局限于德国、普通法国家、中国或其他任何法域。此外，若逐步分析法的适用，对保证高效的法律题解答有益，则可进一步设想，此方法是私法所内生的，而非(仅)是一个法律体系(也即德国)的产物。与之相反，私法的功能本身，即意味着逐步分析法应被适用。即便其在任何法域中都未显露，或尚未对此形成认可[147]。

可对此论断进行佐证的是，法律题解答方法的衡量标准，也不限于某一特定的法律体系。某些法律规范，它们的历史发展或其法源[法律权威(legalauthority)]，可能会因法域而异。但这并不会在任何程度上，对基于效率标准进行的法律题解答工具之衡量造成影响[148]。换言之，于法律作业而言，效率的重要性[149]是"无界的"(borderless)。

(五)对法学教育的意义

"打造"最优秀的法律人(lawyers)是法学教育的天然目标。好的和

---

[144] Compare Schultz and Sirico, note 41, p. 43："对于法律分析，唯一且最紧要的是，记住，完整性就是一切。"

[145] Costanzo, note 5; Jones, note 93, p. 5; Krever, note 5, p. 134

[146] 比较上文"方法论选择基准"(前引注 62 及相应文段)。

[147] Bolman, note 66, p. 113 ("隐性知识")。

[148] 对比前文"方法论选择基准"(前引注 62 及相应文段)。

[149] 同上注。

最优秀的法律人之间的差异，并不（仅）在于能记下法律信息的量上孰多孰少。相反，两者的区别主要在于运用法律的能力[150]。进行私法适用的能力，包括能高效工作之技巧。

前文已述[151]，出于法律人对实践高效工作的渴望，无论在任何法域，当解决私法上的问题时，他或她都应采取逐步分析法。在对逐步分析法本身，其为何以及应如何适用，存有认知之处，此种方法的适用当然能受助良多。我主张，在私法领域，法学教育的主要任务之一，就是培养这种意识[152]。但肯认这项任务，则进行突破性变革注定不可避免。

四、总结和死亡之吻

解答私法题，就是分析、决定不同当事人之间（真实或可能）的请求权关系。于此意义上，最优的法律题解答方法，应提供最有效率的作业次序。满足此要求的作业次序，由下列五个步骤组成：

• 第一步——分析问题事实，以认定并判断不同主体之间的请求权关系。

• 第二步——认定一项法律规范，作为具体请求权的假定基础。

• 第三步——认定此项法律规范适用的构成要件。考察并衡量这些要件是否已满足，亦即，衡量请求权是否已成立。

• 第四步——确证原告仍保有请求权，亦即，请求权未被让与第三人，未发生消灭或变更。

• 第五步——考察请求权的可实施性。

这种逐步分析的方法于德国的法学教育——也因此，于德国法律实践中——占据支配地位。已故的卡尔·卢埃林（Karl N. Llewellyn）[153]曾向他的年轻同事建议，永远不要认定一个基于外国法上的观点，因为这

---

[150] Pound History, note 4, p. viii.

[151] 对比前文“方法论选择基准”（前引注 62 和相应文段）和“请求权方法”（前引注 68 和相应文段）。

[152] 在更广的意义上，见 Sugarman, note 12, p. 26; Frug, note 78, at 56.

[153] For Karl N. Llenwellyn, see Zweigert and Kötz, note 11, pp. 247-48.

样的想法将是“死亡之吻”(the kiss of death)[154]。据此,本文并不企图主张,应在其他法域中适用任何德国方法论。但一如本文所示,前述逐步分析法既非任何特定国家或文化的产物,其适用也并不局限于任何单一法域[155]。相反,它表述了一种逻辑次序。一种当最高效地分析请求权关系时,律师总会遵循的逻辑次序。逐步分析法因此是高效解答法律题的逻辑结果。其内生于任何私法体系内(有时作为隐性知识),可在任何私法体系内适用。肯认逐步分析法的重要性,促进对此方法论工具的利用,将会保障高效的问题解决。无视其重要性,意味着忽视效率对法律作业成功的影响。

[154] Riesenfeld, note 71, p. 91; Mattei, note 11, p 219;关于中国学者对采取外国法理论的怀疑, see Wang Liming 1997, note 79, p. 4。

[155] 见前文,“逐步分析法应在非德国法域适用吗?”(前引注 140 及相应文段)。

中德私法研究第 20 卷
页 395—427

钱画两空案*

——都是秘书惹的祸?

刘先媛**

一、案情

企业主甲收集法国艺术家的作品。他在丁拍卖行的拍品列表中发现了一幅普雷希特尔的稀有石版画,遂委托他的秘书乙去市内参加晚上的拍卖会,并在 5000 欧元的价格内拍下这幅画,且不透露委托人的身份。甲给了乙 5000 欧元现金,以便她能当场付款取走画作,并于第二天带回加工。乙以 4000 欧元拍下了由丙交予拍卖的作品,当场支付后带回家中。她将画置于客厅的五斗柜上方作为装饰。第二天上午,执行法官按响门铃,出示了债权人戊的执行文书,之后不顾乙的反对,扣押并带走了这幅画。六神无主的乙立刻到甲处向其讲述发生的事情。甲立即致电律师,咨询针对法院扣押他可以采取什么措施。〔1〕

---

* 本文系在中国政法大学民商法学硕士研究生《民法物权》课堂作业的基础上修改成稿,指导教师:刘家安、吴香香。

** 刘先媛,清华大学法学院 2021 级博士研究生。

〔1〕 案情来源:Fall 3. Rolfs Probleme, in: Koch/Löhnig, Fälle zum Sachenrecht, 4. Aufl., C. H. Beck, Müchnen, 2015。

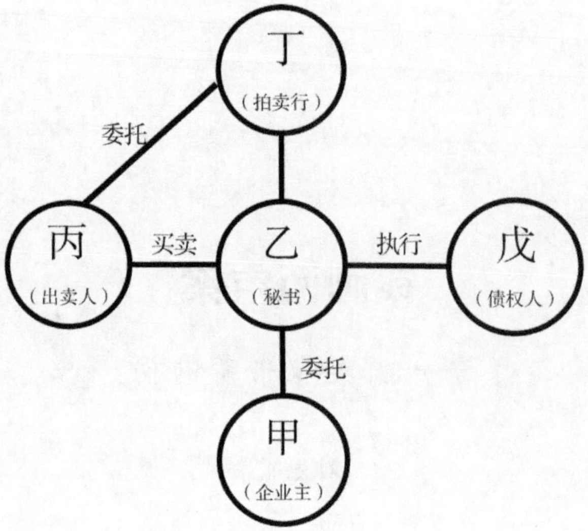

二、甲可采取之措施

（一）案外人执行异议

据案情，债权人戊为申请执行人，甲之秘书乙为被执行人，甲为执行程序之案外人，故应检视甲得否依《民事诉讼法》第 227 条提起案外人执行异议。

假设甲得依据《民事诉讼法》第 227 条第 1 句请求执行机关中止对该画的执行：

> 执行过程中，案外人对执行标的提出书面异议的，人民法院应当自收到书面异议之日起十五日内审查，理由成立的，裁定中止对该标的的执行；理由不成立的，裁定驳回。

甲提出案外人执行异议导致执行中止，须满足以下四项要件：其一，执行过程中；其二，对执行标的享有足以排除强制执行的民事权益；其三，向民事执行机关提出；其四，书面形式。[2]

1. 时间要件：执行过程中

《民事诉讼法》第227条案外人执行异议的第一项要件是“执行过程中”。

《最高人民法院关于适用〈中华人民共和国民事诉讼法〉的解释》（法释〔2015〕5号，2020年修正，以下简称《民诉法解释》）第464条规定：“根据民事诉讼法第二百二十七条规定，案外人对执行标的提出异议的，应当在该执行标的执行程序终结前提出。”故，所谓“执行过程中”，是指：异议指向的执行程序开始后结束前这段时间。[3]

据案情，“乙立刻到甲处向其讲述发生的事情”，并且“甲立即致电律师”，从两处“立刻”可合理推断，此时执行程序尚未终结。故，甲此时提出执行异议，满足《民事诉讼法》第227条案外人执行异议的时间要件。

2. 理由要件：足以排除强制执行的民事权益

《民事诉讼法》第227条案外人执行异议的第二项要件是“对执行标的享有足以排除强制执行的民事权益”。

《民诉法解释》第465条第1款规定，案外人对执行标的提出的异议，经审查，按照下列情形分别处理：“（一）案外人对执行标的不享有足以排除强制执行的权益的，裁定驳回其异议；（二）案外人对执行标的享有足以排除强制执行的权益的，裁定中止执行。”故，若甲之执行异议得导致执行中止，须其对执行标的（这幅石版画）享有“足以排除强制执行的民事权益”。那么，何为“足以排除强制执行的民事权益”呢？甲对这幅画是否享有“足以排除强制执行的民事权益”呢？

“有无权利”乃案例分析时我们条件反射产生的第一个疑问。但实务中，法官、律师在判断有无权利前，首先考虑的，其实是有无救济，即“程序先行”——程序问题必须在实体问题之前予以解决。故，探究何为“足以排除强制执行的民事权益”前，需解决一前置性问题，即如何来判断案外人是否享有此种权利。

---

〔2〕 谭秋桂：《民事执行法学》（第3版），北京大学出版社2015年版，第299－300页。

〔3〕 张卫平：《民事诉讼法》（第4版），法律出版社2016年版，第505页。

(1)审查“实际占有情况”,而非“所有”

最高人民法院《关于人民法院办理执行异议和复议案件若干问题的规定》(法释〔2015〕10 号,2020 年修正,以下简称《执行异议和复议规定》)第 25 条第 1 款列举了执行异议中判断权利人的五项标准,简而言之:首先,有登记以登记为准;其次,动产以占有情况为准;再次,其他以证据为断。抽象规范背后之原理,即以权利外观为准。究其原因,乃案外人执行异议仅为程序性执行救济而已,执行机关对异议请求及其所依据的事实和理由,通常仅作形式审查,仅根据权利外观来判断案外人对执行标的是否享有权利以及该权利是否足以排除强制执行,而不必对案外人的主张进行实质审理。〔4〕

具体到本案,则须适用第 25 条第 1 款第 2 项后半句的规定,即“未登记的特定动产和其他动产,按照实际占有情况判断”。可见,执行机关应按照画之“实际占有情况”判断甲是否享有“足以排除强制执行的民事权益”。

(2)审查“实际占有情况”,而非“占有”

问题在于,形式审查“实际占有情况”,是以物理世界可见、可感的支配、控制、管领力为标准,还是以民法中已被“观念化”的“占有”为标准?

于实体层面,称民法中的“占有”概念已被“观念化”,〔5〕是因为民法出于占有保护之目的。“占有概念已不能简单地等同于对物之事实控制:一方面是限缩,占有辅助人尽管掌握对物之事实控制,但在法律上并不享有占有人的地位;另一方面是扩张,间接占有人尽管对物不存在事实控制关系,但在法律上仍被赋予占有人之地位。”〔6〕

但在程序层面,民事诉讼法“程序法”的本质决定了其“实际占有情况”无法承载、囊括民法上眼花缭乱、丰富多彩的占有体系。因为民法上

---

〔4〕 谭秋桂:《民事执行法学》(第 3 版),北京大学出版社 2015 年版,第 300 页。

〔5〕 〔德〕鲍尔、施蒂尔纳:《德国物权法》(上册),张双根译,法律出版社 2004 年版,第 113 页。

〔6〕 张双根:《物权公示原则的理论构成——以制度正当性为重心》,载《法学》2019 年第 1 期。

“占有”的成立，可借助占有人与持有人[7]间从属关系或占有媒介关系实现。而对当事人间法律关系之判断已经超越了形式审查的范畴，进入了实质审查的深度。甚至除双方之间须存在特定法律关系外，“占有辅助”和“间接占有”还须考察“持有人”的内心意思等等要件，若一概交由执行机关审查这些专业性、技术性极强的概念与要件，实已超越其能力与职权范围，无法期待执行机关对之予以精准把握。以图示之，对物有物理上可见、可感的支配、控制、管领力者，即“持有人”，实为方框标注者，对应着《民事诉讼法》中的“实际占有情况”；相反，民法中的“占有人”却为圆圈标注者。[8]

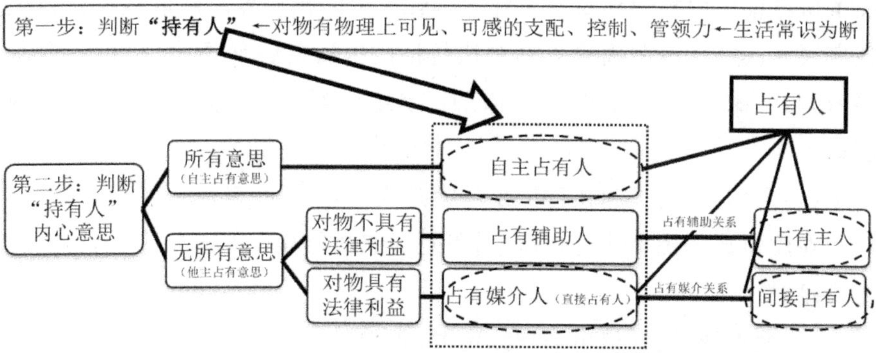

就本案而言，对该画有物理上可见、可感的支配、控制力者，显然为乙，即乙“实际占有”该画。因此基本可以断定，执行机关将依据《民事诉讼法》第 227 条第 1 句第 2 种情形裁定驳回甲之执行异议申请。但《民事诉讼法》对甲之保护并未止步于此。当执行异议被驳回后，甲仍得依《民事诉讼法》第 227 条第 2 句后半句提起案外人执行异议之诉。

---

〔7〕 不同于罗马法将“持有人”作为与“占有人”对立的概念，仅指对物有事实上的支配、控制、管领力但并不“占有”此物之人，正文在以下意义上使用“持有人”这一概念：以生活经验判断，对物有物理上可见、可感的支配、控制、管领力者。故其与“占有人”并非对立概念，“持有人”得同时为物之“占有人”“所有人”。

〔8〕 本图仅展现“占有”与“持有”间的关系，与“权利”问题无涉；此处所论，尚停留于程序层面，仅为说明实体法上“占有”制度之庞杂，详述将于实体部分展开。

(二)案外人执行异议之诉

1. 起诉要件

假设甲得依据《民事诉讼法》第 227 条第 2 句后半句提起案外人执行异议之诉：

> 与原判决、裁定无关的，可以自裁定送达之日起十五日内向人民法院提起诉讼。

若甲得提起案外人执行异议之诉，须满足以下四项要件：其一，甲是民事执行程序中提起异议的案外人；其二，甲之执行异议申请被执行机关裁定驳回；其三，有明确的排除对执行标的执行的诉讼请求，且诉讼请求与原判决、裁定无关；其四，须自执行异议裁定送达之日起 15 日内起诉。〔9〕

(1)主体要件：提起执行异议的案外人

在戊申请的民事执行程序中，甲是提起执行异议的案外人，第一项要件满足。

(2)程序要件：异议申请被裁定驳回

本案中，支配、控制该画者为乙，这意味着“实际占有”该画的是乙，而非甲。故基本可以断定，甲之执行异议会被执行机关依据《民事诉讼法》第 227 条第 1 句第 2 种情形裁定驳回，因此第二项要件满足。

(3)理由要件：排除执行的诉讼请求

案外人提起执行异议之诉的目的，在于排除执行。而“与原判决、裁定无关”，是指案外人之诉讼请求，与作为执行名义的生效法律文书无关，即案外人并不认为作为执行名义的生效法律文书有错误。〔10〕侵害其利益者，并非申请执行人与被执行人间生效的法律文书，而是执行程序本身。

本案中，甲有明确的“排除执行石版画”的诉讼请求，且甲之诉讼请求，与作为执行名义的、乙与戊间生效的法律文书无关，故第三项要件满足。

---

〔9〕 谭秋桂：《民事执行法学》(第 3 版)，北京大学出版社 2015 年版，第 308 页。

〔10〕 同上注。

(4)时间要件：自裁定送达之日起15日内起诉

据案情，甲得知画被扣押后，“立即致电律师”，故可合理推断：甲在专业律师的指导帮助下，能够在驳回执行异议的裁定送达之日起15日内提起诉讼，故第四项要件满足。

2. 当事人

《民诉法解释》第307条规定：“案外人提起执行异议之诉的，以申请执行人为被告。被执行人反对案外人异议的，被执行人为共同被告；被执行人不反对案外人异议的，可以列被执行人为第三人。”

因此，甲应以戊为被告，可以列乙为第三人。

3. 法院判决

假设甲得依据《民诉法解释》第312条第1款第1项排除执行机关对这幅画的执行：

> 案外人就执行标的享有足以排除强制执行的民事权益的，判决不得执行该执行标的。

若甲得排除执行机关执行这幅画，须就该画享有“足以排除强制执行的民事权益”。为此须考察：其一，何为“足以排除强制执行的民事权益”？其二，甲对该画享有何种民事权益？两相对照，即得结论：甲对该画是否享有“足以排除强制执行的民事权益”。

(1)足以排除强制执行的民事权益

何为“足以排除强制执行的民事权益”？依最高人民法院《关于适用〈中华人民共和国民事诉讼法〉执行程序若干问题的解释》(法释〔2008〕13号，2020年修正，以下简称《执行解释》)第14条之规定，是指“所有权或者其他足以阻止执行标的转让、交付的实体权利”。

①物权

首先，若甲享有画之所有权，则依《执行解释》第15条，甲对执行标的享有“足以排除强制执行的民事权益”。

其次，就本案而言不涉及甲对该画享有用益物权、担保物权之可能，故本案无须考虑限制物权。

②债权?

就本案而言值得探究者乃:若甲对该画仅享有债权,是否构成“其他足以阻止执行标的转让、交付的实体权利”呢?

“债权的性质和特点决定了案外人债权之实现和法院对特定标的物强制执行并不冲突,因而原则上债权不足以排除强制执行。”〔11〕本案中,显然甲对该画不享有租赁权、回迁安置权、预告登记权等法律特殊保护之债权,故本案仍须适用“债权不足以排除强制执行”的一般原则。因此,若甲对画仅享有债权,则不构成“对执行标的享有足以排除强制执行的民事权益”。法院将会依据《民诉法解释》第 312 条第 1 款第 2 项,驳回甲的诉讼请求。

(2)小结

只有当甲对这幅画享有所有权时,才符合《民诉法解释》第 312 条第 1 款第 1 项“就执行标的享有足以排除强制执行的民事权益的”;反之,若甲对该画仅享有债权,则无法排除强制执行。

三、甲是否画之所有权人

根据以上梳理不难发现,本案之争议焦点为:甲对该画是否享有所有权。对此,应采用历史方法进行检视。

(一)原所有权人为丙

关于这幅画最初的权利归属,案情仅显示“由丙交予拍卖”,而未言明丙为其所有权人。但依生活经验,“占有通常体现着某物属于某人的财产归属秩序;因此,法律就将权利推定,与一定的占有状态联系起来,由——

〔11〕 汤维建、陈爱飞:《“足以排除强制执行民事权益”的类型化分析》,载《苏州大学学报(哲学社会科学版)》2018 年第 2 期。有学者对“足以排除强制执行的债权”进行类型化分析,将之总结为以下三类:(1)租赁权;(2)回迁安置权;(3)预告登记权。参见王聪:《案外人执行异议之诉中异议事由的类型化研究——以“足以排除强制执行的民事权益”为中心》,载《法治研究》2018 年第 4 期。

作为事实上持有的——占有状态推导出所有权的存在。”〔12〕推定事实上支配、控制物的人是该动产的所有权人，乃一般生活经验，而非逻辑推理结果。为此，《德国民法典》第1006条第1款第1句明文规定：“为动产占有人之利益，推定其为物之所有权人。”全国人大法工委在《民法典》第208条的说明中指出：“要了解动产属于谁，看谁占有它。”〔13〕本案中，丙为该画之最初占有人，故可推定其为画之所有权人。且并无相反证据证明丙非画之所有权人，因而此推定成立，丙享有画之所有权。

(二)丙委托丁拍卖画

《拍卖法》第10条规定：“拍卖人是指依照本法和《中华人民共和国公司法》设立的从事拍卖活动的企业法人。”第25条规定：“委托人是指委托拍卖人拍卖物品或者财产权利的公民、法人或者其他组织。”第38条规定：“买受人是指以最高应价购得拍卖标的的竞买人。”

本案中，拍卖人为拍卖行丁，委托人为丙，买受人究竟是甲还是乙，实须深入分析。但在探讨这一核心争点之前，首先须明确：拍卖行丁与委托人丙之间的法律关系如何？丙委托丁拍卖是否会导致画之所有权由丙移转给丁？

首先，从法条表述来看，“委托人”这样的用词，表明委托人丙与拍卖人丁之间是委托代理关系，拍卖人丁系委托人丙之代理人。

其次，学理通说亦持此种见解。在私的委托拍卖场合，拍卖人接受出卖人的委托，处于出卖人的代理人地位，而本身并非出卖人。因此两者间的关系为委托，而非买卖。拍卖人应以所有权人之费用，为所有权人之计算为之〔14〕。

因此，丙委托丁拍卖，其法律效果是：丁负担为丙拍卖该画的债务；丙

---

〔12〕〔德〕鲍尔、施蒂尔纳：《德国物权法》(上册)，张双根译，法律出版社2004年版，第61页、第105页。

〔13〕黄薇主编：《中华人民共和国民法典物权编解读》，中国法制出版社2020年版，第12页。

〔14〕郑玉波：《民法债编各论》，1981年自版，第111—112页；黄茂荣：《买卖法》(增订版)，中国政法大学出版社2002年版，第539页。

负担向丁支付佣金的债务，其合意无关所有权移转。因此，丙仍享有画之所有权。

(三)乙为甲拍得该画

甲委托其秘书乙参加拍卖会，且不透露委托人身份。乙以4000欧元拍下该画，当场支付后带回家中。此处涉及的是因法律行为导致的物权变动。而这一问题的解决，必须在某一特定的物权变动模式下展开。

对各种物权变动模式的区别及由此产生的高低之分，进行系统归纳分析的文献汗牛充栋。面对"我国究竟采取何种物权变动模式"这一问题，法律人众说纷纭、莫衷一是。学者们运用各种法学解释方法，从不同角度解读现行法律条文，旨在各自体系下得出自圆其说的结论。一篇小小的案例分析实在无力展开对这一问题的讨论，故仅在此做一说明，即本文采取物权行为理论对钱画两空案进行分析。

1. 乙丙间法律关系

(1)买卖画之负担行为

《民法典》第595条规定："买卖合同是出卖人转移标的物的所有权于买受人，买受人支付价款的合同。"故，本案负担行为系石版画之买卖合同，须检视合同是否成立、生效。

①买卖合同成立要件

就画之买卖合同的一般成立要件而言，《民法典》第471条规定："当事人订立合同，可以采取要约、承诺方式或者其他方式。"第483条前半句规定："承诺生效时合同成立。"因此，买卖合同的一般成立要件，原则上是：要约承诺皆成立生效。

首先须判断者，乃何人之何意思表示为本案之"要约""承诺"。

本案涉及拍卖法律关系，《民法典》第645条规定："拍卖的当事人的权利和义务以及拍卖程序等，依照有关法律、行政法规的规定。"《拍卖法》第51条规定："竞买人的最高应价经拍卖师落槌或者以其他公开表示买定的方式确认后，拍卖成交。"故本案中，拍卖师落槌为承诺。据案情，"乙以4000欧元拍下了由丙交予拍卖的作品，当场支付后带回家中"，故乙之

4000 欧元最高应价为要约。[15] 在确认本案之要约、承诺后，需逐个检视要约、承诺是否满足各自成立、生效要件。

(a)要约

《民法典》第 472 条规定："要约是希望和他人订立合同的意思表示，该意思表示应当符合下列条件：(一)内容具体确定；(二)表明经受要约人承诺，要约人即受该意思表示约束。"

据此，要约之成立要件为：其一，内容具体确定[16]，通常须足以确定当事人、标的(标的物＋契约义务)、数量；其二，含有"一经承诺即受约束"之意思。至于行为意思、表示意思(表示意识)、效果意思等未由立法明确规定，却为学理通说所主张的"意思表示内部要素"，则非意思表示成立要件，而是判断业已成立之意思表示是否有瑕疵，表意人得否撤销的生效要件。主张意思表示成立者，无须从正面积极证明表意人内心具备行为意思、表示意思、效果意思，仅须证明意思表示之外部要素，意思表示即告成立；相反，表意人意欲撤销意思表示时，方须证明其内心不具备行为意思、表示意思，或意思表示不自由、不一致。

由此，"内容具体确定"系要约之首要构成要件，缺乏此要件之行为无表示价值，意思表示不成立。而"要约内容"中的第一项即为"当事人"。故须探究：乙之要约所指的当事人究竟是谁？

此处涉及意思表示解释问题。"在进行一切法学思考时，意思表示解释都具有中心意义。[17]"那么，如何对意思表示进行解释呢？各种学说百家争鸣，本案例分析采"效力论"。

"解释与'意思'无关，与'意思'和表示的关系无关，而只是与表示的不同的、可能的含义有关。解释是对法律上具有决定性的'表示'含义的

---

〔15〕 值得说明的是：《拍卖法》第 52 条规定的"确认书"之法律性质，并非买受人与拍卖人之要约、承诺，仅是"换约"而已，目的在于保存书面证据。

〔16〕《最高人民法院关于适用〈中华人民共和国合同法〉若干问题的解释(二)》(法释〔2009〕5 号)第 1 条第 1 款第 1 句规定："当事人对合同是否成立存在争议，人民法院能够确定当事人名称或者姓名、标的和数量的，一般应当认定合同成立。但法律另有规定或者当事人另有约定的除外。"

〔17〕〔德〕迪特尔·梅迪库斯：《德国民法总论》，邵建东译，法律出版社 2013 年版，第 234 页。

认定，这个含义取决于各方当事人的客观理解可能性，取决于对这些理解可能性进行符合公平正义的权衡。〔18〕”对意思表示进行解释的第一步，不是询问表意人的原意是什么，而是考察“表示”必须如何被理解，“表意人必须对其表示具有的那种相对人必须赋予该表示的含义负责，条件是表意人自己可以期待这一含义。〔19〕”

乙于拍卖场合举牌竞拍，相对人“客观理解可能性”是：乙要约的一方当事人（出卖人）是将画交予拍卖的丙，即拍卖法律关系中的“委托人”（拍卖人丁乃丙之代理人）。那么，乙之要约中的另一方当事人（买受人）是谁呢？“一般来说，作出意思表示的人是为自己行为，所实施的法律行为的后果也应由他自己承担。〔20〕”法律行为以“自己行为”为原则乃一般生活经验，故相对人“客观理解可能性”是：乙举牌竞拍系为乙自己买画。并且，表意人乙可以预见相对人将如此理解其举牌竞拍行为。

以上分析系基于意思表示解释的一般规则展开，单就“当事人”这一要素而言，实有一具体制度对之予以规范，即“代理”。为使作出法律行为之人与承担法律行为效果之人分离，民法构建了代理制度。于本案而言，当乙构成甲之代理人时，做出意思表示之人虽为乙，但其法律效果却得归于甲，从而使甲成为画之买受人。显然，乙之要约是否构成“代理”为本案关键之一。

(aa)代理

《民法典》第162条规定：“代理人在代理权限内，以被代理人名义实施的民事法律行为，对被代理人发生效力。”据此，代理之构成要件有四：其一，代理的容许性；其二，代理人为意思表示；其三，以被代理人名义（显名原则）；其四，代理权。〔21〕

本案中，买卖石版画系属法律行为且符合法律行为的一般原则，属于

---

〔18〕〔德〕卡尔·拉伦茨：《法律行为解释之方法——兼论意思表示理论》，范雪飞、吴训祥译，法律出版社2018年版，第69页。

〔19〕同上书，第77页。

〔20〕〔德〕汉斯·布洛克斯、沃尔夫·迪特里希·瓦尔克：《德国民法总论》（第41版），张艳、冯楚奇译，杨大可校，中国人民大学出版社2019年版，第227页。

〔21〕王泽鉴：《民法总则》，北京大学出版社2014年版，第422－426页；朱庆育：《民法总论》（第2版），北京大学出版社2016年版，第333－338页。

可代理的法律行为，故第一项要件满足；乙于拍卖现场以4000欧元拍下该画，表意人为乙，故第二项要件满足；甲委托乙在5000欧元内拍下该画，而乙仅用4000欧元就拍下了该画，因而乙有代理权，且在代理权限范围内行使了代理权，故第四项要件满足。问题的关键就在于第三项要件：甲委托乙买画时要求乙“不透露委托人身份”。因此乙在拍卖时未明示其代理人身份，且未通过其他方式表明乙系代理甲买画。〔22〕故乙“未以被代理人甲的名义”做出法律行为，“显名原则”要件不满足。

(aaa)显名原则之突破：“为行为所关涉之人而实施行为”？〔23〕

针对不满足“显名原则”的代理行为，德国民法上发展出“为行为所关涉之人而实施行为”(das Geschäft für den, den es angeht)的理论：在日常生活中的现金买卖，纵使表意人未明示其行为的法律效果由他人承担，显名原则未满足，但是鉴于双方即时履行，相对人根本没有兴趣知道谁是其合同相对方，故相对人无值得保护之信赖，无须固守显名原则，合同应对“被代理人”(行为所关涉之人)直接发生代理效果。

---

〔22〕 案情只交代了甲委托乙买画时，要求乙“不透露委托人的身份”，而乙买画时拍卖现场的具体场景却不得而知，这实际上有以下三种可能性：第一，乙明示其系代理他人买画，但拒绝透露甲的身份；第二，情势表明乙系代理他人买画；第三，乙未明示且未有任何情势可以表明乙系代理他人买画。由于“显名原则”的全部功能在于**保护相对人**，使相对人知晓何人与其交易，从而判断交易风险。因此，只要相对人能够清楚认识到自己的交易风险，那么显名原则便得到了满足。具体而言：第一，仅表明行为人系他人代理人，而未指出具体的被代理人身份，亦不妨显名原则的满足。因为相对人在不知道被代理人身份的情况下，若对交易安全感到担忧，自可选择拒绝交易。但其并没有这么做，而是自愿承担此种交易风险，可见相对人已然无须法律特别保护；第二，《德国民法典》第164条第1款第2句规定：“于意思表示中明示本人之名义，或依情形可知其以本人名义为之，二者效力无不同。”可见，“以被代理人名义”并无明示要求，只要情势表明这一点既为已足。因此，当本案的实际拍卖场景符合“1. 乙明示其系代理他人买画，但拒绝透露甲的身份；2. 情势表明乙系代理他人买画”时，根据《民法典》第162条，乙之要约构成代理，其法律效果对被代理人甲直接发生效力。但由于这两种情况并无争议，直接适用代理即可，故非为本案考察之重点，正文将之予以省略，直接将本案定位为第三种情况。

〔23〕 不少翻译作品对本理论有所论及，但用语各不相同。为行为所关涉之人而实施的行为，〔德〕维尔纳·弗卢梅：《法律行为论》，迟颖译，法律出版社2013年版，第913页；(效力)及于行为人自身的行为，〔德〕汉斯·布洛克斯、沃尔夫·迪特里希·瓦尔克：《德国民法总论》(第41版)，张艳、冯楚奇译，杨大可校，中国人民大学出版社2019年版，第235页；小额交易制度，〔德〕鲍尔、施蒂尔纳：《德国物权法》(下册)，申卫星、王洪亮译，法律出版社2006年版，第375页；对该当之人的代理，王泽鉴：《民法总则》，北京大学出版社2014年版，第423—424页；行为归属，参见朱庆育：《民法总论》(第2版)，北京大学出版社2016年版，第336—337页。

(aaaa)理论适用原因:卖方不在意买方身份

“相较于原则,例外是一种破坏因素。”〔24〕既然代理制度出于相对人保护之目的,确定了显名原则,这一原则就应当得到普遍的遵从,如果设置例外对原则进行偏离甚至否定,那么例外自己不仅需要有良好的理由,而且还需要有相较于原则而言更强有力的理由。那么,“为行为所关涉之人而实施行为”的理论突破显名原则的正当性何在呢?大概可自两方面予以论证:

其一,“显名原则”意在保护相对人,而此类案型中的相对人并不在意何人与之交易。从更为一般化的角度分析,这一理论的精神实质其实就是:意思表示解释原则上应采表示论,但在相对人无须或不值得保护时,得采意思论对意思表示进行解释。〔25〕

其二,单纯的“相对人不在意”还不足以构成强有力的突破“显名原则”的理由,否则“显名原则”难成其为原则,尚需“日常生活买卖”“即时清结”“金额极小”三项因素加持。“大部分学者对于认可直接取得所有权的做法持保留态度。出于对卖方利益的考虑,他们一般仅承认在日常生活现金买卖中可以发生所有权的直接取得。”〔26〕

(bbbb)理论反思评价:卖方不在意买方身份?

概括而又抽象地分析这一理论只会得出似是而非的结论,唯有具体区分这一理论适用的情境方可知其优劣。对于日常生活中的现金买卖,其可能出现的情况有二:

其一,顺利履行,毫无争议。“这类情形不具有任何现实意义,所以没有相关判例。”〔27〕为无任何现实意义的案型,量身打造专属思维模式,仅是增加记忆负担而已,却使得作为“原则”存在的“显名原则”被轻易打破,难谓妥适。若遵循代理的一般理论,坚持“显名原则”亦不会对各方当

---

〔24〕 易军:《原则/例外关系的民法阐释》,载《中国社会科学》2019年第9期。

〔25〕 〔德〕汉斯·布洛克斯、沃尔夫·迪特里希·瓦尔克:《德国民法总论》(第41版),张艳、冯楚奇译,杨大可校,中国人民大学出版社2019年版,第65页。

〔26〕 〔德〕维尔纳·弗卢梅:《法律行为论》,迟颖译,法律出版社2013年版,第917页。

〔27〕 〔德〕维尔纳·弗卢梅:《法律行为论》,迟颖译,法律出版社2013年版,第915页;[德]鲍尔、施蒂尔纳:《德国物权法》(下册),申卫星、王洪亮译,法律出版社2006年版,第390页。

事人造成任何不利影响。认定行为人为间接代理人，在其与出卖人、其与间接被代理人之间分别成立互不干扰、各自独立的法律关系，贯彻合同相对性原理，反而使得法律关系泾渭分明、条理清晰，通过正常的逻辑推理即可导出合理结论，实在无须强行记忆此种无现实意义的“拓展知识”。

其二，一方违约，产生争议。在合同履行阶段，若买方主张派生权利（瑕疵请求权、更换权等），或卖方主张解除或撤销合同，就会涉及合同相对人是谁的问题。在这类情形中，“为行为所关涉之人而实施的行为”这一理论只是增加行为清算的难度，所以根本没有应用的必要〔28〕。此时再将代理人之外的他人强加给相对人完全不具有正当性，因为“为行为所关涉之人而实施行为”最基本的假设前提为：相对人在“日常生活的现金买卖”中，毫不在意何人为其交易相对方，故其无须或者不值得保护，仅需考虑间接代理人与间接被代理人利益即可。但当一方违约产生争议时，这一假设前提——相对人无所谓的态度——便不再成立。事实上，相对人不在意与其发生法律关系者为何人“对于债权行为根本就不适用，因为出让人对知道买卖合同的权利人和义务人是谁，存有利益。”〔29〕

由此可见，该理论假设的基本前提根本就不存在。日常生活中现金买卖与一般买卖并无二致：在合同顺利履行、毫无争议时，无论是日常生活中现金买卖还是一般买卖，基本可以断定，绝大多数当事人仅在乎自己能否通过对方的履行行为，来满足自己的预期利益，只要己方利益得到完全满足，何人为其交易对手方都显得不那么重要，“一份双方已履行的合同几乎不会产生问题”〔30〕；相反，在一方违约、产生争议时，即便日常生活中现金买卖，相对人也会在意何人与其交易，以便明了义务向谁履行、权利向谁主张以及与谁发生纠纷。因此，所谓“相对人不在乎”恐怕根本就是个伪命题。

---

〔28〕〔德〕维尔纳·弗卢梅：《法律行为论》，迟颖译，法律出版社2013年版，第921页；〔德〕汉斯·布洛克斯、沃尔夫·迪特里希·瓦尔克：《德国民法总论》（第41版），张艳、冯楚奇译，杨大可校，中国人民大学出版社2019年版，第235—236页。

〔29〕〔德〕鲍尔、施蒂尔纳：《德国物权法》（下册），申卫星、王洪亮译，法律出版社2006年版，第389页。

〔30〕〔德〕汉斯·布洛克斯、沃尔夫·迪特里希·瓦尔克：《德国民法总论》（第41版），张艳、冯楚奇译，杨大可校，中国人民大学出版社2019年版，第235页。

综上所述，这一理论要么没有现实意义，要么对当事人主张权利徒增障碍，甚至其假设前提根本就不存在。故这一理论不可成为突破“显名原则”的例外。“为行为所关涉之人实施行为完全属于‘神话’。该‘神话’在现行法中没有存在的必要。现行法规定，在实施行为时，原则上必须彰显何者为行为的相对人。何者为行为相对人应当由行为的缔结而不是其所未彰显的背景所决定。”〔31〕

事实上，即便认可这一备受诟病的理论，本案也根本不构成“为行为所关涉之人而实施的行为”。虽然本案是现金交易，但出卖人丙是否在意何人购买其画的确很难判断，其可能在意（毕竟是一幅名画，即便出卖也希望落入懂得欣赏之人手中），也可能不在意。但因为拍卖标的是一幅名画且涉及金额达 4000 欧元，故明显不满足“日常生活交易”和“金额极小”两项要件，因此本案不符合“日常生活中现金买卖”这一构成要件，也就根本不符合这一理论适用的前提。

综上，本案不可以运用“为行为所关涉之人而实施的行为”这一理论，对《民法典》第 162 条规定的“以被代理人名义”这一要件进行突破。

(bbb)显名原则缺失之法律效果：间接代理

在排除“为行为所关涉之人而实施的行为”这一理论后，表意人未“以被代理人名义”实施的法律行为，就无法构成代理，只得回归“行为之法律效果由作出之人承受”的一般原则，即自己行为，而人们习惯于称此种具体情形为“间接代理”。可见，所谓的“间接代理”其实并非代理，而是“自己行为”，间接被代理人并不进入到代理人与相对人的法律关系之中。〔32〕

在代理人以自己名义为他人利益而实施的“间接代理”法律关系中，有两个各自独立的法律行为：“间接被代理人”与“间接代理人”间存在基于委托等负担行为产生的基础关系，在“间接代理人”与“相对人”间发生买卖、承揽等各类法律关系，而原则上“间接被代理人”与“相对人”间

〔31〕〔德〕维尔纳·弗卢梅：《法律行为论》，迟颖译，法律出版社 2013 年版，第 923—924 页。

〔32〕〔德〕汉斯·布洛克斯、沃尔夫·迪特里希·瓦尔克：《德国民法总论》（第 41 版），张艳、冯楚奇译，杨大可校，中国人民大学出版社 2019 年版，第 231 页。

“自不发生何等法律关系，此在民法施行以前，亦属当然之法理。”〔33〕

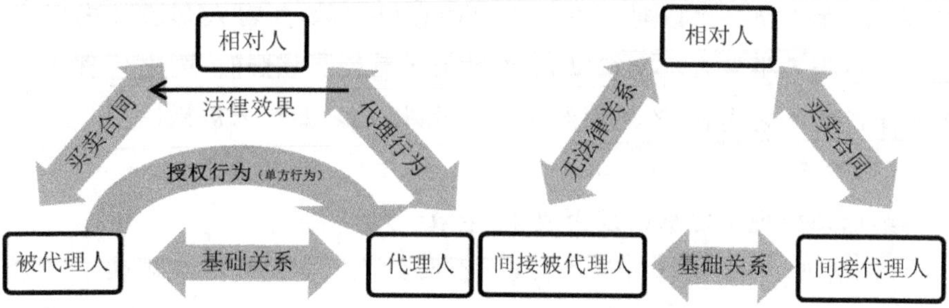

（代理法律关系）　　　　（间接代理法律关系）

但以上“当然之法理”在我国存有例外，《民法典》第 925 条规定了相对人明知间接代理关系时，合同直接在间接被代理人和相对人之间生效；第 926 条规定了间接被代理人或相对人一方违约时另一方的介入权。由于本案并不存在这两种情况，故无适用《民法典》第 925 条、第 926 条之余地。

综上，乙之要约不符合《民法典》第 162 条“以被代理人名义”之规定，非为“代理”，而是构成所谓“间接代理”，且不符合《民法典》第 925、926 条之规定，故乙丙间买卖画的合同双方为乙和丙，效力不及于甲。

(bb)自己行为

在排除了乙之要约构成代理后，须回归到意思表示原则上是“自己行为”的轨道。前已论及，要约的成立要件包括：其一，内容具体确定，通常须足以确定当事人、标的(标的物＋契约义务)、数量；其二，含有“一经承诺即受约束”之意思。

首先，检视乙要约之内容：当事人双方为“乙和丙”、标的为“买卖稀有石版画”、数量为“一个”，符合内容具体确定之要求；其次，检视乙要约之法律拘束意思：当乙举牌表示愿意以 4000 欧元价款购买此画时，相对人“客观理解可能性”是：乙之要约有“一经承诺即受约束”之意思。因此，乙之要约具备意思表示外部要素，要约成立。

〔33〕 王泽鉴：《民法总则》，北京大学出版社 2014 年版，第 420 页。

乙之要约系在拍卖场合做出，属于“以对话方式做出的意思表示”，依《民法典》第137条：“以对话方式作出的意思表示，相对人知道其内容时生效。”故当乙举牌表示愿意以4000欧元价款购买该画时，丙之代理人丁即知道乙要约之内容，乙之要约生效。此外，乙之要约未被撤销。

(b)承诺

继而须检视丁之承诺是否成立、生效。

《民法典》第479条规定：“承诺是受要约人同意要约的意思表示。”第488条第1句规定：“承诺的内容应当与要约的内容一致。”据此，承诺的成立要件包括：其一，承诺亦为意思表示，故与要约相同，须符合意思表示外部要素，即“内容具体确定”及“法律拘束意思”；其二，承诺内容须与要约内容完全一致。

本案中，丁之承诺内容具体确定（当事人为乙和丙、标的为买卖稀有石版画、数量为一个），并有法律拘束意思，且承诺内容与乙之要约内容完全一致。故丁之承诺成立。

丁之承诺亦属“以对话方式做出的意思表示”，故其生效要件亦为：相对人知道其内容。当丁代理丙落槌时，乙即知道丁承诺之内容。故丁之承诺生效。

《民法典》第483条前半句规定：“承诺生效时合同成立。”故乙丙间画之买卖合同符合合同成立的一般成立要件。

由于本案画之买卖合同非为要式或要物合同，双方亦未约定特别成立要件，故该合同并无特别成立要件。因此，乙丙间画之买卖合同成立。

②买卖合同生效要件

《民法典》第143条规定：“具备下列条件的民事法律行为有效：（一）行为人具有相应的民事行为能力；（二）意思表示真实；（三）不违反法律、行政法规的强制性规定，不违背公序良俗。”本条正面、积极地列举了法律行为的生效要件，但这并不意味着主张合同权利者，须证明合同满足此三项生效要件。

在传统思路中，某一法律行为符合成立要件后，其是否有效尚不明朗，只有逐一检视生效要件后，才能确定法律行为的效力，即成立要件与生效要件之间是递进或次序关系[34]。然而,《民法典》第136条第1款已然彰显出一套更为精致、更有逻辑的分析思路:"民事法律行为自成立时生效,但是法律另有规定或者当事人另有约定的除外。"这意味着,法律行为原则上自成立时生效,但违反生效要件时构成例外。这一规则背后的原理在于:法律行为的成立系以意思表示为其起点及核心,而意思表示所彰显的价值理念是意思自治;生效要件涉及法律评价的问题,往往是对意思自治做出一定程度的限制。由于民法以意思自治为原则,限制自治为例外,故成立要件与生效要件其实是原则与例外的关系。[35]

将这一思路应用于民事诉讼法,便会得出成立要件与生效要件完全不同的证明责任分配。由于成立要件是法律行为在法律世界中是否存在的问题,基于事理之必然(亦为各国立法之通例),主张法律行为有效者,需要且仅需要证明法律行为成立,而无须自正面证明法律行为符合生效要件。而主张法律行为不生效力的对方,应对该法律行为不满足生效要件承担证明责任,从而提出权利障碍抗辩(权利不成立抗辩/权利阻却抗辩)。

将这一法律行为成立要件与生效要件的关系具体落实到合同领域,即为《民法典》第502条:"依法成立的合同,自成立时生效,但是法律另有规定或者当事人另有约定的除外。"但由于案例分析是以法官的视角对全案进行通盘考察,因此除了分析法律行为是否符合作为原则的成立要件外,仍须考察这一法律行为是否违反作为例外的生效要件。

(a)一般生效要件

(aa)当事人具行为能力

《民法典》第144条、第145条分别规定了无民事行为能力人、限制民事行为能力人实施法律行为的效力。本案并未特别交代各方行为能力,故推定各方均有完全行为能力。

(bb)意思表示无瑕疵

合同成立阶段,乙举牌竞拍,相对人对该要约的"客观理解可能性"

---

〔34〕 易军:《我国立法不宜正面、积极地规定法律行为的生效要件——反思〈民法总则(草案)〉第121条的立法方式》,载《北航法律评论》2016年第1辑。

〔35〕 同上注。

是：当事人双方为“乙和丙”、标的为“买卖稀有石版画”、数量为“一个”，且表意人乙可预见相对人将如此理解其行为。同理，相对人乙对丁作为承诺的落槌行为的“客观理解可能性”亦同。

尽管“内心真意”原则上不会对意思表示的解释产生任何影响（表意人不具有可期待性的除外）。但若解释结果与“内心真意”不符，法律行为虽成立，却面临着被撤销的风险。故本案仍须考察：以上对各方当事人意思表示解释的结果是否与其“内心真意”相符呢？

就要约人乙而言：首先，乙在做出意思表示（举牌 4000 欧元应拍）时，意识到自己的身体在做这一行为，且其行为未受直接强制，具有行为意思；其次，乙明知此行为具有法律上的意义，会产生一定的法律效果，故有表示意思；就效果意思而言，虽其意思表示自由（不存在欺诈、胁迫或显失公平），但是其意思与表示一致吗？

本案中，乙之“内心真意”实系为甲买画，而要约却被解释成：为乙自己买画，故乙之要约内容与其“内心真意”不一致，存在意思表示瑕疵。然而，乙之意思与表示不一致的结果，是其有意造成的。乙完全可以预见到相对人将误认为乙在为自己买画，却故意未透露其代理人身份。在此种表意人故意不一致的案型中，应当对意思表示相对人的利益予以充分保护，而表意人则无须且不值得保护，不仅意思表示的解释以相对人“客观理解可能性”为准，且该意思表示不得撤销。[36] 故，在丁发出承诺之后，乙之要约便不得撤销。

就承诺人丁而言，其意思表示无瑕疵。

(cc)标的适法妥当

《民法典》第 597 条第 2 款规定：“法律、行政法规禁止或者限制转让的标的物，依照其规定。”《拍卖法》第 7 条规定：“法律、行政法规禁止买卖的物品或者财产权利，不得作为拍卖标的。”《文物保护法》第 51 条规定了四类不得买卖的文物。案情并未特别交代普雷希特尔的稀有石版画属此四类文物之列，故推定其属可买卖之标的物。

---

〔36〕 参见《德国民法典》第 116 条第 1 句。

(b)特别生效要件

本案并无法定或意定特别生效要件，故乙、丙间的买卖合同生效。

(2)移转画之处分行为

①物权合意

上文在分析买卖合同当事人时，得出的结论是："为行为所关涉之人实施行为的理论没有存在的必要。进言之，在间接代理的情形中，由间接代理人首先取得所有权，而至于间接被代理人是否从间接代理人处取得所有权，应当由他们之间的内部关系决定。"[37]因此，不得借助"为行为所关涉之人而实施的行为"突破代理的显名原则。

在排除了乙受让画之所有权的意思表示构成代理后，须回归到意思表示原则上属于"自己行为"的轨道。乙丙间的物权合意，系属自己行为，不适用代理，其法律效果不归于甲，仅在乙丙间产生法律效果。

②交付

根据案情，"乙以4000欧元拍下了由丙交予拍卖的作品，当场支付后带回家中"。由此可见，丙将画交付给了乙。

③处分权

题目并没有明确说明谁是该画的原所有权人，但"这幅画由丙交予拍卖"。如前所述，本案得推定丙为此画最初的所有权人。《民法典》第240条规定："所有权人对自己的不动产或者动产，依法享有占有、使用、收益和处分的权利。"因此丙基于画之所有权，享有画之处分权。

④小结：画之所有权由丙移转给乙

据上分析，乙丙间买卖画之负担行为成立、生效；乙丙间移转画之处分行为亦成立、生效。故乙取得画之所有权。

2. 甲、乙间法律关系

在间接代理中，间接代理人在为间接被代理人获得的物上，自己获得了所有权。但间接被代理人对立即获得所有权的让与，享有合法的利益，这可能是通过自己代理达成物权合意和自己代理实现占有改定，也可

---

[37] 〔德〕维尔纳·弗卢梅：《法律行为论》，迟颖译，法律出版社2013年版，第923页。

能是通过预期物权合意和预期占有改定[38]。“埃克所举的一个著名例子是，家政人员用其主人的金钱为其主人购买银勺。银勺被交付主人之前在家政人员处被扣押。”[39]

正如埃克例中发生的那样，代理人获得所有权可能导致被代理人遭遇不可预料且与己无关的风险。“在间接代理中，人们希望使间接被代理人直接取得所有权，目的在于确保间接被代理人的权利取得不受间接代理人本人的危害。在埃克所举的例子当中，人们希望得出的结论是，在家政人员处扣押银勺的行为相对于其主人而言不生效力。”[40]由此产生了上文提及的两种所有权移转的论证思路。

因此，本案分析并不会止步于乙获得画之所有权。尚需考虑者，乃甲与乙之间的法律关系如何？乙是否具有保留画之所有权的合理利益？甲是否可以从乙处取得画之所有权？

(1)委托买画之负担行为

《民法典》第919条规定：“委托合同是委托人和受托人约定，由受托人处理委托人事务的合同。”

据案情，甲在丁拍卖行的拍品列表中发现了这幅稀有石版画，遂委托他的秘书乙去市内参加晚上的拍卖会，并在5000欧元的价格内拍下该画。可见，甲发出了委托乙买画之要约，乙对此作出承诺，根据《民法典》第483条前半句及第502条第1款前半句，甲乙委托合同生效。

(2)受托让与之处分行为

①物权合意

一如前述，“在所有希望承认被代理人取得所有权的情形中，所涉及的问题是，无论如何，既可能是代理人与被代理人就由被代理人取得所有权预先达成合意，也可能是代理人为被代理人取得所有权而实施自我

〔38〕〔德〕鲍尔、施蒂尔纳：《德国物权法》(下册)，申卫星、王洪亮译，法律出版社2006年版，第388页；〔德〕M. 沃尔夫：《物权法(第20版)》，吴越、李大雪译，法律出版社2004年版，第244—245页；王泽鉴：《民法物权》(第2版)，北京大学出版社2010年版，第101页。

〔39〕〔德〕维尔纳·弗卢梅：《法律行为论》，迟颖译，法律出版社2013年版，第915页。

〔40〕同上书，第915—916页。

行为。”[41]

由此可见，就甲、乙间移转画之所有权的物权合意，存在两种论证路径：其一，在甲委托乙时，两者已就画之所有权由乙移转给甲预先达成物权合意；其二，乙通过自己代理，自己一方面作为画之让与人，另一方面作为画之受让人甲的代理人，自己与自己达成物权合意。

(a)预期物权合意

“当间接代理人不具有保留所有权的合理利益时，人们一般可以认为，在指定间接代理人的同时，双方已就所有权由间接代理人移转给间接被代理人达成合意。当间接代理人已经针对这一取得收取费用时，无论如何都应当承认间接代理人已向间接被代理人移转所有权。”[42]

此种模式下，就让与人乙与受让人甲间物权合意的主体而言，买受人甲愿意受让该画所有权的意思表示是由甲自己作出的，系属自己行为。乙让与该画和甲受让该画物权合意达成的时间是甲委托乙买画之时。此时由于乙尚未取得该画所有权，故两者的合意尚不足以引起画之所有权由乙移转给甲。

(b)自己代理？

自己代理模式与预期物权合意不同，并不认为在委托合同达成时，间接被代理人与间接代理人已经达成物权合意。相反，委托合同仅导致双方互负债务、互享债权，仅发生债权法上的法律效果，而未涉及物权法领域。当代理人取得物之占有时，代理人首先成为物之所有权人；同时，他通过自己代理的方式再将物之所有权让与间接被代理人，以此履行他委托合同项下的义务。由于间接被代理人授予代理人代理权之全部目的皆指向物之取得，故在间接被代理人委托间接代理人采购时，已经同意了代理人可以代理被代理人，与代理人自己达成物权合意。故代理人此种自己代理满足《民法典》第 168 条第 1 款但书规定：“被代理人同意或者追认的除外”，即构成自己代理之例外。

此种模式下，就让与人乙与受让人甲间物权合意的主体而言，买受人

---

〔41〕〔德〕维尔纳・弗卢梅：《法律行为论》，迟颖译，法律出版社 2013 年版，第 922 页。
〔42〕同上书，第 923 页。

甲愿意受让该画所有权的意思表示是由其秘书乙代理甲作出的，系属代理行为。乙让与该画和甲受让该画的物权合意达成的时间，是乙取得画所有权之时。此时，由于乙已经对画拥有了处分权，故物权行为的要件全部满足，物权行为立即生效，该画的所有权在这一“法律瞬间”（法律上的一秒钟）由乙移转给甲。

(c)本案分析

以上两种论证思路，都使物权合意在甲乙间达成，乙为让与人，甲为受让人，但两者在很多细节上却不尽相同。最令人困惑的莫过于：现有文献资料中皆将两者以“或者……或者……”“既可能……也可能……”的关联词进行并列，对何种情形下采用前者，何种情形下采用后者未予详细论述，究竟是任意择一，抑或适用有先后顺序呢？

归根到底，这其实还是一个意思表示解释的问题。本案究竟采用“预期物权合意”的解释路径抑或“自己代理”的解释路径，其关键就在于：如何结合甲、乙各自的种种言行，以“相对人客观理解可能性”解释双方物权变动的意思表示。而这要根据甲乙间的法律关系、各自事前事后的行为进行综合判断和解释。

据案情，“企业主甲收集法国艺术家的作品。他在丁拍卖行的拍品列表中发现了一幅普雷希特尔的稀有石版画，遂委托他的秘书乙去市内参加晚上的拍卖会，并在5000欧元的价格内拍下该画。”

可见，甲意欲获得画之所有权的意思，产生于其在丁拍卖行的拍品列表中发现该画时。当他委托乙买画时，甲将取得画之所有权的意思，明确地表示于外。

从乙的角度来看：老板甲让乙去买一幅画，买哪幅画甲已经选好了，具体价格甲也权衡过了——5000欧元以下都可以。乙的任务就是在5000欧元以下把甲指定的画买下来，至于该画是好是坏、高低贵贱、值不值5000欧元都与乙无关。乙之所以愿意帮甲跑腿，是因为乙是甲的雇员。从后来乙对扣押该画极力反对的态度，六神无主的反应，以及“立刻”到甲处描述画被扣押的举动来看，乙到最后都打心底里认为甲是画的所有权人。

意思表示的含义取决于各方当事人的客观理解可能性，取决于对这些理解可能性进行符合公平正义的权衡[43]。因此，当甲委托乙买画时，经"效力论"（若采"客观化受领人的立场""通情达理第三人的理解"等规范解释方法，在此所得结论并无任何不同）对甲、乙各自的意思表示进行解释的结果是，双方就以下两点形成一致意见：其一，在债权法层面，甲而非乙，应当用5000欧元以下的价金来换取那幅普雷希特尔的稀有石版画；其二，在物权法层面，甲而非乙，应当取得这幅画的所有权。

因此，就本案而言，乙并不具有保留为甲的计算取得的所有权的合理利益。当甲委托乙参与拍卖时，双方已就该画所有权归属达成预期物权合意，甲乙间移转画之所有权的物权行为满足一般成立要件。但此时，由于乙对该画尚无处分权，故甲尚未取得画之所有权。

②交付

《民法典》第224条规定："动产物权的设立和转让，自交付时发生效力，但是法律另有规定的除外。"那么，本案中"交付"是如何完成的呢？

"在指定间接代理人的同时，双方已就所有权由间接代理人移转给间接被代理人达成合意。而且间接代理人既可以作为占有辅助人为间接被代理人取得占有，也可以作为占有媒介人为间接被代理人介绍占有，间接被代理人因此取得占有。"[44]

具体到本案，甲对该画的占有是借助乙实现的。那么，乙的身份是占有辅助人还是占有媒介人（直接占有人）呢？

"占有辅助，指基于特定的从属关系，受他人之指示，而对于物为事实上的管领，雇佣关系最为典型。"[45]企业主甲与其秘书乙之间系雇佣关系，此乃典型之从属关系，故得认定乙为甲之占有辅助人。

"如果目前的所有权人想成为未来的取得人的占有辅助人，那么也充分构成了占有放弃。这里的交付是通过命令与服从的社会从属关系来实

[43] 〔德〕卡尔·拉伦茨：《法律行为解释之方法——兼论意思表示理论》，范雪飞、吴训祥译，法律出版社2018年版，第69页。

[44] 〔德〕维尔纳·弗卢梅：《法律行为论》，迟颖译，法律出版社2013年版，第923页。

[45] 王泽鉴：《民法物权》（第2版），北京大学出版社2010年版，第438页。

现的。”〔46〕因此，当丙将画交付给乙时，在这一“法律瞬间”同时完成了两个交付：其一，就画之所有权由丙移转给乙的物权行为而言，放弃占有的一方为丙，取得占有的一方为乙，满足“交付”要件；其二，就画之所有权由乙移转给甲的物权行为而言，放弃占有的一方为乙，取得占有的一方为甲（借助占有辅助人乙取得占有），亦满足“交付”要件。因此，乙取得该画占有的同时，又丧失了该画的占有，而成为画之占有辅助人，甲于此法律瞬间占有该画。

③处分权

据前所述，当甲委托乙买画时，两人已达成画之所有权由乙移转给甲的物权合意，但此时乙尚未取得画之所有权，故甲与乙间的物权行为不满足“处分人有处分权”的要件，所有权尚未移转。

“无权处分行为的效力，并非无效，而为效力未定。使其确定生效的方法有二：其一，经有权利人之承认；其二，无权利人于处分后取得权利（如继承或受让标的物所有权）。”〔47〕因此，甲委托乙买画时，乙将画移转给甲的物权行为虽属无权处分，但其并非无效，而是效力待定。本案中，使乙的无权处分行为确定生效的方式是“无权利人乙于处分后取得权利”。前已论及，丙将画交付给乙时，画之所有权由丙移转给乙。根据《民法典》第240条，当乙取得画之所有权时，乙自然有权处分此画。

（3）小结：画之所有权由乙移转给甲

思路之再梳理：首先，当甲委托乙买画时，在债权法上，甲乙成立委托合同，在物权法上，甲乙达成画之所有权由乙移转给甲的物权合意。其次，当丙将画交付给乙时，不仅满足了乙丙间画之所有权移转的“交付”要件，同时亦满足了甲、乙间画之所有权移转的“交付”要件，甲系通过占有辅助人乙占有此画。同时，当丙将画交付给乙时，乙取得画之所有权，因而享有画之处分权。综上，甲、乙间的物权行为成立且生效。因此，乙取

---

〔46〕 例如：迄今一直在使用自己汽车出公差的R——将车卖给了其老板GH，但“受公司委派”继续使用该车。〔德〕鲍尔、施蒂尔纳：《德国物权法》（下册），申卫星、王洪亮译，法律出版社2006年版，第359页。

〔47〕 王泽鉴：《民法物权》（第2版），北京大学出版社2010年版，第469页。

得画之所有权的瞬间，亦是乙失去画之所有权、甲取得画之所有权的瞬间。

(四)乙将画作为装饰

1. 所有权让与意思外显？

上文分析甲、乙间法律关系时，提供了两种论证甲、乙间达成物权合意的路径：其一为预期物权合意；其二为自己代理。若采第二种论证路径，乙之所有权让与意思是否必须被表现于外，如在画上贴上甲的名字并放在储藏室里，则颇有疑问〔48〕。本案中，乙并没有这么做，恰恰相反，乙将画置于自家客厅的五斗柜上方作为装饰。

当然，争议存在于第二种解释路径，其中的“自我代理”是否必须在外部得以明确。而上文对本案的分析采用的是第一种解释路径，由此绕开了乙之所有权让与的意思是否必须表现于外的问题。但本文同样不排除“自己代理”这种解释方式适用的可能性。因此，所有权让与意思是否必须表现于外的问题必须予以探讨和分析。

其实，如果后续发生的事情不是执行法院扣押该画，而是乙无权处分该画，那么乙所有权让与的意思是否被表现出来就变得举足轻重了。当乙向第三人出卖这幅画时，该画是置于自家客厅的五斗柜上方作为装饰，还是贴有甲的名字放在储藏室里，会给第三人完全不同的权利归属感，“置于自家客厅的五斗柜上方作为装饰”可以被认为具有“权利外观”，从而使第三人对画之所有权归属产生误判，而“贴有甲的名字储放在储藏室里”会使任何有理性的第三人对权利归属产生合理怀疑。因此，“乙所有权让与的意思是否被表现出来”并非画之所有权在甲和乙之间归属何者的问题，而是甲取得画之所有权之后，乙是否对画具有权利外观，第三人基于此种外观产生之信赖是否受到保护的问题。

换个角度来看，当甲本就有一幅画，交由其秘书乙为自己占有辅助

---

〔48〕〔德〕鲍尔、施蒂尔纳：《德国物权法》(上册)，张双根译，法律出版社 2004 年版，第 125 页；〔德〕鲍尔、施蒂尔纳：《德国物权法》(下册)，申卫星、王洪亮译，法律出版社 2006 年版，第 375 页。

时，乙将该画置于自家客厅的五斗柜上方作为装饰，还是贴有甲的名字储放在储藏室里，同样会影响乙对该画是否形成权利外观，第三人能否善意取得的问题。但如果不涉及第三人善意保护，那么乙将画置于何处、是否在画上贴上甲的名字，都不会影响甲的所有权。本案亦是同样的道理，当丙将画交付给乙时，甲瞬间取得了画之所有权。甲对画享有的所有权既已存在，就不会因为乙后来把画放在哪里、贴不贴甲的名字而受到影响，甚至消灭。

正因如此，所有权让与意思是否表现于外，这一问题真正影响的，并非画之所有权能否由乙移转给甲，而是会影响乙无权处分时，第三人能否善意取得。本案并不存在对画之所有权归属产生误认，进而与乙进行交易的善意第三人，执行法院扣押该画系公法上履行职务的行为，其对画之所有权归属并无值得保护的信赖。

2. 他主占有变自主占有?

乙将画置于客厅的五斗柜上方作为装饰，此行为似有变他主占有为自主占有之嫌。但后来乙对扣押该画极力反对的态度与六神无主的反应，以及"立刻"到甲处描述事情经过的举动，都表明乙对此画并无据为己有的意思。不过退一步讲，即便乙将画"置于客厅的五斗柜上方作为装饰"时产生过自主占有意思，也不会对甲既已取得的所有权产生影响，其影响仅是:乙由占有辅助人变为了自主占有人，且同时构成无权占有，与之相应，甲丧失的仅是该画的占有而已。〔49〕

(五)法院之执行行为

执行法官扣押并带走了该画的执行行为，并不会导致该画所有权的改变，画之所有权仍为甲享有。

(六)因偏颇清偿撤销?

行文至此，上文已详细论述了石版画之所有权，如何由丙移转到乙再

〔49〕 受雇人侵占其管领之物，纵其雇佣契约尚继续存在，雇主的占有仍归消灭。王泽鉴:《民法物权》(第2版)，北京大学出版社2010年版，第440页。

移转给甲。物之所有权经由间接代理人而移转至间接被代理人的这一过程,被称为“过渡取得”。通常情况下,这与间接被代理人自出让人处直接取得所有权在结果上并无不同。唯有在间接代理人破产时,过渡取得可能面临(间接代理人将物之所有权移转给间接被代理人的)法律行为因“偏颇清偿(个别优先清偿)”而被撤销的风险。由于我国并无自然人破产制度,故本案无须担心乙将画之所有权移转给甲的法律行为因偏颇清偿而被撤销。

但2019年,国家发展改革委、最高人民法院等13部委联合印发了《加快完善市场主体退出制度改革方案》,已经明确了“分步建立自然人破产制度”的目标。可以预见,自然人破产在不远的未来就会成为现实。但由于目前尚未出台具体法律法规,故在此借用《企业破产法》条文对相关问题予以说明。《企业破产法》第32条规定了“偏颇清偿撤销”制度,即受理破产申请前6个月内,债务人有破产原因,仍对个别债权人进行清偿的,破产管理人有权请求法院予以撤销。当乙之债权人戊直接向法院申请乙破产时,乙在此前6个月内的所有清偿行为都面临被撤销的风险。

偏颇清偿行为在破产法之外原本是正当合法的行为,其本属于应为之给付,故可非难性较低,再加上偏颇清偿撤销对交易安全及法律关系稳定性惊人的破坏力,各国破产法皆对“偏颇清偿撤销”设有或宽或窄的例外限制。《企业破产法》第32条但书规定:“个别清偿使债务人财产受益的除外。”〔50〕

《企业破产法》起草者对第32条“但书”的考虑在于:“在人民法院受理破产案件前的六个月内,债务人企业仍然有权进行正当的生产经营活动,因而可能存在大量的业务往来,这些正当的经营活动不应当被认为是偏颇清偿。”〔51〕

由此可见,“正当的生产经营活动”这一概念至关重要。而“正当的生

---

〔50〕 最高人民法院《关于适用〈中华人民共和国企业破产法〉若干问题的规定(二)》(法释〔2013〕22号)第14、15、16条皆为最高法对这11个字的理解,但这3条司法解释显然没有将“偏颇清偿撤销”之例外列举全面,这从第16条第3项兜底性规定亦可得而知。

〔51〕 《中华人民共和国企业破产法》起草组:《〈中华人民共和国企业破产法〉释义》,人民出版社2006年版,第136—137页。

产经营活动”与“偏颇清偿行为”的界限在于，债权人是否对债务人进行信用授予。因为信用与破产的基本关系是：“若债权人自愿与债务人进行信用交易，授予债务人以一定的‘信用’，便同时也应承担债务人由于主客观原因失信的破产后果。”〔52〕

“反之，在双方进行‘一手交钱，一手交货’的交易时，债权人未对债务人授予信用。”〔53〕当整个交易——授信和清偿——被视为一个整体时，此种清偿并不会使破产财团变小，也不属于对在先债务的清偿。由于同时交易不会导致债务人财产价值减损，因此债务人的其他债权人并不会因此而遭受不公平待遇。其次，同时交易也不会引发为抢夺债务人财产而展开的‘勤勉竞赛’，因为在此交易前，交易对手方根本不存在‘竞赛’动机，其尚不具有债权人的地位。最为重要的是，要是没有这种例外，存在财务困难的债务人将会实际上被阻止参与任何交易。因为如果同时交易也被撤销，潜在的交易对手在与陷入财务困难的债务人进行交易时必定都极为小心谨慎，甚至干脆不与其交易。”〔54〕

因此，偏颇清偿撤销所欲纠正的恶行并不涉及同时交易，即使债务人已经事实破产，其进行的同时交易也应被允许。偏颇撤销规则所针对的是试图提高自己相对于其他债权人地位的既有债权人，而非阻止新债权人的产生。

回归本案，甲是否对乙进行了信用授予呢？甲乙间是否属于“同时交易”呢？“一手交钱，一手交货”自然是无信用授予、同时交易之典型。但现实生活中，难以想象会有以下交易场景：一方紧攥着钱，一方紧攥着物，然后倒数三个数，同时将钱或物递到对方手中。因此，严格意义上的“一手交钱，一手交货”是不存在的。所谓的“一手交钱，一手交货”不过是“观念上的同时交易”，而非真的在物理世界中毫无时间差。针对不同的交易标的、交易形式及支付方式，个案中合理范围内的“时间差”都应被认定为是“同时交易”。对此，一个基本的判断是：交易标的物的价值越大、

〔52〕 许德风：《破产法论：解释与功能比较的视角》，北京大学出版社 2015 年版，第 399 页。

〔53〕 同上书。

〔54〕 〔美〕查尔斯·J. 泰步：《美国破产法新论（中册）》（第 3 版），韩长印、何欢、王之洲译，中国政法大学出版社 2017 年版，第 561、571、578 页。

程序越繁琐，能为“同时交易”所认可的时间差就越长。

就本案而言，“甲委托他的秘书乙去市内参加晚上的拍卖会，并在5000欧元的价格内拍下该画，且不透露委托人的身份。甲给了乙5000欧元现金，以便她能当场付款取走画作，并于第二天带回加工。”相对于拍卖此种交易方式，普雷希特尔的稀有石版画此种交易标的，5000欧元此种交易金额而言，从甲将钱交到乙手中，到甲要求乙将画带回加工，甲只给了乙一个晚上的“时间差”，如此短暂的时间，难谓甲对乙进行了所谓的“信用授予”，故本案仍可划归“同时交易”的范畴，得构成偏颇清偿例外，属于“正当的生产经营活动”，甲、乙间移转画的法律行为不得被撤销。

(七)小结：甲是画之所有权人

四、结论

首先，甲得以其对画享有所有权为由，依据《民事诉讼法》第227条第1句请求执行机关中止执行该画。当执行机关依画之“实际占有情况”做形式审查，驳回甲的执行异议申请后，甲得依据《民事诉讼法》第227条第2句后半句提起案外人执行异议之诉。因为甲是该画之所有权人，所以甲符合《民诉法解释》第312条第1款第1项规定的“就执行标的享有足以排除强制执行的民事权益的”。因此：甲得阻止执行机关执行该画。

附：一点感想

行文至此，逻辑推理之使命已大功告成，法教义学赋予我们的精良的分析工具也已运用完毕。但正如考夫曼所质疑的那样：“纯粹技术性的法学不过是一个妓女，可以为任何人服务，也可以被任何人利用。人们早就说过，每个受到良好训练的法学家基本上都能证明任何其想要的结果。”〔55〕

〔55〕〔德〕莱因荷德·齐佩利乌斯：《法哲学》，金振豹译，北京大学出版社2013年版，第294页。

因此,正义而温暖的法律人还是会问自己最后一个问题,经严密逻辑推理产生之结果是否具有可接受性?是否符合社会多数人公平正义的法感情?“一方面,概念逻辑是科学,亦是法学的特征,没有概念逻辑,就不成其为法学;另一方面,概念逻辑亦成为法学的枷锁,往往使法律与社会正义脱节,而其症结所在,就是把方法当作了目的。法律科学之所以异于自然科学,就在这目的观念。”[56]

民法之制度功能从来都不是惩戒恶行,而在于权利保护,孟德斯鸠将之生动地表述为:“在民法慈母般的眼里,每一个个人就是整个国家。”[57]民法概念、民法框架本就是为权利保护而“人为创造”的观念产物,民众没有义务像法律人一样精准地把握民法概念,在法律人建构的话语体系下行为。相反,民法概念存在的意义恰恰在于,充分尊重当事人的生活意愿,并以此为出发点,将民众生活中朴实的言行不扭曲地“翻译”为民法术语(即“意思表示解释”),从而在法律建构的体系中,为当事人寻找权利救济的途径。“在任何时代,意思表示解释都被视为公正的法官的真正技艺,一种‘善良和公平的技艺’。对于具体案情中的法的发现而言,没有哪种决疑论式的制定法条款或教科书能够取代法官应有的那种充满生活气息的体察力、直观性和细致性。”[58]

就本案而言,本案例分析之核心重点在于:当甲委托乙购买该画时,甲与乙之间就已经达成了画之所有权由甲享有的物权合意。对甲的委托行为做这样的解读是否脱离现实呢?探究乙的内心意思,她从始至终都没有想要取得画之所有权。一方面,她可能无法欣赏到这件艺术品的艺术美感,在她眼里该画可能仅是一块石板而已,该画的价值对她而言全部依赖于市场交易价格。另一方面,拥有该画的所有权,意味着要付出4000欧元的成本,而这可能与她的经济能力并不相符。反观甲,他习惯于收集法国艺术家的作品,可以充分欣赏到该画的艺术价值,在他眼里该

---

〔56〕 吴从周:《概念法学、利益法学与价值法学:探索一部民法方法论的演变史》,中国法制出版社 2011 年版,第 17 页。

〔57〕 〔法〕孟德斯鸠:《论法的精神》(下册),张雁深译,商务印书馆 1997 年版,第 190 页。

〔58〕 〔德〕卡尔·拉伦茨:《法律行为解释之方法——兼论意思表示理论》,范雪飞、吴训祥译,法律出版社 2018 年版,第 90 页。

画甚至值5000欧元。他从始至终就有取得画之所有权的意思，乙不过是帮他跑腿而已。以4000欧元的代价换取该画的所有权完全在他的经济负担能力之内。

民法的魅力不仅在于其逻辑美，更在于其正义美。民法复杂抽象的、盘根错节的、极具专业性的法律概念和体系，之所以被人拍案叫绝，绝不仅仅是因为它精密严谨的逻辑推理，更在于其对各方当事人的利益予以最大程度的关注，旨在最大限度上满足当事人朴素的生活意愿。每当多方当事人利益产生冲突时，民法永远都在不厌其烦地进行反复多次的利益平衡。正因如此，"一些民法制度之间呈现出'原则'、'原则之例外'、'例外之例外'、甚至'例外之例外之例外'等多层次的复杂的体系关系。"〔59〕正如拉伦茨所说："法律之适用，非纯为概念逻辑之推演，实系价值判断及当事人之间利益之衡量。"〔60〕民法之推理的确是复杂的，但其并非为了复杂而复杂，恰恰相反，是为了得出一个"符合大多数人公平正义观念的""简单的"结果而已。

---

〔59〕 易军：《原则/例外关系的民法阐释》，载《中国社会科学》2019年第9期。

〔60〕 Larenz, Methodenlehre der Rechtswissenschaft, 1969, S. 206f. 转引自王泽鉴：《民法学说与判例研究(重排合订本)》，北京大学出版社2015年版，第599页。

图书在版编目(CIP)数据

中德私法研究. 20，情势变更 / 王洪亮等主编. —北京：北京大学出版社，2021. 12

ISBN 978-7-301-32705-0

Ⅰ. ①中… Ⅱ. ①王… Ⅲ. ①私法—研究—中国 ②私法—研究—德国 Ⅳ. ①D923. 04 ②D951. 63

中国版本图书馆 CIP 数据核字(2021)第 229481 号

书　　名	中德私法研究（20）：情势变更 ZHONG-DE SIFA YANJIU（20）：QING SHI BIAN GENG
著作责任者	王洪亮　田士永　张双根　张谷　朱庆育　主编
责任编辑	刘文科　刘　照
标准书号	ISBN 978-7-301-32705-0
出版发行	北京大学出版社
地　　址	北京市海淀区成府路 205 号　100871
网　　址	http://www.pup.cn　http://www.yandayuanzhao.com
电子信箱	yandayuanzhao@163. com
新浪微博	@北京大学出版社　@北大出版社燕大元照法律图书
电　　话	邮购部 010-62752015　发行部 010-62750672　编辑部 010-62117788
印 刷 者	北京虎彩文化传播有限公司
经 销 者	新华书店
	965mm×1300mm　16 开本　27. 25 印张　387 千字
	2021 年 12 月第 1 版　2021 年 12 月第 1 次印刷
定　　价	68. 00 元